Albert Hauser   Von den letzten Dingen

Wir wähnten lange recht zu leben,
Doch fingen wir es töricht an;
Die Tage liessen wir entschweben
Und dachten nicht ans End der Bahn!

Gottfried Keller

Gottfried Keller, Sämtliche Werke.
Bern/Leipzig 1931. 1. Bd. S. 216

Albert Hauser

Von den letzten Dingen

Tod, Begräbnis und Friedhöfe in der Schweiz
1700-1990

Verlag
Neue Zürcher Zeitung

Autor und Verlag danken den folgenden Personen, Institutionen
und Firmen für ihre Unterstützung

Basler Versicherungen, Basel
Emil-Brunner-Stiftung, Zürich
Ernst-Göhner-Stiftung, Zug
Genossenschaft zum Baugarten, Zürich
Ulrico Hoepli-Stiftung, Zürich
Martin Hürlimann, Zürich
Andreas W. Keller, Zürich
Migros-Genossenschafts-Bund, Zürich
Dr. H. und S. Schläfli, Uitikon
Peter Schmidheiny-Stiftung, Zürich
Schweizerische Lebensversicherungs- und Rentenanstalt, Zürich
Richard Sprüngli, Zürich
Stiftung Pro Helvetia, Zürich
Dr. Adolf Streuli-Stiftung, Zürich
Dr. Hans Vontobel, Zürich

© 1994, Verlag Neue Zürcher Zeitung, Zürich
Satz, Fotolithos: Schmidt+Co., Weinstadt
Druck: NZZ Fretz AG, Schlieren
Einband: Buchbinderei Burkhardt AG, Mönchaltorf
Gestaltung: Heinz Egli, Zürich
ISBN 3 85823 389 7

Inhaltsübersicht

7	**Einleitung**	71	Genfer Begräbnisse
		75	Tendenzen zur Säkularisation
13	**Kapitel 1 Das 18. Jahrhundert**	75	Erfolge der Aufklärer in Zürich
13	Allgemeine Charakteristik	76	Trennung von Friedhof und Kirche?
13	Die Kluft zwischen Protestanten und Katholiken	76	Das neue Todesbild
14	Zweierlei Beerdigungsrituale	80	Anstösse zur Reform des Bestattungswesens aus Frankreich
14	Der katholische Totenkult	80	Wandlungen im Begräbnisbrauch
19	Hilfe für die Armen Seelen im Fegfeuer	81	Beerdigung ohne Pfarrer in Bern und in der Waadt
19	Der Versehgang	85	Bilder des protestantischen Friedhofs
23	Dienst am Toten	86	Neue Diskussion um Grabmal und Friedhof
23	Das Begräbnis	87	Modell der Herrnhuter
25	Leinensack oder Holzsarg?	87	Das Vorbild des englischen Parkes
27	Trauerbräuche im katholischen Bereich		
29	Der katholische Friedhof	91	**Kapitel 2 Das 19. Jahrhundert**
32	Das Beinhaus	91	Merkmale
41	Weihwasserbecken	91	Allgegenwärtiger Tod
43	Totenleuchter	95	Todesvorzeichen
43	Das Kirchhofkreuz	102	Totenvolk
43	Grabmäler	102	Armenseelenglauben
48	Grabbeigaben	103	Die Todesstunde
56	Blumenschmuck?	103	Tröstungen der katholischen Kirche
56	Geweihte und ungeweihte Erde	104	Die letzte Stunde in protestantischen Gegenden
56	Protestantische Begräbnis-Sitten	104	Die Totenwache der Katholiken
57	Nachwehen der Reformation	111	Vorbereitung auf das Begräbnis
57	Kontroversen	112	Rituale vor der Beerdigung
58	Untergang der Beinhäuser	112	Einladung zum Leichengeleit
63	Der Genfer Friedhof – Paradebeispiel	112	Die Beerdigung
64	Die Ärzte greifen ein	118	Verschwinden alter Rituale
65	Zustände in Basler Friedhöfen	119	Das Leichenmahl
65	Ländliche Idylle	128	Diskussion um die Verlegung der Friedhöfe
65	Zürcher Friedhöfe und Begräbnisse	129	Urne oder Sarg?
71	Kosten eines Zürcher Begräbnisses		

133	Farbensymbolik	231	Gedruckte Todesanzeigen
133	Unruhige Tote	231	Das Erscheinungsbild der Friedhöfe bis 1950
133	Fortdauer des Glaubens an die Armen Seelen	245	Trauerbräuche bis 1950
134	Kult in Beinhäusern		
134	Andenken	253	**Kapitel 4 Die Zeit von 1950 bis 1990**
140	Sterbebildchen – «Leidhelgeli»	253	Die Analysen und Thesen der Forscher
147	Das Totenbrett	253	Die Realität
147	Trauerarbeit	266	Moderne Strömungen am Beispiel der gedruckten Todesanzeige
148	Verwandlung der Friedhöfe		
155	Überlieferung und Zeitgeschmack	267	Modern und effizient: Die Bestattungsinstitute
156	Bepflanzung der Gräber	275	Bestattungsfeiern mit und ohne Kirche
156	Selbstdarstellung?	283	Das moderne Erscheinungsbild der Friedhöfe
161	Unterschiedliche Friedhöfe in Stadt und Land	296	Ende des Tabus um Tod und Trauer
162	Trauer und Pietät		
168	Die Grabinschriften	299	**Kapitel 5 Rückblick und Ausblick**
178	Sterben und Tod in den Sagen		
		309	**Anhang**
195	**Kapitel 3 Die erste Hälfte unseres Jahrhunderts**	309	Quellen und Literatur
195	Allgemeine Aspekte des 20. Jahrhunderts	312	Abkürzungen, Nachschlagwerke
199	Todesvorzeichen	312	Anmerkungen
204	Die Sterbestunde	319	Bildnachweis
205	Die «richtige» Zeit für das Begräbnis	325	Dankadresse
206	Die letzten Liebesdienste		
209	Das Leidansagen		
212	«Leidklagen»		
212	Die Totenwache		
213	Der Trauerzug		
213	Begräbnis von Kindern und Ledigen		
220	Nachbarliche Hilfe beim Begräbnis		
220	Das Leichenmahl		
227	Das Grabgeläute		
228	Die kirchlichen Begräbnisliturgien		

Einleitung

In meinen beiden Werken über den Alltag in der Schweiz gab es je ein Kapitel über die Übergangsrituale, das Sterben und das Totenbrauchtum. Das Thema war angeschnitten, doch nicht erschöpfend behandelt. Also machte ich mich auf, Versäumtes nachzuholen, neue Quellen ausfindig zu machen. Inzwischen erschienen zu diesem Thema zahlreiche neue Arbeiten. Wir erwähnen die Zürcher Dissertation von Martin Illi: «Wohin die Toten gingen. Begräbnis und Kirchhof in der vorindustriellen Stadt».[1] Dazu kamen in allerjüngster Zeit die Untersuchungen eines Autorenteams zum Thema «Sterben in Schwyz», die Einblicke in einen ländlichen Friedhof vom Frühmittelalter bis zum 18. Jahrhundert boten.[2]

Im Gegensatz zu den Schwyzer Autoren, die einen begrenzten Raum untersuchten, und im Gegensatz zu Martin Illi, der vorrangig Zürcher Quellen berücksichtigte, versuchte ich, die ganze Schweiz in die Betrachtung einzubeziehen. Auch der zeitliche Raum korrespondiert nicht mit jenem, den Martin Illi untersucht hat. In seiner Arbeit sind die vorindustrielle Epoche, das späte Mittelalter und vor allem das Reformationszeitalter, beschrieben worden. Ausserdem stand im Zentrum die Totenbestattung. Unsere Arbeit setzt mit dem 18. Jahrhundert ein, und sie setzt sich, soweit dies überhaupt möglich ist, zum Ziel, alle Handlungen, die mit dem Tod des Menschen verknüpft sind, zu beschreiben. Es ist dies keineswegs eine leichte Aufgabe, und ausserdem wird auf weite Strecken trotz zahlreichen Arbeiten Neuland beschritten, so dass keineswegs Vollständigkeit erreicht werden kann.

Die allgemeine Literatur zum Thema Sterben und Tod ist inzwischen beinahe unübersehbar geworden. Grundsätzlich bieten sich zwei Möglichkeiten an, an die Thematik heranzukommen. Die Vertreter der traditionellen ethnologisch-volkskundlichen Richtung versuchten, das Verhalten gesellschaftlicher Gruppen zum Tod gewissermassen von innen heraus zu ergründen. Sie gingen davon aus, dass das psychische, emotionale, irrationale und das geistige Grundverhalten im Wesentlichen seit Jahrhunderten gleich geblieben seien. Alle diese Forscher haben einzelne Erscheinungen in ihrer sozialen und kulturellen Einbettung verfolgt, registriert und auch erklärt. In den letzten Jahrzehnten kamen zahlreiche Erkenntnisse aus der modernen Psychologie und Parapsychologie hinzu.

Eine andere, zweite Richtung oder Sehweise verfolgen die Vertreter der Mentalitätsgeschichte. Sie untersuchen und deuten Verhaltensweisen, Riten und Denkmäler im privaten wie öffentlichen Sektor. Im Vordergrund steht die «Rationalität des logischen Nacheinanders aus der Kenntnis des kulturellen und ideellen Gesamthorizontes».[3] Zur ersten Gruppe oder Richtung gehören die schweizerischen Volkskundler wie Paul Geiger, Karl Meuli und Richard Weiss. In der zweiten Gruppe findet man die Vertreter der französischen Geschichtswissenschaft, der sog. Annales-Schule. Ihnen verdanken wir manche neue Einsicht. Den Reigen eröffnete Edgar Morin 1951 mit seinem Buch «L'homme et la mort». Es bietet zahlreiche neue Details. Im ganzen aber ist das Werk unbefriedigend: «Der Todesforscher entpuppt sich», so Paul Hugger, «als Prophet des Zukünftigen, der Irrationales als Hoffnungs- und Glaubensträger heraufbeschwört, selber aber den Glauben an ein Fortleben nach dem Tode als irrational und pathologisch zurückweist».[4]

In den siebziger Jahren trat eine neue Generation von Historikern an. Philippe Ariès regte mit seinem Buch «L'homme devant la mort» 1977 dank seinem ideenreichen Schwung zahlreiche Forscher zu neuen Arbeiten an.[5] Michel Vovelle, Louis-Vincent Thomas, François Lebrun, Pierre Chaunu traten mit teilweise brillanten, teilweise aber auch fragwürdigen Untersuchungen und Thesen auf. In Deutschland fand der

Soziologe Werner Fuchs begeisterte, aber auch kritische Leser. Er versuchte zu zeigen, dass sich das Verhältnis des modernen Menschen zum Tode im Grunde nicht verändert habe; von einem Tabu, von dem beispielsweise auch Ariès gesprochen hat, könne nicht die Rede sein. Sein absoluter Fortschrittsglaube erscheint heute eher fragwürdig, und die Thesen seines grundlegenden, doch keineswegs widerspruchsfreien Werkes sind zum Teil von Armin Nassehi und Georg Weber widerlegt worden.[6]

Einen eigenen und teilweise neuen Weg beschreitet der an der Freien Universität Berlin lehrende, aus dem Wallis stammende Sozialhistoriker Arthur E. Imhof. In seinem Buch «Ars moriendi. Die Kunst des Sterbens einst und heute» erstellt er, wie schon in früheren Werken, anhand eines exemplarisch ausgerichteten historischen Längsschnittes eine Art Kosten- und Nutzen-Bilanz. Er will aufzeigen, was wir nach dem Untergang der traditionellen alten Welt verloren haben, aber auch gewonnen haben.[7]

Zu all diesen Werken kommen die Beiträge der Schweizer Volkskundler und Historiker. An der Spitze steht auch heute noch Karl Meuli, der sich ein ganzes Forscherleben lang mit dem menschlichen Verhalten gegenüber dem Tod befasste. Weshalb Meuli ausgerechnet das Totenwesen zum zentralen Thema macht, erklärt er selber: «Die Menschen sind nicht nur im Tode alle gleich, wie der griechische Weise sagt, sondern auch angesichts des Todes ... Gleiche Gefühle aber erzeugen ähnliche Handlungen, und so sehen wir in den Handlungen am Toten stets die gleichen Gedanken ausgedrückt. Darum eignen sich von allen Bräuchen die Totenbräuche ganz besonders zur Vergleichung».[8] Immer wieder hat Meuli darauf verwiesen, dass der Totenbrauch eigentlich vom Glauben der Lebenden geprägt sei. Letzten Endes gehe es nicht nur um religiöse, sondern auch psychologische Dinge, angesichts der damals noch herrschenden Theorien ein recht kühner Gedanke. Meuli pflegte auch Adolf Bastians schönes Wort zu zitieren: «Dass ein jedes Volk an dem Fortleben der Seele nach dem Tode festhält, ist ein natürliches Produkt des Denkprozesses und muss Jedem so erscheinen, der sich auf den natürlichen Standpunkt stellt. Schon die Schöpfung aus dem Nichts war es unmöglich zu denken, wieviel mehr die Vernichtung».[9] Zunächst geht Meuli von den Vorstellungen der Primitiven aus. Drei Züge beherrschen ihre Vorstellungen vom Toten, und sie «treten in ihrem Brauchtum bald in massiv-drastischen Formen, bald in mehr vergeistigter und verhüllter Weise zutage:

die Anschauung, dass der Tote weiterlebt,
die Überzeugung, dass er mächtig,
der Glaube, dass er gut und böse zugleich ist.»

Die ersten beiden Thesen sind wohl unbestritten, während die dritte eher etwas schwieriger zu verstehen und zu vertreten ist: Der Tote ist gut und böse zugleich. Es zielt dies auf die Ambivalenz unserer Gefühle. Meuli kam es auf den Nachweis an, «dass alle Formen der Trauersitten, mögen sie zunächst auch noch so unvereinbar scheinen, letztlich doch aus einer gemeinsamen und gleichartigen Grundhaltung hervorgehen. Das hartnäckige Festhalten des Toten einerseits, das angsterfüllte Wegdrängen anderseits, ist unmissverständlicher Ausdruck des Glaubens, dass der Tote gut und böse sei zugleich».[10] Die Ambivalenz des Toten, gut und böse zugleich zu sein, ist auch die Ambivalenz des Lebenden. Auch er ist gut und böse zugleich. Totenbräuche und Trauersitten besänftigen nicht nur durch den genauen Vollzug den Toten, sie bestätigen auch in ihrem Doppelgesicht diese Ambivalenz unserer Gefühle. Die Trauerübungen, so Meuli, nehmen «zu einem grossen Teil den Charakter leidenschaftlicher Selbstbestrafung, peinvoller Busse und Askese an; damit wird die Schuld der bösen Gedanken, das böse Gewissen beruhigt und – der Tote versöhnt».[11] Bahnbrechend war Meulis Aufsatz über die Entstehung und den Sinn der Trauersitten, ebenso grossartig der Aufsatz «Das Weinen als Sitte», in dem er genau erklärt, weshalb es zum zeremoniellen Trauerweinen kam.

Tränen der Trauer, so Meuli, schienen während Jahrhunderten dem Menschen unentbehrlich zu sein; «durch keine religiöse, keine staatliche, keine persönliche Macht waren sie zu unterdrücken… Die alte Kirche verbot die Tränen der Trauer als eines Christen unwürdig: sie musste sich besiegt geben, überwältigt von deren unwiderstehlicher Macht…». Später gelang es, das lärmende Übermass zu dämpfen, doch die Tränen blieben. «Heute scheint auch hier eine Wende einzutreten. In grössern Städten der Schweiz wird bei der Bestattungsfeier zuerst auf Begehren der Trauerfamilien, dann auch sonst alles vermieden, was die Emotion hervorrufen oder fördern könnte».[12] Mit seinen Überlegungen gibt Meuli dem Forscher wichtige Schlüssel zum Verständnis der Totenrituale in die Hand. Wie sich diese Rituale selber änderten, haben die Volkskunder nach Meuli immer und immer wieder beschrieben. Es sind nur stichwortartig die Arbeiten von Arnold Niederer, Paul Hugger, Alois Senti, Eduard Strübin, Rolf Thalmann, Richard Weiss, Regula Bürgi-Odermatt und Ursula Brunold-Bigler zu nennen. Leider sind die Historiker, wenn wir von den früheren Arbeiten von Christian Caminada und Paul Koelner absehen, nicht sehr tätig gewesen. Glücklicherweise sind andere Forscher in die Lücke gesprungen. So erstellte der Berner Friedhofsvorsteher Anton Frick 1947 eine vollständige Sammlung von Berner Rat-Erlassen zum Friedhofs- und Begräbniswesen. In den fünfziger Jahren hat sich Johannes Schweizer dem Thema Friedhof zugewandt. Er selber war Gartenarchitekt, befasste sich aber auch mit Volkskunde und Rechtsgeschichte. Recht gut zeigte er die Unterschiede zwischen dem mit der Kirche verbundenen, in die Siedlung integrierten und dem neuzeitlichen Friedhof «extra muros» auf.[13] Adolf Hüppis Werk von 1968, «Kunst und Kult der Grabstätten» hingegen hält das, was man sich von ihm versprach, keineswegs. Es kann heute höchstens als Materialiensammlung benützt werden.[13a]

Entscheidend war – darauf hat neuerdings Illi hingewiesen – die fundamentale Umgestaltung des ganzen Totenkultes in der Reformationszeit. Schon Richard Weiss und Hans Trümpy haben dies betont.[14] Gestützt auf diese Ansätze veröffentlichte Ursula Rohner-Baumberger 1975 ihre Dissertation über das Begräbniswesen im calvinistischen Genf. Mit dieser Arbeit ist die Westschweiz recht gut vertreten. Als Vorgänger hat schon 1927 Henri Vuilleumier seine «Histoire de l'église réformée du Pays de Vaud» geschrieben.[15] Vor wenigen Jahren hat Marcel Grandjean sein fundamentales Werk «Les temples vaudois» herausgegeben.[16] Einen Teil der Westschweiz und vor allem das Wallis hat Yvonne Preiswerk mit ihrer originellen Arbeit über die Leichenmahlzeiten beschrieben.[17] Im Grunde genommen handelt es sich um eine Beschreibung der katholischen und protestantischen Begräbnisse im Val d'Anniviers und im waadtländischen Ormont. Diese Arbeit wird ergänzt durch die Encyclopédie Illustrée du Pays de Vaud, die 1982 herauskam. In diesem Werk, das vor allem auch auf Interviews beruht, ist dem Tod und der Grabmalkunst ein grosses Kapitel eingeräumt.[18]

Was Adolf Hüppi versäumte, hat Werner Graf nachgeholt. Seine Untersuchung der christlichen Grabmalsymbole beschränkt sich zwar auf den baselstädtischen Friedhof «am Hörnli». Sie besitzt aber exemplarischen Charakter. Dazu kommt die Dissertation von Fabio Soldini, «Le parole di

1 Kirche und Friedhof der Commanderie
   Saint-Jean de Jérusalem in Freiburg (1606)

Im Jahre 1606 hat Martin Martini ein Panorama seltener Art geschaffen. Wir zeigen den Ausschnitt mit der Kirche und dem Friedhof der Commanderie Saint-Jean. Hier ist deutlich zu sehen, was damals alles zu einem Friedhof gehörte, in allererster Linie die Umfassungsmauer, das Beinhaus (rechts) sowie die grosse Christusfigur, die in der Mitte steht und vor der ein Gläubiger betet.

pietra». Diese Arbeit gehört zu den Studien und Texten zur Philologie und Literatur der Universität Freiburg/Schweiz. Sie ist 1990 erschienen und enthält auch ein kurzes Kapitel über die bis heute kaum beschriebenen Friedhöfe des Tessins.[19] Eine Unzahl von Angaben zur kulturhistorischen Bedeutung der Kirchhöfe und Friedhöfe enthalten die von der Gesellschaft für Schweizerische Kunstgeschichte in Bern herausgegebenen «Kunstdenkmäler» der verschiedenen Kantone. Wir haben diese Dokumentation vor allem bei der Kommentierung unserer Bilder immer wieder gebraucht. Leider sind bis heute nicht alle Kantone erfasst worden. Dazu kommt, dass sich die Verfasser nicht überall mit gleichem Interesse der Friedhofkultur und Grabmalkunst zuwendeten. Zum Glück beginnt sich die Denkmalpflege verschiedener Kantone und Städte mit den Friedhöfen und ihrer Geschichte zu befassen. So hat z.B. Hans Rutishauser die Grabsteine der Kirche St. Martin/Ilanz untersucht und über die Konservierung und Restaurierung berichtet.[20] Auch die Gartenämter unserer grossen Städte haben sich in diesen Prozess eingeschaltet. Die Literatur ist bis heute jedoch spärlich geblieben.[21]

2 Leuchterhäuschen aus dem ehemaligen Friedhof von Rapperswil

Das in Sandstein gehauene Leuchterhäuschen aus dem 18. Jahrhundert ist Zeuge eines alten Totenbrauches. Am Sonntag nach der Messe begaben sich die Angehörigen der Verstorbenen auf den Friedhof, um im Leuchterhäuschen ein Licht anzuzünden. Das gleiche geschah auch an Allerseelen und an andern kirchlichen Feiertagen. Oft wurde ein Licht gestiftet, damit es «alle Fronfasten die Nacht für alle seligen Gläubigen brenne».

3 Kirchhof von St. Urban LU

Gleich neben der berühmten barocken Kirche von St. Urban befindet sich der Kirchhof mit dem steinernen Kruzifix des Abtes Sebald Seemann (1534–1551). Ein Friedhofs-Kreuz par excellence.

1
Das 18. Jahrhundert

Allgemeine Charakteristik

«Das 18. Jahrhundert war eine Welt ohne Fabriken, ohne Eisenbahnen … Es war die Welt der Kutschen, der schlechten Strassen, der Segelschiffe, der Stadttore und des Mauerrings, der unüberbauten Bauernlandschaft…».[1] Die Menschen arbeiteten hart und lang, und ihr Tisch war kärglich bestellt. Sie wurden von Krankheiten und Seuchen aller Art geplagt. Die Medizin hatte nur begrenzte Mittel. Die Lebenserwartung war gering und die Sterblichkeit hoch. Nach den Genfer Sterbetafeln betrug die mittlere Lebensdauer in der ersten Hälfte des 18. Jahrhunderts bloss 32,6 Jahre. Der Tod war deshalb allgegenwärtig. Das Sterben fand in festen Normen statt; man hoffte insgeheim immer noch auf das von den Kirchen verheissene ewige Leben.

Zwar begann im Zeitalter der Aufklärung die Vernunft das Denken zu beeinflussen. Glaubwürdig war, wer alles mit der Ratio beweisen konnte. Das neue Denken erfasste auch die Vorstellungen vom Leben nach dem Tode. Das Fazit der Aufklärung: Mit dem Tode ist alles vorbei. Das christliche Weltbild verlor allerdings seine Bedeutung nicht sofort. Das neue Denken erfasste nur die intellektuellen Oberschichten; im Volk hielt man weitgehend an überlieferten Normen und Werten fest. Allerdings waren diese Werte je nach der Religionszugehörigkeit sehr verschieden. Es gab eine katholische und eine protestantische Lebensart, und man war sich vor allem auch in den «Letzten Dingen» nicht einig.

Die Kluft zwischen Protestanten und Katholiken

Die Kluft, die sich im Zeitalter der Reformation auftat, wurde nicht kleiner. Im protestantischen Raum verschwand das Sinnenfällige, Heilige bis auf wenige Reste. Es gab keine Bilder, keine Kruzifixe, keine Prozessionen mehr. Im Zentrum stand der nüchterne sonntägliche Gottesdienst mit Predigt. Die Grösse und Schwere dieses Umbruchs kann kaum überschätzt werden. Es wurde nicht nur die traditionalistische, in gemeinsamen Institutionen und Zeichen begründete Gemeinschaft aufgelöst; auch die sichtbaren Traditionen als Gemeinschaftsäusserung wurden in Frage gestellt. Es kam zum grundsätzlichen und bewussten Bruch mit der alten religiösen Volkskultur. Dieser Bruch brachte – das darf ja nie übersehen werden – als Positivum eine Befreiung aus dem normierenden Zwang des Brauches selber. Er hat mit vielen von der alten katholischen Kirche zwar nicht gewollten, doch tolerierten «abergläubischen» Praktiken aufgeräumt. Es soll aber einmal nicht von dieser Befreiung die Rede sein, sondern vielmehr vom Gegenstück. Für viele gläubige, aber der Tradition verhaftete volkstümliche Menschen sind diese Fragen von schwerster Bedeutung gewesen. Auch noch im 18. Jahrhundert haben die Menschen immer wieder auf Bräuche und Praktiken zurückgegriffen, die man längst tot geglaubt hatte. So ist beispielsweise der Teufelsglaube in Form des Hexenglaubens selbst im 18. Jahrhundert, also nach längst vollzogener Reformation, weiterhin geblieben. Und geblieben ist auch das «Verhexen», der Glaube an den bösen Blick. Selbst im aufgeklärten 18. Jahrhundert wurde ein unerklärliches Missgeschick in Haus und Stall gerne als Hexerei einer misshelligen, «verdächtigen» Nachbarin erklärt. Geblieben ist im 18. Jahrhundert auch der Glaube an die Spukgestalten; geblieben ist die Tagwählerei, geblieben sind die Schluckbildchen, die Votivbilder, die Blutbesprechung, Armenseelenglauben, das Künden und das Himmeln.

Ein Überblick über alle diese merkwürdigen Vorstellungen und Praktiken des 18. Jahrhunderts zeigt, dass es in bezug auf den Volksglauben, das volkstümliche Denken, zwischen den protestantischen und katholischen Gebieten keine allzu grossen Unterschiede gab. Man kann höchstens sagen, dass die Katholiken bei den magischen Praktiken ein verhältnismässig gutes Gewissen hatten, weil nach ihrer Überzeugung alles, was irgendwie religiös war, auch kirchlich war. Tatsächlich hat die traditionelle katholische Volkskultur auch im 18. Jahrhundert immer noch einen weiten Bereich kirchlich geformten oder wenigstens kirchlich nicht verbotenen Volksglauben umfasst. Für Katholiken gab es im allgemeinen wohl subjektiv überhaupt keinen Aberglauben, weil sie alles unter den Glauben, unter die «Fides implicita» zu subsummieren vermochten.

Das alles will nicht heissen, dass es zwischen Protestanten und Katholiken keine Unterschiede gegeben hätte. Sie sind bei den «Letzten Dingen» besonders augenfällig.[1a] Besonders umstritten war und blieb die Frage des Gebetes für die Verstorbenen, die armen Seelen. «Ich weiss», hatte Zwingli erklärt, «dass die Menschen entweder im Glauben oder ohne Glauben sterben. Wer im Glauben stirbt, wird gerettet». Gott allein urteile über Glauben oder Unglauben, und demnach sei er ihm allein bekannt. Das Fegefeuer sei, so Zwingli, als Betrug der Geizhälse, Hexenmeister und Fabelprediger abzulehnen. Viele, unter ihnen auch «Neugläubige», waren entsetzt oder doch auch ernsthaft besorgt, was mit ihren toten Angehörigen geschehen werde. Sie fragten sich, ob man nach dem Tod von Angehörigen nicht um Gnade für sie beten solle. Nach Zwingli hatte man im Gebet für die Verstorbenen, wenn für sie überhaupt noch gebetet werde, sich darauf zu beschränken, zu sprechen: «Dein Wille geschehe». Die Reformatoren waren aber gleichzeitig der Meinung, dass die Gemeindeglieder ihrer Verstorbenen gedenken dürften. Sie sollen jedoch nicht für deren Seligkeit beten, sondern für ihre Erlösung danken. Das geschah in der «Abkündigung der Verstorbenen».[1b]

Zweierlei Beerdigungsrituale

Katholisches und protestantisches Beerdigungsritual – zwei Welten, die sich gegenseitig kaum vertrugen. Es ging dort gut, wo sie räumlich weit von einander getrennt waren. Was geschah aber, wenn sie auf engstem Raum nebeneinander, wie in den gemischten Gemeinden des Waadtlandes oder im Freiburgischen, praktiziert wurden? Spannungen waren vorprogrammiert. Da hatte ein katholischer Priester im Friedhof plötzlich ein Kreuz errichtet. Oder da läutete man bei einer katholischen Beerdigung mit allen Glocken; die Glocken blieben hingegen stumm, wenn ein Protestant zu Grabe getragen wurde. Ein protestantischer Pfarrer wollte am Grab eines verstorbenen Gemeindegliedes einige Worte sagen. Der katholische Priester opponierte; er allein habe dazu das verbriefte Recht. In Assens und Bottens errichteten die katholischen Priester auf den Gräbern ihrer Verstorbenen Holzkreuze, um sie deutlich gegen die Gräber der «Ketzer» abzugrenzen. Die Reformierten protestierten; die Obrigkeit in Bern versprach Hilfe, hielt das Versprechen aber nicht. Man hätte sich leicht die Finger verbrennen können.[1c]

Der katholische Totenkult

Der katholische Totenkult wird auch im 18. Jahrhundert weitgehend von der Tradition gelenkt. Wie schon im Jahrhundert zuvor wird das Leben des Volkes in den katholischen Gebieten unseres Landes von einem Totenkult beherrscht, der die in Europa übliche kirchliche Ehrung der Abgeschiedenen an Fülle

4 Ein berühmtes Grabdenkmal in
   Altdorf UR

Im Beinhaus St. Anna neben der Pfarrkirche St. Martin in Altdorf steht auf einer Balustrade, die das obere Schiff gegen den Abgang ins Untergeschoss abschliesst, dieses grossartige Renaissance-Grabdenkmal. Hier ist der Baumeister des Gotteshauses verewigt: «Caspar Romanus Besler. Derzit Kilchenvogt und Baumeister des Gotshus 1596.» Auf der Rückseite wurde der Text in den Stein gehauen:
Hie richt Gott nach dem Rechten
Die Herren ligent by denn Knechten.

Als der bekannte Altdorfer Fotograf Aschwanden das Denkmal 1920 fotografierte, war hinter der Steinmetzarbeit, die den Tod darstellt, das Gemälde 'Grablegung Christi' noch nicht vorhanden.

5 Verseh-Garnitur für die «Letzte Ölung»

Der Versehgang spielte in katholischen Regionen eine grosse Rolle; er wird heute noch in eingeschränktem Rahmen durchgeführt. Erhalten hat sich diese tragbare Garnitur aus Nussbaumholz mit einem Christus am Kreuz und der Aufschrift «Inri» (Höhe 22.5 cm). Dazu gehören auch zwei Kerzenständer aus Holz sowie zwei runde Glasschalen. Es war ein Hochzeitsgeschenk!

6 Der Friedhof von Altdorf UR

Zusammen mit der spätgotischen Friedhofskapelle St. Anna (1596) und der Ölbergkapelle (1657) bildet der Friedhof eine geschlossene Einheit. Neben alten handgeschmiedeten Kreuzen (Bild links unten) findet man hier die Grabmäler von Eugen Püntener, Gedeon Renner, eine Engelsskulptur von Otto Charles Bänninger sowie ein eisernes Kruzifix von Franz Herger.

7 Die Begräbniskapelle des Klosters Visitation in Solothurn

In der Begräbniskapelle gibt es einen grossartigen gemalten Lebensbaum aus dem Jahre 1735. Er wurde von einer Ordensschwester gemalt. Bei der Restauration von 1883 wurden die Malereien übertüncht. Bei der letzten Restauration hat man sie wenigstens teilweise wieder hervorholen können. Die Namensinschriften der Nonnen wurden wieder leserlich gemacht.

8 Sargtuch aus dem Bündner Oberland aus dem 17. Jahrhundert

Dieses seltene Dokument (Schwarzdruck auf Leinwand) zeigt, wie selbst ein Sargtuch künstlerisch gestaltet worden ist. In der Mitte des Tuches der Gekreuzigte, umgeben von Schädeln und dem Christussymbol.

9 Sargtuch aus Disentis (18. Jahrhundert)

Auf handgewobenem Leinengewebe sind Totenköpfe mit den christlichen Buchstaben IHS mit grossen Handdruckstöcken aufgedruckt. In der Mitte befindet sich ein Band mit harmonisch stilisierten Blumen- und Rankenmotiven.

und Intensität übertrifft. Was Giovanni Francesco Bonhomini, der weitgereiste päpstliche Nuntius, schon im Jahre 1570 festgestellt hat, trifft auch noch auf das 18. Jahrhundert zu. In der Innerschweiz, so dieser scharfsinnige Beobachter, äussert sich die Frömmigkeit in einer Fürsorge für die Verstorbenen, die ohne Beispiel ist. Mannigfache und für den Auswärtigen unverständliche Zeremonien sind der Verehrung der Toten und deren Gräber gewidmet. Die Berichte aus dem 18. Jahrhundert bestätigen es: Der katholische Mensch war damals mit dem Reich der Toten, mit der Welt der Ahnen in einer Weise verbunden, wie wir uns das heute kaum mehr vorstellen können. Es herrschte, wie Hans Georg Wackernagel einmal festgestellt hat, «eine Seelenverfassung, wie sie zu Ende des 18. Jahrhunderts im Widerstreite gegen den neuen Zeitgeist ergreifend und heroisch zugleich zum Ausdruck kam».[2]

Hilfe für die Armen Seelen im Fegfeuer

Nach damaliger katholischer Lehre boten Fürbittgebet und Feier des Messopfers Gelegenheit, den Seelen im Fegfeuer zu helfen. Die Priester mahnten das Volk immer wieder, für die Verstorbenen zu beten, für sie Messen zelebrieren zu lassen und durch Almosen und gute Werke ihre Leiden im Fegfeuer abzukürzen. Für religiöse Leistungen und die Fürbitte zugunsten der Armen Seelen waren Ablässe erhältlich. Vielen erschien der Ablass als entscheidendes Mittel zur Tilgung der Sündenstrafen. Allerdings waren Missbräuche auf diese Art gewissermassen vorprogrammiert, auch wenn die Kirche sie immer wieder zu bekämpfen versuchte.[3] Im übrigen tolerierte sie das Totenbrauchtum weitherzig. Deshalb findet man im 18. Jahrhundert das gleiche literarische Genre wie das der artes moriendi, die gleichen Totentänze in den Kirchen, die gleichen Totenköpfe in den Beinhäusern wie schon im ausgehenden Mittelalter. Das Sterben war weiterhin umringt von bestimmten und ausdrucksvollen Formen.

Der Versehgang

Jedermann, Priester oder Laie, wusste es: Der Tod kommt schnell und jäh; es gilt, sich rechtzeitig darauf vorzubereiten. Katholiken wussten auch, dass man die Sterbesakramente bekommen muss, wenn die letzte Stunde naht. Gemäss dem Rituale romanum hat jeder Priester die unbedingte und strenge Pflicht, den Schwerkranken und Sterbenden die letzte Wegzehrung zu geben. Man bringt den Kranken zur Kommunion in die Kirche; ist das nicht mehr möglich, überreicht man ihm die Eucharistie zu Hause; dabei ist auf eine strenge, feierliche Form zu achten. Der Mensch, so die damalige katholische allgemeine Meinung, braucht, wenn das Ende naht, menschliche, aber auch christliche, geistliche Hilfe. Er muss zwar allein sterben, aber er stirbt als ein Glied der Kirche, die als Ganzes mit ihm leidet. «Durch das Sakrament der Eucharistie, das ihm die Kirche als Wegzehrung für seinen letzten Weg reicht, kann der Mensch noch sterbend erfahren, dass er nicht aus der Liebe Gottes und der Menschen entlassen ist; die Einsamkeit des Sterbens wird ihm erträglich».[4] Wer ohne den letzten Trost stirbt, ist verloren. Diese Meinung war weit verbreitet: «Wenn ich nur nicht unerwartet sterbe – Gott behüte mich davor», war eine allgemeine Redensart. Man hört den traurigen Unterton durchklingen, wenn die Chronisten notieren, so und so viele Menschen seien «unversehen», ohne letzte Tröstung, «sine confessione et communione», gestorben. Die Leute verziehen es dem Priester nie, wenn er, einmal gerufen, nicht schnell genug zur Stelle war. Noch im 18. Jahrhundert begründete man die Errichtung einer

Kaplanei damit, dass man in der Sterbestunde einen Priester haben müsse. Der Versehgang war damals etwas Heiliges, und er war auch öffentlich. Jedermann wusste, wenn er den Priester im Chorrock und in der Stola zusammen mit dem Sigrist im weissen Chorhemd durch die Strasse schreiten sah, dass ein Mitmensch vom Tod bedroht war und dass man ihm das «Allerheiligste» brachte. Man sprach nicht nur von «Versehen», sondern auch von «Verwahren», von «Versorgen» und, ganz besonders eindrücklich, von «Vertrösten» oder «Auströsten».[5]

Der Versehgang war in allen Einzelheiten geordnet, und das Volk legte grossen Wert auf die Form. Priester und Mesmer eilen, wenn sie benachrichtigt sind, in die Kirche. Der Mesmer nimmt die Verwahrlampe und die Glocke zur Hand, der Pfarrer das Verwahrkreuz, das Gefäss, in dem sich die Kommunion befindet. Sie ist kreuz- oder monstranzförmig und hat am Fuss meistens eine Kapsel für das Öl. Das Öl selber muss vom Bischof geweiht sein. Es wird in der Kirche oder in der Sakristei aufbewahrt. Das Öl bedeutet sinnbildlich Licht, Wärme, Barmherzigkeit und Kraft. «Das Öl», davon war man überzeugt, «und auch das Gebet des Glaubens wird dem Kranken zum Heile werden. Der Herr wird ihn aufrichten, und wenn er in Sünden ist, werden sie ihm vergeben werden».[6] Während Priester und Sigrist durch die Strassen schritten, ertönte das Glockengeläute; an ihm las man Alter und Wohnort des Kranken ab. In Arth und Schwyz wurde mit einer grösseren Glocke geläutet, wenn jemand innerhalb der Wacht, also innerhalb des Dorfes, versehen wurde, mit einer kleineren, wenn es sich um eine Person ausserhalb des Dorfes handelte. Auf das Glockenzeichen hin kamen die Leute mit ihren braunen, oft selbstverfertigten Rodel- oder Verwahrkerzen aus den Häusern, um den «Herrgott in der Hostie» zu begleiten. Mancherorts war es ein Ehrendienst der Bruderschaften.[7] Wer die Versehglocke hörte, legte die Arbeit für einen Augenblick zur Seite. Die Kartenspieler, dies wird für Graubünden bezeugt, legten die Karten auf den Tisch, knieten nieder und beteten die Akte des Glaubens, der Reue und fünf Vaterunser. Kranke und Gebrechliche öffneten, wenn sie die Verwahrglocke hörten, die Fenster ihrer Stuben und Kammern, um wenigstens aus der Ferne das «Zeichen» zu hören. Verwahrgebete wurden von einer Generation zur andern überliefert. So hat in einer Nidwaldner Familie das Vaterunser mit dem Lobspruch geendet: «Gelobt und angebetet seiest Du ohne End, Jesus Christus im Allerheiligsten Sakrament. Komm uns zu Hilf und Trost jetzt und an unserem letzten End».[8] Die alten Walser sagten, wenn sie die Versehglocke oder das Sterbegeläute der Kirche hörten:

«Es lüttet anera Lich
Gott machsche sälig und rich,
Ist schi nöer bi Gott as ich,
So bättet schi au für mich».[9]

In den Statuten der Bruderschaften werden die Pflichten beim Versehgang genau umschrieben: «Muss ein Bruder oder eine Schwester aus der Bruderschaft verwahrt werden, so soll das hochwürdige Sakrament mit zwei Laternen, zwei Fähnlein und zwei Knaben, die das 'Pange lingua' singen, und unter dem schirmartigen Himmel aus der Kirche zu dem Kranken und von dort wiederum ins Gotteshaus gebracht werden».[10] Vor dem Haus des Sterbenden warteten die Familienangehörigen und Nachbarn auf den Priester. In Arth am Zugersee ging es besonders feierlich zu. Da stand ein Mann mit einer dreiarmigen Kerze. Man nannte sie Kerze der Heiligsten Dreifaltigkeit. Hinter dem Priester und Sigristen trug man sie ins Haus; sie brannte neben dem Bett des Todkranken. Im Wallis hielten die

10 Der Kirchhof von Münster GR

Der Kirchhof befindet sich unmittelbar neben der berühmten Klosterkirche St. Johann Baptista. Die Grabmäler, meistens aus Marmor, verraten eine gewisse Stilverspätung. So ist beispielsweise das Kreuz auf Sockel immer noch beliebt. Auch gibt es zahlreiche eingelassene Fotografien der Verstorbenen.

11 Friedhofkapelle St. Nicolas in Fribourg

Ludwig Vogel, Zürich (1788–1879) hat die Friedhofskapelle von St. Nicolas gezeichnet. Der Friedhof selber ist nicht sichtbar. Ein einzelnes geschmiedetes Grabkreuz guckt über die Mauer.

Frauen wohlriechende, aus eigenem Bienenwachs gezogene Kerzen in den Händen. Unterdessen hatte die Hausfrau alles sorgfältig vorbereitet. Sie brauchte die Versehsachen nicht zusammenzusuchen. Alle diese Dinge hatten ihren eigenen Platz. Manches, wie das kleine Hausaltärchen oder das Kruzifix, war mit der Aussteuer ins Haus gekommen. Die Hausfrau wusste auch, was nötig war: ein Kruzifix zwischen zwei Kerzen, ein Gefäss mit Wasser, in das der Priester nach der Kommunion seine Finger taucht, das Gefäss mit Weihwasser mit einem grünen Zweiglein, dem Buchs- oder Sevistüdli darin. Ein symbolträchtiges Detail: Alter Volksweisheit entsprechend war der Sevi (Sevebaum, juniperus sabina) wie auch der Buchs ein Lebensbaum.[11]

An der Türschwelle grüsste der Priester: «Gelobt sei Jesus Christus». Der Kranke antwortete: «In Ewigkeit, Amen». Am Sterbebett betete der Priester mit den Angehörigen. Die Heiligenlitanei begann mit dem Kyrie und den Invokationen. Man rief gern auch die Sterbepatrone, den Erzengel Michael, die Heilige Barbara und den Heiligen Christophorus, an. War der Kranke bei Bewusstsein, so bereitete er sich auf die Beichte vor. Die Angehörigen verliessen das Zimmer. Der Priester, nachdem er die weisse Stola auf die violette Rückseite gewendet hatte, setzte sich ans Krankenbett. Nach erfolgter Beichte empfing der Sterbende die Kommunion. Zu dieser geheiligten Handlung kehrte die Familie zurück. Die geweihte Hostie lag vor dem Kreuz auf dem Versehtisch, der Priester legte dem Schwerkranken die Hostie in den Mund und salbte die fünf Sinne mit Öl: Augen, Ohren, Nase, Mund und Hände. Im 18. Jahrhundert sind auch die Füsse des Sterbenden gesalbt worden. Starb der Kranke, gab der Mesmer ein kurzes Glockenzeichen. Wer es hörte, betete für die «arme Seele».

Dienst am Toten

Dem Toten wurden zunächst die Augen geschlossen. Man glaubte, dass er mit offenen Augen einen Lebenden nachziehen könne. Die Frauen wuschen die Leiche und kleideten sie ein. Meistens zog man dem Verstorbenen das beste Festkleid an; er erhielt auch Schuhe. Besonders bei Wöchnerinnen war das wichtig, glaubte man doch, dass sie nachts wieder zu ihrem Kind zurückkehren würden. Ursprüngliche Totenbekleidung war das Totenhemd. Der Tote soll nach alter Auffassung im Jenseits schlicht vor Gott ankommen. Es gab im ausgehenden Mittelalter kirchliche Verordnungen gegen eine vollständige Bekleidung der Toten. Sie gerieten im 17. Jahrhundert in Vergessenheit.[12]

Das Totenzimmer wurde abgedunkelt. Am Abend kamen die Verwandten und Nachbarn zur Totenwache, um zu beten. Die Gebetsleistung war nicht überall gleich gross; sie begann im 19. Jahrhundert – darüber wird im nächsten Kapitel zu berichten sein – in einzelnen Regionen abzunehmen. Der Ernst der Andacht war, wie A. Senti berichtet, hin und wieder gefährdet: «Besonders die sich im Flur aufhaltenden jüngeren Leute liessen sich zu vorgerückter Stunde keine Gelegenheit entgehen, neben dem Beten auch dem Lachen zum Recht zu verhelfen». Die Kirche hat immer wieder versucht, die Missbräuche bei der Totenwache zu bekämpfen. Der Erfolg war nicht gross. Das Leben triumphierte über den Tod: «Wer bei der Leichenwache isst, lacht und trinkt, stellt sich damit in Gegensatz zum Verstorbenen. Er betont, dass er lebt, dass er sich über den Tod behaupten will».[13]

Das Begräbnis

Wie für den Versehgang gab es im katholischen Bereich auch für das Begräbnis altüberlieferte, ehrwürdige Formen, die man im 18. Jahrhundert noch genau beachtet hat. Damals war der Begräbnisgottesdienst fast ausschliesslich von der Fürbitte für den Verstorbenen bestimmt. Wichtiges Ritualelement war die Absolution. Sie wurde weniger als Schlussritus der Begräbnisfeier und Verabschiedung des Toten verstanden denn als Gebet des Priesters um Erlösung des Verstorbenen von den Sündenstrafen. Waren alle Verwandten und Bekannten eingetroffen, die Leiche eingesargt und auf der Bahre, vereinigte man sich in der Prozession zur Kirche und schliesslich im Zug zum Friedhof. Die Teilnehmer der Beerdigung waren schwarz gekleidet. Lediglich beim Begräbnis von Kindern konnte man weisse Gewänder tragen.[14] Auf dem Weg vom Sterbehaus zur Kirche sang man Psalmen. Die Totenfeier selbst stand unter dem Zeichen von Klage und Trauer. Es gab aber in der Psalmodie auch das Lob Gottes. Insgesamt war die Totenmesse, das Officium Defunctorum, ernst, feierlich und, wie die Zeitgenossen übereinstimmend berichten, von grosser Harmonie und Weihe.[15] Während der ganzen Zeremonie, vor allem aber während sich der Trauerzug zur Kirche bewegte, läuteten die Glocken. Wie für den Versehgang war auch dieses Läuten genau geordnet. Für eine erwachsene Leiche sollten, so heisst es beispielsweise im Kirchenbüchlein von Altdorf, mit der «grossen gloggen die drey Zeychen» geläutet werden. Für die Kinder wurde nur mit der dritten Glocke geläutet. Entsprechend abgestuft waren auch die Tarife. Für die dritte Glocke bekam der Sigrist zehn, für die grosse Glocke aber zwanzig Schillinge.[16] Für den feierlichen Zug zum Friedhof waren bestimmte Massnahmen zu beachten.

12   Friedhofportal von Glis VS

Das aus dem 18. Jahrhundert stammende Marien-Portal zum Friedhof mit seinem Tuff-Pilaster und der bekrönenden Marien-Statue gehört zur schönen Ausstattung der Kirche und des Friedhofes von Glis. Die Freitreppe ist allerdings infolge der Verbreiterung der Strasse entstellt.

13   Das Friedhofkreuz von Altishofen LU

Das grosse Steinkreuz mit reichem Renaissancedekor ist 1636 datiert. Der Friedhof selber befindet sich unmittelbar neben der Pfarrkirche St. Martin, die 1771/72 von Jakob Singer neu erbaut wurde. Im Hintergrund das Schloss der Familie Pfyffer.

14   Der Beinbrecher von Olivone TI

Anstelle eines Friedhoftors wurden einst sogenannte «Beinbrecher» angebracht. Die mit einem Gitter versehene Grube hatte das Vieh vom Friedhof fernzuhalten. Der Beinbrecher von Olivone ist eines der letzten Zeugnisse dieser Art.

Dank den Aufzeichnungen von Pfarrer Fassbind weiss man genau, wie die Bestattungszeremonie in Schwyz im 18. Jahrhundert ausgesehen hat. Im Sterbezimmer wurde gebetet, bis der Leichnam abgeholt wurde. Hinter dem Kopf der Leiche stand ein Kruzifix; zu ihren Füssen ein brennendes Licht und geweihtes Wasser. Der Leichnam selber hatte die Hände gefaltet und trug einen Rosenkranz. So wurde er auch eingesargt: Eine Gebärde der Demut und Ergebenheit in den göttlichen Willen. Vier Leichenträger brachten ihn zur Kirche. Voraus ging ein Mann mit einer brennenden Kerze, dem Symbol des lebendigen Glaubens und der Liebe. Ihm folgte ein Knabe mit dem Grabkreuz. Hinter dem Sarg schritten die Leute paarweise; die Kirchenglocken begleiteten den Zug mit ihrem feierlichernsten Klang. Der Leichenzug war genau festgelegt. Zuerst kamen die männlichen Angehörigen der Verwandtschaft, gekleidet in schwarze Mäntel. Es folgten die schwarz bekleideten Frauen mit brennenden Wachslichtern. Auf dem Friedhof empfing sie der Priester mit «superpallico, stola und aspergoris». Nachdem die Leiche nach vorgeschriebenem Ritus begraben war, wurden kniend fünf Paternoster und Ave Maria samt dem Credo gebetet. Hierauf steckte der Pfarrer das Kreuz auf den Grabhügel, um es ein letztes Mal zu besprengen. Dann ging man in die Kirche.[16a]

Im 18. Jahrhundert ehrte man die Toten nicht nur, sondern fürchtete sie auch. So brachte man da und dort die Leiche durch ein Fenster, damit der Tote nicht plötzlich zurückkehren konnte. Auf dem Weg zum Friedhof empfahl es sich im weitern, den Sarg mehrmals niederzustellen, bei Kreuzwegen, Brücken und Bildstöcken. Meistens wurde dort ein Paternoster gebetet. In Altdorf sind diese Haltepunkte mit speziellen Steinen gekennzeichnet worden; sie sind im Historischen Museum in Altdorf aufbewahrt. Im Kanton Bern sprach man von «lichlein», von «leuen», was so viel bedeutet wie ausruhen, in den Kantonen Uri, Nid- und Obwalden von «Lichghirni», auch von «ghirnen». Man wollte dem Toten Zeit lassen, Abschied vom Leben und von der Heimstätte zu nehmen. Aus diesem Grund trug man den Sarg zunächst so, dass der Kopf des Toten gegen das eigene Haus gerichtet war. Bei der ersten Totenrast wurde der Sarg gedreht, so dass er nun zum Kirchhof, also zu seiner neuen und letzten Heimat, sehen konnte. Die Funktion des «Lichghirni» oder der Raststätte konnte auch das Beinhaus übernehmen, vor allem dann, wenn es, wie in der Innerschweiz, doppeltürig konstruiert war. Es waren dies eigentliche Torhäuser, wie sie etwa für Rickenbach, Wolhusen, Giswil, auch fürs Muotathal, für Wolfenschiessen, für Lachen, Buochs und Hergiswil bezeugt sind. Diese doppeltürigen Beinhäuser sind Friedhoftor und letzte «Lichghirni» in einem.[17]

Leinensack oder Holzsarg?

Wurden die Toten, wie es im Spätmittelalter für ländliche Gegenden bezeugt ist, in Leinwand eingenäht oder aber in einem Holzsarg beigesetzt? Wie unsere Quellen zeigen, gab es beide Bestattungsarten. Allerdings kam es im 17. und 18. Jahrhundert zu einer deutlichen Verlagerung zugunsten des Holzsarges, des Totenbaumes. Noch um 1668 ist zum Beispiel auf dem St. Magnus-Kirchhof von St. Gallen die Hälfte der Verstorbenen ohne Sarg bestattet worden. Doch schon zwanzig Jahre später sah es, wie die neue Friedhofordnung von 1687 zeigt, ganz anders aus. «Derweilen es der Leichen so ohne Bäume in die Erde kommen, so viel nicht mehr gibt, solle im Begraben damit kein Unterschied gemacht, sondern alle so wol ohne, als in den Bäumen nacheinander wie sie kommen gelegt, und damit also verfahren werden». Im 18. Jahrhundert wird den

Tischmachern und Schreinern genau vorgeschrieben, wie ein Sarg zu machen ist. «Ein Dischmacher der Berufen wird, nimmt ein brett mit sich, den Todten darauf zu legen, nimt auch das mass, wie gross der Todtenbaum zumachen seyn. Sodann sollen an allen Bäumen, für erwachsene Persohnen, vorn und hinten eine Liste gemacht werden, damit die Träger denselben in stiegen heruntertraggen, wohl anfassen können, auch schwartz angestrichen».

Die Ausgrabungen von 1988/89 im Bereich des ehemaligen Pfarrfriedhofes von Schwyz sowie die Auswertung der schriftlichen und bildlichen Quellen zeigen, wie hier die Toten im Spätmittelalter bis hinein ins 18. Jahrhundert bestattet worden sind.[17a]

Zu Beginn dieses Zeitraumes (im 13. und 14. Jahrhundert) gab es hauptsächlich Erdbestattungen. Dieser Anteil nimmt in der Folge ab. Im 18. Jahrhundert wurden 59% der Toten in einem Sarg, 25% auf einem Brett und nur 2% in blosser Erde bestattet. Bei den übrigen (14%) konnte der Bestattungstypus nicht genau eruiert werden. Aber die Entwicklung ist eindeutig. Die «Todten- und Begräbnisordnung für den Kanton Schwyz» von 1849 spricht denn auch nur noch von Sargbestattungen. Die spätmittelalterliche Erdbestattung ist gänzlich verschwunden. In einem Grab des 18. Jahrhunderts wurde schliesslich auch ein leerer Kindersarg gefunden. Die Kinderleiche fehlte; vielleicht ist das Kind ertrunken. Eindeutig konnten die Archäologen auch die Form der Särge bestimmen. Sie variierte nur wenig. Im Spätmittelalter sind die Särge mit Brettern zimmermännisch (Holzstreben und Holzzapfen), im 18. Jahrhundert mit geschmiedeten Nägeln zusammengefügt worden. Neben der alten viereckigen Form traten auch längliche, nach unten sich verjüngende Formen auf. Holzsarg wie auch die Grabbeilagen (Rosenkränze, Wallfahrtspfennige und Segenszeichen), all das sind deutliche Kennzeichen eines gehobenen sozialen Standards. Doch gab es im 18. Jahrhundert deutliche Unterschiede. Der Zeitgenosse Kaplan Thomas Fassbind spricht von «ziemlich hohen» Sterbekosten. «Personen mittelmässigen Standes» mussten mit zwei- bis dreihundert Gulden rechnen, reichere mit fast fünfhundert Gulden, und «wer sich Ehr machen» wollte, hatte gar tausend Gulden aufzubringen. Ein Vergleich: Damals kostete in Schwyz eine «schöne Kuh» 180 bis 200 Gulden. Wer in den Himmel kommen und bei den Mitmenschen Ansehen geniessen wollte, hatte demzufolge tief in den Geldsäckel zu greifen.

Die alten Schwyzer wollten am «richtigen Ort» begraben werden. Was das heisst, zeigten die Ausgrabungen aufs schönste: Leute von geringem sozialen Status wurden entlang der Nordmauer des Friedhofes bestattet. Hier fanden auch besonders Arme und Fremde ihre letzte Ruhe, und hier wurden zum Teil in nicht geweihter Erde auch die Hingerichteten beerdigt. Kein Wunder, dass dieser Friedhofteil im Plan von Martin Hediger 1762 nicht beschriftet wurde. Noch schlimmer war die Situation für die ungetauften Kinder. Sie wurden, wie Fassbind berichtet, «nachts an einem besondern Orth ausser dem Friedhof versenkt».[17b]

Begehrt waren in Schwyz besonders die Bestattungsplätze in der Kirche selber. Hier waren die Menschen im Bereich der Heiligen und ihrer Reliquien, hier fühlten sich die alten Schwyzer ganz besonders gut aufgehoben. Beliebter Bestattungsplatz war auch der Friedhof auf der Süd- und Ostseite der Kirche. Ein schönes Beispiel ist dafür die Betschart-Gruft an der Südecke des Altarhauses. Der 1652 verstorbene Landesfähnrich und Statthalter Ägidius Betschart hatte das Glück, unter der zweigeschossigen Sakristei nahe dem Hauptaltar seine ewige Ruhe zu finden.[17c]

Sarg mit oder ohne Schmuck? Auch diese Frage stellte sich im 18. Jahrhundert. So wurde um 1704 im Churer Rat darüber geklagt, dass sich bei Begräbnissen neue Missstände einschlichen. Der Rat verordnete, dass man den Kindern «keine Meyen auf die Todten-Bäume mehreres machen solle, als einem Knäblein ein einziges von der Eltesten Gotten, und einem Meidtlin ein Tschäpelin». Offenbar gab es Sargschmuck auch in anderen Regionen. In Basel wird beanstandet, dass durch «das Aufsetzen von Kränzen auf den Totenbäumen» grosse Kosten entstehen. In Bern wird 1767 verboten, «Meyen und Kränze auf die Todtenbäume zu thun».[17d]

Trauerbräuche im katholischen Bereich

Um den Menschen zu helfen, mit dem Tod eines Angehörigen zurecht zu kommen, gab es verschiedene Trauerbräuche. Sie waren dazu bestimmt, die schwersten Stunden im Menschenleben zu bewältigen, den Schmerz, die Trauer um den Verlust eines lieben Angehörigen besser ertragen zu können. Dem katholischen Trauerbrauch des 18. Jahrhunderts liegen verschiedene Anschauungen zu Grunde. Es ist zunächst der Glaube – man denke auch an die vielen Sagen von den armen Seelen –, dass der Tote weiterlebt. Man war zudem der Meinung, dass ein Toter nicht immer harmlos sei. Er konnte mächtig, gut oder böse sein. Diese Vorstellung von der Macht des Toten beruht auf der Tatsache, dass uns das Erinnerungsbild des Toten lange Zeit begleitet. Was man liebt, sieht man in allen Dingen. Aber anderseits und leider: Es kann auch Hass sein, der über den Tod hinaus wirkt. Und die Erinnerung kann schmerzlich sein, weil man sich selber dem Verstorbenen gegenüber schuldig fühlt. Widerstreitende Gefühle mochten sich einstellen: Man liebte den Verstorbenen, doch gab es da auch einiges zu beanstanden. Eine «Generalabrechnung» wäre fällig. Solche Gedanken mögen die Freiburger im 18. Jahrhundert dazu bewogen haben, ihren höchst merkwürdigen und wohl einmaligen Brauch des «Kleinen Gerichtes» zu schaffen. Er ist am Ende des 18. Jahrhunderts verschwunden. War ein Mensch verstorben, vermummten sich die Nachbarn, traten ins Trauerhaus, stellten den Toten in eine Ecke und hielten Gericht. Man warf ihm zunächst vor, sich aus der Gemeinschaft entfernt zu haben. Und dann wurden alle kleinen Vergehen aufgeführt, die der Verstorbene begangen hatte. Die grossen Sünden wurden nicht erwähnt, hatte sich doch der Tote vor dem Weltenrichter selber zu rechtfertigen. Wahrlich eine aussergewöhnliche Art, mit dem Sterben und mit dem Tod fertig zu werden, mit dem Verstorbenen und sich selbst ins reine zu kommen.[18] Seltsam mutet uns Heutige auch der in Graubünden bezeugte Brauch der «Klageweiber» an. Er wurde 1762 durch Landsgemeindebeschluss abgeschafft. Bis dahin hatten im Engadin und Münstertal die weiblichen Verwandten nach der Bestattung am Grab ein von ausdrucksvollen Gesten und Gebärden begleitetes Klagegeschrei angestimmt. Manche Frauen pflegten, um den Schmerz deutlicher auszudrücken, mit ihren Händen die Erde oder den Schnee aufzuwühlen.[18a]

Wie Pfarrer Fassbind berichtete, war auch die Trauerzeit in die Totenbräuche einbezogen. Reglementiert waren vor allem die Kleidung und das Verhalten der Angehörigen und Freunde. Die Kleidung war je nach Verwandtschaftsgrad abgestuft. Ebenso vorgeschrieben waren der Ablauf beim Opfergeben und das Opfergeld selber. Erwin Horat hat etwas boshaft angemerkt, man könne das Opfergeben auch als «Sehen und Gesehenwerden» bezeichnen. Tatsächlich war die Reihenfolge je nach Anlass vom Begräbnis über den Jahrtag bis zu den Jahrzeiten und den Schlachtjahrzeiten genau umschrieben. Einerseits

15 Beinhaus von Ponte Valentino TI

Das Beinhaus befindet sich links neben der Kirche. Hier findet man ein eigenartiges Fassadengemälde mit Muttergottes als Fürbitterin der Toten, die als Gerippe dargestellt sind.

ist zweifellos ein gewisser gesellschaftlicher Druck ausgeübt worden, anderseits war man eingebunden in einen vertrauten und bekannten Ablauf. Viel mehr als heute wurden die gesellschaftlichen und sozialen Unterschiede betont. So gab es in Schwyz bei den «Fürnehmen» drei Arten von Leid: Das grosse Leid (zwischen Ehegatten, Eltern und Kindern sowie Geschwistern), das mittlere Leid (zwischen Verwandten im zweiten und dritten Grad) und das kleine Leid (zwischen Verwandten im vierten Grad). Im grossen Leid ging man während eines Jahres völlig schwarz gekleidet, im mittleren Leid betrug die Trauerzeit ein halbes Jahr und im kleinen Leid dreissig Tage. Zum grossen Leid gehörten Flor und Kragen. Vorgeschrieben waren offene Haare, verboten war die Verwendung von Puder. Alte Frauen durften nicht in Hauben erscheinen. Bis zum Dreissigsten hatten die nächsten Verwandten an den Gottesdiensten teilzunehmen und jedesmal zum Grabe zu gehen und zu beten. Während dreissig Tagen und Nächten musste im Sterbezimmer ein Licht brennen. Am Dreissigsten und an der ersten Jahrzeit mussten sämtliche Verwandte, auch die Freunde und Nachbarn erscheinen, an Geschlechtsjahrzeiten und am Allerseelentag auch opfern, wobei bestimmte Regeln befolgt werden mussten. Voraus ging, je nach Rang der Verwandtschaft, das weibliche Geschlecht. Es folgten die Männer, auch abgestuft nach dem Grad der Verwandtschaft. Wer zum Opfer ging, hatte auf drei Altäre einen Rappen zu legen. Jede Person opferte also einen Schilling. Pfarrer Fassbind fügte bei, dass die Frauen beim Opfergehen brennende Wachslichter zu tragen hatten. Im Unterschied zu verschiedenen andern Orten hatten in Schwyz die Männer ohne Mäntel zu opfern.[18b]

Der katholische Friedhof

Wie sah der katholische Friedhof des 18. Jahrhunderts aus? Auf Grund der Aussagen von Zeitgenossen, von Beschreibungen, Ausgrabungen und einzelnen Bildern können wir uns eine annähernd gute Vorstellung machen. Die Visitationsberichte zeigen, was die Kirche wünschte und wie weit die Gemeinden den Idealvorstellungen der Geistlichkeit nachkamen.[19] Zum Kirchhof gehörte, wie ein Stich von Martin Martini aus Freiburg zeigt, die Umfassungsmauer, das Tor, das Gätteri, das Friedhofskreuz, Beinhaus, die Totenleuchte und der Weihwasserstein. Alle diese Elemente hatte, soweit sie nicht von Stiftern stammten, die Kirche zu stellen. Dazu kamen die Epitaphien, die Grabmäler und Grabkreuze, welche ausschliesslich die Familien stellten. Wer vom Friedhof und seiner Ausstattung spricht, wird aber niemals ausschöpfen können, was er für den gläubigen Katholiken des 18. Jahrhunderts bedeutet hat. Als Entwicklung der Praxis, aber auch der kirchlichen Lehre hat sich damals eine neue und eindrückliche Vorstellung von der Heiligkeit der Toten entwickelt. Der Leichnam eines Christen schuf schon von sich aus einen wenn nicht geweihten, so doch religiösen Raum um sich. Ein geistlicher Autor des 18. Jahrhunderts hat das erläutert, indem er auf den Unterschied zwischen christlichem Gefühl und dem Glauben an die Unreinheit der Toten, wie er etwa Juden und Römern gemeinsam war, hinwies. Er hat den Unterschied genau erklärt: «Diese Vorstellung der Römer war umso eher verzeihlich, als das mosaische Gesetz den Menschen einen starken Abscheu vor der Berührung von Leichnamen einflösste. Seit Gottes Sohn den Tod selbst nicht nur geheiligt, sondern auch aufgehoben hat, sind die Gräber derer, die für ihn gestorben sind, als Schoss des Lebens und der Heiligkeit aufgefasst worden. So hat man sie auch in die Kirche überführt oder Basiliken errichtet, um ihre Leiber zu bergen».[20] Der Friedhof, so ein anderer Autor, ist zum Schoss der Kirche geworden, zur heiligen Ruhestätte. Man sprach denn auch im katholischen Raum des 18. Jahrhunderts nicht vom Friedhof, sondern vom Kirchhof. Die Toten sollen, so die katholische Auffassung, mitten im Dorf oder in der Stadt unter den Lebenden ihre Grabesruhe haben, bewacht von Kirche, Turm und Mauer. Hinter diesem Bild stehen ganz bestimmte spätmittelalterliche Todesvorstellungen und Konzepte. Danach hat sich der Kirchhof aus der Umfriedung, aus einer Mauer oder eines umfassenden Zaunes, deutlich zu erkennen zu geben. Da wird auch die Rechtsgrenze zwischen sakralem und profanem Raum, anders ausgedrückt zwischen göttlichem und menschlichem Recht symbolisiert.

Der Zugang ist mit dem Tor oder mit einem Gitter oder mit einer von einem Gitter bedeckten Grube, dem Beinbrecher oder dem Gätteri, vor streunendem Vieh gesichert. Die Gätteri hatte allerdings nicht nur das Vieh abzuwehren, sondern den Wiedergänger am Verlassen des geweihten Bezirkes zu hindern. Der Kirchhof ist im 18. Jahrhundert auch immer noch Asylstätte. Ein Beispiel: im Jahre 1752 floh in Freienbach (SZ) ein Dieb, verfolgt von Vogt und Säckelmeister und einer grossen Volksmenge ins Beinhaus. Vergeblich machte der Priester auf das altüberlieferte Asylrecht aufmerksam. Dem Volk gelang es, den Dieb aus dem Beinhaus zu locken. Er wurde misshandelt und er ergab sich schliesslich.[21] Ob das Gätteri wirklich, wie vermutet wurde, auch dazu gedient hat, dem Asylsuchenden einen raschen und ungehinderten Eintritt zu erlauben, ist umstritten. Aber das Gätteri gehört tatsächlich zum alten Kirchhof und Friedhof. Diese Einrichtung wird auch in der berühmten Enzyklopädie von Johann Georg Künitz 1786 genau umschrieben. Robert Wildhaber hat solche Beinbrecher 1956 noch in Rothenthurm, in Vrin und in Lumbrein angetroffen. Auf meiner eigenen Erkundungsreise durch die schweizerischen Friedhöfe entdeckte ich einen Beinbrecher, ein gut erhaltenes Gätteri, noch in Olivone (TI). Nach einer alten Überlieferung hat der Beinbrecher auch als Gefängnis oder Pranger gedient.[22]

Der Friedhof war allerdings nicht nur rechtlicher Bezirk und Begräbnisplatz, sondern Teil eines heiligen Bezirkes der Kirche. Er war Kultraum der ganzen Gemeinde. Wie die Altäre und der Kirchenraum selber wurde er meistens auch vom Bischof oder seinem Stellvertreter geweiht. Wie stark er in das Glaubensleben einer Gemeinde mit allen ihren brauchmässigen Feiern einbezogen war, sehen wir ganz besonders schön am Beispiel von Schwyz. Auf dem Schwyzer Kirchhof fanden nicht nur Prozessionen statt; hier gab es auch die berühmte Karfreitagsvesper, bei welcher die Grablegung Christi dargestellt wurde. In der Osternacht wurde das «Theatrum sacrum» mit einer Auferstehungsfeier fortgesetzt. Angeführt vom Pfarrer, bewegte sich der Prozessionszug durch den Kirchhof. Bei der Kirchentüre angelangt – sie war von innen geschlossen – stiess der Pfarrer mit dem Fuss gegen die Tür: «Er stosst die Thür uff, so flücht der tüfel hinweg». Hierauf begab sich der Priester zum «Heiligen Grab», und die österliche Feier setzte sich fort mit einem gesprochenen Disput am Grab. Das Volk aber folgte, wie es in einem Bericht dargelegt wurde, mit der grössten Andacht.

Die Toten waren in der Nähe; sie waren miteinbezogen. Zwar blieben sie zu Beginn des 18. Jahrhunderts meistens noch anonym. Noch gab es nur wenige feste Grabstellen und keine oder nur ganz wenige Inschriften. Aber jeder Tote, ob arm oder reich, war im gemeinschaftlichen Gedächtnis jederzeit präsent; man denke nur etwa an den Allerseelentag vom 2. November. An diesem Tag gedachte man aller Toten in Gebet und Fürbitte. Alles vollzog sich gemeinschaftlich. Der Schwyzer Friedhof war zu Beginn des 18. Jahrhunderts ein offenes Feld, den kein

16   Das Beinhaus von Poschiavo GR

Das Oratorio Santa Anna ist 1732 gebaut worden, und zwar als Andachtsstätte für die im Jahre 1733 gegründete Sakramentsbruderschaft. Die der Front vorgebaute, als Beinhaus dienende Loggia ist mit Kreuzgewölben überdeckt und öffnet sich zum Platz in drei Bogen. Die Arkade wird ausgefüllt durch ein dichtes, feingliedriges Gitterwerk aus Stäben. Die sichtbaren Gebeine wurden bei der Renovation von 1902 dem Boden der Stiftskirche entnommen. Aus dieser Zeit stammen auch die Gestelle.

Baum und keine Blume, höchstens einzelne hölzerne Kreuze zierten.

Aber es zeichneten sich erste Änderungen ab. Eine gewisse Strukturierung mit einem bescheidenen Wegnetz ist sichtbar, und einzelne Grabstellen wurden mit Familiennamen gekennzeichnet. Wie Georges Descoeudres schreibt, ist die «zuversichtliche Heilserwartung im Schosse der mittelalterlichen Gemeinschaft der Lebenden und Toten einem individualisierten Streben nach Erlösung gewichen».[22a] In einer Zeit, in welcher man einzelne Gräber kennzeichnete und immer mehr Familiengräber einführte, wurde auch das Beinhaus überflüssig. In Schwyz wurde es verhältnismässig früh, schon 1770, aufgegeben. Damit ist allerdings nichts über die grosse, allgemeine Bedeutung des Beinhauses an sich gesagt.

Das Beinhaus

An manchem Kirchhofeingang stand das Beinhaus, gleichzeitig auch die Torbaute. Ein schönes Beispiel stellt das Beinhaus von Hasle im Entlebuch dar. Dieser Torbau war gleichzeitig Versammlungsort der Männer. Nach dem Gottesdienst, der sonntäglichen Messe, kamen sie hier zusammen, um Neuigkeiten auszutauschen. Zum Schutz vor der Witterung wurden in der Schweiz die «Bögen» errichtet. Diese Holzkonstruktion gleicht alten Brücken. Solche Bögen haben sich in Morschach und auch in Altdorf erhalten. Das Beinhaus hatte aber ursprünglich noch andere Funktionen. Es hatte in erster Linie die menschlichen Überreste, ganze Skelette oder einzelne Schädel und Knochen, aufzubewahren. Meistens dauerte ja die Grabesruhe nur so lange, bis der Leichnam gänzlich verwest war. Doch das war nicht immer der Fall. So wurde 1705 im Dorfbüchlein von Altdorf notiert, dass man «wegen dem grossen gestanckh und unrath, so under den Dodtengebeynen aldorten sich befindet bald kein Andacht mehr im Beynhaus abhalten könne». Der Totengräber wird aufgefordert, die «Todtengebeyner», wie es anderswo auch geschehe, vor der Deponierung im Beinhaus zu waschen. Schön gereinigt, wurden sie kunstvoll aufgeschichtet und in der Innerschweiz im hölzernen Totenkratten oder wie in Poschiavo hinter eisernen Gittern verwahrt.

So waren und blieben sie ein warnendes Zeugnis menschlicher Vergänglichkeit.[23] Eine Inschrift verdeutlicht es:

«*Hie richt got nach dem rechten*
Die heren ligen bi den Knechten
Nun merket hie by
welcher her oder knecht gewesen si».

In vielen Beinhäusern, so in Zug, Steinen, Sarnen, Attinghausen, war ein rundbogiges Fenster, das sogenannte «Seelenfenster» angebracht. Auf dem Weg zur Kirche musste jedermann, ob er wollte oder nicht, einen Blick in dieses Seelenfenster oder ins Jenseits tun. Im Beinhaus von Wolhusen hat ein Künstler die Gebeine in seine Totentanzdarstellung einbezogen. In Stans, Wolfenschiessen, Buochs und Seelisberg sowie Einsiedeln versah man einige Schädel sogar mit Namen. In Disentis sind die Totenköpfe mit Hausmarken, in Emmeten mit Bändern und anderen Zeichen gekennzeichnet worden. Reliquienkult und memento mori – gewiss, gleichzeitig aber auch ein Zeichen für den im 18. Jahrhundert immer noch blühenden Armenseelenkult. Die Lebenden waren verpflichtet, für die Toten zu beten, gute Werke zu verrichten und Messen lesen zu lassen. In den Jahrzeitbüchern gibt es deshalb ungezählte Messstiftungen in die Beinhäuser.[24] Um eine regelmässige Armseelenandacht zu gewährleisten, wurde in Engelberg und in Rickenbach ein «See-

17 Das Beinhaus von Vrin GR

Dieses polygonale Beinhaus steht zwischen Nordkapelle und Schiff. Es ist mit seinem von Totenschädeln gebildeten Fries eine einmalige Schöpfung.

18 Das Beinhaus von Mistail GR

Die karolingische Kirche St. Peter in einsamer Lage über der Albulaschlucht ist in der zweiten Hälfte des achten Jahrhunderts erbaut worden; sie stellt die älteste und besterhaltene Anlage vom Typus des rätischen Dreiabsidensaales dar. Früher war es ein Frauenkloster. Es ist zwischen 1098 und 1150 aufgelöst worden. Das Beinhaus ist (links) angebaut; wann es gebaut worden ist, weiss man nicht. Bei geöffneter Türe ist die grosse Masse der Schädel und Gebeine sichtbar.

19 Das Äussere des Beinhauses von Ems GR

Das Beinhaus von Ems ist 1693 gebaut worden. Der gewölbte rechteckige Bau ist von einem steilen Satteldach bedeckt. An der Fassade: Jüngstes Gericht. Im Innern eine thronende Mutter Gottes, durch eine barocke Übermalung etwas entstellt. Auf einem Nischenvorsprung: gut erhaltene Totenschädel.

20 Das Beinhaus von Cumbels GR

Das zweigeschossige Beinhaus mit Satteldach steht an der Nordwestecke des Friedhofes. In der Front friesförmig aufgereiht acht würfelförmige Nischen, in denen Totenschädel standen. Berühmt ist die Fassadenmalerei. Die Mutter Gottes thront zwischen St. Stephan und Mauritius, unten das Fegefeuer. Die Malerei ist 1818 datiert.

21 Beinhaus von Naters VS

Dieses berühmte Beinhaus ist 1514 von U. Ruffiner gebaut worden. Es ist ein zweigeschossiger Bau der Spätgotik mit einer halb versenkten Gruftkapelle und wandartig aufgeschichteten Totenschädeln. Vor der Schädelwand befindet sich eine barocke Kreuzigungsgruppe aus der zweiten Hälfte des 18. Jahrhunderts.

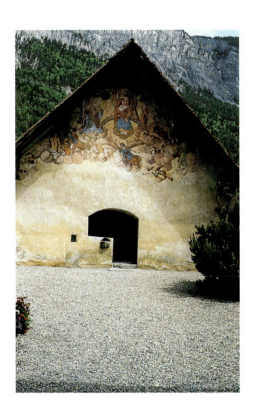

22   Das Beinhaus von Arth SZ

Mit dem Bau der Pfarrkirche von Arth um 1312 hat sich um Kirche, Beinhaus und Pfarrhof ein engerer Dorfkern gebildet. Im Jahre 1694 entstand der Neubau der Kirche. Der grosse Dorfbrand von 1719 hat weder die Heilig Geist-Kapelle noch das Beinhaus erfasst. Beinhaus, Heilig Geist-Kapelle und Kirche bilden zusammen mit dem ummauerten Kirchhof auch heute eine wundervolle Einheit.

23 Beinhaus in Wolhusen LU

Das Beinhaus wurde 1661 gebaut. Der Maler ist unbekannt; man vermutet, es sei Heinrich Tüffel von Sursee, welcher 1677 das Hochaltargemälde Maria Krönung von Menznau schuf. Die Totengestalten, ausgemergelte, mit flatternden Gewändern notdürftig verhüllte Kadaver, sind mit wirklichen Schädeln versehen. Auf diese Weise versuchte der Maler, die Wirkung drastisch zu gestalten, die Gemüter aufzuwühlen und zur Einkehr und Busse zu führen.

24 Das Beinhaus von Neuheim ZG

Das St. Josef und Maria geweihte und 1724 an Stelle einer älteren Friedhofkapelle errichtete Beinhaus steht parallel zur Kirche. Am Chorbogen eine Kreuzigungsgruppe aus dem 17. Jahrhundert sowie Holzrelief des von Engeln getragenen Schweisstuches der Veronika vom Ende des 16. Jahrhunderts. Das Beinhaus ist längst ausgeräumt. Die Neuheimer wollten, wie der Sigrist erklärte, keine Totenschädel mehr sehen. Der Friedhof selbst sah einst anders aus. Die Kirchhofmauer war viel höher, so dass die Kirche den Charakter eines bewehrten Gotteshauses aufwies.

25   Inneres des Beinhauses von Baar ZG

Wie die Beinhäuser von Zug, Steinhausen und Steinen SZ war auch das Beinhaus von Baar nicht als isolierte Kapelle gedacht, es war vielmehr eine Art Fortsetzung und Konzentrierung des Friedhofes. Die rechte Längsseite war als Schauseite für die vor den niedrigen Bogenfenstern der Hauptseite knieenden Betenden gedacht. An der rechten Längswand standen bis zur Höhe der Fenster die Totenkratten mit Schädeln. Sie sind längst entfernt. Schon um 1620 wurde das Beinhaus zu einer eigentlichen Kapelle umgestaltet. Die der Kirche zugewandte Nordseite war die eigentliche Schauseite der Kapelle. In der Mitte des Feldes die Sage von den dankbaren Toten. Das Bild wurde um etwa 1530 gemalt und 1740 nicht fachgerecht aufgefrischt.

26 Das Beinhaus von Steinerberg SZ

Das Beinhaus von Steinerberg ist 1683 gebaut worden. Es verfügt über einen reich geschnitzten Altar, ist aber seiner eigentlichen Funktion längst enthoben. Vor einigen Jahrzehnten waren die Totenschädel hinter dem Totenkratten noch sichtbar.

27 Beinhaus von St. Oswald, Zug

Dieses Beinhaus ist 1480 geweiht worden. Es enthält eine geschnitzte Decke. Im Jahre 1852 wandelte man die vorher an der Nordseite offene Beinhauskapelle in eine geschlossene Marienkapelle um. Der Totenkratten wurde entfernt. Dafür kam später das berühmte Zurlauben-Epitaph in die Kapelle.

28 Beinhaus St. Michael, Oberägeri

Das Beinhaus wurde im Anschluss an den spätgotischen Kirchenbau errichtet und 1496 geweiht. Es erhielt im 17. Jahrhundert Wandmalereien. An der Nordwand stand früher der Totenkratten. Dargestellt sind die Heiligen Wendelin, Ägidius, Erasmus und Mauritius. An der Nordwand der Kapelle befindet sich eine Art Totentanz, aus neun kleinen Szenen mit seltsamen und interessanten Allegorien bestehend. Das Bild trägt die Überschrift: «Speculum rationis».

lenweibli» angestellt. Meistens war das ein armes Mädchen, das für einen kleinen Lohn im Beinhaus Rosenkränze beten musste.[25]

Wie nah die Toten immer waren, belegt ein Brauch, der aus Disentis überliefert ist. Da waren an den Schädeln im Beinhaus Vaterunserschnüre befestigt. Am ersten Tag der Osterfastenzeit betete man ein Vaterunser und machte einen Knopf in die Schnur, am zweiten Tag zwei Vaterunser für den nächsten Knoten und so fort, bis man am letzten Tag vierzig Vaterunser für den letzten Knopf gebetet hatte. Darauf wurde die Schnur im Beinhaus an dem Schädel befestigt, für den man gebetet hatte.[26]

Das Beinhaus: Ort der Andacht. Die Jahrzeit- und Bruderschaftsbücher der Innerschweiz bezeugen es. Da war an Allerheiligen, den Quatembern, an Schlachtjahrzeiten und Bruderschaftsfesten die Endstation von Prozessionen. Mit Kreuzen, Fahnen und unter Glockengeläute sind die «Antiphon de beata», sind Psalmen «de profundis» und «libere me» gesungen worden. Betet, so heisst es im 18. Jahrhundert eindringlich, für die armen Seelen – denn, so wird beigefügt, sie sind auch mächtige Fürbitter und Wohltäter. So hat man im Einsiedler Beinhaus Wünsche und Bitten auf Zettel geschrieben, um sie zwischen die Schädel zu schieben. Das Thema der «Dankbaren Toten» klingt an, wie es in den Beinhäusern von St. Michael in Baar und aus dem Beginn des 18. Jahrhunderts von Unterschächen bezeugt wird. Die Bilder sagen wie die Legenden das gleiche aus: Ein Edelmann geht nie am Kirchhof vorbei, ohne für die armen Seelen zu beten. Eines Tages wird er verfolgt, er flieht in den Kirchhof, und da stürmen aus dem Beinhaus die bewaffneten Gerippe, um ihren Wohltäter zu verteidigen. Die Innerschweizer Volkssage variiert das Thema: Aus dem Ritter wird ein Kiltgänger, der von den Toten vor seinen Gegnern beschützt wird.[27]

Beinhaus und Totenkult gehören unzertrennlich zusammen. Erstaunlich ist es, dass das Beinhaus auch weltlichen Zwecken diente. Es war Speicher für Getreide und andere Lebensmittel. Hier wurden auch Almosen wie Brot, Käse und Wein verteilt. Das Pflichtenbüchlein des Stanser Sigristen hält fest: «Es soll der, so nid wuchner, am Freytag das Spendbrodt selbst abholen und im Beinhaus austheilen und den Rosenkranz abbeten». Im Bürgler Jahrzeitbuch heisst es: «Ein Kilchmeyer sol versechen, dass allwegen uff Aller Seelentag um zechen schillig brott» im Beinhaus an arme Leute verteilt werden. In den bündnerischen Beinhäusern wurde den Armen auch Getreide als Saatgut verteilt.[28]

Weihwasserbecken

Zur Ausstattung des katholischen Kirchhofes gehörte ein Weihwasserbecken. Beim Begräbnis besprengte der Geistliche Grab und Sarg mit geweihtem Wasser. Hier seine Worte, aus dem Lateinischen übersetzt:

«Mit himmlischem Tau erfrische Gott Vater,
Gott Sohn und Gott Heiliger Geist Deine Seele.
Amen».

Hier wird, so Christian Caminada, die Idee des Taues, welcher das Korn keimen lässt, auf die Seele übertragen, so dass sie eines Tages den Leib aufrichten kann. Wahrlich eine wunderbare Art, den Auferstehungsgedanken zu deuten. Ins gleiche Kapitel gehört der Brauch, Korn ins Grab zu schütten und Ähren als Sprengwedel ins Weihwassergefäss zu legen.[29] Nun hat man allerdings – ein Gedanke, der dem Klerus gewiss nicht gefallen hat – das Weihwasser nicht allein ins Grab gesprengt, um die

29   Das Beinhaus von Rümlingen BL

Das Beinhaus wurde zu Beginn des 16. Jahrhunderts gebaut. Bei einem Umbau 1965 kamen Gebeine zum Vorschein. Man schliesst daraus, dass das Beinhaus auf dem Friedhof erbaut wurde. Nach der Einführung der Reformation 1529 ist das Gebäude nicht mehr verwendet worden; es wurde zu einem Zehntenspeicher umgebaut und aufgestockt. Man wollte es eine Zeitlang dem Verkehr opfern. Glücklicherweise wurde es aber 1965 als Totenhaus mit einer Stätte für die aufgebahrten Leichen ausgebaut.

Sünden des Verstorbenen abzuwaschen, sondern auch, um zu verhindern, dass die Dämonen den Körper in ihre Macht bringen.[30] Demgegenüber ist der Brauch des Korns theologisch begründet. Ohne Zweifel hat man an das Paulus Wort im 1 Kor. 15, 36, gedacht, wo es heisst: «Du Narr, was du säest, wird nicht lebendig, wenn es nicht zuvor starb… Gesät wird ein natürlicher Leib und auferstehen wird ein geistiger Leib». Was auf Adams Acker gedeiht, muss zuerst sterben und auf den Gottesacker kommen, denn erst von dort – und deshalb die Bezeichnung – kann die Menschensaat zu wahrem Leben erweckt werden.

Totenleuchter

Zum Bestand und zur Ausstattung des katholischen Kirchhofes gehörten die Totenleuchter. Sie sind aus den Beinhäusern von Stans, Zug, Sempach-Kirchbühl und von Schwyz überliefert und, wie unsere Bilder zeigen, zum Teil heute noch vorhanden. Christliches Gedankengut und magische Vorstellungen in einem. Die Hoffnung auf die Erlangung des ewigen Lichtes durch und in Christus war sicher das wichtigste Motiv. Volkstümlicher war wohl die andere Anschauung: Das Licht soll die Toten erwärmen, das Öl soll sie nähren und ihre Brandwunden salben. Das Licht verkürzt die Leidenszeit der armen Seelen und vertreibt die bösen Geister. Die Jahrzeitbücher belegen diesen Brauch; sie enthalten Eintragungen über Vergabungen an das Totenlicht im Friedhof oder im Beinhaus. Es soll am Samstag, dem Tag der Grabesruhe des Herrn, oder an Jahrzeiten brennen. Den Stiftern gemäss hatten die Totenlichter aber auch am Allerseelenfest vom 2. November zu brennen. Was bezweckt war, sagt ein Stifter im Entlebuch: «Das Totenlicht in einen Stein gehauen und dasselbiglich soll brennen alle Fronfasten des Nachts durch meiner und aller Gläubigen Seelen willen».[31] Manche Lichtstiftung war Sühneakt für eine begangene Untat.[32]

Das Kirchhofkreuz

Auf keinem katholischen Kirchhof durfte das grosse Friedhofkreuz fehlen. Das christliche Zeichen des Grabes war und ist das Kreuz: Der Sohn Gottes ist für den im Grab Ruhenden gestorben, hat für ihn Sühne geleistet; er liess durch die eigene Auferstehung die Hoffnung auf das einstige Wiederaufwachen zurück. Wann das Kreuz in den Kirchhof gekommen ist, wird mangels eindeutiger Quellenaussagen wohl kaum je genau eruiert werden können. Im 17. und 18. Jahrhundert waren laut den Visitationsberichten der Diozösen Chur und Lausanne die Kirchgemeinden verpflichtet, auf dem Kirchhof ein grosses Kreuz zu errichten und zu unterhalten.[33] Tatsächlich sind vom rustikalen Steinkruzifix aus dem Ende des 17. Jahrhunderts in S. Carlo (Val di Peccia) über das barocke Eisenkreuz von Lantsch (GR) bis zum eleganten Rokoko-Eisenkreuz von San Nazzaro (TI) auf hoher Steinsäule alle Stilarten der Zeit zwischen 1600 und 1800 vertreten.[34]

Grabmäler

Gab es auf dem katholischen Kirchhof Grabmäler oder Grabmonumente? Fast durch einen Zufall erfahren wir es: In Surtan (GR) brach im Frühjahr 1742 an einer Versammlung, die im Kirchhof stattfand, ein Streit aus. Man wurde handgemein; da andere Waffen fehlten, riss man die hölzernen Kreuze von den Gräbern, um sich gründlich zu prügeln. Der Pfarrer meldete das üble Ereignis dem bischöflichen Ordinariat: «Was sollen wir tun?» Die Antwort: «Es soll ein Totengottesdienst gehalten werden. Man soll für die Toten beten, deren Grabesruhe man gestört hat. Die Missetäter sollen mitten in der Kirche knien und während des ganzen Gottesdienstes auf ihren Knien bleiben».[35] Auf diesem Friedhof gab es also damals hölzerne Grabkreuze. Auf andern Friedhöfen überwogen, wie verschiedene Abbildungen und auch einzelne noch vorhandene Zeugen bestätigen, eiserne Kreuze. Die ältesten stammen aus dem Anfang des 17. Jahrhunderts. Die Reihe beginnt mit archaisch einfachen, mit keiner Verzierung ausgestatteten Kreuzen. Im Zeitalter des Barocks begann man, die Kreuze zu verzieren. In der Mitte der Balken formte man Lilien, Knospen, Rosen, Nelken und Tulpen. Zeugen dieser hohen Schmiedekunst im 18. Jahrhundert werden in den Museen aufbewahrt. Hier zwei Beispiele: Das Marchmuseum ist im Besitz eines grossartigen Rokokofriedhofkreuzes aus der March. Im Zentrum dieses Kreuzes befindet sich der gekreuzigte Christus. Unten, im Medaillon, befand sich der Name des Verstorbenen. Das Kreuz selber hat eine recht bewegte Vergangenheit. Es wurde, nachdem das Grab aufgehoben war, als Armiereisen für einen Jauchgrubendeckel verwendet. Als man den Deckel zerschlug, tauchte das Kreuz unverhofft wieder auf. Das zweite Grabkreuz, das wir vorstellen, stammt aus dem Ortsmuseum von Uznach. Dieses aus dem frühen 18. Jahrhundert stammende barocke Grabkreuz besteht aus drei Teilen: im Zentrum des oberen Rahmens der Gekreuzigte im Strahlenkranz, im herzförmigen untern Rahmen zwei archaisch einfache Figuren, wahrscheinlich Maria und Johannes, die einst bemalt waren, und im untersten Teil die Inschrift.[36]

Bekannt, ja berühmt sind die eisernen Grabkreuze des Friedhofes von Lantsch/Lenz (GR). Der gesamte Lenzer Bestand an historischen Stücken – ihre Herstellung fällt in die Zeit vom 16. bis Ende des 19. Jahrhunderts – zählt rund 140 Kreuze. Jedes einzelne ist registriert worden. Da gibt es Meisterwerke aus kunstgewandten Werkstätten, aber auch schlichte Erzeugnisse des Dorfschmiedes. Zwanzig Kreuze sind der Gotik, fünfzig der Renaissance und dem Barock und die restlichen zwanzig dem 19. Jahrhundert zuzuweisen. Besonders eindrücklich sind die frühen Kreuze, an denen jedes Detail einen grossen Symbolwert hat. Im 18. Jahrhundert hingegen gibt es diese Symbolaussage nicht mehr; die Form selber wird zum Inhalt.[37]

Zu diesen historischen Zeugen aus Eisen kommen Beschreibungen und einzelne Abbildungen. Sie sind selten, doch recht aussagekräftig. Da heisst es zum Beispiel: Der Friedhof von St. Michael in Zug ist «ein allgemeiner mit sehr künstlich- und köstlichen Eysin vergült und gemahlten Creutzen gezierter Freythof».[38] Eisenkreuze in bunten und vergoldeten Fassungen gab es auch auf dem Friedhof St. Oswald in Zug.[39]

Die Freude an reicher Fassung in Gold und Silber war in den katholischen Regionen mächtig. Man stiess sich kaum daran, wenn fremde Besucher achselzuckend und lächelnd von «gagl de Medel», Medelser Geschmack, sprachen. Eine Schöpfung von besonderer Art waren die an den Eisenkreuzen angebrachten kleinen Kästchen für die Namen und Daten der Begrabenen. Entsprungen sind sie ganz nüchternen Erwägungen. Sie hatten die Inschriften vor der Witterung zu schützen. Aber sie geben dem Kreuz einen Hauch von Intimität: So kostbar sind die Namen, dass man sie nicht sofort sieht; da ist ein kleiner Riegel, eine Falle, die zuerst geöffnet werden muss. Wenn man will, kann man gar ein Schlüsselchen anbringen. Auf dem Friedhof von Seth im Bündner Oberland fand Christian Caminada 1915 das aus dem 18. Jahrhundert stammende eiserne Grabkreuz der Familie Vincenz. Im Kästchen standen nicht die Namen der Verstorbenen, sondern da waren die Bildnisse angebracht: die

30 Der Kirchhof von Mergoscia im Verzascatal TI

Mergoscia war ursprünglich eines der abgeschiedensten Dörfer im Tessin. Es ist erst um 1900 durch eine befahrbare Strasse erschlossen worden. Die Pfarrkirche San Gottardo ist 1338 erwähnt, im 18. und 19. Jahrhundert aber weitgehend umgestaltet und barockisiert worden. Auch heute bilden Kirche, Pfarrhaus und Beinhaus ein malerisches Ensemble, zu welchem eine besonders schöne Friedhofsäule von 1715 gehört. Rechts aussen die stichbogige Vorhalle des im 18. Jahrhundert erbauten Beinhauses.

31 Der alte Friedhof von Flums SG mit Totenleuchten

Der Friedhof wird erstmals in einer Urkunde 1303 erwähnt. Im Jahre 1869 wurden die Mauern abgebrochen und die künstlerisch hochwertigen schmiedeeisernen Grabkreuze auf den neuen Friedhof versetzt. Anlässlich der Kirchenrenovation von 1935 wurde die Mauer erneuert und das grosse Missionskreuz, die Totenleuchte (unser Bild), drei Grabplatten und die alten Grabkreuze wieder aufgestellt. Hingegen hat sich das Beinhaus aus dem 17. Jahrhundert nicht erhalten. Die Totenleuchte besteht aus einem viereckigen Steinpfeiler mit gefassten Kanten. Ein Reliefwappen mit Renaissancecharakter und die Jahreszahl 1763 deuten auf die Erneuerung der Totenleuchte hin, die in ihrer ersten Gestalt ins 15. oder 16. Jahrhundert zurückgeht.

32 Das Friedhofkreuz von Sobrio TI

Der Kanton Tessin ist reich an Friedhofkreuzen aus dem 18. Jahrhundert. Die hier abgebildete Friedhofsäule stammt aus dem Jahre 1777. Sie gehört, zusammen mit den Kreuzwegstationen und der Kirche San Lorenzo, zu einer Baugruppe, die im Einklang mit der Bergwelt steht.

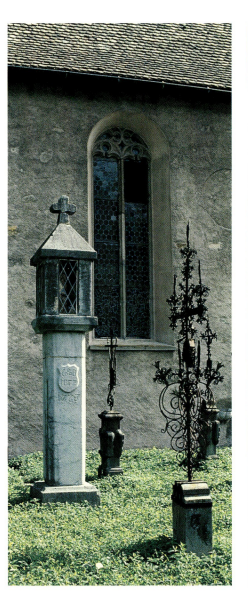

33 Kirche und Friedhof von Astano TI

Die Kirche San Pietro ist eine spätbarocke Anlage mit Beinhaus und Kapellenkranz von 1815. Das Beinhaus mit toskanischem Portikus stammt aus der zweiten Hälfte des 18. Jahrhunderts. Auf dem Friedhof ist alles zu finden: Neben traditionellen Kreuzen die modernen Grabmäler jeglicher Steinart.

Frauen in Trachten und die Männer mit Perücken. Gerne liessen katholische Familien aus oberen Sozialschichten am Grabkreuz neben dem Namen auch ihr Familienwappen anbringen. Schöne Beispiele sind die Grabkreuze der Familien Castelberg und Caprez in Truns.[40]

Zu den Grabkreuzen kommen im katholischen Friedhof die steinernen Monumente und Grabmäler. Alter Tradition gemäss deckten die vornehmen Familien ihre Gräber mit einer Wappenplatte. Im 16. und 17. Jahrhundert bestattete man die Toten dieser Familien in den Kirchen. Die Lage der Grabplatte zeigte jedermann deutlich, wer darunter ruhte: Grab und Grabplatte von Klerikern waren dem Volk im Kirchenschiff zugewandt, die weltlichen Herren blickten zum Altar. Im 18. Jahrhundert schliesslich hat man die Grabplatten auch an der Kirchen- oder Friedhofmauer aufgestellt. Aus Grabplatten wurden so Grabsteine. Die Platte war ihrer neuen Funktion gemäss mehr Gedenktafel denn Grabdeckel. Ein klassisches Beispiel stellt der Grabstein Fontanas von Disentis dar. Er stand an der Südwand der Disentiser Pfarrkirche. Im obern Teil ist das Familienwappen eingemeisselt. Im untern Feld heisst es: «Alhier liegt begraben der hochedelgeborene und gestrenge Herr President Ludwig Francisc de Fontana, gewester Potestat zuo Teglio, dieser Kirche Benefactor. Hat das Zeitliche gesegnet den 27. Januar 1725 seines Alters 47 Jahre».[41]

Wer sich keine Grabplatte leisten konnte, liess sich eine einfachere Steinsäule meisseln. Die Inschriften sind, wie das Beispiel einer Grabstelle des Friedhofes von Untervaz zeigt, recht schlicht. So heisst es: «Hier ligt begraben Dorate Päderi Eingeborni Cresti A 1756 den 14 aberel».[42]

Grabbeigaben

Eine Sitte, ein Brauch verschwindet und taucht – allerdings nur im katholischen Bereich – plötzlich wieder auf. Die Rede ist von den Grabbeigaben, die im frühen Mittelalter bis hinein ins 8., 9. Jahrhundert gebräuchlich waren. Es ging um Waffen, Schmucksachen, hin und wieder auch um eine Wegzehrung für den Gang ins Jenseits. Dieser zweifellos zum Teil auf vorchristlichen Elementen beruhende Brauch verschwand und tauchte plötzlich im 17./18. Jahrhundert neu auf. Bei ihren Ausgrabungen auf dem Pfarrfriedhof von Schwyz stiessen die Archäologen auf Rosenkränze, Wallfahrts-, Segenszeichen und Totenstatuetten (Schabmadonnen). In einzelnen Fällen gab es auch Schmuck. Im Gegensatz zu den früheren Grabbeigaben sind es keine kostspieligen, vielmehr einfache, auch für minderbemittelte Kreise erschwingliche Dinge. Allerdings waren die Beigaben ausschliesslich in Särgen vorhanden; nicht anzutreffen waren sie bei Erdbestattungen und jenen Gräbern, in welchen der Tote lediglich auf einem Brett ruhte. Offensichtlich handelte es sich also doch um Gräber von hablichen Bürgern mittlerer oder oberer Schichten. In all diesen Gaben offenbart sich eine tiefe Volksfrömmigkeit. Sie ist allerdings nicht ganz frei von magischen Vorstellungen.[42a] Die in Einsiedeln hergestellten Schabmadonnen wurden bei Krankheiten in Anspruch genommen. Man schabte mit dem Messer ein wenig Ton ab, um es im Essen vermischt als Allerweltsheilmittel einzunehmen. Wurde die Gabe mit ins Grab gegeben, so nahm man wahrscheinlich an, dass sie auch dem Toten im Jenseits noch helfen werde. Einen amulettähnlichen Charakter haben auch die in den Schwyzer Gräbern gefundenen Benediktus- oder Zachariaspfennige mit ihren Segenssprüchen. Die auf diesen «wundertätigen» Medaillen oder Pfennigen angebrachten Sprüche zeigen auf schönste Art und Weise, worum es ging. Auf der Vorderseite erscheint Benedikt, und auf der Rückseite findet man den Zachariassegen. Der heilige Benedikt war Helfer bei Pest, bösen Geistern, Fieber und Fallsucht. Man glaubte auch, dass er Blitz und Hagelschlag abwenden könne. Er war aber auch der Patron der Sterbenden, er schützte in den schweren Stunden des Hinscheidens vor dem Teufel, der in diesen Augenblicken, wie auch bildliche Darstellungen dieser Zeit zeigen, gerne seine Finger mit im Spiel hatte. Die Inschriften auf diesen meistens in St. Peter in Salzburg geprägten Medaillen sprechen eine deutliche Sprache. Auf dem Längsbalken des Kreuzes finden sich die Buchstaben C S S M L = Crux Sacra Sit Mihi Lux (Das heilige Kreuz sei mein Licht). Auf dem Querbalken sind folgende Buchstaben aufgezeichnet: N D S M = Non Draco Sit Mihi (Der Drache soll nicht mein Führer sein). In den Zwickeln des Kreuzbalkens stehen die Buchstaben C S P B = Crux Sancti Patris Benedicti (Das Kreuz des heiligen Paters Benedictus).[42b]

Schutz für die Toten! Dieser Gedanke mag die Angehörigen bewogen haben, dem oder der Toten einen Benediktuspfennig mit ins Grab zu geben. Bei den Wallfahrts- und Bruderschaftsmedaillen, die auf dem Schwyzer Friedhof in grösserer Zahl gefunden wurden, gelten andere Beweggründe. Die Besitzer von Wallfahrtsmedaillen haben sich gewissermassen noch im Tod als treue und fromme Christen ausgewiesen. Als sie zu Lebzeiten nach Einsiedeln oder einem andern Wallfahrtsort pilgerten, dort eine Medaille erstanden, ging es ja darum, die Fürbitte eines Heiligen beim Jüngsten Gericht zu erwirken oder aber auch durch den am Gnadenort erhaltenen Ablass die Höllenstrafen zu verkleinern oder gar zu eliminieren. Wer ein solches Zeichen zu Hause hatte, war glücklich, denn, so glaubte man, es sei imstande, das Böse von Haus und Stall fernzuhalten, bei Krankheit oder gar beim Sterben zu helfen. Dass solche Medaillen im 17. und 18. Jahrhundert auftauchten, ist kein Zufall. Im Zeitalter der Gegenreformation wiesen die Kapuziner und Jesuiten in ihren Predigten unablässig auf die Bedeutung der Wallfahrten hin, und es kam deshalb zu einem nochmaligen Aufschwung des Wallfahrtswesens, bis viele Wallfahrten gegen Ende des 18. Jahrhunderts der Aufklärung und Säkularisation zum Opfer fielen.

Zu den begehrten Wallfahrtsmedaillen – sie zeigen auf der Vorderseite das Gnadenbild oder die verehrten Heiligen, auf der Rückseite die Ansicht des Gnadenortes – kommen die Bruderschaftsmedaillen. Es waren dies gewissermassen Mitgliederausweise. Die Bruderschaften selber halfen nicht nur bei Beerdigungen, sie unternahmen im 18. Jahrhundert regelmässig auch Wallfahrten zu «ihrem» Gnadenort und bekamen da auch ganz spezielle Ablässe. Bruderschaftsmedaillen gleichen den Wallfahrtsmedaillen. Die Vorderseite ist oft gleich wie das Wallfahrtszeichen. Auf der Rückseite erscheint hingegen das Kennzeichen der Bruderschaft. Meistens sind diese Medaillen dem Toten in die rechte Hand oder in die gefalteten Hände gelegt worden. Es kam aber auch vor, dass man dem Verstorbenen die Medaille als Anhänger an einem Rosenkranz um den Hals legte. In diesem Fall trug der Tote die Medaille in ähnlicher Weise, wie sie schon der noch Lebende getragen hatte. Das Vorkommen einer solchen Medaille beweist allerdings nicht unbedingt, dass der Tote die betreffende Wallfahrt selber unternommen hat. In einigen Fällen stammt das Zeichen aus Familienbesitz. Woher stammten die Medaillen? Die Archäologen fanden 23 Medaillen schweizerischer Wallfahrtsorte. Alle ausser einer einzigen stammten aus Einsiedeln. Kein Wunder: Einsiedeln lag nahe, und die Mutter Gottes sowie der hl. Meinrad waren Landespatrone. Auf der Vorderseite erscheint das Gnadenbild, die Maria mit Christuskind auf dem linken Arm. Auf der Rück-

34 Der Kirchhof von Rapperswil um 1796

Am Ende des 18. Jahrhunderts standen auf diesem Kirchhof wenige hölzerne und eiserne Kreuze. Deutlich erkennbar sind die Epitaphe bekannter Rapperswiler Geschlechter an der Aussenwand der Kirche. Federzeichnung aus dem Jahre 1796.

35 Rückseite des Benediktuspfennigs aus einem Schwyzer Grab

Die Rückseite offenbart deutlich den amulettartigen Charakter. Hier ist der Benediktussegen in abgekürzter Form aufgezeichnet; auf dem Längsbalken C S S M L. Die Auflösung: Crux Sacra Sit Mihi Lux (Das heilige Kreuz sei mein Licht). Im Querbalken finden sich folgende Buchstaben: N D S M D (Non Draco Sit Mihi Dux = Der Drache soll nicht mein Führer sein). In den Zwickeln des Kreuzbalkens finden sich folgende Buchstaben: C S P B. Das bedeutet: Crux Sancti Patris Benedicti (Das Kreuz des Heiligen Vaters Benedict).

36 Vorderseite eines Benediktuspfennigs aus einem Schwyzer Grab (17./18. Jahrhundert)

Der hl. Benedikt galt auch als Patron der Sterbenden und Beschützer vor dem Teufel. Viele Benediktuspfennige stammen aus der Benediktinerabtei St. Peter in Salzburg oder aus der bayrischen Benediktinerabtei Metten. Wegen ihres amulettartigen Charakters wurden sie von der Kirche nicht gern gesehen.

35

36

37 Rückseite einer Medaille aus Köln (1800) aus einem Schwyzer Grab

Auf der Rückseite ist ein deutschsprachiges Gebet angebracht:

«Heilige drei Könige
Kaspar, Melchior und Balthasar
Bitet fur uns jez und in dem sterbstund».

Wie der Spruch verrät, ist dies keine eigentliche Wallfahrts-Medaille, sondern vielmehr ein Amulett, das man dem Toten mit ins Grab gab, auf dass er die Hilfe und den Schutz der drei heiligen Könige erhalte.

38 Vorderseite der Medaille von 1800 aus einem Schwyzer Grab

Die gut erhaltene Medaille mit Fassung (angelötetem Noppen oder Aufhänger) wurde in Köln hergestellt. Auf der Vorderseite, eingerahmt von einem achteckigen Stern, ist die Anbetung der heiligen drei Könige dargestellt.

39 Pestsarg aus Spiringen UR

Der mit 1505 datierte Pestsarg hat einen aufklappbaren Boden, damit die Totengräber mit der Leiche nicht in Berührung kamen. Er wird im Historischen Museum von Altdorf aufbewahrt.

40 Grabplatte aus Holderbank AG aus dem Jahre 1644

Wie der Grabplatte zu entnehmen ist, lag hier Johanna Margareta Effinger von Wildegg begraben. Eindrucksvoll die Grabinschrift:
«ICH BLUIT DAHAR GLICH
WIE EIN ROS
BALD GAB DER TOD MIR
SOLCHEN STOS
DAS ICH NOCH JUNG
VERLIES MIN LÄBEN
DOCH HAT MIR GOTT
EIN BESSERS GÄBEN.»

41 Schmiedeisernes Grabkreuz aus Tomils GR (18. Jahrhundert)

Dieses schmiedeeiserne Grabkreuz weist zwei Eigenheiten auf. Einmal befindet sich ein Christus am Kreuz; sodann gibt es rechts die Schlange, ein Motiv, das recht selten auftaucht, aber recht schön den barocken Charakter des Kreuzes unterstreicht. Auf dem Täfelchen unten sind seinerzeit die Daten festgehalten worden.

42 Schmiedeisernes Grabkreuz aus Uznach

Das aus dem frühen 18., vielleicht sogar aus dem 17. Jahrhundert stammende barocke Grabkreuz besteht aus zwei Teilen. Im Zentrum des obern Rahmens dominiert der Gekreuzigte im Strahlenkranz. Im herzförmigen untern Rahmen sind zwei archaisch einfache Figuren, wahrscheinlich Maria und Johannes, auszumachen. Sie waren vermutlich bemalt. Zwischen den beiden auf dem Schild befand sich die Inschrift.

43 Schmiedeisernes Grabkreuz aus Altdorf um 1700

In Altdorf gab es wie in andern grössern Orten der Innerschweiz und des katholischen Teils des Kantons Graubünden im 18. Jahrhundert bedeutende Schlosser, die imstande waren, nicht nur den Bedarf an schmiedeisernen Grabkreuzen zu decken, sondern auch einmalige künstlerische Werke zu schaffen.

44 Rokoko-Friedhofkreuz aus der March

Diese grossartige Schmiedearbeit stammt aus dem 18. Jahrhundert. In der Mitte der Gekreuzigte. Zuunterst im Medaillon befand sich der Name. Dieses Kreuz hat eine besonders bewegte Vergangenheit. Es wurde, nachdem das Grab aufgehoben worden war, als Armiereisen für einen Jauchegrubendeckel verwendet. Als man den Deckel zerschlug, tauchte das Kreuz unversehrt auf. Es wurde dank einem Legat fachmännisch restauriert.

45 Epitaph der Rapperswiler Familie Helbling

Das Sandsteinepitaph stammt aus dem 17. Jahrhundert. Namentafel und Kreuz sind neueren Datums. Roll- und Knorpelwerk in prallen Formen umgeben die aus drei Kartuschen gebaute Wappenpyramide, flankiert von zwei Engeln mit Sanduhr und Totenschädel. Das Grabmal wurde nach dem Brand der Pfarrkirche an der Liebfrauenkirche gleich neben der Pfarrkirche angebracht, vor einigen Jahren entfernt und magaziniert.

46 Epitaph der Rapperswiler Familie Raymann 1670/80

Das grossartige Epitaph mit einer Kreuzigungsgruppe ist um 1670/80 entstanden. Die Jahreszahl 1723 ist nachträglich eingemeisselt worden. Das Epitaph war eine Zeitlang an der Aussenwand der Liebfrauen Kapelle aufgestellt. Vorher gehörte es zur Ausstattung der Pfarrkirche Rapperswil.

47 Grabtafel einer bekannten Altdorfer Familie

Die Familie Schmid von Bellikon liess sich im 17. Jahrhundert von einem unbekannten, aber guten Maler diese Grabtafel machen. Sie ist eine Kopie nach Federico Barocci (1537–1612).

seite war die perspektivische Ansicht der 1798 zerstörten Einsiedler Gnadenkapelle zu sehen. Die Schwyzer pilgerten aber auch nach Triberg im Schwarzwald, Grüssau in Schlesien, Weingarten und Köln. Acht Medaillen stammen aus Italien (Rom, Loreto und Padua): Auf den Medaillen des Auslandes erscheinen auch «neue» Heilige wie Antonius von Padua, Franz von Assisi, Johannes Nepomuk, Felix von Cantalice und Franziskus Regis. Besonders häufig war das Motiv der Erlösung (Kreuzigung, Heilig-Blut, blutende Herzen, Armer Christ). Das «Heilig-Blut» besass das Patronat über die Toten. Einmal – auf einer Kölner Medaille – kommt in klassischer Weise zum Ausdruck, worum es letzten Endes ging: Auf dieser Medaille werden die Heiligen Drei Könige um Fürbitte gebeten «im sterb stun».

Blumenschmuck?

Blumen gab es auf dem katholischen Friedhof des 18. Jahrhunderts nicht. Alle Leichenhügel wurden gleichmässig gemäht. Nach dem bischöflichen Visitationsbericht von 1623 gehörte das Gras und Heu dem Sigristen. Von dieser Ordnung wich man auch im 18. Jahrhundert nicht ab, und das Volk hatte offenbar gegen die Verwendung dieses Heues nichts einzuwenden, gab es doch die sprichwörtliche Redensart: «Wenn der Mesmer den Friedhof mäht, regnet es».[43]

Geweihte und ungeweihte Erde

Die Hauptsache war, dass man auf einem Friedhof und in geweihter Erde begraben wurde. Dieses Glück hatten nicht alle Menschen des 18. Jahrhunderts. Da waren einmal die ungetauften Kinder. Sie kamen als «Nichtchristen» in den ungeweihten Teil des Friedhofes. In Nid- und Obwalden war dies eine kleine gemauerte Gruft in einer Ecke.[44] In ungeweihter Erde wurden auch die Selbstmörder und die Hingerichteten bestattet. Ihre Grabstätten waren in der Innerschweiz durch ein sogenanntes Elendskreuz gekennzeichnet. Berühmt war der ungeweihte Friedhof bei der Luzerner Sentikirche. Hier wurden die Hingerichteten und die Dirnen unter Kostenbeteiligung des Staates bestattet. Dieser Friedhof war im ausgehenden Mittelalter Zentrum einer lokalen Wallfahrt. Im Zentrum dieser Wallfahrt stand das Beinhaus mit einem Elendskreuz und dem Totenlicht. Selbst nach dem Abbruch des Beinhauses lebte die Wallfahrt zum Elendskreuz, zu den «schamroten Elendseelen», fort. Da gab es eine grosse Zahl von Motiven: Besen gegen Geschwüre, Löffel gegen Zahnweh, Ruten gegen Ungeziefer und die verschiedensten Bitthelgen. Die erhaltenen Zettel zeigen es deutlich: es waren vor allem die sozial niederen Schichten, die Zuflucht bei den «schamroten armen Seelen» suchten.

Beinhaus und Friedhof: In den katholischen Regionen mischen sich im 18. Jahrhundert die verschiedensten Funktionen, Anschauungen und Gedanken. Vorchristliche, magische Bräuche vermengen sich mit christlichen Sitten.

Protestantische Begräbnis-Sitten

Wie sah es in den protestantischen Regionen des 18. Jahrhunderts aus? Allen Unterschieden zum Trotz gibt es einige Gemeinsamkeiten. So hat man es beispielsweise mit den Selbstmördern genau gleich gehalten wie die Katholiken. Selbst ein aufgeklärter Pfarrer des 18. Jahrhunderts wie Johann Caspar Lavater behauptete, der Selbstmörder verstosse gegen die gottgewollte Ordnung, handle also aus Unglauben. Als sich Jakob Örtli 1729 selber umbrachte, verlangten die Ossinger, dass er altem Brauch entsprechend unter dem Frauenfelder Hochgericht verscharrt werde. Im calvinistischen Genf hielt man es mit den Selbstmördern und Hingerichteten nicht anders. Ihre toten Körper wurden ausserhalb des Friedhofs in ungeweihter Erde begraben. Vorher hing aber, sehr zum Verdruss der aufgeklärten Genfer, die Leiche des Erhängten mehrere Wochen am Galgen.[45]

Besonders aufschlussreich ist ein Beispiel aus dem Kanton Zürich. Als sich 1711 die alte «bisher guttätige hochangesehene» 79jährige Frau des Wädenswiler Müllers Blattmann aus «Melancholie» umbrachte, beerdigte man sie auf dem Friedhof, weil man im Dorf annahm, sie sei eines natürlichen Todes gestorben. Das Volk aber murrte und verklagte die Familie. Der Rat von Zürich befahl indessen, die Frau in ihrem Grab zu lassen. Doch wenig später gingen vermummte Gesellen des Nachts auf den Friedhof, um die Leiche aus der geweihten Erde zu entfernen.[46] Die Dorfgemeinschaften fürchteten die Leichen von Selbstmördern. Als Caspar Pfenninger auf Befehl der Obrigkeit 1780 im Stäfner Kirchhof bestattet werden sollte, wendeten die Dorfältesten ein, «dass solches nimmer sein könne, wilen dieser Ort hart an der Kirchen, auch wo schwangere Weiber, Kinder und sonsten viel Volkes darüber oder darnebend in Kirchen gehen müssen».[47] Im Volke legte man grossen Wert darauf, ehrlich, das heisst in geweihter Erde bestattet zu werden.

Die Obrigkeiten wussten es: Noch 1790 empfahl der Basler Konvent den Pfarrern auf der Landschaft, den hartnäckigen Feinden des Abendmahls mit dem unehrlichen Begräbnis zu drohen.[47a]

Nachwehen der Reformation

Der Friedhof war auch in protestantischen Landen ein heiliger Ort, obwohl fast alle einstigen Merkmale fehlten: Beinhaus, Friedhofkreuz, Totenleuchter und Weihwasser. Der protestantische Friedhof des 18. Jahrhunderts ist kahl; er trägt, von einigen wenigen Ausnahmen abgesehen, deutliche Spuren der Reformation. Die Chronisten haben es genau notiert: «In diesem Jahr 1528 ward auch verkünt von den kantzlen, dass jederman sine stein ab den greben heim fürren selt, in einnem manet, und wer das nit täde, so wurde sy der bumeister nemen … es wurdent ouch fil fromer erlicher lütten begreptnis zurissen und abthan». So der Zürcher Edlibach. Aus St. Gallen berichtet Vadian 1529, dass «alle grabstein ab dem kirchhof gfüort und ward angesehen, dass man alle mentschen, reich und arm nacheinander vergraben sölte».[48] Man entfernte, so Johannes Kessler, der St. Galler Chronist, auch die Hochkreuze, alle Figuren, seien es Ölberge oder Kalvarienberge. Nüchtern wird das berichtet; trotzdem spürt man die Erschütterung. So heisst es bei Kessler: «Wie man den Ölberg abbrach und die Sul (Säule) umbgefelt (gefällt) war das ewig Licht usgelöschen».[49] Entfernt wurden auch die Totenleuchten und Weihwasserbecken.

Kontroversen

Die Reformatoren haben mit der religiösen Volkskultur überhaupt und ganz allgemein mit jeder Form brauchgebundenen Lebens gründlich gebrochen. Calvin und Zwingli anerkannten das Brauchtum nicht als Ausdruck des Glaubens. Brauchmässig gebundenes Leben, Volkskultur überhaupt gehören nach ihnen fortan nicht mehr zur Kirche. Der Glaube hat sich nach der neuen Lehre immer nur zwischen Gott und dem einzelnen

Menschen ohne die Mutter Kirche und ihre Heiligtümer zu vollziehen. Der neue Glaube ist und war unsinnlich. Busse, Gnade und Erlösung vollziehen sich im Geist. Der Kult, auch der Totenkult, wird gering geachtet oder gar verabscheut. Wie weit das Volk das alles mitvollzog, kann hier nicht untersucht werden. E. Strübin hat sehr anschaulich gezeigt, wie sich auf dem Boden der reformierten Staatskirche eine neue Art von Volksfrömmigkeit entwickelt hat.[50] Angesichts der Radikalität der reformierten Lehre verwundert es nicht, dass es zwischen Kirche und Volksglauben zu Kontroversen kam. Am schärften prallten Lehre und Volksmeinung bei den grossen Festen des menschlichen Lebenslaufes zusammen: Taufe, Hochzeit und Bestattung. Deutlich wird das zum Ausdruck gebracht in der Schlussrede der Berner Disputation: In der Schrift findet sich, so heisst es hier, kein Fegfeuer nach dieser Zeit. Darum ist aller Totendienst wie Vigilie, Seelenmesse, Seelgerät, Siebenter, Totenfeiern, Dreissigster, Jahrzeit, Ampeln, Kerzen und dergleichen sinnlos.[51] Die reformierte Kirche hat zwischen dem 16. und 18. Jahrhundert alles vermieden, was dem Totenkult Vorschub leistete. Aber im Angesicht des Todes brechen alte Quellen des verschütteten Glaubens auf, und die alte Gemeinschaft, Familie, Verwandtschaft, Dorf, meldet sich zu Wort, und deshalb auch das zähe Festhalten an alten traditionalistischen Formen selbst über den Kopf der Kirche hinweg. Die Mandate und Verbote des 17. und 18. Jahrhunderts sprechen da eine deutliche Sprache. So heisst es beispielsweise in einem Decretum vom 18. September 1661 in Basel: Es sei bei den Begräbnissen junger, unverehelichter Personen, Knaben wie Jungfrauen, der neuerliche Missbrauch eingerissen, «dass die Todtenbahren mit Cräntzen und Mäyen vast gäntzlich uberhänckt und bedeckt» würden. Solche Hoffart und Eitelkeit wird, als «dem alten herkommen Unserer Christlich- reformierten Kirchen gar nicht gemess», bei einer Strafe von zwei Mark Silber verboten. In der Reformationsordnung vom 24. Heumonat 1780 muss das übermässige Leidtragen erneut eingeschränkt werden, und damals ist auch das Kondolieren und Abdanken bei den Begräbnissen verboten worden.[52]

Untergang der Beinhäuser

Ein Greuel waren den Reformatoren besonders die Beinhäuser. Sie hätten sie gerne sofort allesamt abgerissen. So haben beispielsweise die Berner 1531, nachdem man den Friedhof in einen öffentlichen Kirchhof, in einen öffentlichen Platz, umgewandelt hatte, beschlossen, auch das Beinhaus abzureissen.[53] Das Volk war indessen damit keineswegs einverstanden. Als Pfarrer Werndli im zürcherischen Affoltern das Beinhaus räumen liess, kam es zu einem Tumult. Der Zürcher Rat trat als Friedensstifter auf. Gleichzeitig liess er sich von Heinrich Bullinger ein Gutachten erstellen. Hier werden alle Einwände der reformierten Theologie gegen die Beinhäuser aufgelistet: der Brauch, menschliche Knochen wieder aus dem Erdreich zu nehmen, stehe im krassen Widerspruch zum Bibelwort: «Gottes Erste und elltiste Ordnung ist die, die er grad im paradies gemacht: us der erden bist genommen und in erden must wiederkeeren oder zu erden werden». Bullinger griff auch auf die mittelalterliche Vorstellung zurück, wonach am Jüngsten Tag sich die Verstorbenen aus den Gräbern erheben. Er nahm die Bibel wörtlich und glaubte, die Körper könnten sich nicht mit den Seelen vereinigen, wenn die Schädel nicht in den Gräbern blieben: «So spricht der Herr imm Evangelio: Die in den greberen sint, werdendt hören die stimm des suns des menschen». Die Beinhäuser werden als ein Merkmal der Katholiken, «als ein päpstliches Gedicht» bezeichnet, und die Protestanten hät-

48 Grabmal für Maria Magdalena Langhans in Hindelbank BE

Das Grabmahl von Johann August Nahl (1710–1785) bildete gegen Ende des 18. Jahrhunderts ein Ziel fast aller Schweizer Reisen. Christian Gottlieb Schmied, der das Grabmal im Sommer 1787 besuchte, berichtet: «Zwischen dem durch die Stimme des Weltrichters in 3 Teile geborstnen Stein, erblickt man die schönste weibliche Figur von griechischer Form auf der linken Seite liegend, mit dem linken Arm das obere Teil des Steins gleichsam wegdrükkend, um dem Grabe zu entgehen; mit der rechten Hand hält sie am linken Ärmchen das neugeborne Kind, das mit seinem Köpfgen schon fast durch den geborstnen Stein heraus ist, und sich bestrebt, mit seinem rechten Händgen den Stein vollends wegzuschieben.»

49 Die Grabplatten von Zernez GR

Im Chor und Schiffboden der reformierten Kirche (erbaut 1607–1609) befinden sich insgesamt 21 Grabplatten aus dem 17. und 18. Jahrhundert, die meisten für die Angehörigen der Familie Planta-Wildenberg. An der Südseite des Chors befindet sich das Epitaph für Johann Heinrich Planta, gestorben um 1700.

50 Grabkreuz aus Truns GR

Dieses grossartige, archaische Grabkreuz aus Truns stammt wohl aus dem 17. Jahrhundert. Das Motiv ist später von Schlossern und Schmieden wiederholt aufgegriffen, aber nie mehr in dieser geschlossenen, eindrücklichen Form realisiert worden.

51 Die Epitaphe von Malans GR

Ein Unikum: In der Vorhalle der Malanser Kirche sind Marmor-Epitaphe eingemauert; sie gehören alle dem gleichen Typus an. Die Inschriftenplatte wird flankiert von glatten Säulen mit Kompositkapitellen. Das Wappen ist meistens im Giebel angebracht. Der Text ist in lateinischer Sprache abgefasst. Beerdigt sind hier die Angehörigen der Familien von Planta und von Salis.

52 Zwei Epitaphe in der Kirche von Gelterkinden BL

Das barocke Epitaph links im Bild wurde für Hans-Rudolf Genath, Obervogt auf Farnsburg, gestorben 1708, hergestellt.

53 Epitaph in der Kirche Saint-Saphorin-sur-Morges VD

Grabmahl für François-Louis de Pesmes, (gestorben 1737) in der Kirche Saint-Saphorin-sur-Morges. Das Monument besteht aus schwarzem und weissem Marmor. Ikonographisch ist es höchst originell, tritt doch der Tod als bärtiger Engel mit Sense und Stundenglas auf.

ten davon Abstand zu nehmen. Trotz Bullingers Polemik konnten sich die Beinhäuser verhältnismässig lange halten. Systematisch ging man offenbar in Appenzell AR vor, wo man im Jahre 1615 in den Dörfern Gais, Trogen und Urnäsch alle Gebeine im Kirchhof beisetzte. Im Jahre 1610 entfernte man die Schädel und Knochen im zürcherischen Kilchberg, im Jahre 1620 in Höngg, und am Pfingstmontag des Jahres 1638 fanden auch der «Stillstand» und die Gemeindeältesten von Uster, es sei nun an der Zeit, die vielen tausend Totenschädel und Gebeine, die sich im Beinhaus angesammelt hatten, zu bestatten. Sie wurden in einem Massengrab feierlich beigesetzt. Viele Gemeinden gaben den Beinhäusern neue Zweckbestimmungen. Am einen Ort baute man eine Sigristenwohnung ein, am andern Ort Schulzimmer. Im ausgedienten Beinhaus von Uster sperrte man bis 1823 die Vagabunden ein.[54] Die Reformatoren hätten sich gefreut. Die Bindung zwischen Gottesdienst und Totenkult war gelöst. Der Reliquien- und Armseelenkult, dessen Herz das Beinhaus gewesen war, war mehr oder weniger ausgerottet.

Abstandnehmen von den Bräuchen in und um das Beinhaus und «derglichen Affery», um nochmals ein Wort Bullingers zu brauchen, das scheint geglückt zu sein. Man nahm wirklich gründlich Abstand. So zerstörten protestantische Jugendliche 1539 die Totenleuchte von Orbe, und die Kirchhöfe wurden wirklich aus- und aufgeräumt. Grabsteine gab es in Genf beispielsweise nicht mehr. Selbst das Grab Calvins war ohne jede Auszeichnung. Jakob Bernoulli, ein junger Basler, kam 1676 nach Genf. Von Basel kannte er die protestantischen Friedhöfe. Was er aber in Genf sah, versetzte ihn in ungläubiges Staunen: «Der Todtengarten (Cemetière) ist in vier Mauren viereckig eingefasst, der Jungs und Alts ohne Unterschied, wie die Hünd, unter den Grund geworfen wird, ohne Gesang und Klang, sine lux, sine crux et sine Deus. Da weiss man nichts von Leichpredigten in der Kirche, von Leidseremonen bey dem Grab, von Leidklagen, Abdankungen, von Grabsteinen und Epitaphiis. Daher können sie auch Calvinis Grab nicht eigentlich weissen. Was gemeine Leuth, die tragt man nur auf der Achsel zum Grab; Leuth von Condition aber mit nid sich gesenkten Händen. Vor diesem gingen die Weiber auch an dem Leid, weil sie aber zu grosse Pracht trieben mit langen Schwäntzen an den Röcken, die sie durch allen Koth schleppen müssen, alss ist dieser Brauch abgeschafft worden, und gehen nur die Männer».[55]

Der Genfer Friedhof – Paradebeispiel

Es gab im Friedhof von Plainpalais verschiedene Abteilungen. Das erste Carré war für Magistraten und Pfarrer reserviert. Es folgte das Carré für die Bürger und schliesslich jenes für die übrigen Bewohner und Fremden. Eine Gleichheit vor dem Tode gab es also auch dort nicht ganz, obwohl es nur noch Nummern und keine Grabsteine gab. Doch schon im 17. Jahrhundert wünschte man sich wieder Grabsteine, und im 18. Jahrhundert war es so weit. Im Jahre 1773 bat die Familie eines Genfers den Rat um Erlaubnis, einen Grabstein zu errichten. Das Gesuch wurde zwar abgelehnt. Gleichzeitig wurde aber doch bekannt, dass es damals schon einzelne Steine gab, die den Namen und das Todesdatum trugen. Die Vorschriften seien eben nie sehr streng beachtet worden, meinte der Genfer Du Bois-Melly. Gleichzeitig stellte er fest, dass es einen eigentlichen Schmuck und eine Pflege der Gräber nicht gegeben habe. Die Genfer Friedhöfe seien verlassene Orte ohne jede Pflege. Du Bois-Melly wunderte sich schliesslich auch darüber, dass die Ärzte nichts gegen die Beerdigungen in oder unmittelbar neben den Kirchen einzuwenden hatten, obwohl dies doch gefährlich sei.[56]

In der zweiten Hälfte des 18. Jahrhunderts kommt es indessen auf den Genfer Friedhöfen zu verschiedenen Änderungen. Wie weit das schon die ersten Vorboten der Revolution gewesen sind, scheint zweifelhaft. Immerhin, im Jahre 1767 wird vorgeschlagen, den Friedhof Plainpalais neu einzuteilen. Ursprünglich war er in vier Teile gegliedert, von denen jeder einer bestimmten sozialen Schicht reserviert blieb. Nach dem neuen Vorschlag sollten nun alle Leute, gleich welcher Schicht sie angehörten, fortlaufend begraben werden.[57] Kurz nach der französischen Revolution ist tatsächlich der Friedhof in neue Carrés eingeteilt und der Längsrichtung nach numeriert worden. Damit war die Gleichheit vor dem Tode, wie sie die französische Revolution gefordert hatte, wenigstens teilweise hergestellt. Die Reaktion war indessen negativ. Den Toten, so heisst es in einem Bericht von 1800, wird die geschuldete Achtung versagt. Man könne die Gleichheit auch zu weit treiben.[58]

Die Ärzte greifen ein

Dass es im 18. Jahrhundert zu Änderungen kam, ist indessen nicht oder jedenfalls nicht in ausschlaggebender Weise auf die Revolution zurückzuführen. Mit dem Friedhof befassten sich jetzt nicht nur Theologen und Politiker, sondern auch die Ärzte. Im Sommer 1766 wendet sich die medizinische Fakultät der Universität Basel an den Rat, mit einem Schreiben, in dem sie die Beerdigung in den Kirchen aufs schärfste verurteilt: «Nichts ist einer sonst wohl politisierten Stadt unerträglicher als der abscheuliche, aber auch durch die alte Ordnung heilige Brauch, die Toten in den Kirchen zu begraben, wodurch man so oft epidemische bösartige pestilenzialische Fieber und auch plötzliche Todesfälle entstehen gesehen».[59] Der Rat setzte eine Kommission ein, aber diese wollte nichts von revolutionären Änderungen wissen. Es sollte weiterhin in Kirchen und Kreuzgängen begraben werden können. Auf einen einzigen Vorschlag der Kommission wurde eingetreten: Die überfüllten Kirchen von St. Leonhard und St. Peter sollte man eine Zeitlang ruhen lassen und als Ersatz dafür entweder Plätze vor den Toren oder in der Stadt «an abgelegenen, dennoch bequemem und anständigen Orten, mit möglichster Menagierung des Ärarii finden». Auch in bezug auf die Bestattung in den Kirchen nahm man eine gewisse Änderung vor. Diese Gräber sollten jeweils erst nach der Leichenrede geöffnet und mussten nach der Versenkung des Sarges sofort wieder geschlossen werden. Ganz entschieden müsse man von nun an die vorgeschriebene Grabtiefe von sechs Schuh einhalten. Ganz ohne Wirkung blieb also die Eingabe der Mediziner nicht. Auch scheint der Rat irgendwie verunsichert gewesen zu sein, ordnete er doch eine Besichtigung der Friedhöfe durch die beiden Steinmetzmeister Daniel Bruckner und Daniel Büchel an. Die beiden Experten regten an, dass man auf dem grossen Friedhof von St. Elisabethen den Begräbnisplatz der armen Sünder – doch immerhin eine recht anrüchige Stätte – vom Gemeindefriedhof deutlich abgrenzen müsse. Ein «Separationsmäuerlein» wäre angezeigt. Der Friedhof von St. Leonhard, so heisst es im Bericht, sei überfüllt und die Gräber seien zu wenig tief. Auch im Kirchhof zu St. Peter habe man die Gräber nicht tief genug ausgehoben. Der Kinderfriedhof sei, ohne dass eine Erlaubnis vorgelegen habe, in einem Gemüsegarten umgewandelt worden. Da und dort lägen menschliche Gebeine. Im Sommer sei der Verwesungsgeruch so stark, dass die gegen den Kirchhof liegenden Zimmer des Pfarrhauses nicht mehr bewohnt werden könnten.

Zustände in Basler Friedhöfen

Der Friedhof im Klingental wird nicht erwähnt. Doch war es stadtbekannt, dass er nicht abgeschlossen werden konnte und den Holz- und Salzfuhrwerken als Standplatz diente. Fazit der obrigkeitlichen Experten: die überhäuften Kirchhöfe von St. Leonhard und St. Peter seien abzutragen und zu nivellieren. Der Sigrist solle die Gräber in gerader Linie anlegen. Neue Grabsteine dürften nicht gesetzt werden. Sie brauchten zu viel Platz und störten die Ordnung. Der Rat hiess die beiden letzten Punkte gut. Für eine umfassende Reform war er nicht zu haben. Er befahl, die Kirchhöfe von St. Leonhard und St. Peter für einige Jahre ruhen zu lassen. Ersatz gebe es im Gnadental. Ausserdem erwarb die Stadt von der Johanniter Komturei den Reb- oder Kohlacker beim St. Johann Tor. Der Rat liess den neuen Friedhof 1767 ummauern. Er diente von nun an der Peters-Gemeinde als Begräbnisplatz. Eine weihevolle Stimmung konnte hier allerdings nicht aufkommen, pflanzte doch der Hirt der St. Johann Vorstadt hier seine Kartoffeln. Ausserdem diente das «Totenhäuslein» als Lagerstätte für Knecht und Ross.[60] Im Sommer 1782 beklagten sich Leute von St. Leonhard über die ekelhaften Ausdünstungen auf dem Friedhof. Sie wurden auf spätere Massnahmen vertröstet. Man müsse mit der Zeit neue Begräbnisplätze finden.[61]

Ländliche Idylle

Ähnlich wie in Basel sah es auf der Genfer Landschaft aus. Der Friedhof von Saconnex, so heisst es in einem Bericht aus Genf, sei nicht ummauert. «Da gibt es Karren, die mitten durch den Friedhof fahren und die Gebeine zerstören.» Ausserdem gebe es immer wieder vermögliche Familien, die erreichten, dass man ihre Angehörigen in den Kirchen bestatte. Der Pfarrer von Genthod erklärte, dass die Dünste, die aus diesen Familiengräbern stiegen, ihn beim Gottesdienst arg gestört hätten.[62]

Zürcher Friedhöfe und Begräbnisse

Gegen den Willen einzelner alten Familien fasste der Zürcher Rat 1770 einen mutigen Beschluss: Fortan sollte nicht mehr in den Kirchen bestattet werden. Das wäre fünfzig Jahre zuvor noch undenkbar gewesen. Im Predigerchor beispielsweise hatte das Patriziat in der Art katholischer Klöster so etwas wie eine Fürstengruft eingerichtet. David von Moos hat diese Nekropole 1778 recht farbig beschrieben: «Jener Eingang leitet, wie ich glaube, zu dem Gewölbe. Wie knarren die Angeln dieser fürchterlichen Türe, da sie nicht gewöhnt ist, Besuche zu empfangen. Wie das hohe Gewölbe bei jedem Schritt schallet … Ich bemühe mich, die Aufschriften zu lesen, und kann nur herausbringen, dass diese Überbleibsel der Reichen und Berühmten sind. Keine gemeinen Toten sind hier aufbehalten. Die Durchlauchtigsten und Ehrwürdigsten haben sich diesen Aufenthalt allein zugeeignet».[63]

Kein Zweifel: dieser Grabkult konnte den protestantischen Zürcher Theologen nicht gefallen. Johann Baptist Ott, Leutpriester am Grossmünster, schreibt: «Bei Begräbnissen gibt es keine eitle Prunksucht; sie sind ehrbar und bescheiden. Die Toten werden in ein Tuch eingehüllt, auf eine Bahre gelegt und in der Regel am dritten Tag bestattet. In der Stadt gibt es keine Grabreden. Behördenmitglieder und Untertanen, Herren und Knechte erhalten die gleiche Totenfeier. Durch den Kirchhof geht man in die Kirche, wo man zu Gott betet, aber nicht für den Verstorbenen, sondern man dankt Gott für dessen Befreiung aus den Banden des Todes und bittet für die Familie des Verstor-

54 Der Friedhof von Soglio im Bergell GR

Unmittelbar neben der Kirche von Soglio – sie wird erstmals 1354 erwähnt und ist im 18. Jahrhundert umgebaut worden – befindet sich der Friedhof. Neben einigen Grabmälern aus Stein gibt es viele, zum Teil ausgezeichnet geschmiedete Kreuze.

55 Kirchhof von Lenz GR

Dieser Friedhof ist wegen seiner wundervollen Grabkreuze weit herum bekannt, ja berühmt. Der gesamte Lenzer Bestand an historischen Stücken (ihre Herstellung fällt in die Zeit vom 16. bis Ende des 19. Jahrhunderts) zählt rund 140 Kreuze. Einige besonders wertvolle Kreuze stammen aus der Werkstatt der Familie Laim in Hevanen (Grbd).

56 Kirchhof und Kirchhofkreuz von Aurigeno TI

Die Friedhofsäule stammt aus dem Jahre 1691, das teilweise abgetragene Beinhaus wurde 1858 erbaut. Die Kirche San Bartolomeo bildet mitsamt Pfarrhaus und Friedhof eine malerische Anlage von grossem Liebreiz. Hinter dem Beinhaus steht das Pfarrhaus.

57 Kirche und Beinhaus von Gentilino TI

Die Kirche Sant Abondio in einsamer, malerischer Lage gehört zu den schönsten Anlagen des Tessins. Eine Zypressenallee führt zur Basilika. Neben der Kirche steht (links im Bild) das Beinhaus, ein würfelförmiger Bau mit ausgemalten Arkadennischen, entstanden 1730. Die Friedhofsäule ist 1668 datiert.

benen, für seine Hinterbliebenen, für Kranke, Betrübte und Sterbende. Die Friedhöfe grenzen an die Kirche, kennen keine Unterschiede des Standes und weisen sehr selten Grabsteine und Grabschriften auf».[64]

Wir wissen nun, wie der Zürcher Friedhof in den Augen des Grossmünster Pfarrers ausgesehen hat. Wie er wirklich aussah, erfahren wir aus verschiedenen anderen Berichten. Hans Heinrich Bluntschli schreibt 1711, dass es «vor dem grossen Sterbend anno 1611» Aufgabe der Zunftmeister gewesen sei, «die Leichabdanckungen» vorzunehmen. Die Obrigkeit habe damals beschlossen, dass die «Herren Zunftmeister nicht mehr abdancken sollten, sonderlich einer jeden Leich, sondern alles Volck solte hineingehen in die Kirchen, dahin die Leichen gehörten, und sole derselbigen Kirchen, Pfarrer oder Helfer abdancken». Schon im 17. Jahrhundert seien aber die Pfarrer von dieser Pflicht befreit worden, und man habe die Helfer oder Diakone angestellt. Da hätten sich aber viele Missbräuche eingeschlichen, und deshalb habe Pfarrer Breitinger ein Sterbe- und Abdankungsgebet verordnet.[65]

Eine weitere Beschreibung eines protestantischen Bestattungsrituals verdanken wir dem Zürcher David Herrliberger. Das Werk ist mit hervorragenden Kupferstichen ausgestattet. Gezeigt wird das Sterbezimmer einer vornehmen Zürcher Familie. Ausser dem Sterbenden, der Ehefrau, den Kindern, den Dienstmägden befindet sich nur der Arzt im Zimmer. Der Pfarrer fehlt in dieser Darstellung. Eindrücklich ist die Zeremonie am Begräbnistag selber. Die Frauen, gebeten von der «Leichenbitterin», gehen ins Trauerhaus. Die Männer im schwarzen Sonntagshabit, in Mänteln und Halskrausen, stellen sich auf. Der Hauseingang ist wie die Wände im Innern des Hauses mit schwarzen Tüchern verhängt. Die Schreinergesellen vernageln den Sarg. Die eingeladenen Gäste sind aufmarschiert, um zu kondolieren. Um halb vier Uhr kommen die übrigen Bürger zum Trauerhaus. Die Träger bringen den Sarg. Ein «Kondolierer» gibt die Aufstellung des Trauerzuges bekannt. Vier, acht oder beim Tod eines Magistraten zwölf Männer tragen die Bahre. Dem Sarg folgen die männlichen Verwandten, die Zunftmitglieder, dann die Frauen in Leichentracht. Den Schluss macht die «Leichenbitterin». Im Friedhof zeigt der Totengräber den Weg. Die Trauergemeinde begibt sich in die Kirche. Es folgt die Leichenpredigt des Diakons. Nach dem Segensspruch gehen die Leidleute nochmals zum Grab, und schliesslich findet man sich im Sterbehaus ein.[66]

Vom Leichenmahl ist da nicht die Rede, aber wir wissen aus anderen Berichten, dass es solche «Todten-Mähler» gegeben hat; sie wurden auch immer wieder aufs neue verurteilt, «weil man dabei wenig ans eigene Sterben dachte, sondern bis zur Füllerey geschwelget». Sie verursachten tatsächlich recht grosse Kosten. Der Zürcher Humanist Stucki sprach deshalb von Rabenmählern, weil die Teilnehmer gesonnen seien, das Vermögen des Verstorbenen zu verschlingen, ganz ähnlich, wie sich die Raben auf einen Kadaver stürzen. Die Mandate und Verbote sprechen eine ebenso deutliche Sprache: «Das Vertrinken der Todten», heisst es schon 1601, «haben wir vor Jahren durch Mandat abgestrickt». Offenbar nutzlos. Um 1793 zahlte ein Wirt in Oberhittnau eine Busse, die ein halbes Vermögen kostete, weil er ein köstliches, mehrgängiges Leichenmahl serviert hatte.[67] Solche Leichenmähler gab es übrigens nicht nur in protestantischen, sondern auch in katholischen Regionen, wie die Untersuchung von Yvonne Preiswerk erst kürzlich wieder gezeigt hat.[68]

Auch in der Westschweiz gelang es nicht, die der weltlichen und der geistlichen Obrigkeit so verhassten Leichenmahlzeiten mit ihren «Trinkexzessen» zu unterdrücken. Wie wollte man es einer Familie verbieten, ihre von nah und fern zu einem Begräbnis herbeigeeilten Verwandten und Bekannten nach altem Brauch gastfreundlich zu bewirten? Das war einzusehen. Also war es einzuschränken: Eine bescheidene Mahlzeit für die engsten Verwandten, die von auswärts kamen, sollte genügen. Schluss zu machen war endlich auch mit den Almosen an Arme, die sich beim Trauerhaus einzustellen pflegten. Das war ein katholischer Brauch, der sich auf die wohltätigen Werke zugunsten der Verstorbenen abstützte.[68a]

In Graubünden gab es zwei Arten von Totenmählern. Vor dem Begräbnis gingen Verwandte, Freunde, oft die ganze Dorfbevölkerung ins Trauerhaus. Hier wurde neben dem Sarg die erste Leichenrede gehalten. Die Gäste erhielten Brot und Wein. Mancher guckte schon hier zu tief ins Glas. Wie die Churer und Davoser Bussenrodel belegen, waren viele Leidklagende, ja selbst der Geistliche betrunken, ehe sie in die Kirche gingen. Dort kam es zu unerfreulichen Szenen. Nach der Rückkehr aus der Kirche begann im Trauerhaus oder im Wirtshaus das Leichenmahl (romanisch «palorma»). Auch dabei gab's Exzesse, so dass die Landsgemeinden kurzerhand beschlossen, den Leichenschmaus abzuschaffen. «Gespiesen» werden sollten nur jene, die Wache standen, den Sarg machten oder trugen, heisst es im Davoser Statut.[68b]

Kosten eines Zürcher Begräbnisses

Auch ohne Leichenmahl waren die Kosten eines Begräbnisses im reformierten Zürich des 18. Jahrhunderts ganz beträchtlich. Das Ausgabenverzeichnis im Nachlass Finsler zeigt genau, mit welchen Beträgen eine vermögliche Zürcher Familie zu rechnen hatte. Der Tischmacher bekam für die Herstellung des Sarges sieben Gulden, die Gesellen, die ihn brachten, einen Gulden und acht Schillinge. Für das Einsargen mussten nochmals ein Gulden und acht Schillinge bezahlt werden. Die Magd, welche die Bahre holte, bekam zwanzig Schillinge. Der Stubenverwalter, der die Tücher hängte und sonst allerlei zu besorgen hatte, bekam zwei Gulden zwanzig Schillinge, der Herr Diakon für die Leichenpredigt fünf Gulden, die Kilchgangsageri (Leichenbitterin) sogar sechs Gulden, der Sigrist und der Totengräber bekamen vier Gulden, der Schneider und seine Gesellen sowie der Tuchherr drei Gulden. Das ergab samt einigen weiteren Ausgaben die hübsche Summe von sechzig Gulden und sechzehn Schillingen. Dazu kamen die Nebenausgaben wie Trinkgelder im Betrag von dreissig Gulden fünf Schillingen. Insgesamt waren ohne Leichenmahlzeit neunzig Gulden aufzuwenden.[69] Das entsprach – horribile dictu – dem Jahreslohn eines Arbeiters.

Genfer Begräbnisse

Vornehme Genfer Familien hatten mit ähnlichen Beträgen zu rechnen. Die Beteiligung an den Beerdigungen hat im Laufe des 18. Jahrhunderts offenbar Rekordzahlen erreicht. Das koste viel Geld, ausserdem halte dies die Leute von der Arbeit ab, meinte die Compagnie des Pasteurs. Man solle, wie dies in Bern gehalten werde, die Teilnehmerzahl begrenzen. Der Vorschlag wurde indessen abgelehnt. Vornehme Genfer Familien boten für ihre Begräbnisse mehrere Soldaten oder Offiziere auf, die den Leichenzug mit gezogenem Degen zu begleiten hatten. Die Compagnie des Pasteurs bekämpfte diese «Unsitte» vergeblich. Immerhin wurde der Lohn für den begleitenden Offizier nach oben begrenzt. In einem andern Punkt kam die Compagnie des Pasteurs den Wünschen der Genfer Oberschicht entgegen. Die Genfer Herren durften nun an Beerdigungen lange schwarze

58 Begräbnis in Zürich im Jahre 1752

David Herrliberger hat 1752 seine berühmte «Explication des Cérémonies Sacrées» herausgegeben, in der er das ganze Ritual rund um den Tod erklärte und in Stichen darstellte. Auf unserem Bild versammeln sich die Verwandten der wohlbestallten Bürgerfamilie vor dem Hause des Verstorbenen. Die Türe zum Haus ist mit schwarzen Tüchern verhängt.

59 Sterbezimmer in Zürich im Jahre 1752

David Herrliberger hat die Sterbeszene eindrücklich festgehalten. Der Geistliche scheint das Abendmahl zu geben, während die engsten Verwandten weinend am Bett stehen.

60 Trauergottesdienst in Zürich 1752

Der Diakon hält vor dem Taufstein die Abdankungsrede. Vorne rechts (C) befinden sich die Verwandten des Verstorbenen. Hinten (D) stehen die Bürger. Am Eingang links unter der Kanzel steht der Pfarrer. Stich von D. Herrliberger.

61   Ein Leichenzug in Zürich 1752

David Herrliberger zeichnete den «Leichenzug» mit grosser Genauigkeit. Ebenso aufschlussreich sind die Aufzeichnungen, die Goethes Schreiber J. J. Ludwig Geist 1797 gemacht hat: «Ist nun alles beysammen, so treten die Anverwandten des Verstorbenen alle in einer Reihe auf ein vor dem Hause gelegtes Bret, alsdann kommen die Geistlichen, wie sie nach gehöriger Rangordnung aufeinander folgen und ein jeder reicht sämtlichen Betrübten seine Hand und giebt dadurch sein Beyleid zu erkennen; dieses thun nun auch die andern Bürger. Ist dieses nun durchaus von einem jeden geschehen, so kommen zuletzt die Träger, welche aber, ohne Händedruck, sogleich in das Haus gehen und die Leiche heraustragen. Nun zieht denn alles in gehöriger Rangordnung hinter dem Sarg her, erst kommt der älteste Sohn des Verstorbenen oder auch die Tochter, die das Recht haben, neben der linken Seite des Sarges herzugehen, dann folgt die sämtliche Geistlichkeit und dann die übrigen Bürger, alle bar, sodann folgen die Frauenzimmer, die aber nicht eher aus dem Hause der Leiche herausgehen als bis der Verstorbene fortgetragen wird. Die Anverwandten sind alle schwarz mit weissen Mützen und mit einem schwarzen Schleyer bedeckt, in der Hand halten sie ein ganz weisses, viereckt zusammengelegtes Taschentuch.»

Mäntel tragen, die Frauen Schleier. Gleichzeitig aber wurde der Blumenschmuck auf dem Sarg verboten; dieser Brauch scheint um 1770 aufgekommen zu sein. Erstmals werden in dieser Zeit auch Kutschen erwähnt, die am Trauerzug beteiligt waren. In einem neuen Reglement von 1783 wird gesagt, wie gross die Ausgaben für ein Begräbnis sein durften. Keinen Erfolg hatten die Genfer Pastoren in ihrem Kampf gegen die sich mehrenden Kondolenzbesuche, die wegen der Bewirtung viel Geld kosteten. Schön, so meint der Protokollführer der Compagnie des Pasteurs, dass man sich zu trösten versuchte; die Pfarrer seien sicher auch ihrerseits bereit, bei Kondolenzbesuchen Trost zu spenden. Besser wäre es freilich, so wird angemerkt, den Trost früher zu suchen: «Wir registrieren mit Bedauern, dass viele Leute in der Sterbestunde keinen Pfarrer rufen. Sie setzen sich der Gefahr aus, ohne Tröstung zu sterben. Wo bleibt das Gewissen, wo der Glaube? Die Compagnie kann das alles nur mit Schmerzen sehen».[70]

Tendenzen zur Säkularisation

Tendenzen zur Säkularisation kann man auch in andern protestantischen Städten sehen. «Epitaphien, Ehrensäulen in Kirchgängen sind Schwachheiten. Bahnen wir den Toten den Weg aus der Stadt, so bekommen wir bessere Luft und verlieren alle Vorurteile», so hiess es in Basel. In Bern schlug 1782 Ratsherr Tillier vor, die «beschwerlichen ceremonien der leichenbegräbnisse» einzuschränken. Ausserdem sollte man die «Kilchhöfe» vor die Stadt hinaus schieben.

Die eingesetzte Kommission fand das zweckmässig und schlug vor, zwei Jucharten vom Müsmattfeld zu ummauern und hier einen neuen Friedhof einzurichten. Mehr geschah freilich nicht. Erst als Stadtarzt Gottlieb Rosselet feststellte, dass die Gesundheit der Stadtbevölkerung gefährdet sei, beschloss der Rat auf Antrag des Sanitätsrates: «Es sollen alle in der haubstadt sich befindliche todtenäcker vor die stadt hinaus versetzt werden». Doch ging es volle dreissig Jahre, bis die Idee in Gestalt des Monbijou-Friedhofes realisiert werden konnte.[71]

Erfolge der Aufklärer in Zürich

Im protestantischen Zürich haben am Ende des 18. Jahrhunderts die Aufklärer an Boden gewonnen. Noch fünfzig Jahre zuvor sah es völlig anders aus. Damals hatten sie, man denke nur an das Schicksal des berühmten Naturforschers Johann Jakob Scheuchzer, «viel Verdruss von den Theologis». Die Orthodoxie gab den Ton an. Offenbar gab es aber schon damals eine ganz spezifische zürcherische Frömmigkeit. Abraham Ruchat meinte 1714: «Leur piété n'est pas fastueuse». Ein Engländer wunderte sich gar, dass es in Zürich an den Kirchen einzelne Grabmäler gebe «in a town where they are such rigid Calvinists».[72] Doch die Aufklärung machte nun rasche Fortschritte, und die Skepsis gegenüber den religiösen Glaubensvorstellungen wuchs vor allem in bürgerlichen Kreisen. In Zedlers Universallexikon 1745 ist der Zwiespalt, die Konkurrenz zwischen der aufklärerischen Vernunft und der Tradition (anders ausgedrückt: der Bibel) deutlich erkennbar: «Es kommen bey dem Tode des Menschen verschiedene Umstände vor, die sowohl nach den Gründen der Vernunft als der Heiligen Schrift untersucht werden können, obschon die Erkänntnis, die man aus der Schrift hat, weit vollständiger ist, daraus wir sonderlich die Ursache und moralische Beschaffenheit des Todes erkennen müssen».[73]

Der rationalistische Utilitarismus der Aufklärung passte nicht schlecht zur protestantischen Nüchternheit. Vieles von dem, was im Sinne der Sittenmandate als weltlich, abgöttisch, heidnisch oder papistisch verboten war, war schon immer verfemt gewesen. Neu war nur, dass grosser Aufwand jetzt nicht allein als unchristliche Üppigkeit, sondern auch als Verschwendung von Geld bezeichnet wurde.[74] Dass trotz dem Widerstand konservativer Kreise die «Fortschrittlichen» endlich siegten, wundert deshalb nicht. Auch als im Jahre 1780 der Zürcher Rat wieder einmal über die Zürcher Friedhöfe debattierte, siegten die «Fortschrittlichen». Mit den Argumenten der Gesundheitsvorsorge votierten sie für eine Verlegung der Kirchhöfe aus der Stadt. Der Rat beschloss nach den Grundsätzen der «Guten Polizei», als Ersatz für den Kirchhof des Grossmünsters drei neue Gottesäcker einzurichten. Die verstorbenen Stadtbürger sollten von nun an im «Fuchsloch», die Flunterer vor dem Rämibollwerk bei der Platte und die Leute von Oberstrass im «Rietli» beerdigt werden. In der Fraumünstergemeinde diskutierte man über einen neuen Friedhof vor dem Wollishofertor. Die Gemeinde sagte allerdings nein. Hingegen folgte die Kirchgemeinde St. Peter dem Rat und verlegte den Friedhof nach St. Anna. Eine späte Realisierung der Reformatoren, die ja eine Verlegung gefordert hatten? Sicher nicht. Der Anstoss kam diesmal nicht von theologischer Seite, sondern von den weltlichen Behörden. Man wusste, worum es ging. David Wis, der Verfasser einer zürcherischen Staatskunde, rühmte 1796 den Rat wegen seines gesundheitspolitischen Verhaltens.

Trennung von Friedhof und Kirche?

Im Gegensatz zu den Reformatoren, die seinerzeit für die Trennung von Friedhof und Kirche plädiert hatten, wehrten sich jetzt viele Geistliche für den Verbleib des Friedhofes im Stadtzentrum. Der Winterthurer Stadtpfarrer fand, dass man das Memento mori nach wie vor ausschliesslich im Kirchhof zu finden habe. Der Kirchhof sei «eine Schule der Weisheit und Frömmigkeit. Hier lernen wir, das Böse zu meiden und dem Guten anzuhangen».[75] Johann Baptist Ott habe seinerzeit auch für das Verbleiben am alten Standort plädiert.[76]

Das neue Todesbild

Eine Gegenströmung zur Säkularisation machte sich gegen Ende des Jahrhunderts bemerkbar. Mit dem Parameter «Tod des Andern» entstand ein neues Todesbild. Man besann sich plötzlich: Gibt es nicht eine familiäre Bindung und Beziehung über den Tod hinaus? Was bedeuten die Gräber in unserem Friedhof denn eigentlich? Ist das, was die Reformatoren wollten und mit der Ausräumung auch erreichten, wirklich der Weisheit letzter Schluss? Keine Grabsteine, keine Kreuze, keine Blumen? Gewiss, bis anhin gehörte der Grasnutzen beispielsweise im St. Anna-Friedhof dem Totengräber. Aber musste das denn so bleiben? Diese Frage stellte sich, und David von Moos versuchte sie zu beantworten. Um 1780 begann er, alte und neue Grabschriften zu sammeln. Schon diese Tat verrät ein neues Denken. Weiteren und besseren Aufschluss geben seine Bemerkungen über die Friedhöfe seiner Zeit. Er gehörte zu jenen, die die Gräber der Angehörigen besuchen: «Da ging ich erst über den grossen Acker hin und setzte mich in der Mitte auf einen grünen Grabhügel und schaute links und rechts um mich her. Da waren Gräber an Gräbern, frische, jährige, hundertjährige. Die Grünen weichten meine Augen am meisten. Ich hatte Samen von allerlei Sommergewächsen bei mir und warf sie umher».[77]

Was David von Moos am Grab seiner Vorfahren dachte und niederschrieb, entspricht genau dem Denken und dem aufklärerischen Geist dieser Zeit. Mehr noch: Was die protestantischen

62 Kirche und Friedhof von Avers Cresta GR

Der stattliche Barockbau der reformierten Kirche stammt aus dem Jahre 1673. Er steht mitsamt dem Kirchhof auf einem Felsvorsprung.

63 Kirchhof von Ausserferrera GR

Die reformierte Kirche wurde im 15. Jahrhundert gebaut, um 1718 eingewölbt. Ein eindrückliches Bild der Einheit von Kirche und Kirchhof.

64 Friedhofkreuz von St-Brais JU

Das 1686 datierte Kreuz befindet sich auf dem Friedhof unmittelbar neben der Pfarrkirche von St–Brais.

65 Der Kirchhof von Bosco Gurin TI

Der Kirchhof der einzigen deutschsprachigen und zugleich höchstgelegenen Gemeinde im Tessin liegt nahe der Pfarrkirche Jakobus und Christophorus auf zwei oder drei Terrassen verteilt. Das Beinhaus vor der Kirche stammt aus der zweiten Hälfte des 18. Jahrhunderts.

Schweizerstädte an Friedhofreformen planten und durchführten, ist nur im Hinblick auf die Aufklärung verständlich. Kein Wunder auch, dass die Anstösse aus dem Mutterland der Aufklärung, aus Frankreich, kamen. Frankreich spielte in der Reform des Bestattungswesens die Rolle des Vorreiters.

Anstösse zur Reform des Bestattungswesens aus Frankreich

Die Anstösse kamen allerdings nicht allein von aufklärerischen Philosophen, sondern auch vom Volk, genauer gesagt, vom Wachstum der Pariser Stadtbevölkerung. Bei der Grösse der Stadt stellte sich das Problem, der Invasion der Toten Herr zu werden, zwingender als in andern, kleineren Städten Mitteleuropas. Schon 1737 hatte das Pariser Parlament eine ärztliche Untersuchung über den hygienischen Zustand der Pariser Friedhöfe angeordnet. Der Erfolg blieb aus. Dreissig Jahre später, im zweiten Anlauf, ergriff man drastische Massnahmen. Der Erlass vom 21. Mai 1765 verbot die Bestattung auf innerparisrischen Friedhöfen, beschränkte die Bestattung in den Kirchen auf Geistliche, Stifter und wenige Erbbegräbnisberechtigte. Gleichzeitig beschloss der Rat, sieben neue Friedhöfe ausserhalb von Paris anzulegen. Ein entscheidender Schritt folgte 1780. Damals verbot das Parlament die Bestattung auf dem «Cimetière des Innocents», dem grössten Sorgenkind aller Pariser Friedhöfe.[78]

In den deutschen Staaten, aber auch in der Schweiz verfolgte man diese Vorgänge aufmerksam. Eine Reihe französischer Denkschriften zur Bestattungsreform und die wichtigsten Dekrete wurden ins Deutsche übersetzt. Kaiser Joseph II reiste nach Frankreich, um persönliche Eindrücke zu gewinnen. Die josephinischen Hofdekrete wurden ihrerseits zu Modellen für die andern deutschen Territorien. Überall setzte sich das Verbot der Bestattung in den Kirchen durch, und überall begann man die Verlegung der Kirchhöfe zu planen. Erstaunlicherweise hatte die Religionszugehörigkeit keinen Einfluss. Auch in katholischen Ländern schritt man mit einer nur geringfügigen Verspätung zur Verlegung der Friedhöfe aus den Städten.[79]

Wandlungen im Begräbnisbrauch

Die Aufklärung hat nicht nur den Friedhof, sondern im protestantischen Bereich auch das ganze Bestattungsritual beeinflusst. Hauptmerkmal des Wandels war die Trauerrede, die neben der Verkündigung des Evangeliums dem Verstorbenen ein geistiges Denkmal setzen sollte. Gleichzeitig wurde in diesen Trauerreden gesagt, worauf es im menschlichen Leben ankommt: «Unser selig verstorbener Herr Doctor», so heisst es in einer Basler Trauerrede, «machte sich nicht nur durch seine ausgebreiteten Kenntnisse und Wissenschaften, sondern auch durch seine edlen Gesinnungen und Betragen beliebt; er war gegen jedermann aufrichtig und dienstfertig, und besonders gegen die Armen mitleidig und wohltätig, er achtete und liebte die Religion, er verehrte das Wort Gottes als die reinste und höchste Quelle aller Wahrheit, Weisheit und Tugend, als den sichersten Wegweiser zur wahren Glückseligkeit…».[80] Solche Trauerreden konnten sich vor allem, wenn sie, wie dieses Beispiel zeigt, nachträglich gedruckt wurden, nur wohlhabende Leute leisten. Tonangebend und beispielhaft war das deutsche Vorbild.[81] Im Gegensatz zu Basel hat man in Bern die pfarrherrlichen Leichenreden weniger geschätzt. Sie wurden 1748 gar verboten und während vieler Jahrzehnte von den Schulmeistern gehalten. In der Langenthaler Kapitelsversammlung hiess es 1749, sie seien der Lobsprüche wegen den Frommen ein Ärgernis und den Gottlosen ein Gespött. Doch ganz liessen sich die Leichenreden nicht unterdrücken. Im Jahre 1780 mussten sie deshalb erneut verboten werden. Der Schulmeister von Saanen erhielt 1787 eine saftige Busse, weil er sich nicht an das Verbot gehalten hatte.[82]

Zu den Gegnern der Leichenreden gehörten auch die St. Galler Pfarrer. Unter ihrem Einfluss beschloss der Rat: «Weilen die Personalia und Lobsprüche bei denen Leichpredigten vil böse folgereien nach sich ziehen, so ist gemeinsamlich beliebet worden, dieselbige hinfüro gänzlich zu underlassen». Dieser kühne Beschluss hat allerdings bei einzelnen Ratsherren und vor allem bei der Bürgerschaft Kopfschütteln hervorgerufen. Man beschloss, es den Predigern anheimzustellen, in besondern Fällen beim Amtsbürgermeister schriftlich vorstellig zu werden. Damit war das ganze Problem indessen nicht aus der Welt geschafft. Es musste während des ganzen 18. Jahrhunderts immer wieder diskutiert werden. Schliesslich beschloss man, alle Gründe gegen das Halten von Leichenpredigten zusammenzustellen. Weder sei, so heisst es abschliessend, den Aposteln oder Propheten oder gar Christus eine Leichenpredigt gehalten worden. Vor Gott gebe es kein Ansehen der Person, auch sei kein Mensch zum Richter über einen Verstorbenen berufen. Die Leichenpredigten würden den Menschen nur zum falschen Glauben verleiten, der Weg zur Seligkeit sei leichter, als er wirklich sei, und der Pfarrer könne es überhaupt keinem Menschen recht machen. Spreche er die ihm vielleicht nicht einmal bekannten Laster der verstorbenen Person nicht aus, so heisse es, er sei ein Lügner. Rühme er aber den Verstorbenen, so werde ihm vorgeworfen, er habe den Angehörigen schmeicheln wollen. Wozu also Leichenpredigten? Sie würden doch nicht Gottes Wort dienen, sondern nur der Befriedigung der Neugier. Diese Gründe schienen dem Rat stichhaltig. Die Geistlichen sollten fortan die Personalien weglassen, und Leichenpredigten seien auf eine halbe Stunde einzugrenzen. Dennoch, in St. Gallen gab es während des ganzen 18. Jahrhunderts immer wieder Leichenpredigten. Theorie und Praxis klafften da ordentlich weit auseinander.[83]

Soll man das alte Leichengebet abschaffen? Diese Frage wurde 1769 in Zürich diskutiert. Hier der Text des Gebetes: «Wir danken Dir Gott, dass du dieses unsers Mitglid der trübseligkeit dieses zeitlichen lebens entlediget und durch Christus deines ewigen und himmlischen Reiches theilhaftig gemacht hast». Antistes Wirz hatte schon 1756 ausdrücklich auf die Gefahr einer solchen allgemeinen Seligpreisung aller Verstorbenen hingewiesen, die vorgeschriebene Formel aber nicht abgeändert. Die kurz vor seinem Tod erschienene neue Liturgie beseitigte die von den Pietisten als Ärgernis bezeichnete Formulierung. Jetzt wurden auch die Leichenpredigten sistiert. Man verwies auf die bernische Prädikatenordnung von 1748, die alle Leichenpredigten verbot, und auf die Beschlüsse der Glarner Synode, die alle «extraordinari» Leichenpredigten untersagte.

Beerdigung ohne Pfarrer in Bern und in der Waadt

Lehrmeinung und Volksmeinung waren auch im Kanton Bern verschiedene Dinge. Der Theologe Johann Rudolf Gruner berichtete, dass man hier die Toten ohne jede kirchliche Handlung, ohne Glockengeläute und Predigt zu Grabe trage. Offenbar war man aber im Volk damit nicht zufrieden. Wie wäre es sonst zu erklären, dass die obrigkeitlichen einschränkenden Verbote immer wieder ausgesprochen werden mussten?

Beerdigungen ohne Kirche, ohne Pfarrer gab es auch im bernischen Waadtland. Nur mit harten Massnahmen seien die schrecklichen Missbräuche im Totenbrauchtum der alten

66 Der Judenfriedhof von Lengnau im 18. Jahrhundert

Zwei Schweizer Gemeinden (Lengnau und Endingen) waren im 17. Jahrhundert bereit, Juden aufzunehmen und sie hier wohnen zu lassen. Die Toten wurden eine Zeitlang auf der sog. Judeninsel am Rhein beerdigt. Diese Insel liegt indessen auf der deutschen Seite des Rheins. Daher waren die Beerdigungen mit verschiedenen Umständen verbunden. Die Juden von Endingen erwarben deshalb 1715 ein Gelände für einen neuen Friedhof. Unser Bild zeigt eine Beerdigung auf diesem neuen Friedhof, der damals noch baumlos war. Heute gibt es dort einen wundervollen Eichenwald. Die Beschriftung der Grabsteine erfolgte in hebräischer Sprache, die Embleme deuten auf die berufliche Tätigkeit der Verstorbenen hin. Es ist den Juden verboten, Gräber aufzuheben, weshalb man hier sehr alte Grabsteine findet.

67 Der Israelitische Friedhof von Endingen-Lengnau in seiner jetzigen Gestalt

Mitten in einem wunderbaren Eichenwald stehen alte, moosüberwachsene Grabsteine mit hebräischen Inschriften. Sie gehören zum im Jahre 1715 von Koblenz übernommenen israelitischen Friedhof. Er wird seit den zwanziger Jahren dieses Jahrhunderts vom Verein für die Erhaltung des Friedhofes Endingen-Lengnau gepflegt. Dabei geht es höchstens darum, zu roden, Dornen und Gesträuch zu entfernen, denn Blumen gibt es hier nicht. Israeliten gibt es in den Gemeinden Lengnau und Endingen fast keine mehr; die meisten zogen in die Städte, in andere Kantone. Viele liessen sich aber hier begraben. Der Friedhof von Endingen strahlt mit seinen alten Grabsteinen und Eichen eine Ruhe und Würde aus, die ihresgleichen sucht. Höchst bedauerlich und verwerflich sind die (zum Glück allerdings verhältnismässig seltenen) antisemitischen Anschläge (Hakenkreuze auf Grabsteinen).

68   Der jüdische Friedhof von Luzern

Am südlichen Ende des Friedhofes Friedental befindet sich der 1887 eröffnete jüdische Friedhof.

69   Kirche und Friedhof von Hegglingen AG im Jahre 1778

Die seltene Darstellung aus dem Jahrzeitbuch vermittelt einen guten Eindruck der damaligen einfachen Verhältnisse des bäuerlichen Dorfes.

Kirche wirksam zu bekämpfen! Das war das Credo der offiziellen Berner Kirche auch im 18. Jahrhundert. In den Gemeinden bedauerte man indessen mehr und mehr, dass man in den entscheidenden Stunden des Übergangs vom Leben in den Tod keine Hilfe von der Kirche hatte, dass die Kirchenglocken beim Leichenbegängnis schwiegen. Die Katholiken aber triumphierten: Seht Ihr, da habt Ihr's: Der neue Kult lässt Euch im entscheidenden Augenblick im Stich! Doch ganz so schlimm war es nicht. Die bernische Liturgie schrieb ihren Pfarrern vor, im Gottesdienst wenigstens die Namen der verstorbenen Gemeindeglieder bekanntzugeben. Damit war das Volk einverstanden. Etwas weniger gut gefiel den Leuten die Art und Weise, wie das gemacht wurde. Man sprach von Seelen, die im Stand der Gnade und im Frieden Gottes verstarben. Was geschah mit jenen, die nicht in diesem Sinn gestorben waren? Musste man für sie nicht beten? Bedeutete das gar etwa die Rückkehr zu katholischen Totengebeten? So diskutierte man im Waadtland, und die Waadtländer Pfarrer brachten ihre Bedenken denn auch in Bern an. Das betreffende Dekret verschwand – allerdings ohne durch ein neues ersetzt zu werden. Den Pfarrern blieb Mitwirken, ja selbst die Leichenrede in der Kirche untersagt. Einzelne Pfarrer sprachen indessen am Grab, und viele suchten die Trauerfamilie zu Hause auf. Man wusste das in Bern. Deshalb neuer Appell: Fasst Euch wenigstens kurz, denn der Tote braucht unsere Lobpreisung nicht.[84]

Bilder des protestantischen Friedhofs

Nüchtern wie die Beerdigung sah auch der Friedhof der Berner und Waadtländer aus. Wie die Aquarell-Sammlung von Jakob Samuel Weibel (1771–1846) zeigt, gab es da kein einziges Grabmal. Eine Ausnahme bildeten lediglich die Epitaphien der Landvögte, Pfarrer und Patrizierfamilien in den Kirchen. Bekannt und berühmt war das Grabmal der Maria Magdalena Langhans, der ersten Frau des Pfarrers von Hindelbank, die 1751 in «Kindsnöten» starb. Ein Besuch dieses vom schwedischen Bildhauer Johann August Nahl (1710–1785) geschaffenen Monumentes gehörte in der zweiten Hälfte des Jahrhunderts zu jeder Schweizerreise. Christian Gottlieb Schmidt, Inspektor des Schullehrer-Seminars zu Weissenfels, liess sich am 20. August 1786 die Kirche aufschliessen, um hier den «Triumph der Bildhauerkunst» zu bewundern. «Nahl der Bildhauer, ein Schwede, der mehr die Darstellung simpler Natur oder ädeln antiquen Geschmack liebte, als Prunk und Überladung mit Zierraten, hatte kurz vorher wider seinen Geschmack der Erlachischen Familie ein Monument von kostbarem Marmor mit einer Menge Bilder und Figuren errichten müssen, welche(s) gleich der Kirchtür gegen über in einer grossen Nische mit schwarzen Vorhängen behangen, aufgestellet ist. Jezt starb die Frau des Geistlichen, bei dem er während der Arbeit wonte, der er nun teils aus dankbarem Gefül für sie, teils um zu zeigen, welche ädle Ideen der Meisel eines Künstlers auch aus einem unädlen Sandstein hervorbringen könne, diess Denkmal errichtete...

Ewig schade, dass dieses Monument nicht aus einer härtern Masse ist, welche der Ewigkeit trozen könnte; allein der zerreibliche Sandstein, den selbst die Luft nach und nach abnaget, verspricht keine lange Dauer; auch war die Nase von dem Stock eines Fremden schon beschädigt und ausgebessert».[85] Das Grab wurde so häufig besucht, dass es eine munter fliessende Einnahmequelle war. Noch 1827 brach wegen der Verteilung des Geldes zwischen Pfarrer und Sigrist ein Streit aus. Der Kirchenrat entschied, dass der Pfarrer von den Einnahmen 120 Franken behalten und je 60 Franken dem Sigrist, der Schule und den Armen zu geben habe.[86]

Neue Diskussion um Grabmal und Friedhof

Gegen Ende des 18. Jahrhunderts mehrten sich die Stimmen, die für ein Grabmal auch im protestantischen Raum sprachen. Das Grabmal, einst verbannt und verpönt, gehörte jetzt sogar zum Programm der neuen Friedhofkultur, ja es wurde wichtiges Element der neuen friedhofarchitektonischen Formgebung. Das Grabmal sei, so die Aufklärer, kein memento mori. Statt des Grauens vor dem Tod und der Verwesung bei der Betrachtung des alten memento mori sollten nun sanfte Wehmut, Trauer und das Gefühl der Versöhnung wach werden. In Lessings Schrift «Wie die Alten den Tod gebildet» ist das vorgezeichnet: «Tot sein hat nichts Schreckliches und insofern Sterben nichts als der Schritt zum Totsein ist, kann auch das Sterben nichts Schreckliches haben. Nur so und so sterben eben itzt, in dieser Verfassung, nach dieses oder jenes Willen, mit Schimpf und Marter sterben: Kann schrecklich werden, und wird schrecklich. Aber ist es sodann das Sterben, ist es der Tod, welcher das Schrecken verursachte? Nichts weniger; der Tod ist von allen diesen Schrecken das erwünschte Ende». Solche Gedanken vermittelten an und für sich keinen Trost. Eine andere Überlegung steht für Lessing im Vordergrund: «Endlich will ich an den Euphemismus der Alten erinnern, an ihre Zärtlichkeit... Wenn sie nicht gern geradezu sagten: 'er ist gestorben', sondern lieber 'er hat gelebt, er ist gewesen' und dergleichen». Dieser Wandel, dieses andere Bild, kann, so überlegte Lessing, durchaus in christlicher Art und Weise bewerkstelligt werden. Unsere Religion hat uns versichert, «dass der Tod der Frommen nicht anders als sanft und erquickend sein könne; so sehe ich nicht ein, was unsere Künstler abhalten sollte, das scheussliche Gerippe wiederum aufzugeben, und sich wiederum in den Besitz jenes bessern Bildes zu setzen. Die Schrift redet selbst von einem Engel des Todes: und welcher Künstler sollte nicht lieber einen Engel, als ein Gerippe bilden wollen? Nur die missverstandene Religion kann uns von dem Schönen entfernen».[87]

Das Lessing'sche Programm ist im 19. Jahrhundert verwirklicht worden. Am Ende des 18. Jahrhunderts stand eine andere Idee im Vordergrund. Die Natur wird herbeigerufen. Pflanzen sollen die Gräber schmücken. Das sanfte Tal, der anmutige Hain wird besungen. Friedrich Gottlieb Klopstock hat es in Versen ausgedrückt:

«Oh, ihr Gräber der Toten, ihr Gräber meiner Entschlafenen
warum liegt ihr zerstreut?
warum lieget ihr nicht in blühenden Talen beisammen
oder in Hainen vereint?
Leitet den sterblichen Greis. Ich will mit wankendem Fusse
gehn, auf jegliches Grab
Eine Zypresse pflanzen, die noch nicht schattenden Bäume
Für die Enkel erziehn;
Oft in der Nacht auf biegsamen Wipfeln die himmlische Bildung
Meiner Unsterblichkeit sehn...».[88]

Der Gottesacker, dem kultischen Mittelpunkt entfremdet, verwandelte sich so in ein Kunstwerk, in einen Garten oder Park, der zu den Hinterbliebenen sprechen sollte. Liebliche Blumen sollten das Bild des Beinhauses verdrängen oder ersetzen. Die sterbliche Hülle sollte der Natur, die alles Werden und Vergehen einschliesst, zurückgegeben werden.

Modell der Herrnhuter

Modell und Vorbild für einen naturverbundenen, ästhetisch gestalteten Friedhof war der 1730 angelegte Gottesacker der Brüdergemeine am Hutberg bei Herrnhut. Die Idee des Friedhofes stammt vom Gründer der Herrnhuter Glaubensgemeinschaft selber. Die Gemeindeglieder sollten ihren Gottesacker «ordentlicher und zierlicher als irgendwo, wie einen Garten des Herrn anlegen, einrichten und bepflanzen». Zum ersten Mal wurde ein nach ästhetischen Idealvorstellungen geformter Friedhof verwirklicht, ganz in grünem Rasen, umgeben von Hecken und Bäumen. Ein zentraler Weg unterteilte den Friedhof; links ruhten die Brüder, rechts die Schwestern. Monumente gab es zunächst nicht. Die einzelnen Gräber waren lediglich mit Platten gekennzeichnet.[89]

Goethe hat, als er 1769 an der Synode der Brüder-Kirche teilnahm, diesen Gottesacker besichtigt. In den «Wahlverwandtschaften» beschreibt er ihn als «angenehmen Raum, auf dem das Auge und die Einbildungskraft gerne verweilen».[90]

Ganz ähnlich drückte sich J. B. N. Hacker 1798 aus: «Durch die Begräbnis-Plätze der Brüder-Gemeinen geht man mit wahrem Vergnügen, und ich habe schon manchen sagen hören: Hier möchte ich einst ruhen. Das Ganze hat ein heiteres Ansehen. Blumen von allerley Gattung, fruchttragende Bäume, grüne Hecken findet man hier, und ihre Gräber sind nicht aufgeworfene Haufen; alle ist eben, mit kleinen viereckigen Steinen belegt, den ruhenden Grabplatten, die nichts weiter als den Namen des Entschlafenen dem stillen Wanderer zeigen».[91]

Es blieb nicht bei schönen Worten: Friedrich von Erdmannsdorff, der Baumeister des Wörlitzer-Parkes, hat, als er 1787 den Dessauer Friedhof konzipierte, das Herrnhuter-Modell miteinbezogen.[92]

Das Vorbild des englischen Parkes

So gross der Einfluss des Herrnhuter-Vorbildes auch gewesen sein mag: Der neue Friedhof ist ohne den Landschaftsgarten nicht denkbar. Der Friedhof soll, wie der englische Park, eine Quelle der feierlichen Stimmung werden, wie sich C. C. L. Hirschfeld ausdrückt: «Das Ganze muss ein grosses, ernstes, düsteres und feyerliches Gemälde darstellen, das nichts Schauerhaftes, nichts Schreckliches hat, aber doch die Einbildungskraft erschüttert».[93] Hirschfeld gibt wohl zum ersten Mal genaue Anweisungen, wie der Friedhof in einzelnen anzulegen sei: «Begräbnisplätze, die demnächst ausser den Städten auszuweisen sind, müssen eine Lage haben, die reinigenden Winden den Zugang verstattet, und eine ruhige, einsame und ernste Gegend. Sie gehören zu der melancholischen Gattung von Gärten. Der Platz muss allerdings durch niedrige Mauern, oder Graben, oder Zaun eine Beschützung, aber keine ängstliche Einsperrung haben. Kein heller See, keine weiten fröhlichen Gefilde in der Aussicht, keine heitern Rasen in dem innern Bezirk. Ein finsterer angränzender Tannenwald, ein dumpfiges Gemurmel fallender Wasser in der Nähe, vermehrt die heilige Melancholie des Ortes. Die Bäume müssen durch braunes und dunkles Laub die Trauer der Scenen ankündigen; Nadelhölzer gehören besonders wegen der Steifigkeit und ihres Ernstes in diese Pflanzung. Diese Bäume können bald einzeln, über den Gräbern sich erheben, bald sich in dichte Gruppen und in kleine dunkle Hayne zusammenschliessen, die zugleich von wohlriechenden Pflanzen duften...

Diese Gruppen und Hayne können selbst die Gräber merkwürdiger Personen in sich fassen, und durch Denkmäler und Inschriften veredelt werden, die dem Spaziergänger Empfindungen anbieten, die er auf der Bühne der Welt nicht findet.[94]

70 Der alte Friedhof von Plainpalais in Genf

Dieser aus dem 18. Jahrhundert stammende Friedhof ist zwischen 1820 und 1883 sukzessive vergrössert worden. Heute dient er als Park.

71 Der Friedhof von Teufen AR

Die Geschichte dieses Friedhofes ist typisch für viele Friedhöfe, nicht nur im Kanton Appenzell Ausserrhoden. Bis 1838 gab es nur den Kirchhof, anschliessend daran Wiesland. Im Jahre 1840 verlegte man den Friedhof ein Stück weiter südwestwärts, 1877 schliesslich an die heutige Stelle südlich des Bürgerheims im Löwenbächli.

72 Kirche und Friedhof von Baulmes VD

Die reformierte Pfarrkirche mit ihrem Uhrturm von 1750 gehört zu den bemerkenswertesten Gotteshäusern der Waadt. Der Friedhof selber befindet sich in unmittelbarer Nähe der alten Dorfkirche.

73 Zwei Totengebinde aus S-chanf und Zernez, Engadin, 18./19. Jahrhundert

Im 18. Jahrhundert gab es im Engadin einen besonders hübschen Brauch. Damals wurden Sträusse und Kränze aus Federn, Stoff und Papier beim Begräbnis lediger Frauen und Männer im Grabgeleit mitgetragen; sie waren am Sarg befestigt. Da und dort gehörten die künstlerischen und künstlichen Gebilde der Gemeinde, und der Sigrist hatte die Aufgabe, die Gebinde aufzubewahren.

Drastischer kann man den allgemeinen Wandel vom spätmittelalterlichen Kirchhof zum Friedhof der Neuzeit kaum schildern. Zufall oder direkter Zusammenhang: Zur gleichen Zeit, da Hirschfeld über die zukünftige Friedhofgestaltung nachdachte, diskutierte man in Frankreich über verschiedene grosse Projekte, die dem Büro des Generalprokurators 1763 und 1785 übergeben worden waren. Neben jenen, die sich auf antike Vorbilder beriefen und sie weiter entwickelten, gab es völlig neue Ideen. Renou entwarf einen parkähnlichen Friedhof mit Pappeln, Sykomoren, Eiben und Lorbeerbäumen. Der Friedhof, so heisst es in einem andern Projekt, solle von Zypressen umgeben werden, «und zwar so, dass das Grabmal den Blikken entzogen wird». Dieser Friedhof ist nichts anderes als ein englischer Park.[95]

Alle diese schönen Projekte gingen im Sturm der Revolution unter. «Die verhängnisvolle Gleichheit», so ein Zeitgenosse, «hat ihren Einfluss bis ins Reich des Todes ausgedehnt. Sie hat der Kindesliebe und der ehelichen Zärtlichkeit den unschuldigen Prunk versagt, mit dem die Hinterbliebenen sich ihren Schmerz zu vertreiben suchten».

Die Wirklichkeit war schäbig, ja schrecklich: «Für einige Heller liess man Vater, Mutter oder Gattin auf den Schindanger werfen».[96] Die «Gleichmacherei» machte auch vor schweizerischen Friedhöfen nicht halt. Das allerdings geschah erst im 19. Jahrhundert.

74 Plan des Zentralfriedhofes der Stadt Zürich von 1877

In der zweiten Hälfte des 19. Jahrhunderts wurden die politischen Gemeinden für das Friedhofwesen verantwortlich. Die Zürcher entschlossen sich, im Sihlfeld einen zentralen Friedhof zu errichten, und beauftragten den Stadtbaumeister Arnold Geiser mit der Planung. Er entschloss sich, als Vorbild den Zentralfriedhof von Wien zu nehmen. Der Grundriss ist beinahe quadratisch, und die Hauptachsen verlaufen kreuzweise. Die Anordnung war nicht neu; sie stammt wohl vom Architekturtheoretiker Furtenbach aus dem Jahre 1629.

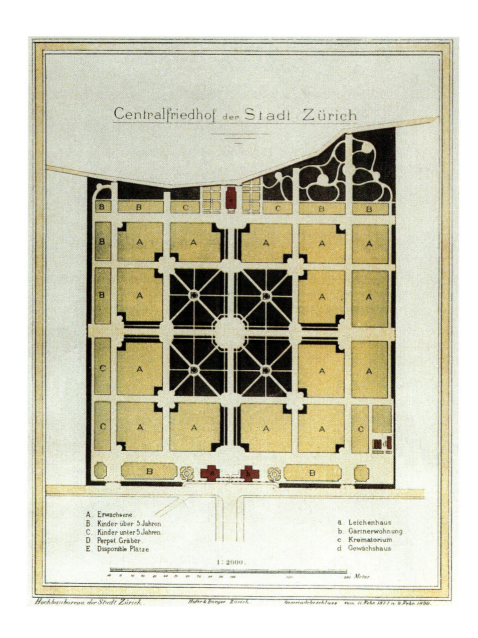

2
Das 19. Jahrhundert

Merkmale

Die Neuzeit versteht sich, so Carl Friedrich von Weizsäker, als Ära des Fortschrittes: «Auch wo sie selbstkritisch ist, misst sie sich an der anerkannten Forderung der Fortschrittlichkeit. Sie fällt damit aus dem Rahmen aller bisherigen Weltkulturen, die ihren Stolz und ihr Kriterium der Selbstkritik in der Dauer, in der Bewahrung sahen».[1] Das 19. Jahrhundert hat sich beiden Polen, der Dauer wie dem Fortschritt, verschrieben. Das Volk, der volkstümliche Mensch, hielt zäh an altüberlieferten Normen und Werten fest, während eine Elite, verkörpert durch die Führer des liberalen Bürgertums, auf die Karte des Fortschrittes setzte. Vor allem die Unternehmer, zu ihnen stiessen in der zweiten Hälfte des Jahrhunderts die am Polytechnikum ausgebildeten Architekten und Ingenieure, bauten auf die Technik, die Industrie. Sie sollte helfen, die elende, schmutzige Armut zu überwinden. Sie half – wenigstens teilweise. Reallöhne und Einkommen stiegen beträchtlich. Doch verharrte der Lohn der Fabrikarbeiter, allen Anstrengungen zum Trotz, immer noch nahe am Existenzminimum. Die Arbeiter nahmen deshalb, um ihren geringen Lohn aufzubessern, entgegen allen Warnungen sozial gesinnter, weitblickender Reformer und trotz einschränkenden Gesetzen ihre Frauen und Kinder mit in die Fabrik. Selbst wenn alle diese armen, geplagten Geschöpfe ihre Arbeit bis zur faktischen Erschöpfung ausführten, konnten sie sich bis etwa 1870 kaum etwas leisten, was über den dringend notwendigen Lebensbedarf hinausging.[2]

Das Leben war kurz und von vielerlei Krankheiten, Seuchen und Unfällen täglich aufs neue bedroht. Die Lebenserwartung bei der Geburt betrug 1801/13 lediglich 38,5 Jahre, gegen Ende des Jahrhunderts (1876–1880) 50,6 Jahre und 1910 62,7 Jahre. Von 1000 Einwohnern starben in den Jahren 1836 bis 1840 jährlich 25,4, in den Jahren 1906 bis 1910 16,9 Menschen. (Heute sind es 9,2.) Ein Lichtblick immerhin für die Vorfahren: Das 19. Jahrhundert blieb ohne die fürchterlichste Geisel der Menschheit, die Pest. Die Opfer, welche die Cholera oder die Pocken forderten, waren zwar immer noch beträchtlich, doch verglichen mit jenen der Pestzeit viel kleiner. Es waren gerade diese Seuchen der fünfziger und sechziger Jahre, die den Anstoss zu vielerlei Sanierungen auf dem Gebiete der Trinkwasserversorgung oder der Entsorgung der Fäkalien gaben. Dazu kommen die Verdienste der Ärzte. Die Medizin hat im letzten Jahrhundert beträchtliche Fortschritte gemacht. Sie gehen zum Teil zurück auf die Gründung der neuen Universitäten, auf die Errichtung von Spitälern und Irrenanstalten. Sie gehen aber auch zurück auf einige Erfindungen wie Anästhesie und Asepsis. Ohne sie wäre etwa der Aufschwung der bahnbrechenden Chirurgie kaum denkbar gewesen. Die Internisten schufen sich einen Namen, indem sie sich der Tuberkuloseheilung zuwandten. Aber allen medizinischen Erfolgen zum Trotz: der Tod kam früh und unerwartet, und er machte nicht viel Federlesens.

Allgegenwärtiger Tod

Die Sterbedauer war kurz. So lagen beispielsweise bei der im 19. Jahrhundert immer wieder auftretenden Cholera zwei bis fünf Tage zwischen Ansteckung und Ausbruch. Nach weiteren zwei bis fünf Tagen war mit dem Ableben zu rechnen. Selbst bei jenen Krankheiten, bei denen es etwas länger dauerte, bei Typhus, Pocken und Ruhr etwa, wo eher mit Wochen als mit Tagen zu rechnen war, trat der Tod im Vergleich zu heute viel schneller ein. Wir Heutigen leben länger und sterben langsamer. Unsere Vorfahren starben früh und schnell, und das war von tiefgreifenden Folgen für ihr Denken und ihr Lebensge-

75   Der Friedhof von St. Moritz um 1893

Der Fotograf dieser einmaligen Aufnahme ist leider unbekannt. Links aussen befanden sich die Familiengräber, in der Mitte die einzelnen Gräber, wobei es ungefähr gleich viele Grabsteine wie Holzkreuze gab. Die damals beliebten Perlkränze waren in St. Moritz offenbar eher die Ausnahme. Rechts aussen befindet sich ein solches Gebilde.

76 Der Friedhof von Malans GR

Im Jahre 1880 legte Hauptmann Gubert Abraham von Salis-Seewis den Plan einer Bepflanzung mit pyramidenförmigen Eiben und Thujen vor. Die Malanser stimmten zu, und der Friedhof hat sich seither in dieser Weise erhalten; er vermittelt eine ernst-feierliche Stimmung.

77 Friedhofsäule San Carlo im Val di Peccia TI

Dieses rustikale Steinkruzifix ist 1690 datiert. Es überzeugt wegen seiner archaisch-strengen Züge.

78 Eingang zum Beinhaus von Danis GR

Die Fotografie von 1970 zeigt im Detail die Schädel bei der Eingangstüre.

fühl. Das Dilemma des heutigen Menschen besteht, so Friedrich Dürrenmatt, «darin, dass er zwar weiss, dass er sterblich ist, aber so lebt, als wäre er unsterblich. Er lebt drauflos».[3] Solange wir leben, ist unser Leben gesichert wie nie zuvor in der Geschichte. Unsere heutigen medizinischen Reparaturwerkstätten arbeiten höchst effektiv.

Im 19. Jahrhundert konnte man dagegen nie sicher sein, wann der tödliche Schlag erfolgte. Noch in diesem Jahr? Im nächsten? Oder allerspätestens im übernächsten? Der Maler Arnold Böcklin (1827–1901) hat 1872 ein Bild gemalt, in dem diese Situation, ja das ganze Lebensgefühl jener Zeit grossartig zum Ausdruck kommt. Da hält der Maler mitten im Schaffen inne, um dem fiedelnden Tod zu lauschen. Ein Kunsthistoriker hat das Bild interpretiert; er stellte die Unvergänglichkeit der Kunst der Vergänglichkeit des Lebens gegenüber. Mag sein, dass Böcklin auch daran dachte. Tatsache ist, dass seine Familie immer wieder von schweren Krankheiten wie Ruhr, Typhus und Cholera heimgesucht wurde. Da wurde nach dem alten Muster gestorben: «Mitten im Leben sind vom Tod wir umgeben». Arnolds jüngster Bruder Wilhelm lebte 1837 nicht einmal ein Jahr lang, der zweitjüngste, Friedrich, starb mit 31 Jahren. Böcklin selber verlor 1850 seine Verlobte. Von den eigenen Kindern starb der Erstgeborene, Friedrich, im Alter von 19 Monaten, Robert wurde 3 1/2, Ralph nur 9 Monate alt. Moritz starb im ersten Altersjahr, und Lucia wurde nur sieben Jahre alt.

Nur wenig später, um 1890, hat Ferdinand Hodler (1853–1918) das Bild «Die Nacht» gemalt. Auch hier steht der Tod im Mittelpunkt. Man sieht ihn zwar nicht. Er hockt vielmehr «wie ein Phantom schwarz verhüllt, rittlings auf dem ausgestreckten Körper des Malers. Er überfällt ihn mitten in der Nacht, reisst ihn aus dem Schlaf und lässt ihn vor Schreck erstarren». Auch für Hodler war der Tod eine frühe und starke, eine lebensbegleitende Erfahrung. Als Siebenjähriger verlor er 1860 den Vater, als Vierzehnjähriger die noch nicht vierzigjährige Mutter. Seine fünf Geschwister – alle jünger als er – starben zwischen 1861 und 1885 an Tuberkulose. Der Übriggebliebene, war er das nächste Opfer?

Hoch und niedrig – der Tod traf sie alle genau gleich. Karl Schenk verlor 1870, wenige Tage nachdem er zum zweiten Male zum Bundespräsidenten gewählt worden war, seine Frau. Sie war erst 44 Jahre alt, doch völlig erschöpft. Hier ihr herbes Frauenschicksal: Elise Keller absolvierte als Tochter eines Landarztes das Bernische Lehrerseminar. Im Jahre 1848 heiratete sie, zweiundzwanzigjährig, den als Pfarrer amtierenden Karl Schenk. Nach einem Ehejahr gebar sie das erste Kind, 1850, 51, 52 und 54 je ein weiteres. Die ersten vier überlebten. Das fünfte starb als Säugling. Elise Schenk gelang es nicht, durch das Stillen ihrer Kinder zu längeren Intervallen zu kommen. Im Jahre 1855 wurde das sechste, 1857 das siebente Kind geboren, auch es starb als Säugling. Im Jahre 1858 erfolgte die achte und 1860 die letzte Geburt. «Damals stand die Mutter in ihrem 35. Lebensjahr, und sie kam nie wieder zur vollen Gesundheit». Innert zwölf Jahren hatte sie neun Kinder geboren, von denen – in jener Zeit nichts Ungewöhnliches – 22 Prozent schon im Säuglingsalter starben.

Es gehörte zu den frühesten Erlebnissen, dass Geschwister starben. Jedes Kind erlebte den Tod von mehreren Familienangehörigen. Viele verloren Vater, Mutter oder beide Eltern, bevor sie überhaupt erwachsen waren. Das Waisenkind ist nicht von ungefähr zum beliebten Sujet der damaligen Unterhaltungs- und Erbauungsliteratur geworden. Es war eine soziale Realität, wie auch Stiefmutter und Ziehgeschwister nicht nur im Märchen vorkamen.[4]

79 Der Tod als Eisenbahnpassagier
Diese «moderne» Totentanzszene befindet sich im Zürcher Kalender für das Jahr 1874. Ein Bahnpassagier liest in der Zeitung von einem Eisenbahnunglück. Gleich neben ihm sitzt der Tod. Eine grossartige Darstellung, die an Daumier erinnert.

Todesvorzeichen

Auch wenn alles normal zu laufen schien, kam der Tod unerbittlich. Die Frage: Wann bin ich an der Reihe? beschäftigte die Menschen des Jahrhunderts so sehr, dass sie dauernd nach Zeichen suchten, um eine Antwort zu erhalten. Es gab, so meinten sie, Todesvorzeichen, man müsse sie nur sehen. Man beobachtete den vom Tod besonders bedrohten Säugling. Lachte er früh, das heisst, in den ersten sechs Wochen, lachte es in den Himmel, und das war ein Zeichen des frühen Todes. Auch hiess es im Bernbiet etwa: Wächst ein Kind stark, so stirbt er früh, es wächst dem Himmel zu. Es gab weitere Todesvorzeichen, so etwa, wenn das Kind bläulich über der Nase war, das bedeutete immer den frühen Sarg.

Todesvorzeichen zeigten sich gerne an der Beerdigung. Schaut das Pferd, das eine Leiche führt, zurück und wiehert, wird bald eine zweite nachfolgen (Bern und Aargau sowie Zürichbiet). Auch Hundegeheul an der Beerdigung war ein Todesvorzeichen. Ebenso starb bald jemand, wenn das Leichengeleite nur gruppenweise dem Sarg folgte, der Leichenzug unterbrochen war (Bern und Zürich). Ein anderes Vorzeichen waren unregelmässige Glockenschläge. Im Simmental sah man es nicht gern, wenn die Glocke schlug, während eine Leiche zu Grabe getragen wurde. Man erwartete einen weiteren Todesfall in der Familie, wenn das frisch gemachte Grab an den Seiten einfiel. Wenn einem Leichenzug ein Mann begegnete, war die nächste Leiche eine männliche Person. Die Zahl 13 verkündete Unheil. Finden sich, so glaubte man im Sarganserland, 13 Personen an einem Tische, so ist im Laufe des Jahres einer davon dem Tod verfallen. Zu den schwersten Befürchtungen bestand auch Anlass, wenn im Haus plötzlich ein Licht erlischt, denn wenig später wurde eine Leiche aus diesem Haus getragen. Ein plötzlicher Sprung in einem Hausgerät bedeutet den Tod eines Hausbewohners. Der Tod kündete sich auch an, wenn beim Trinken ein Glas zersprang (Solothurn und Bern). Man erzählte sich in Spiez (BE): Eine Mutter gab dem Grossvater eine Flasche in die Hand, diese zerbrach. Die Mutter aber sagte erschrocken: «Jetzt stirbt der Grossvater», und bald darauf starb er wirklich.» Im Emmental gab es «Totenklefeli». Man hörte sie in der Wand ticken wie eine Uhr. Es gab auch die Totentraufe: Man glaubte die Dachtraufe zu hören, und dabei regnete es gar nicht. Manche Tiere verkündeten den Tod: Die Nachteulen, die Käuze zum Beispiel, wenn sie vor dem Fenster erschienen. Flogen drei Krähen über das Haus, so starb bald jemand. Auch das Krächzen der Krähen über dem Haus war ein deutliches Todesvorzeichen. Als Totenuhr galt der Holzwurm. Hörte man ihn, so hatte bald jemand zu sterben. Auch Pflanzen konnten den Tod künden, so etwa, wenn ein Baum im Herbst zu blühen begann. Wenn bei ruhigem Wetter ein Ast brach, musste bald jemand aus dem Haus zu sterben.

Man achtete auf die Kranken: Es ist ein böses Vorzeichen, wenn ein Sterbender mit den Händen auf der Bettdecke tastet, meinte man in Le Sentier (VD). Es bringt Unheil, wenn ein Kranker aus dem Bett steigen will, glaubte man in Vuilly (Fr), oder wenn er einen Fuss unter der Bettdecke hervorstreckt, in Thusis (GR), wenn er in der Luft herumfuchtelt, wie um das Leintuch zu falten, in Rovio (TI).

Weit verbreitet war das Künden, die Vorahnung. Beim Künden erhält ein Angehöriger ein direktes Zeichen, dass bald eine bestimmte Person abberufen wird. Die Volkskunde spricht von einem Prozess der Aufladung, der am Anfang vieler magischer Vorstellungen steht. C. G. Jung hat den Begriff Synchronizität eingeführt. Unsere Vorfahren im 19. Jahrhundert nahmen die Zeichen, wie dies W. Manz aus dem Sarganserland übermittelt, sehr ernst. Dazu einige Beispiele: Ein Bäckermeister in Vilters hörte, es war in den fünfziger Jahren des 19. Jahrhunderts, an einem Sommermorgen ungefähr um halb fünf Uhr, als er wach im Bette lag, «schlärpende, von Holzschuhen herrührende Tritte auf der Treppe, die ihn lebhaft an die Schritte seines in Amerika weilenden Bruders erinnerten. Auf das plötzliche Öffnen der Tür wendete er, in der Meinung, seine Mutter rufe ihn wie gewöhnlich um diese Zeit, seinen Kopf nicht. Als er aber nicht angesprochen wurde, drehte er sich doch um und sah seinen Bruder auf sich zukommen. Dieser aber hat sich, ohne etwas gesagt zu haben, umgewendet und ist gegen die Tür gegangen und hat sie geschlossen. Seine Tritte sind noch auf der Treppe zu hören gewesen. Weil seine in der Kammer nebenan schlafende Mutter die Tritte auch hörte, schrieb er sofort nach Amerika, wo der Bruder sich aufhielt. Bald nachher traf ein Brief mit zittriger Schrift ein, der Bruder teilte mit, dass er im Spital liege und sich auf dem Wege zur Genesung befinde». Die zweite Geschichte stammt aus Flums: Bei einer Witwe klopfte es Ende Mai 1894 nachts um elf Uhr, als sich schon alles zur Ruhe begeben hatte, an die Haustür. Die Frau stand auf und schaute zum Fenster hinaus. Auf den Anruf, wer sich unten befinde, erfolgte keine Antwort. Im gleichen Augenblick schaute auch der Knecht zum andern Kammerfenster hinaus. Während die beiden hinunterblickten, klopfte es zum dritten Mal. Auch ihr Mann hörte das Klopfen. In der dritten Nacht darauf starb ungefähr zur gleichen Zeit das kurz zuvor an Diphterie erkrankte Kind. Der dritte Fall: Im Jahre 1882 hörte eine Frau in der Nacht vom Sonntag auf den Montag, zwischen drei und vier Uhr, die Hausglocke läuten. Sie erwachte und vernahm das Läuten noch einmal. In der Meinung, es sei vielleicht irgendwo Feuer ausgebrochen, lauschte sie, ob sich im oberen Stockwerk jemand rege. Dies geschah nicht. Als sie am Morgen bei den Hausgenossen

80 Der Tod des Sünders

Chromlitho aus dem Jahr 1900. Der arme Sünder wird vergeblich von einem Pfarrer ermahnt. Er wendet sich von ihm ab und betrachtet das Bild einer Frau mit entblösstem Busen, das ein Teufel bereithält. Seine Frau weint am Sterbebett, wird aber gleichzeitig von einer bösen Schlange bedroht, während ein Engel im Hintergrund, das Gesicht verhüllend, entschwebt. Ein Bild ohne Worte, das die Gläubigen erschrecken und ermahnen sollte.

81 Die Todesstunde: Tod des Gläubigen

Die um 1900 hergestellte Chromlitho (Öldruck) zeigt den Idealfall. Der Sterbende (offensichtlich handelt es sich um einen Katholiken) hält in seiner rechten Hand den Rosenkranz, in der linken das Kreuz. Der Priester erteilt ihm den letzten Segen. Ein Engel weist ihm den Weg zum Himmel. Ein anderer Engel mit Schwert vertreibt den Teufel, das Böse.

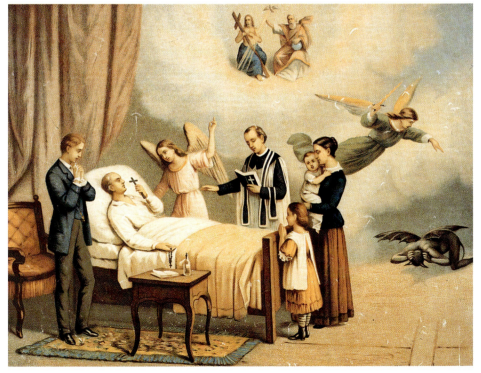

82 Das Thema Tod
bei Ferdinand Hodler

Um 1890 hat Ferdinand Hodler dieses Thema aufgegriffen. Das Bild trägt zwar den Namen «Die Nacht». Tatsächlich suchte Hodler nach seinen eigenen Worten «die Darstellung des Haupteindruckes der Nacht auf die Menschen, der sich in ruhigem Schlaf ihrer Mehrzahl kundtut. Die Gruppe in der Mitte ist der Ausnahmezustand, der Tod, der bei Tag und Nacht wirkt, und weil er auf die Menschen ergreifender und erschütternder wirkt als das Ewige, Gleichmässige, gewöhnliche Geschehen, so rechtfertigte es sich, ihm durch seine Einfügung in der Mitte eine herrschende Stellung anzuweisen.»

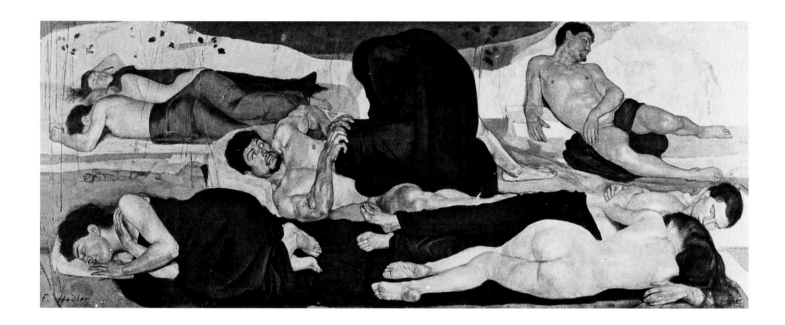

83 Jungfrau mit Kindersarg (erste Hälfte 19. Jahrhundert)

Der Graveur oder Holzschneider hat für dieses Gebäckmodel ein eher ungewöhnliches Sujet gewählt: Eine Frau hält einen Kindersarg. Das Gebäckmodel zeigt, wie unbefangen und selbstverständlich man damals mit dem Tod umgegangen ist.

84 Die Friedhofkapelle von Münster VS um 1909

Der Zürcher Kunsthistoriker Johann Rudolf Rahn hat nicht nur die Innerschweiz, sondern auch das Wallis bereist und einzelne Denkmäler gezeichnet. Unser Bild zeigt die baufällige Friedhofkapelle von Münster. Die meisten Gräber sind mit einem hölzernen Kreuz samt Dächlein versehen. Steinerne Grabmäler bilden die Ausnahme.

85 Am Sterbebett. Ex voto aus dem Jahre 1862

Dieses aus der Kapelle Niederrickenbach stammende Ex voto zeigt die vom Schmerz erschütterte kinderreiche Familie. Der Vater liegt im Sterben und empfängt das Sterbesakrament.

86 Bahrtuch aus Holzhäusern ZG

Das Bahrtuch besteht aus Leinwand, es ist schwarz gefärbt. Ein weisses Kreuz sowie der Totenkopf mit der Inschrift «Die untere Nachbarschaft Holzhüseren» ist aufgemalt. Das Tuch dürfte aus dem 19. Jahrhundert stammen.

87 Totenleuchter aus der Heilig-Kreuz-Kapelle in Schwyz

Pfarrkirche, Heilig-Kreuz-Kapelle und Friedhof bildeten noch im 17. Jahrhundert eine Einheit. Die Kirche war bis 1857 von einem Friedhof umgeben. Im Norden war ein kleineres Beinhaus an die Friedhofmauer angebaut. Es blieb bis 1769 bestehen. Am 23. Juni 1849 erfolgte ein erster Vorstoss, den Friedhof von der Kirche wegzuverlegen. Als neuer Standort wurde der heutige Platz im Bifang bestimmt. An den ehemaligen Friedhof erinnern noch zwei Epitaphe an der Südmauer der Kirche sowie die gotische Totenleuchte aus Sandstein.

88 Die Totenwache

Der Tessiner Fotograf Roberto Donetta (1865–1932) schuf 1890 diese erschütternde Fotografie. Die Familie hat sich im einfachen Sterbezimmer rund um ihren toten Vater versammelt.

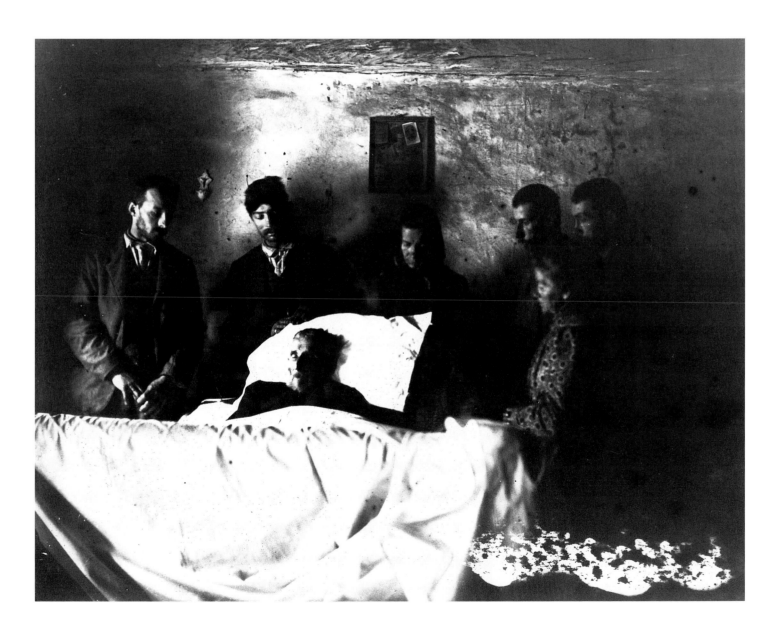

Nachfrage hielt, wollte niemand etwas gehört haben. Am anderen Tag erhielt die Frau Bericht, dass ihre am vorhergehenden Mittwoch nach Walenstadt verreiste Schwester Paula an einer Lungenentzündung, welche diese innert siebzehn Tagen dahinraffte, erkrankt sei. Diese Paula erzählte acht Tage vor ihrer Abreise ihren Angehörigen, dass sie im Traum das Glöcklein der Kapelle in Vild, dem Wohnort der Erzählerin, läuten gehört und gesehen habe, wie man sie im Sarg gegen Sargans auf den Friedhof getragen habe.

Totenvolk

Mit dem Künden in engem Zusammenhang steht das Nachtvolk, das Totenvolk. Das war ein langer gespenstischer Zug, der sich beim Haus der Person, die innert Jahresfrist zuerst starb, versammelte. Der Zug zog dann, Gebete murmelnd, in mitternächtlicher Stunde dem Friedhof zu. Dieser Zug wurde vor allem von den Fronfastenkindern immer wieder gesehen. Bartholomäus Lutz hörte eines Abends, als er, sich zur Ruhe begebend, bis auf das Hemd und einen Strumpf entkleidet hatte, ein Gemurmel, das seinem Haus näher kam. Er ging ans Fenter und sah das Nachtvolk betend vorbeiziehen. Als letzten im gespenstigen Zuge, auch nur im Hemd und Strumpf steckend, sah Lutz sich selbst. Nach einigen Tagen wurde er wirklich auf den Friedhof getragen. Gottfried Keller hatte ein ähnliches Erlebnis. Varnhagen, der Onkel von Ludmilla Assing, starb. Er kondolierte und schrieb: «Ich bedaure sehr, dass ich ihn nicht habe sehen können. Ich habe die Nachricht erst abends spät vernommen, da ich den ganzen Tag zu Hause gesessen hatte und keine Zeitung zu Gesicht bekam. Am Morgen darauf, als es noch dunkel war, wachte ich ungewohnter Weise beim Klange der Frühglocke auf und dachte gleich: also Varnhagen ist tod. Ich fühlte in dieser Morgenstille, welch ein Zeitabschnitt und welche Welt mit ihm dahinging».[5]

Armenseelenglauben

Von Totenzügen, Totenvolk und Nachtvolk erzählte man sich im 19. Jahrhundert vor allem in alpinen Regionen. Die Erzähler sahen des Nachts die Toten singend oder lärmend einherziehen. Man erkannte niemanden, sagte ein alter Mann aus Raron (VS). Die Kleider der Nachtschar seien weiss gewesen, die Nachtschar, die einer Frau aus Schiers (GR) begegnete, trug weisse Kopftücher. Man sah auch Totenzüge mit Lichtern. Die Totenzüge erschienen an Allerseelen oder in der Adventszeit meist um Mitternacht, und zwar auf Friedhöfen bei der Kirche oder im Wallis auf Gletschern, die ja immer Aufenthaltsorte der armen büssenden Seelen waren. In den Maiensässen, so sagte ein alter Mann aus Domat (GR), kann man den «til dils morts», den Totenzug, in der Christnacht über die Ställe hinwegziehen hören. Man müsse sich vor dem Totenzug in acht nehmen, hiess es in Oberwald (VS). Wer der Totenprozession zu nahe komme, werde bald krank, meinte eine Frau aus Leuk (VS). Man habe allen Grund zu erschrecken, sagte ein Mann aus Tschlin (GR). Er sah nämlich in der Silvesternacht jeweilen die Toten des nächsten Jahres. Da konnte er eine Person im Zug nicht erkennen. Er wusste nun, dass er an der Reihe sei.

Der Sigrist von Silenen (UR) hatte einmal das Aveläuten um vier Uhr verschlafen. Er eilte zur Kirche und begegnete dem Totenzug. Der letzte trug, wie er, an einem Bein nur einen Schuh, keinen Strumpf. Er wusste, was das bedeutete, es verkündete seinen baldigen Tod. Er erkrankte und starb am dritten Tag. Die Erzähler aus Nods (BE) beteuerten immer wieder die Wahrhaftigkeit des Geschauten und liessen es sich nicht ausreden. In Cevio (TI) glaubte man so felsenfest an die Realität des Totenzuges, an die Rückkehr der Toten an Allerseelen, dass man zu deren Speisung Kastanien zubereitete. In der Nacht vom 1. auf den 2. November musste immer auch ein Feuer brennen, man stellte den armen Seelen geröstete Kastanien hin.

Der Walliser Geistliche Prior Siegen hat festgestellt, dass in seiner Jugendzeit Ende des letzten Jahrhunderts die Vorstellung von der Prozession der armen Seelen noch sehr lebendig war: «Die Volksphantasie liess die armen Seelen gerne nahe dem Schauplatz ihrer früheren Tätigkeit büssen, mit Vorliebe in den tiefen Spalten der ächzenden und stöhnenden Gletschermassen. Nächtlicherweile, vorzüglich in Quatemberzeiten, ziehen nun die armen Seelen im weissen Kleid betend und klagend durch die Berge, die 'Totenschar' oder der 'Volchgang'. Im Grunde genommen sind diese Sagen eine poetische Darstellung der kirchlichen Lehre vom Fegfeuer und darum kein Aberglaube. Der Aberglaube spross am üppigsten auf dem öden Boden des Unglaubens, und von diesem sind die Walliser, Gottseidank, noch himmelweit entfernt». So der Walliser Geistliche und Volkskundler. Aber auch er sah, dass der Glaube an den Gratzug schon Ende des 19. Jahrhunderts eklatante Einbrüche erfuhr.

Die Leute, so schliesst er dieses Kapitel, seien selten geworden, die mit der Sennerin vom Gletscherstafel sagen: «Ich bete in einsamen Stunden im Angesicht des Langgletschers oft den Rosenkranz für die armen Seelen, die dort 'zu Bein geschlagen' leiden».[6] Auch in andern Regionen wurden solche Erscheinungen seltener, genauer: es gab immer weniger Leute, die den Gratzug wahrnehmen konnten und wollten: «Personne ne croit plus à cette superstition», sagte ein Mann aus Bonfol 1938.[7] Ein weiteres Stück Mittelalter schwand dahin.

Die Todesstunde

Im 19. Jahrhundert starb man anders als heute, vor allem starb man in den allermeisten Fällen zu Hause und nicht im Spital. Geriet der Kranke in Todesnot, so hatte die Familie den Pfarrer zu benachrichtigen. In katholischen Regionen bat man ihn, wie schon im 18. Jahrhundert, um die Spendung der letzten Ölung. Auch im 19. Jahrhundert kann man bei den Katholiken von einer eigentlichen Einübung des Todes, von einer dauernden Praxis im Umgang mit dem Sterben und mit der Vorstellung des eigenen Todes sprechen. Die Ikonographie spricht eine deutliche Sprache. In den Wohnstuben der Katholiken gab es Trauerbilder, gab es Erinnerungen an Verstorbene, Spruch-, Haar-, Wachs- und andere Bilder. Ein grossartiges Beispiel ist das «Denkmal zur Erinnerung an C. A. Donner von Nuolen». Da haben Sohn und Tochter des Kirchenvogtes 1869 aus Haaren, Moos und Gips ein Andenken seltenster Art geschaffen.[8] Dem Gedanken an den Tod waren auch die grossen Totengedenktage gewidmet, vor allem das Allerseelenfest am 2. November, das äusserst volkstümlich war. Im Gegensatz zu heute wünschte man sich früher keinen plötzlichen Tod, und man betete, dass man davor verschont werde. Heute sieht das völlig anders aus, gilt doch das Herzversagen als schönster und idealer Tod.

Tröstungen der katholischen Kirche

Während sich, wie Paul Hugger feststellt, in den reformierten Gebieten «die Präsenz der Kirche beim Sterbenden auf einen Trostbesuch des Pfarrers beschränkte, kam es bei den Katholiken zum eindrücklichen Versehgang, einer eigentlichen theophorischen Prozession». Was wir im vorhergehenden Kapitel fürs 18. Jahrhundert geschildert haben, gilt weitgehend auch fürs 19. Jahrhundert. Entscheidend ist indessen, dass wir für die neuere Zeit hervorragende Darstellungen besitzen. Josef Zihlmann und Alois Senti haben diesen Vorgang genau beschrieben, der eine für das Luzerner Hinterland, der andere für das St. Galler Oberland.[9] Prior Siegen schilderte, wie er als Bergpfarrer einen Versehgang in den Bergen erlebte: «An einem Sommerabend werde ich bei einbrechender Nacht auf die Restialp gerufen zu einem vom Schlage getroffenen alten Manne. Ich ziehe Chorrock und Stola an, nehme die Wegzehrung und das Krankenöl aus der Kirche und folge dem Boten mit der Versehlaterne nach Ferden. Hier ist ein Sattelpferd bereit, auf dem ich im Mondschein den steilen, steinigen Alpweg emporsteige bis über die Holzregion. Der kranke Grossvater, der in der Alp seine Enkelkinder pflegte, hat nurmehr einen Wunsch für dieses Leben, die Tröstungen der Kirche zu empfangen. Der Kranke hört vom Arzt reden. Er meint abwehrend: 'An mir ist nichts mehr zu flicken, mir genügt der Seelenarzt.' Eine Schwester des Sterbenden tritt ein und reicht ihm Weihwasser mit dem letzten Auftrag. 'Grüsse mir die Lieben in der Ewigkeit.' Nach wenigen Stunden konnte der Kranke den ersehnten Weg in die Ewigkeit antreten».[10] Das Schweizerische Museum für Volkskunde bewahrt in seiner Sammlung ein transportierbares Versehgerät. Es ist, erstaunlich genug, noch im 19. Jahrhundert als Hochzeitsgeschenk überreicht worden. Ein schönes Zeugnis dafür, dass der Gedanke an den Tod selbst ins Brauchtum junger Leute einbezogen war.

Die letzten Stunden in protestantischen Gegenden

In den reformierten Gegenden sah die Todesstunde anders aus. Da sass beispielsweise «eine arme alte Frau aus der Nachbarschaft unten auf dem Bett und betete Sterbensgebete. Dabei war manchmal auch eine Hebamme, die der Sterbenden das Riechfläschchen hinhielt». So lautet der Bericht von Jakob Stutz über das Sterben seiner Mutter. Als der Vater starb, war, weil es Feiertag war, die Stube gedrängt voll Besuchender. Da war ein Schluchzen und Weinen, dass man «den lauten Vorbeter, den alten Ulrich, kaum mehr zu hören vermochte. Ulrich hielt inne. Ohne den Blick abzuwenden, befahl der Vater, er solle mit beten fortfahren». Um halb elf Uhr starb der Vater. Jakob Stutz drückte ihm die Augen zu und rief laut: Fahr hin, fahr hin in Gottes Reich! Dies Wort ergriff alle Umstehenden so sehr, dass auch Männer laut zu weinen anfingen».

Die Totenwache der Katholiken

Am Abend des Sterbetages erwartete die Trauerfamilie die Verwandten und Nachbarn zur Totenwache. Sie begann in den katholischen Regionen gegen neun Uhr abends. Man betete den Rosenkranz mit den Worten: Im Namen des Vaters und des Sohnes und des heiligen Geistes. Während des Gebetes brannten auf dem Tisch zwei Kerzen. «Die jüngeren Männer standen den Wänden entlang oder knieten mit den Frauen auf dem Fussboden der Stube oder der Küche. Nur die Kinder und älteren Leute konnten sich an den Stubentisch setzen, und drinnen befand sich der Vorbeter oder 'd'Litäneilääseri'».[11] In katholischen Gebieten waren auch ganz bestimmte Sterbegebete üblich. Im «Recueil de Prière», das J. R. Ostervald im Jahre 1823 publiziert hat, befindet sich ein solches Sterbegebet: «...reçois ses actions de grâce pour tous les bienfaits dont Tu as couronné sa vie, et ses humbles confessions de péchés qu'il a eu le malheur de commettre. Calme les agitations de son âme. Exause les prières qu'il Te présente pour les siens. Que notre frère boive avec courage la coupe que Tu lui présentes, et puis-

89 Der Friedhof des Klosters Maria Opferung in Zug

Den einfachen, ja äusserst schlichten Nonnenfriedhof betritt man durch ein grossartiges Portal aus dem Jahre 1601 mit geschnitzten Türflügeln aus dem Jahre 1670.

90 Die Kirche von St. Magdalena zwischen
    Weissbad und Appenzell um 1835

Gleich neben dem Wirtshaus zum Rössli – man beachte das Wirtshausschild rechts am Wirtshaus – befindet sich die kleine Kirche mit einem Friedhof und drei Kreuzen, die offenbar bemalt waren. Die Bleistiftzeichnung stammt von Ludwig Vogel in Zürich.

91 Die letzte Ehre. Totenfeier im Kanton Luzern

A. Fellmann, der dieses Gemälde schuf, war zweifellos an einem solchen Begräbnis dabei. Der Sarg steht vor dem Trauerhaus; er ist mit einem schwarzweissen Tuch bedeckt. Er steht bereits auf der Bahre, auf der er dann zum Friedhof getragen wird.

92 Die Leidansagerin oder Leichenbitterin von Zürich

Auf diesem Stich von Hegi mit der Inschrift «Zaabig um die vieri-» gibt die Leidansagerin einen Todesfall bekannt. In den dreissiger Jahren des letzten Jahrhunderts ist dieser Brauch zunehmend unter Beschuss geraten. Um 1834 kam ein gedrucktes Spottgedicht heraus:

«Klagausbruch meines Zartgefühles und meiner Ohren, beleidigt durch die Totenruferin vulgo Chilchgangsägeri in Zürich.»
Der Dichter nannte die Klagefrau eine Totenhenne. In den dreissiger Jahren des 19. Jahrhunderts begann die mit dem Boten versandte gedruckte Todesanzeige, in vielen Fällen auch die Zeitungsannonce das Ausrufen der Verstorbenen zu ersetzen.

93 Beisetzung des letzten Berner Schultheissen von Steiger 1805

In einem feierlichen Geleite wird der letzte Berner Schultheiss am 17. April 1805 ins Berner Münster gebracht. Der Sarg wird von Uniformierten getragen. Frauen und Männer gehen im Umzug getrennt, die Männer schwarz gekleidet. Links und rechts ist eine Ehrenkompanie aufgestellt.

94 Kirche und Friedhof Witikon-Zürich zu Beginn des 19. Jahrhunderts

Wie die Zeichnung von H.C. Escher von der Linth von 1817 zeigt, war der Kirchhof damals nicht «möbliert». Grabmäler und Blumen, ja selbst Bäume sowie Sträucher fehlen noch. Zeichnung von H.C. Escher von der Linth 1817.

95 «Scheintod und die Gefahren des zu frühen Begrabens»

Das Bild ist dem «Basler Hinkenden Boten» von 1822 entnommen. Das Motiv war damals recht bekannt und auch beliebt: Eine Scheintote wird kurz vor der Beerdigung wieder zum Leben gebracht. Die Angst vor dem Lebend-Begrabenwerden war im 19. Jahrhundert weit verbreitet.

96 Friedhof von Vouvry VS

Unmittelbar neben der katholischen Pfarrkirche S. Hyppolite, die 1820 unter Verwendung spätgotischer Bauteile neu erbaut wurde, befindet sich ein schöner Friedhof. Hier hat man auch alte Grabsteine aus dem 19. Jahrhundert pietätvoll aufbewahrt und aufgestellt.

97 Der Friedhof St. Georgen/Winterthur um 1837

Das Aquarell von J. Hintermeister (1837) zeigt den am Karfreitag des Jahres 1826 eingeweihten Friedhof bei der ehemaligen Siechenkapelle. Rund 4000 Menschen – fast die ganze Stadtbevölkerung – nahm an der Feier teil. Der Friedhof hat in dieser Zeit einen neuen Stellenwert bekommen. Vorbei war die Zeit der schäbigen Wirklichkeit der Toten auf dem «Schindanger». Merkwürdige Erscheinung trotzdem: Die Friedhofkommission empfiehlt den Frauen, «an den Beerdigungen nicht mehr teilzunehmen».

qu'il est prêt de marcher dans l'ombre de la mort, que Ton bâton et Ta houlette le conduisent et le fortifient. Détache entièrement de la terre l'âme de notre frère, et que son coeur ne soupire qu'après la céleste Patrie. Père de miséricorde! Ton serviteur remet son âme entre Tes mains; qu'il meure dans Ta grâce, et qu'il ressuscite un jour en Ta gloire. Amen»! Ich erinnere mich, sagte ein alter Mann aus Ormont, dass mein Vater seinem Vater in der Todesstunde beistand: «Mon père est resté avec lui toute la nuit, en silence. Personne ne disait un mot. Finalement, mont père a dit: c'est long, c'est très long…». Schwieriger war es, wenn im 19. Jahrhundert jemand auf einer Alp, in der Bergwelt starb. Da trug man den Leichnam genau gleich wie ein Bündel Heu. Aus dem Pays d'En-Haut wird ein solcher Transport beschrieben: «Certains trajets difficiles, ainsi la descente des hauts vallons par de mauvaises charrières, ou sur les pentes gazonnées, autorisaient, pour le transport du mort, l'emploi de la luge à bras, appelée 'gaïtze'. En on 'gaïtzait' le mort, tout comme du bois ou du foin».[12]

Wie schon im 18. Jahrhundert kam es auch im 19. Jahrhundert bei den Totenwachen hin und wieder zu grotesken Erscheinungen. Im Val d'Anniviers wird die Totenwache beschrieben: «Wir sassen da um zu trinken. Es gab immer mehr Leute und es kam dazu, dass einige etwas zu viel tranken. Bald hatte es keinen Platz mehr. Man entschied sich Platz zu machen. Man nahm den Toten, der schon im Sarg war, und stellte ihn aufrecht gegen die Wand und man hörte ihn sagen: 'Hier steht nur noch der Tote aufrecht'». O. Ringholz, Stiftsarchivar in Einsiedeln, über die Totenwache: «Es gab oft grosse Kosten, Unfug kam manchmal vor, Missbrauch lief auch mitunter und deshalb schaffte zuerst der Kirchenrat von Bennau 1857 diese Sitte ab und ordnete an, dass in Zukunft die Kinder gemeinschaftlich untertags in der dortigen Filialkirche und die Erwachsenen am Abend in derselben Kirche für die Verstorbenen beten sollen und nicht mehr im Sterbehaus bei der Leiche. Das Dorf und die andern Viertel führten dann ebenfalls diese heilsame Neuerung ein. Die Bewohner des Unterdorfes verrichteten dieses Gebet in der Spitalkapelle, die des Oberdorfes in der Schulhauskapelle, später alle an letzterem Orte».[13]

Vorbereitung auf das Begräbnis

In dieser Zeit galt es auch, das Begräbnis vorzubesprechen. Da waren einmal die Tageszeiten zu beachten. Wie schon im ausgehenden Mittelalter gab es konfessionelle Unterschiede. In den katholischen Regionen fand die Beerdigung am Vormittag statt. Man nahm Rücksicht auf die Messe: «L'enterrement le matin permet de dire le même jour la messe d'enterrement», sagte man in Bassecourt (BE). Und in Osco (TI): «Di solito il funerale si fa alla mattina per potere aver la messa». Im Tessin gab es aber auch Ausnahmen. So beerdigte man in Locarno und Isone mehr und mehr am Nachmittag. In Lugano galt eine Beerdigung am Morgen als eine Sache der Frommen: «Chi è tanto pio, li fa mattina con messa». In protestantischen Gegenden beerdigte man am späten Vormittag, um elf oder zwölf Uhr. An verschiedenen Orten kam es um die Jahrhundertwende allmählich zu einer Verlagerung auf den Nachmittag. Ein bis drei Uhr nachmittags, meinte man, sei die beste Zeit, wobei man auf die Zugsverbindungen anspielte. Vielleicht haben auch soziale Gründe mitgespielt. Das Leichenmahl, im Bernischen das Grabt- oder Gräbtessen, war ursprünglich ein «rechtes» Mittagessen, und es kostete dementsprechend auch viel Geld. Bei den Armen gab es zur Gräbt indessen nur Kaffee, Brot, Butter und Konfiture. Sie wünschten deshalb auch eine Beerdigung am Nachmittag.[13a]

Rituale vor der Beerdigung

Es kam auch auf den Tag an, an welchem zu beerdigen war. Man mied sowohl den Sonntag als auch vor allem im Tessin, den Freitag. Er wurde als Unglückstag angesehen. Es werde im gleichen Jahre, wenn man an diesem Tag begrabe, noch drei Beerdigungen aus der selben Familie geben, sagte man in Indemini (TI). Vor der Beerdigung gab es noch eine Reihe von Ritualen zu beachten. Da galt es, den Leichnam zu waschen und anzuziehen. Es war nicht gleichgültig, in welches Gewand man den Toten kleidete. Allgemein glaubte man, die Leiche sei unrein. Dämonische Kräfte waren zu befürchten. Im Kanton Bern herrschte der Brauch, das Tuch nach der Waschung um einen Obstbaum zu binden. Wächst der Baum weiter, ist die Seele, so glaubte man in Reichenbach (BE) gerettet. Die Gefässe, die man zum Waschen brauchte, wurden in Délemont (BE) zerschlagen, der Kamm, wie etwa in St. Peter (GR), zerbrochen, wobei man die Dreifaltigkeit anrief. Nachdem der Tote bekleidet und aufgebahrt war, hatten die Freunde und Verwandten die Toten- oder Ehrenwache zu übernehmen. Ursprünglich spielte sich alles im gleichen Zimmer ab. Im Laufe des 19. Jahrhunderts bahrte man aus hygienischen Gründen, wie um 1900 gesagt wurde, die Leiche in einem anderen Zimmer auf. Die Wache hielt sich im Wohnzimmer auf, wo Brot, Käse und Wein aufgestellt wurden.

Einladung zum Leichengeleit

Am Abend des Sterbetages hatte ein Familienmitglied die Pflicht, nach alter Sitte die Verwandten und Nachbarn auf das «Leichenbegängnis zu bitten». In grösseren Dörfern oder Städten war es die Leidansagerin, die diese Aufgabe zu erfüllen hatte. In bürgerlichen Familien der Städte, so etwa in Basel, war es die Stubenmagd, die mit einer Droschke die Leiche anzusagen hatte. Steif, konventionell, förmlich ging es da zu und her. Nach dem Bericht von Anna Sarasin aus Basel empfing die schwarzgekleidete Familie die Kondolenzbesucher in verdunkelter Stube. Man hatte die Läden so zu stellen, dass Halbdunkel herrschte. Nahe Freunde wurden gefragt, ob sie den Verstorbenen sehen wollten. Wenn sie dies bejahten, ging einer der Angehörigen mit dem Gast in das Sterbezimmer, wo der Tote aufgebahrt lag.

Die Beerdigung

Zwei oder drei Tage nach dem Tod fand die Beerdigung statt, und auch hier gab es grosse regionale sowie schichtspezifische Unterschiede. In der bürgerlichen Familie der Stadt Basel beispielsweise erschienen nur die Herren. Ihnen nahm man das Leid ab: «Die Herren drückten der Reihe nach allen Angehörigen die Hand, um ihr Beileid zu bezeugen. Dann verliessen sie das Zimmer und warteten draussen im Vorraum oder auf der Strasse, bis alle versammelt waren. Den nahverwandten Herren wurde im Trauerhaus, bevor sie in die Kirche gingen, der Trauerflor mit einem freiflatternden herunterhängenden Florende von einem dazu bestellten Mann übergeben und um den Arm gelegt... Hierauf verabschiedeten sich die nächsten männlichen Verwandten von den Frauen, die allein zurückblieben. Deshalb hatte man zwei Pfarrer bei einer Abdankungsfeier, einen, der im Leidhaus den Frauen die Personalien des Verstorbenen las und ihnen eine Predigt hielt, und den Hauptpfarrer, der im Trauerhaus nur ein Gebet sprach und dann zu den wartenden Herren hinausging, um mit den Leidtragenden im Zuge zur Kirche zu gehen».[14]

In ländlichen Kreisen sah die Beerdigung bedeutend einfacher aus. Im Prättigau versammelten sich die Leidleute um ein Uhr nachmittags. Die Ankommenden kondolierten, wobei bestimmte Sprüche aufzusagen waren. Sie haben sich leider nicht erhalten. Vor der Beerdigung wurde das letzte Liebesmahl (Wein, Brot und Käse) eingenommen, nach der Beerdigung in den Familien der Wohlhabenden das Totenmahl, sei es zu Hause oder im Gasthof. Für den Leichenzug wurde ein Zeremonienmeister bestellt. Er stellte eine Liste der Teilnehmer auf. Sie hatten sich entsprechend einzuordnen. Die übrigen wurden gebeten, sich «in freier Weise» anzuschliessen. Der Sarg von ledig Verstorbenen war bekränzt. Um etwa 1900 kamen erstmals auch Kränze für Verheiratete auf. Dem Sarge eines Ledigen wurde «fürgepaaret», das heisst, die ledigen Jungfrauen schritten dem Sarg paarweise voran. Sie waren schwarz gekleidet und trugen, um die Unschuld darzustellen, weisse Schürzen. Erschien der Zug an einer bestimmten Stelle, ertönte die Grabglocke. Der Sarg wurde, auch wenn die Strecke weit war, getragen. Es waren immer Männer, meist die Paten, denen diese Ehrenpflicht überbunden war. Die Anfrage war ebenfalls formelhaft: «Wollt Ihr als die liebsten Männer vom Vater den Sarg tragen», hiess es zum Beispiel. Die Träger hatten den Sarg auch ins offene Grab zu betten. Dabei achtete man darauf, ob das zuletzt weggelegte Beerdigungswerkzeug eine Hacke oder eine Schaufel war. Im ersten Fall starb in nächster Zeit eine Frau, im zweiten Fall ein Mann. Verstummte die Glocke, hielt der Geistliche die Grabrede. Zivile Beerdigungen gab es damals nicht. In einem einzigen Fall, so meinte der Bündner Berichterstatter, ehrte man den Willen des Toten, «nahm aber die Sache im übrigen nicht gut auf».

Das Begräbnis der Ledigen wurde auf besondere Weise gestaltet: Es galt, die Hochzeit nachzuholen. Die Bezeichnung «noce d'enterrement» macht es deutlich. Man übernahm einige Elemente aus dem Hochzeitsbrauchtum. Im Gegensatz zum Begräbnis von Verheirateten gab es viele Kränze und Blumen. Am Vorabend kamen die Kameraden des oder der Verstorbenen zusammen, um zu «chranznen». Dabei ging es manchmal recht lustig zu. Die Altersgenossen trugen den Sarg. Die ledigen Töchter gingen mit Blumensträussen voraus, die Familie folgte nach. Alle Mädchen trugen Kerzen.[15]

Im Schweizerischen Museum für Volkskunde in Basel wird der Flitterschmuck, wie ihn die Mädchen, in einzelnen Regionen auch die jungen Burschen beim Grabe eines ledigen Burschen oder einer ledigen Tochter trugen, aufbewahrt.

In den katholischen Regionen des Kantons Graubünden hielt man zäh an überlieferten Formen fest. Auf dem Weg zur Kirche und zum Friedhof wurden Busspsalmen gesungen. An der Spitze des Zuges wehte die schwarze Kirchenfahne. Vier Männer im lang herabwallendem Mantel trugen den Sarg. Die Männer folgten zu zweien, sie murmelten Gebete: «Jetzt und in der Stunde unseres Absterbens. Amen; und: Requiem aeternam dona eis Domine, den ewigen Frieden und das ewige Licht gib ihnen, o Herr»! Die Frauen in ihren schwarzen Kleidern bildeten den Schluss des Zuges. Auf dem Kopf trugen sie den Stuorz, der aus zwei gestreiften weissen Tüchern bestand, die haubenartig das Haupt so umschlossen, dass nur das Gesicht frei blieb. Sie trugen eine brennende Wachskerze. In der Kirche angelangt, stellten die Träger ihre Last vor den Chorstufen ab. Der Tote war mit dem Gesicht dem Altar zugekehrt, «wie wenn er noch immer als Zuhörer die Worte des Priesters entgegennehmen wollte». Unter ernstem Glockengeläute setzte der letzte Gang von der Kirche zum Friedhof ein. Der Geistliche segnete das offene Grab und besprengte es mit Weihwasser. Hier seine Worte: «Mit himmlischem Tau erfrische Gott Vater,

98 Friedhofkapelle von Boncourt JU

Die Friedhofkapelle Notre Dame Sous-les-Chênes wurde 1824–26 gebaut. Es handelt sich um einen schlichten geschlossenen Bau mit einer Plastik aus dem frühen 18. Jahrhundert.

99 Andenken an einen in Holland verstorbenen Soldaten aus dem Jahre 1827

Johannes Ramsauer beging um 1827 aus Heimweh in holländischen Diensten Selbstmord; er wurde militärisch bestattet. Im Medaillon des Bildes werden ein kranker Soldat und das Begräbnis dargestellt. Ausserdem befinden sich hier auch die Widmung von Paul Ramsauer 1827 sowie Ausschnitte aus Briefen an die Eltern.

100 Erinnerungsblatt an die verstorbene Anna Katharina Preisig von Schwellbrunn 1829

Das Erinnerungsblatt ist von Ulrich Schefer, Schulmeister in Niederteufen, gemalt worden. Der Lehrer hat die Inschrift so verfasst, wie wenn sie vom Kind selber stammen würde: «Gleich einer Blume habe ich geblüht, und wie eine Rose gar bald verwelket eben so bald bin ich gestorben. Ach, liebe Eltern! Grosseltern! Geschwister und Freunde! Ihr fühlt der frühen Trennung Schmerz und Pein, aber Gott wird Euch bey Euern Leiden mit Rath und Trost erfreu'n...»

101 Der Kirchhof von Seewis GR um 1830

Ein unbekannter Künstler hat den Kurort Seewis dargestellt, und weil zum Dorf auch die Kirche mitsamt Kirchhof gehört, zeichnete er auch den Friedhof. Dieser war von einfachstem Zuschnitt; wie andernorts war der Kirchhof von einer hohen Mauer umgeben.

102   Kirche und Friedhof von Pfeffikon LU

Die Zeichnung aus dem Jahre 1840 entstand anlässlich der römischen Ausgrabungen. Uns interessiert aber vor allem der Friedhof; er ist umgeben von einer Mauer; es gab lediglich einfache Holzkreuze.

103 Kirche und Friedhof Enge-Zürich

Das 1849 entstandene Aquarell zeigt die Ausstattung eines neuen Friedhofs. Noch fehlen Blumen; einige wenige Bäume (vor allem Trauerweiden) unterbrechen die streng geometrische Anlage. Auffallend ist die Vielfalt der steinernen, hölzernen und eisernen Grabmäler, die erst wenige Jahrzehnte zuvor gestattet worden waren.

104 Die Kirche von Bubikon (ZH) im Winter 1841

Die Ausstattung ist gemäss altem protestantischem Brauch einfach: an den Wänden der Kirche einige Epitaphe, wohl von Pfarrern oder Amtspersonen, auf dem Friedhof selber nur sechs bescheidene Grabmäler, zum Teil in Form des damals aufkommenden Ankers. Aquarell, unsigniert, aus dem Jahre 1841.

105 Ansicht des Friedhofes der Stadtgemeinde St. Peter und Aussersihl, Zürich. (um 1850)

Ein starker Eisenzaun hält Unbefugte (vor allem auch Tiere) vor dem Eintreten ab. Im Hintergrund treten – damals eine Neuigkeit – die steinernen Grabmäler höherer sozialer Schichten in Erscheinung. Im Vordergrund Spaziergänger im Empire-Kostüm. Zeichnung von Wydler, gestochen von Siegfried. Nach 1844.

Gott Sohn und Gott Heiliger Geist deine Seele. Amen».[16] Strenge Tradition herrschte auch in Einsiedeln: Die Grabbeterin bestellte beim Wachsfabrikanten rechtzeitig vier grosse, weisse Wachskerzen und übergab sie vor dem Leichenhaus der Kerzenträgerin. Diese Frau musste rechts, das heisst Richtung Kirche zum Sterbehaus gesehen, wohnen. Sie hatte an der Spitze der rechten Einerkolonne der Frauen zu marschieren. An der Spitze der rechten Männerkolonne ging der Taufpate, an der Spitze der linken Männerkolonne der Firmpate des oder der Verstorbenen. Der Sigrist läutete mit zwei mittelgrossen Glocken. War der Leichenwagen in der Nähe des Friedhofes angelangt, ertönten zwei schrille Glöcklein vom Kirchtürmchen her. Der Ortspfarrer trug Stola, Barett und Chorhemd; ihm zur Seite standen zwei Buben mit Weihrauchgefässen. Bis etwa um 1870 mussten die Männer der nächsten Verwandtschaft in schwarzem Mantel, die Frauen in scharzem Shawl erscheinen. Am Grab sprach der Ortspfarrer über das Leben der Verstorbenen. Nach 1893 erlosch dieser Brauch, «weil der Ortspfarrer aus erklärlichen Gründen nicht immer nur das Rühmlichste erwähnen konnte».[17]

Verschwinden alter Rituale

In protestantischen Regionen und in den Städten zeichnet sich im 19. Jahrhundert ein deutlicher Wandel der Mentalität ab. Archaische Trauerrituale wurden nicht mehr verstanden. Geändert wurde vor allem die öffentliche Ankündigung des Todes. Winterthur schaffte den Brauch ab, das Ableben eines Bürgers mit Posaunensignal vom Kirchturm herab anzuzeigen. Vereinfachung, ja Rationalisierung selbst bei der Bestattung: Nachdem man in Winterthur den Friedhof vor die Tore der Stadt verlegt hatte, wurde plötzlich die Frage nach der Form des Leichentransportes aktuell. Etwas umständlich wird es in der Amtssprache des Protokolles ausgedrückt: «In Rücksicht des Tragens der Todten wurde befunden, es wäre für sehr viele zu lästig, eine Leiche so weit zu tragen, daher der löbliche Stadtrat um Aufstellung von öffentlichen Trägern zu ersuchen wäre». Tatsächlich hat der Stadtrat am 15. März 1826 achtzehn Bürger zu städtischen Leichenträgern bestimmt.[18] Auch in Zürich schaffte man alte Bräuche ab. Um 1834 erschien ein gedrucktes Spottgedicht über das öffentliche Ausrufen der Toten mit dem Titel: «Klagausbruch meines Zartgefühles und meiner Ohren, beleidigt durch die Totenruferin Vulgo Chilchgangsängeri in Zürich». Wenn jemand sterbe, müsse das nicht die ganze Stadt wissen. Es gebe unauffälligere Möglichkeiten einer Todesanzeige in der Zeitung. Die Klagefrau wird mit einer Totenhenne verglichen:

«Was rennt das Weib – was schreit sie dort
die langen Gassen heulend fort!
Da muss die Totenhenne krähen,
Um meinen Himmel – war's geschehen.
Ich kann mir wahrlich nicht erklären,
Warum die ganze Stadt muss hören,
Wenn einer scheidend aus der Welt
Ins dunkle Grab den Einzug hält».[19]

Um 1830 erschienen gedruckte Todesanzeigen, und um 1855 verschwand auch der Brauch, die Toten zum Friedhof zu tragen, nachdem die Begräbnisvereine Leichenwagen angeschafft hatten. Erneut diskutierte man auch die Frage der Beteiligung der Frauen am Leichenbegängnis. In Winterthur vertrat eine Kommission die Meinung, man dürfe «dem weiblichen Publikum in Anbetracht der zukünftigen Lage des Friedhofes ausserhalb der Ringmauer eine Teilnahme an den Beerdigungen nicht mehr zumuten». Um 1889 wird darüber geklagt, dass «der bisherige Modus nur männliche Personen an Leichenbegängnissen» zulasse, während doch gerade die Frauen für Pietätsangelegenheiten wie geschaffen seien.[20] In Zürich diskutierte die Friedhofkommission der Kirchgemeinde Neumünster die gleiche Frage. Sie kam zum Schluss, dass das Leichengeleite unbedingt, wie das in grossen Städten Sitte sei, auf die Nächsten beschränkt werde. Die Frauen müssten, «obwohl es eine Grausamkeit ist», wieder teilnehmen können.[21]

Alle diese Vorgänge, vor allem auch die Verlegung der Friedhöfe, führten zu lebhaften Diskussionen. Gottfried Keller brachte diese Dinge in einem Schreiben an Frau Emilie Heim vom 17. August 1873 zur Sprache: «Heute ist von den dreien Kirchgemeinden, zum Grossen- zum Frauenmünster und zu Predigern die Anlegung eines neuen grossen Gottesackers in der Gegend von Altstetten beschlossen worden, und es soll eine extra Todten-Eisenbahn dahinführen. Auch wird jetzt das Verbrennen der Leichen stark entamirt, und man spricht überall mit Beifall davon, sodass in circa zehn Jahren wohl alle aufgeklärten Leute sich dieser antiquen Art der Bestattung unterziehen werden...».

Endlich, so meinten vor allem einzelne Ausländer, habe man in der Schweiz die Zeichen der Zeit erkannt. Man konnte sich im Ausland nicht vorstellen, dass in unserem Land die Gräber mehrmals belegt worden sind. Mark Twain sprach 1881 in seinem Buch «Zu Fuss durch Europa» über dieses Problem. Hier seine Beobachtungen, die er im Friedhof von Zermatt machte: «Die Schweiz ist nichts anderes als ein einziger grosser buckeliger Felsblock mit einer dünnen Grashaut darüber. Folglich werden Gräber hier nicht gegraben, sie werden mit Pulver und Zündschnur aus dem Gestein gesprengt. Die Leute können sich keine grossen Friedhöfe leisten, dazu ist die Grashaut zu beschränkt und zu kostbar. Sie wird ganz zum Unterhalt der Lebenden benötigt. Der Friedhof in Zermatt nimmt nur etwa einen Viertelmorgen in Anspruch. Die Gräber sind in den gewachsenen Fels eingelassen und sehr dauerhaft; aber belegt werden sie nur immer auf Zeit; der Benutzer kann immer nur so lange darin bleiben, bis sein Grab für eine spätere Leiche benötigt wird; dann wird er entfernt, denn es ist nicht erlaubt, einen Leichnam über einem anderen beizusetzen. Soviel ich erfahren habe, besitzt eine Familie solch ein Grab, wie sie ein Haus besitzt. Ein Mann stirbt und hinterlässt sein Haus seinem Sohn, und gleichzeitig übernimmt der tote Vater seines Vaters Grab. Er zieht aus dem Haus in das Grab, und sein Vorgänger zieht aus dem Grab in den Keller unter der Kapelle um. Ich sah einen schwarzen Kasten mit aufgemaltem Totenkopf und Knochenkreuz auf dem Friedhof liegen, und man sagte mir, dass er zur Beförderung der Überreste in den Keller benutzt werde».

Das Leichenmahl

«Iss und trink, Chind, ässen und trinken ischt's Bescht gägen en grosse Seeleschmärz», sagte ein alter, lebenserfahrener Mann zu einem weinenden Kind beim Leichenmahl.[22] Diese Aussage deckt sich mit dem im 19. Jahrhundert bekannten Sprichwort: «Essen und Trinken hält Leib und Seele zusammen». Die gleiche volkstümliche Denkweise spricht aus dem im bündnerischen Münstertal geläufigen Sprichwort: «Do avair bain mangià e bain bavü, Satanas nun es plü –»: «Nachdem man gut gegessen und getrunken hat, ist Satan nicht mehr». Wirklich? Oder kam er dann erst recht zum Vorschein? Die Vertreter der Kirche, das heisst sowohl katholische wie protestantische Pfarrer, hatten wie schon ihre Vorgänger auch im 19. Jahrhundert ernsthafte Einwände gegen das Leichenmahl. Ihre Klagen sind beredte

106 Kirche und Kirchhof von Hildisrieden LU von 1860

Moritz Rast, ein peintre naïf, hat zwischen 1860 und 1880 dieses hübsche Aquarell gemalt. Die Kirche ist 1902 vollständig abgebrochen worden. Es war ein nach Nordosten orientierter kleiner Bau mit verhältnismässig wuchtigem Turm. Der Friedhof selbst war 1732 angelegt worden, nachdem zuvor bei der Mutterkirche begraben worden war. Die Ausstattung ist denkbar einfach. Vorn beim Eingang das grosse zentrale Friedhofkreuz; auf dem Friedhof selber gibt es lediglich einfache Holzkreuze.

107 Beerdigung auf einem Bündner Friedhof 1860

Das Bild ist dem Bündner Kalender von 1860 entnommen. Die Trauernden stehen vor dem offenen Grab. Rechts steht der Pfarrer im Talar.

108 Der alte Kirchhof von Saillon VS

Unmittelbar neben der katholischen Pfarrkirche Saint Laurent, erbaut 1740, befindet sich der alte Kirchhof. Ein neuer ist ausserhalb des Burgstädtchens vor einigen Jahren angelegt worden. Auf dem alten Friedhofareal befinden sich zum Teil direkt an der Kirchhofmauer, zum Teil auch an der Aussenmauer des Kirchhofes die alten Grabstätten samt den alten Grabsteinen. Ein Glück, dass sie der Kirchenrat von Saillon nicht entfernt hat.

109 Ländliches Begräbnis 1871

Im Juli 1871 hat Albert Anker ein Begräbnis in Äsch BE festgehalten. Sigrist und Totengräber sind dabei, den Sarg ins Grab einzulassen. Der Pfarrer im Talar steht, umrahmt von den Leidtragenden, für das Gebet bereit.

110 Gräberhallen des Stiftes im Hof in Luzern

Nach dem Brand von 1633 beschlossen die Luzerner, den Kreuzgang abzureissen und den ganzen Kirchenplatz mit einer Arkadenhalle zu umfassen. Die aquarellierte Zeichnung stammt von Joh. Baptist Marzohl; sie ist 1840 entstanden. Damals suchte man bereits nach neuen Begräbnisplätzen und fand einen in der Probsteimatte nordöstlich des Stiftsbezirkes. Doch auch dieser wurde bald zu eng und 1885 durch das Friedental westlich der Stadt ersetzt.

111 Leichenwagen aus Hellikon AG

Zahlreiche Gemeinden haben zwischen 1830 und 1880 das Leichengeleite abgeschafft und durch einen Leichenwagen ersetzt. So fiel das mühsame Tragen von Särgen weg. In den meisten Gemeinden kam für die Leichentransporte der öffentliche Haushalt auf. Man bevorzugte den einspännigen Leichenwagen, weil er überall durchkam. Nur dort, wo es steile Strassen gab, ging man zum zweispännigen Leichenwagen über.

112 Zweirädriger Sargwagen vom Friedhof Horburg, Basel

Man könnte diesen einfachen Leichenwagen als Armleute-Wagen bezeichnen. Er war unbemalt und war für die Beerdigungen dritter Klasse bestimmt. Gleichheit vor dem Tode gab es im 19. Jahrhundert nicht.

113 Beinhaus der Pfarrkirche St. Blasius von Tinizong GR um 1909

Das Innere des Beinhauses war damals noch wohlbestückt mit Schädeln; sie sind, wie die Aufnahme deutlich zeigt, zum Teil beschriftet, zum Teil bemalt.

Zeugnisse. Es gab manche Gesetze und Verordnungen – zum Teil waren sie von der Kirche inspiriert –, die sich gegen das Leichenmahl richteten. Yvonne Preiswerk hat sie für die katholische Region von Anniviers und die protestantische Gegend von Ormont aufgelistet. Eine deutliche Sprache spricht der Gesetzestext selber, beginnt doch das Walliser Dekret vom 23. Mai 1827 mit den Worten: «In Anbetracht dessen, dass das Gesetz vom 30. Mai 1803 vollkommen ungenügend war und nicht gegriffen hat, wird verfügt: Die Leichenmahlzeiten sind unter Androhung einer Busse von hundert Franken vollständig untersagt. Verboten ist auch die Verteilung von Lebensmitteln, von Wein und andern Dingen».[23] Trotz intensiver Suche in den Archiven hat Yvonne Preiswerk keine Spuren von Bussen gefunden. Das heisst aber nicht, dass das Problem nicht mehr existiert hätte. Im Gegenteil: Im Jahre 1845 haben die Präsidenten der Gemeinden im Tal von Anniviers festgestellt, dass den ärmeren Gemeindegenossen durch die Leichenmahlzeiten übermässige Kosten erwüchsen. Die Justizdirektion erliess am 20. April 1851 ein neues Verbot, und 1889 wurde nochmals eine Busse von hundert Franken angekündigt. Die Leichenmahlzeiten aber verschwanden nicht. Ein Walliser Autor hat bemerkt, die Beharrlichkeit der «Bergler» sei aussergewöhnlich. Sie träten allen Neuerungen und Änderungen mit der gleichen Entschlossenheit entgegen, «ob sie nun vom Papst oder von einem Sultan kommen».[24] Auch in andern Regionen scheiterten alle noch so gut gemeinten Verordnungen und Ratschläge am hartnäckigen Widerstand der ländlichen traditionsbewussten Bevölkerung.

Trinken und Essen besass in einem Jahrhundert der Knappheit zweifellos eine besondere Anziehungskraft. Doch diese Betrachtungsweise ist oberflächlich. Es ging nicht nur um die Stillung animalischer Bedürfnisse, sondern gleichzeitig noch um etwas anderes, Grösseres: Es ging darum, sich im Kreise der Familie, der Freunde, der Dorfgenossen zu treffen, sich zu erinnern und gleichzeitig den Weg ins Leben zurückzufinden. Jeremias Gotthelf hat das angetönt. Er sah und wusste, dass das Leichenmahl, die Gräbt, wie man im Bernischen sagte, tief in archaischen Gründen wurzelte und auch eine soziale Bedeutung hatte. Er registrierte auch die sozialen Unterschiede: Arme Familien mussten sich mit einer «Käsgräbt» im Hause begnügen, zu welcher nur die nächsten Verwandten und Bekannten eingeladen und mit Käse und Wein bewirtet wurden. Zur Trauer gesellte sich die Angst: Wie hoch werden die Kosten sein und woher am Ende wird alles zu nehmen sein? Negative Aspekte scheinen bei Gotthelf im Vordergrund zu stehen: «Eine reiche Leiche ist für ein ganzes Dorf wichtig, nicht nur die Rede für den Schulmeister. Wenn an einem Ort ein Tier gefallen ist, so wittern Raben und Geier es stundenweit und ziehen hin in schnellem Fluge mit heiserem Gekreisch; wenn an einem Ort ein reicher Mann gestorben ist, so ist, als ob das Gefühl davon (denn fast unglaublich ist, dass die Kunde so schnell überall hindringe) über die ganze Bettlerklasse komme fast wie ein elektrischer Schlag».[25] Für die Armen, so Gotthelf, ist es eine seltene Gelegenheit, sich wieder einmal sattzuessen, während für die andern, die Hablichen, die Gräbt mit ihrer kulinarischen Herrlichkeit eine willkommene Abwechslung im Einerlei der häuslichen Alltagskost bedeutet. Doch Gotthelf, der das Volk genau beobachtet hat, wusste, dass ein Leichenbegängnis auch von echter Trauer geprägt sein konnte. In den «Leiden und Freuden eines Schulmeisters» sagt er, «dass die Nachricht, jemand sei gestorben, den wenigsten eine Freudenbotschaft ist, wenn auch das reichste Leichenmahl zu erwarten wäre. Wenn ein braver Mann gestorben, der vielen Vater war, mit Rat und Tat, ein wahrer Gemeindevater, wie man ehedem die Vorgesetzten nannte,

114 Kirche, Friedhof und Beinhaus S. Paul in Räzüns (GR)

Johann Rudolf Rahn hat diese mit Tusche lavierte Bleistiftzeichnung kurz vor der Renovation gemacht. Das Blatt vermittelt eine vertraute, stille Stimmung. An der Kirchenwand stehen einige ältere Grabmäler, während die Kreuze auf den Gräbern nur angedeutet sind.

wenn eine Frau gestorben, deren Mund nie offen war zum Richten und Klatschen, deren Herz aber immer offen für jede Not, deren Hand offen war bei jeder gegründeten Bitte, die geduldig vieles trug und andern wenig zu tragen gab, wenn Menschen sterben, die nicht nur für sich, sondern auch für andere lebten, bei denen die göttliche Liebe durch die Rinde der Selbstsucht gedrungen war und sich zu entfalten begonnen hatte. Wo solche Menschen starben, war das Leichenmahl feierlich und ernst und manche harthölzige Frau kaute da ihr Schafvoressen, als ob es Hobelspäne wären... Auch die Männer schauen ernst drein und bedenken, was wohl gesäet werden möchte einst auf ihre Gräber, ob Tränen oder Flüche».[26] Mit sichtlichem Behagen schildert Gotthelf die Gräbt: «Es war anfangs stille gewesen, nur Messer und Gabel hatten geklappert, aber allmählich erhob sich ein Surren wie in einem Bienenstock, der stossen will, und aus demselben scholl hie und da ein helles Lachen, das immer häufiger wieder kam, je lauter das Gesurre wurde».[27] In der Tat: die Tiefe der allgemeinen Trauer schwand mit zunehmender Grösse der Trauergesellschaften denn: «Wo es eine gute Gräbt gibt, gibts viele Leute, wo es keine gibt, gibt es auch keine Leute, auf den Menschen kommt es dabei nicht an und sei er in Gottes Namen gestorben oder in einem andern». Die gedämpft fröhliche Stimmung deutet aber auch an, dass das Leben eben weitergeht.

Leichenmahlzeiten gab es nicht nur im Kanton Bern. Der Zürcher Oberländer Jakob Stutz hat in seinen Lebenserinnerungen «Sieben mal sieben Jahre» den Tod seiner Mutter geschildert: «Zum Leichenmahl fanden sich sehr viele Leute ein, worüber ich staunen musste, dass wir so viele Vettern und Basen haben sollen. Weiss auch, wie einige Weiber, welche morgens am Sarg und am Grabe der Mutter sehr laut geweint haben, bei Tische nun auch sehr laut lachten; eine derselben bekam aber endlich gar das Trunkeneelend».[28] Auch im Baselbiet gingen nach dem Gottesdienst alle Verwandten und Helfer zum Leichenmahl ins Trauerhaus oder «wenn mes e chly vermag» in die Wirtschaft. «An einigen Orten werden noch der Pfarrer und der Lehrer eingeladen: 'es gieng bös, wenn me nit cheem' (Arboldswil und Lupsingen). Manchmal sind fünfzig bis sechzig Personen beieinander, und die Kosten können mehrere hundert Franken betragen. Es sehen sich bei dieser Gelegenheit weit entfernt wohnende Verwandte wieder einmal, besonders auswärts verheiratete Bauernfrauen, die sonst an ihr Haus gebunden sind. Vom Toten wird wenig gesprochen. Manchmal gehts zuletzt ganz lustig und kurzweilig zu».[29] Im Waadtland lud man zum Leichenmahl die Eltern, die Freunde und die aus andern Orten zugereisten Gäste ein. Noch im 19. Jahrhundert nahm man das Leichenmahl meistens zu Hause ein. Ausgenommen waren die Begräbnisse einflussreicher und reicher Dorfbewohner. «Man kochte zwei drei Schinken. Das Begräbnis fand am Nachmittag von zwei bis drei Uhr statt. Um vier Uhr nahm man einen Tee oder trank ein Glas Wein und dabei hat sich so ziemlich das ganze Dorf eingefunden. Es dauerte bis fünf oder sechs Uhr. Man plauderte miteinander und endlich sagte man, Ihr müsst nach Hause kommen, weil wir einen Schinken vorbereitet haben». Eine Leichenmahlzeit konnte sich allerdings auch bis spät in die Nacht hineinziehen. Ein Mann aus Orbe erinnert sich: «Mein Vater nahm an einer Beerdigung in Apples teil, er kam erst am andern Morgen nach Hause und meine Mutter sagte, wie war das, diese Beerdigung des Vetters? O sehr gut, es war sehr vergnügt».[30] Ländliche Sitten und überschäumende Lebenskraft.

115 Die Heimkehr von der Gräbt

Der Schweizerische Dorfkalender von 1864, dem dieses Bild entnommen ist, hat wiederholt die hin und wieder vorkommenden Auswüchse bei Leichenmahlzeiten gegeisselt. Hinten links sieht man die letzten Gäste und vorne die Betrunkenen, die heimgeführt werden.

116 Leichenmahlzeit im Berner Oberland um 1870

Der Nationalkalender hat um 1870 dieses Bild, das sich an ein Original von Benjamin Vautier anlehnt, herausgebracht. Leider ist die Wiedergabe im Nationalkalender sehr schlecht. Sie zeigt eine Leichenmahlzeit im familiären Kreis. Offensichtlich ist diese Mahlzeit zu Hause eingenommen worden.

117 Toter im Sarg. Aquarell aus dem Jahre 1811

Sichtbar ist nur der Kopf des Verstorbenen. Er ist mit einer Kappe bedeckt. Offensichtlich trägt der Tote das Sonntagskleid. Das Aquarell stammt aus Wädenswil. Der Text lautet:
«Der Nammen dieses im Herrn entschlafenen Menschen Hr Rudolf Sträuli.
Er ward gebohren den 26ten Herbstmonat 1746 und starb den 9ten März 1811 im Alter von 64 Jahren sieben Monat und fünf Tagen.»

Diskussion um die Verlegung der Friedhöfe

In den dreissiger Jahren des 19. Jahrhunderts tauchte die alte Frage der Verlegung der Grabstätten aus den Stadt- und Dorfkernen wieder auf. Diesmal war es die Cholera, die den Anstoss zu neuen und teilweise recht leidenschaftlichen Diskussionen gab. Der Vertreter der Tessiner Regierung sagte am 21. Oktober 1831, dass seine Regierung sehr besorgt sei über «das schreckliche Fortschreiten des Morbus Cholera in Europa und sein Eindringen in die angrenzenden Länder. Man müsse nun endlich ernst machen, den alten Brauch, die Toten in Kirchen und bewohnten Gebieten zu bestatten, energisch zu unterbinden». Doch schon der erste Artikel des Gesetzesvorschlages, der die Einsargung der Toten vorschreibt, stiess auf energischen Widerstand. Die Belastung für die armen Familien würde zu gross, wurde gesagt. Demgegenüber machten die Befürworter geltend, dass der Segen des Sarges darin liege, «die Ausdünstung von Krankheitserregern zu vermeiden». Die neue Vorschrift bedeute die Abkehr «von barbarischen Zeiten, wie sie nun auch in allen andern Staaten stattfindet». Schnell gelangte man indessen zum Kern des Problems: Die Gottesäcker müssen vom bewohnten Gebiet entfernt werden. Aus den Kirchhöfen müssen Friedhöfe werden. Ein Ratsmitglied meinte dazu, dies verbessere die Luft, denn die «Ausdünstungen der verfallenden Körper sind dermassen fein, dass sie durch das Erdreich dringen und schaden, weil sie so in die Luft gelangen». Wir kennen die Argumente aus früheren Diskussionen. Erstaunlicherweise waren sich auch die Vertreter der Kirche nicht einig, wie sie sich in diesem Falle verhalten sollten. Zwei Geistliche bekämpften sich mit Rede und Schmähschriften. Pietro Mola war für das neue Gesetz, während sich Giuseppe Francini dagegen wandte. Francini schrieb, die Toten müssten «nahe der heiligen Märtyrer ruhen können, denn sie müssen auf deren Fürbitte zählen können. Die Kirche hat ihren Getreuen diese Grabstätten zugesichert, um damit auch die toten Leiber der Christen zu ehren, die eines Tages umgeben von Licht und Glorie wieder leben werden. Die Gottesäcker haben mit den zivilen Friedhöfen, die weit weg vom Ort und der Kirche liegen, nichts gemeinsam. Wenn die Bestattungen in den Kirchen so gefährlich und krankheitserregend wären, was wäre dann aus den Europäern und aus Europa geworden. In unsern Gemeinden sind die Krankheiten nicht häufiger und die Todesfälle nicht zahlreicher als in den andern Orten». Doch Giuseppe Francini drang nicht durch. Im Grossen Rat des Kantons Tessin wurde abgestimmt. 37 Stimmen waren für das Gesetz und 30 dagegen.[30a]

Fast zur gleichen Zeit wurden diese Probleme auch in Basel diskutiert. Unmittelbarer Anstoss war die Typhusepidemie von 1814. Ganz entschieden sprach sich die Regierung gegen jede Art von Bestattung im Kircheninnern aus, und man war konsequent: Im Jahre 1815 wurde der Elisabethen-Gottesacker für die Münstergemeinde, 1825 der Spalen-Gottesacker für die Leonhard- und Petersgemeinde, schliesslich 1832 der Kleinbasler St. Theodor-Gottesacker geschaffen. Doch damit waren die Probleme nicht ganz aus der Welt geschafft. Die Stadtbevölkerung wuchs weiter an, und schon um 1860 diskutierte der Stadtrat neue Anlagen. 1868 wurde der Gottesacker auf dem Kannenfeld für die Stadtteile links der Birsig eröffnet. Gleichzeitig wurden die Bestattungen auf dem Spalen, im innern St. Johann und dem Spital-Gottesacker eingestellt. Im Jahre 1872 wurde der Gottesacker auf dem Wolf eingeweiht, und damit konnten auch die Friedhöfe St. Elisabethen, St. Alban und St. Jakob aufgehoben werden. Eine Zeitlang waren Kannenfeld- und Wolf-Gottesacker sowie der Kleinbasler St. Theodor-Gottesacker die einzig erlaubten Begräbnisstätten. Der St. Theodor-Gottesacker wurde in der Folge 1890 durch den Horburg-Gottesacker auf dem Dreirosenfeld ersetzt. Vier Jahre später, mit der Inbetriebnahme des Zentralen Friedhofes am Hörnli 1932, folgte die Schliessung der alten Gottesäcker. Von den alten Basler Begräbnisstätten sind schliesslich einzig ein Teil des St. Alban-Kirchhofes und der Wolf-Gottesacker erhalten geblieben.[30b]

Urne oder Sarg?

Die Frage der Kremation wurde wie kaum eine andere in der zweiten Hälfte des 19. Jahrhunderts leidenschaftlich diskutiert. Für Gegner und Befürworter ging es um eine todernste, grundsätzliche Frage, von der Heil oder Unheil abhing. Sie ist, so ein Zeitgenosse um 1875, «eine der ersten Fragen, welche der Entscheidung des in allen Dingen sich umgestaltenden Jahrhunderts vorliegen».[31] Die Befürworter führten rationale Argumente, vor allem hygienische und ökonomische, ins Feld. Die Gegner betonten eher die gefühlsmässige Seite. Wohl einer der ersten, die das Thema aufgriffen, war der berühmte deutsche Sprachforscher Jacob Grimm. Er dachte allerdings kaum an eine Realisierung seiner Ideen. Vor der preussischen Akademie der Wissenschaften sagte er am 29. November 1849, man könne kaum wieder «zu den gebräuchen ferner vergangenheit umkehren, nachdem sie einmal seit lange abgelegt worden sind. sie stehen jetzt auszer bezug auf unsere übrige eingewohnte lebensart und würden neu eingeführt den seltsamsten eindruck machen, obgleich selbst der sprachgebrauch immer noch duldet von der asche unserer unverbrannten eltern zu reden».[32] Der deutsche Arzt Trusen ging 1855 einen Schritt weiter. In seinem grossen Werk propagierte er die Leichenverbrennung als bestes Mittel, alle Schwierigkeiten und Nachteile der Erdbestattung für immer zu beseitigen. Die Idee wurde erst 1874 wieder aufgegriffen. Damals brach, so Rolf Thalmann, «scheinbar aus heiterem Himmel eine Flut von Schriften über die Feuerbestattung los». Allein für Deutschland sind gegen vierzig Titel verzeichnet worden. Allerdings übte bei dieser zweiten Runde der Diskussion die Anregung von Italien, wo die Publikationen etwas früher einsetzten, einen grossen Einfluss aus. Italien erliess auch das erste Gesetz für ein Krematorium. Ein Schweizer wirkte mit: Der am 23. Januar 1874 in Mailand verstorbene Textilkaufmann Albert von Keller, ursprünglich ein Zürcher, hinterliess die damals grosse Summe von zehntausend Lire, die für den Bau eines Krematoriums in Mailand verwendet werden sollte. Seine Leiche wurde, da ein Krematorium noch fehlte, zunächst einbalsamiert. Am 22. Januar 1876 ist mit seiner Einäscherung das Krematorium Mailand eingeweiht worden.

Bahnbrechend wirkte in der Schweiz die Schrift von Johann Jakob Wegmann-Ercolani, die 1874 in Zürich erschien. Dieser Initiant setzte sich durch, und die Stimmbürger der Stadt Zürich stimmten am 11. Februar 1877 dem Bau eines Krematoriums zu. Am 19. Januar 1898 fand die erste reguläre Feuerbestattung statt.

Die neue Form der Bestattung hat nicht nur die Beerdigungsrituale, sondern auch die Friedhofarchitektur beeinflusst. Schon Jakob Wegmann hatte 1874 in seiner Broschüre ein Columbarium vorgestellt: Im stillen Fach des hochgewölbten Raumes werde die Asche ruhen. Das einer Kirche ähnliche Columbarium soll zu ernster Betrachtung einladen. Das Bild zeigt Wandflächen mit Nischen zwischen Bogen, die an römische Thermen erinnern. Die Idee wurde von den Gegnern des Krematoriums scharf angegriffen. Die Bedeutung der Columbarien könne, so Pfarrer Weber, wohl ein klassisch Gebildeter verstehen, einem schlichten Manne sei sie völlig fremd. «Selbst für einen Culturmenschen ist doch das Bekränzen und

118 Bahre mit Sarg aus Basel-Stadt um 1870

Bis ins 19. Jahrhundert war es, sofern man über keinen Leichenwagen verfügte, üblich, den Sarg auf den Schultern zu tragen. Es gab aber bestimmte Verhältnisse, in denen das nicht möglich war. Um das Tragen zu erleichtern, gab es Bahren.

119 Das Krematorium von Biel BE

Das Krematorium mit Urnenhof wurde 1910 von Alfred Jeanmaire entworfen und gebaut. Wiederholte Um- und Anbauten lassen die ursprüngliche Form kaum mehr erkennen. Der Friedhof ist, vor allem auch wegen des angegliederten Judenfriedhofes, eine eindrückliche Schöpfung des beginnenden 20. Jahrhunderts.

120 Urnengräber im Friedhof Bern-Bremgarten

Noch in der Planungsphase des Krematoriums tauchte die Frage nach einer sinnvollen Ausgestaltung der Urnengräber auf. Das Bild zeigt, wie man in Bern diese Frage löste.

121 Perlenkranz aus einem Kindergrab aus Altdorf UR

Dieser Perlenkranz – eine Art Modeerscheinung – dürfte um 1890/1900 entstanden sein. Er befindet sich im Historischen Museum von Altdorf und ist in Privatbesitz.

122 Sargschmuck für Ledige aus dem Engadin

Im 19. Jahrhundert haben die Engadiner für ihre ledig verstorbenen Männer und Frauen einen Schmuck aus Federn und künstlichen Blumen hergestellt. Das Arrangement wurde, wie der Stock unten zeigt, am Sarg selber befestigt und im Trauerzug mitgeführt. Aufbewahrt wurde es in der Kirche oder beim Friedhof, damit es jeweils wieder verwendet werden konnte.

123 Begräbnisschmuck aus Avers-Cresta (GR)

Dieser Schmuck wurde von den ledigen Burschen beim Begräbnis als Kittelschmuck getragen. Eine genaue Untersuchung des Materials zeigt, dass es sich um ausgeschnittene Papierherzen handelt, die aus einem Schulheft stammen. Dazu kommen Flor, Bänder und künstliche Blumen sowie Goldpapier, unten zwei Bändel. Die Herzgrösse beträgt mit Flor 13 x 15 cm.

Der zweite, ebenfalls aus Avers-Cresta stammende Begräbnisschmuck ist anders gestaltet. Hier sind es schmale, in Kreuzform aufgenähte Seidenbändel. Dazu kommt Goldpapier. Die Herzgrösse mit Flor beträgt 15 x 19 cm.

Anschauen einer Urne immer etwas Anderes, als das Verweilen an einem mit Liebe gepflegten Grabe».[33] Die Idee wurde indessen von Architekten und Bildhauern allgemein positiv aufgenommen. Anderer Meinung war der Bildhauer Wilhelm Richter. Er kritisierte 1911 die Urnenaufstellung an den Wänden der Krematorien und der Urnenhallen: «Erstens wirkt es an und für sich sehr unschön, die Urnen nach Art der Apothekergefässe aufgestellt zu sehen. Zweitens soll jede Urne als Denkmal gelten, was sie natürlich ebenso wenig ist, als ein Sarg ein Denkmal nach unseren Begriffen sein kann».[34] Im 20. Jahrhundert haben sich die Urnenhallen und die Aufstellung der Urnen an den Wänden der Krematorien und in den Friedhöfen durchgesetzt. Ob Urne oder Sarg: die Beerdigung wurde weiterhin im herkömmlichen Rahmen durchgeführt...

Farbensymbolik

Neue Tendenzen setzten sich allmählich nur gegen grossen Widerstand durch. Die Tradition blieb mächtig, so hat sich die Farbensymbolik, die ja im Spätmittelalter eine dominierende Rolle spielte, weitgehend erhalten. Im Kanton Schwyz und im Kanton Zug gab es für Ledige blaue Särge und Kreuze. Blau bedeutete nicht nur Trauer, sondern gleichzeitig auch Abwehr. Vorzeitig Verstorbene waren eben als unruhige Tote gefürchtet. Blau ist auch im Marienkult anzutreffen. Es galt als Zeichen der Verbundenheit mit Maria. Kein Wunder, dass die blaue Farbe in den katholischen Gebieten häufiger vorkam. Neben blau liebte man aber auch die weisse Farbe. Weiss waren Kleider der Begleiter oder der Sargträger im Wallis und im Berner Jura, weiss die Kreuze, Kränze und Schürzen in St. Antönien (GR) oder weiss die Tüllschleier im Tessin, weiss die Schärpen in Dietikon (ZH), weiss die Blumen im Knopfloch vieler Walliser und Bündner Trauernder. In Mendrisio gab es für Ledige sogar einen weissen Leichenwagen.[35]

Unruhige Tote

Die Ledigen seien unruhige Tote, sagte man einst. Dieser Glaube war auch noch im 19. Jahrhundert lebendig. Was heisst das? Katholischem Glauben zufolge hatte sich die Seele gleich nach dem Tod ins Fegfeuer zu begeben. Durch Lesen von Totenmessen, dank Fürbitte und Gebeten wurde sie indessen erlöst, erhielt sie die himmlische Seligkeit. Nur Kinder sind, sofern sie getauft waren, nicht arme Seelen, sondern selige Engel. Die Mutter trug deshalb keine Trauerkleider, und beim Begräbnis läuteten alle Glocken festlich.[36] Der Glaube des Volkes, ein unschuldiges, getauftes Kind werde nach seinem Tod ein Engel, offenbart sich auch am reich geschmückten Totenbett. Ein Kindertod galt als der schönste, und diese kleinen Verstorbenen hatten auch bei der Beerdigung ein starkes Geleite. Von weit her kamen die Leute, die des Segens, der von den Unschuldigen ausging, teilhaftig werden wollten. In Münster steht auf einer Totentafel: «Andenken an Stefani, geboren und gestorben den 27. Hornung 1881. Dieses grosse Glück ist nicht zu ermessen und im Himmel wird es die Eltern nicht vergessen».[37]

Fortdauer des Glaubens an die armen Seelen

Auch der Glaube an die armen Seelen war in katholischen Gebieten weitgehend ungebrochen. Diese armen Seelen hausten, so glaubte man im Maggiatal, im Kamin ihres eigenen Hauses. Alte Frauen baten deshalb immer wieder, die Flammen des Herdfeuers nicht hoch aufschiessen zu lassen. Man solle die armen Seelen nicht unnötig quälen. Für die armen Seelen musste man beten – je mehr, desto besser, desto schneller erlangten sie die Seligkeit. Die Leute des Maggiatales verfielen deshalb auf eine ebenso wunderliche wie rührende Idee. Beim Tod eines Angehörigen schenkte die Trauerfamilie allen Haushaltungen des Dorfes ein Kilo Salz. Dafür hatten die Beschenkten die Pflicht, bei jeder Prise Salz ein Requiem für die arme Seele des Stifters zu sprechen. Ebenso originell ist der zweite Brauch: Danach vermachte man ein Haus, eine Stube oder einen Stall, auch ein Stück Wiese, nicht nur den lebenden Nachkommen, man konnte sie auch ganz allgemein den Toten überschreiben. Die betreffenden Objekte wurden dem Meistbietenden verpachtet. Die Einnahmen flossen in die Totenkasse, aus welcher Totenmessen bezahlt wurden. Maria Pometta, die diesen Brauch um 1902 geschildert hat, war selber Mitmieterin eines solchen Hauses; sie versichert, dass die Mitteilhaber sehr friedlich und ruhig gewesen seien. Die Fürbitte war entscheidend für das Seelenheil. In katholischen Gegegenden betete man bis zum Dreissigsten einen Psalter, später noch einen Rosenkranz und die Armen-Seelen-Litanei aus dem Gesangbuch. Am Grabhügel des Verstorbenen betete man die «Siebni» oder die «Füüfi».

Kult in Beinhäusern

Auch die Beinhäuser wurden im 19. Jahrhundert in katholischen Gebieten weitgehend geachtet. Besonders eindrücklich war das Beinhaus in Naters. Hierher wurden an Maria Heimsuchung Wallfahrten unternommen. Die Walliser Beinhäuser wurden aber auch ausserhalb der Feiertage, beispielsweise in Liebesnöten oder bei Krankheiten, aufgesucht. Zahlreiche Votivtafeln und Gaben wie Füsse aus Holz und Krücken, auch eiserne Leuchter, wie sie auf frühen fotografischen Bildern erscheinen, zeugen von diesem Kult.

Andenken

Zu welch naiv-rührenden Kleinkunstwerken die Menschen des 19. Jahrhunderts fähig waren, zeigen die Bilder von Störmalern oder auch die vielen Erinnerungsblätter, die mit geflochtenen Haaren Verstorbener garniert waren. Ein schönes Bild wird im Ortsmuseum Horgen aufbewahrt. In diesem Dorf starb am 4. Juni 1852 eine 23jährige Frau. Ihre Schwiegermutter weihte ihr einen aus den Haaren der Verstorbenen geflochteten Kranz.[38] Der Schulmeister von Niederteufen schuf ein Erinnerungsblatt – er nannte es Denkmal – für ein vierjähriges Mädchen. Es schliesst mit den Worten: «Hilf Gott, dass wir im Himmelreich einander wieder sehen zugleich».[39] Gegen Ende des Jahrhunderts kamen künstliche Blumen auf; den Kranz ergänzten, wie das Wandbild für Rudolf Merz 1894 (Museum für Volkskunde) zeigt, kleine Engel aus Prägedruck. Zu diesen selbsthergestellten Erinnerungsbildern kamen im späten 19. Jahrhundert kleine schwarzgeränderte Trauerbilder. Die Andenken wurden in der Stube in den Rahmen eines Bildes gesteckt. Sie mahnten den Betrachter, «das Seelenheil des Toten während der Messe in das Gebet einzuschliessen». Man stellte an Strassenböschungen auch kleine Kreuze auf, die an den Tod eines Mitbürgers erinnerten. Wer an diesen Kreuzen vorüberging, sprach ein Gebet. Am Wangser Hinterberg befindet sich ein grosses eisernes Kreuz mit den Namen von sechs Männern, die zwischen 1867 und 1909 als Waldarbeiter ihr Leben einbüssten. Die Holzarbeiter sollten sich der Gefährlichkeit ihrer Arbeit bewusst sein und auch die armen Seelen um Schutz bitten.[40]

124 Kirche, Friedhofeingang und Beinhaus von Savognin GR

Johann Rudolf Rahn zeichnete das Beinhaus kurz vor dem Abbruch. Eingang und Kleinbaute fügen sich in das Ensemble ein.

125 Pfarrkirche St. Michael und Beinhaus von Schwyz 1808

Die einfache Federzeichnung von Thomas Fassbind vermittelt ein gutes Bild des damaligen baulichen Zustandes. Der Friedhof selber ist nicht sichtbar.

126 Beinhaus und Friedhof von Hergiswil LU

Bleistiftzeichnung, Ende 19. oder Anfang 20. Jahrhundert. Die Zeichnung ist nicht signiert. Wir vermuten, dass es sich um die Meisterhand von Joh. Rud. Rahn handelt. Ein kleiner malerischer Friedhof, geschmückt von einem grossen gekreuzigten Christus mit Holzdächlein.

127 Die alte Pfarrkirche von Flüelen (U) mit Beinhaus um 1820

H. Maurer hat diese aquarellierte Zeichnung 1820 angefertigt. Die Kirche St. Georg wurde 1664 geweiht. Sie grenzte mit ihrem kleinen Friedhof ursprünglich an den See. Die Eingangsseite ist der ehemaligen Schifflände mit den Wirtshäusern zugekehrt. Das Beinhaus stand auf der Kircheneingangsseite. Es ist im Anschluss an den Kirchenbau wohl im dritten Viertel des 17. Jahrhunderts errichtet worden. Sein Chor endete in einem unregelmässigen Dreiachtelsschluss. Im Innern hatte es einen kleinen Altar. Das Beinhaus und die Friedhofmauer wurden 1951 wegen der Strassenkorrektion abgebrochen.

128 Memento mori auf einem Notizbuch aus dem Jahre 1833

Der Text und das Sujet mit dem Kreuzhügel erfreuten sich im 19. Jahrhundert besonderer Beliebtheit. Der Anker galt als Wahrzeichen der Treue und Liebe.

129 Totenandenken aus dem Jahre 1872

Das eingerahmte Bild enthält einen Baum aus Haar. Der Grabstein, aus Papier geklebt, befindet sich unter dem Baum. Der Boden besteht aus grünen Wollbäuschlein.

130   Totenandenken aus dem Jahre 1894/95

Das Totenandenken befindet sich in einem Holzrahmen; es besteht aus einem grossen Kranz aus Stoffblumen mit kleinen Engeln aus Prägedruck. Es trägt die Inschrift: «Andenken an Rudolf Merz, geboren 27. Juli 1895, gestorben 3. März 1896». Das Totenandenken stammt aus dem aargauischen Freiamt. Es ist ein schönes Zeugnis für die Liebe über den Tod hinaus und erinnert uns an die hohe Kindersterblichkeit.

131   Handgeschriebenes Sterbebildchen aus dem Jahre 1829

Ohne Zweifel ist dieses Sterbebildchen eines der frühesten. Den Rahmen bildet ein Stahlstich mit einem Grabstein. Auf die leere Fläche konnte man die gewünschten Angaben schreiben. Hier heisst es: «1829, den 27ten December starb Jungfrau Nanetta Stockman von Sarnen; im 17ten Jahre ihres Alters. Sie ruhe in Frieden!»

132 Sterbebildchen mit zwei Engeln

Dieses Sterbebildchen «L'Âme Immortelle», in Paris hergestellt, war ganz besonders beliebt. Dargestellt sind zwei Engel, die eine entschlafene Jungfrau in den Himmel bringen. Das Sterbebildchen ist um 1889 in Österreich und in der Schweiz gebraucht worden.

133 Sterbebildchen mit Gottvater

Der Verlag Benziger & Co., Einsiedeln, schuf diesen Stahlstich. Wichtig war der Text: «Himmlischer Vater, in Vereinigung mit Maria opfern wir Dir auf deinen Sohn für die armen Seelen im Fegfeuer.» Der Stahlstich war um 1890 in Österreich und in der Schweiz verbreitet.

134 Sterbebildchen mit Christus

Der Text: Erstes Geheimnis des schmerzhaften Rosenkranzes: «Der für uns Blut geschwitzt hat». Das Sterbebildchen wurde in Wil SG gebraucht. Hergestellt hat es der Verlag Boausse-Lebel in Paris.

Sterbebildchen – «Leidhelgeli»

Die Sterbebilder, Leidbildli, Leidhelgeli, die memoria, carta da mort der rätoromanischen Schweiz eine weitere Schöpfung des 19. Jahrhunderts. Adolf Spamer, der um 1930 das Andachtsbild untersuchte, sprach von einem künstlerischen Sprössling der Todesanzeige. Ursula Brunold-Bigler glaubt auf Grund ihrer eingehenden Untersuchung von 1976 an eine «Verschmelzung von verschiedenen persönlichen Totengedenkblättern mit dem kleinen Andachtsbild».[41] Etwas überspitzt und einfach ausgedrückt, könnte man sagen, dass aus dem Andachtsbild des 18. Jahrhunderts durch Beschriftung ein Sterbebild wird. Es ist und bleibt offenbar eine durchaus katholische Erscheinung. Zu den schweizerischen Vorläufern des Sterbebildes zählt das Andenkenblatt für Nanetta Stockmann aus Sarnen. Sie starb im 17. Altersjahr am 27. Dezember 1829.[42] Ursprünglich scheint es sich beim Sterbebildchen um einen Import aus Deutschland oder Österreich gehandelt zu haben. Aus einem Importartikel wurde indessen bald auch ein Exportartikel. Mitte des 19. Jahrhunderts begann der Benziger Verlag in Einsiedeln Stahlstiche zu produzieren, die bald als Sterbebilder benutzt wurden. Gemäss Preisverzeichnis vom Mai 1858 waren zu haben: «Frommes Andenken an die lieben Verstorbenen in zwei Farben zwei Franken siebzig, Farben und Gold drei Franken sechzig». Das älteste schweizerische Beispiel zeigt auf der Vorderseite die Schmerzensmutter Maria mit einem Schwert im Herzen. Auf der Rückseite steht: Zum Andenken an Pater Eugen Schwärzmann.[43] Das Sortiment wurde dank neuen technischen Verfahren (Stahlstich, Chromolithographie, Lichtdruck, Buchdruck, Foto) ausgebaut, und der Absatz stieg. Die Neuerung fand begeisterte Aufnahme. Die Sterbebilder legte man meistens der Danksagung bei. Vermögliche Leute liessen gleich 200 bis 500 Stück drucken. Inzwischen ist die Anzahl der Exemplare deutlich gesunken, und der Brauch selber scheint allmählich zu verschwinden. In den meisten Fällen dienten die Bildchen als Buchzeichen im Mess- oder in einem Andachtsbuch. Zu einem ersten Einbruch kam es, als nach der Liturgiereform des zweiten vatikanischen Konzils kein Messbuch mehr gebraucht wurde. Damit fiel ein wichtiger Aufbewahrungsort für die Sterbebilder weg. Zwar versuchte man, die Lücke wieder zu schliessen, indem man Leidbildli-Alben herstellte. Vielerorts steckte man die Sterbebildchen auch hinter das Kruzifix im Hergottswinkel oder in den Rahmen eines Heiligenbildes. Auf diese Weise stellte man die Toten gewissermassen in den Schutz der Heiligen, denn das Sterbebild war und ist ja mehr als nur ein Erinnerungs- oder Memento-mori-Bild. Es fordert zum Gebet für die Armen Seelen auf.

Gegen Ende des 19. Jahrhunderts «bildete sich ein fester ikonographischer Formelschatz heraus».[44] Man brauchte nicht weit zu suchen. Die katholische traditionelle Kirche verfügte über einen enormen Bilderschatz, und den Verlagen, die diese Sterbebildchen produzierten, standen theologische Berater zur Seite. So waren es beispielsweise beim Benziger Verlag die Benediktiner des Klosters Einsiedeln. Kein Wunder, dass auch didaktische Anliegen im Vordergrund standen. So hat man den Laien beigebracht, wie man die Armen Seelen am besten aus dem Fegfeuer erlöst. Die Antwort der Sterbebildchen ist eindeutig: Das beste Mittel besteht im Messopfer des Priesters. Es auf den Bildchen schön und deutlich gezeigt, wie das vor sich geht.

Auf einem um 1897 gebrauchten, aus dem Benziger Verlag stammenden Sterbebildchen erscheint der Heilige Nikolaus von Tolentino, der das Messopfer feiert. Während der Elevation der Hostie holen die Engel Arme Seelen aus dem Fegfeuer.[45]

Als erster Helfer der Armen Seelen galt Christus. Er erscheint als Betender auf einem in Wil um 1916 gebrauchten und vom Verlag Bouasse-Lebel in Paris hergestellten Helgeli. An zweiter Stelle stand und steht seine Mutter Maria. Sie ist auf einem 1890 gebrauchten, im Benziger Verlag hergestellten Stahlstich ebenso aber auf einem in Graubünden um 1911 verwendeten Leidhelgeli dargestellt.

Immer wieder erscheint auch Josef. Weil er in den Armen Jesu und Mariae starb, wurde er zum Patron der Sterbenden. Das Bild eines Stahlstiches von Benziger wurde um 1906 in Rorschach gebraucht.

In den ersten Jahrzehnten des 20. Jahrhunderts triumphierten auf den Sterbebildchen die Engel. Das ist kein Zufall, haben doch damals die Engel, die Genien und allegorischen Flügelwesen die Kunstszene beherrscht. Solche Sterbebildchen erschienen in französischen Verlagen, so auch das 1889 gebrauchte Sterbebildchen L'Ame Immortelle. Hier tragen zwei Engel eine Kinderseele zu Gott.

Eine Neuigkeit waren damals auch die Sterbebilder mit Porträts. Es waren im Lichtdruckverfahren hergestellte vignettierte Porträts. Sie wurden aber erst populär, als in den ersten Jahrzehnten des zwanzigsten Jahrhunderts Fotos im Buchdruckverfahren hergestellt werden konnten. Selbst dörfliche Druckereien in Bergregionen lieferten, wie Beispiele aus Disentis zeigen, solche Sterbebildchen. Aus einem Armen Seelen-Gedenkbild wurde allmählich ein gewöhnliches Erinnerungsbild. Doch begannen diese Bildchen, kombiniert mit einem Text, zu sprechen. Angesprochen wurden die Verstorbenen:

«*Gott liebte Dich,*
Drum sollst Du nicht länger wallen
Im dunklen Land, wo Tod und Sünd uns schreckt.

Das schönste Los ist früh Dir zugefallen
Dein Palmzweig grünt, Dein Kleid ist unbefleckt.
Du schaust in Wonne Gottes Angesicht
Vergiss uns nicht».

Diese Zeilen sind einem Gedicht von Luise Hensel (1798–1876) entnommen. Gedruckt wurde das Sterbebildchen von Benziger in Einsiedeln.[46]

Manchmal reden die Toten; sie trösten die Zurückgebliebenen. So heisst es auf einem 1939 in der Innerschweiz gebrauchten Sterbebildchen:

«*Weinet nicht, dass ich geschieden*
Gönnet mir des Himmels Frieden.
Denkt, dass wir uns wiedersehen
In der sel'gen Heimat Höhn».[47]

Dieses Gedicht wurde auch als Grabinschrift gebraucht. Von 197 Gedichten in deutscher Sprache sind nicht weniger als 37 mit Grabsteinsprüchen identisch. Zehn Sprüche stammen von Totenblättern aus dem bayerischen und fränkischen Raum. Vermittelt wurden sie durch Musterbücher.

Neben den Gedichten erschienen in den letzten Jahrzehnten liturgische Gebete. Populärer waren aber die Gedichte, vor allem dann, wenn sie von einheimischen Dichtern stammten. Besonders beliebt waren die Sterbegedichte von zwei Geistlichen, Pater Maurus Carnot (1865–1935) von Disentis und Kapuzinerpater Alexander Lozza (1880–1953). Ausläufer dieser Tradition findet man heute noch in Graubünden. So haben um 1976 einzelne Pfarrer wie Guisep Durschei, Johan Sialm oder Benedetg Chistell für die Sterbebildchen gedichtet. Dazu kamen der ehemalige Hirt Paul Caduff in Chur, Sekundarlehrer

135 Sterbebildchen mit vignettiertem Foto

Das Sterbebildchen für Maria Casanova (Pia Memoria de Maria Casanova) ist 1915 in Graubünden gebraucht worden. Hergestellt wurde es im Verlag M. Maggi in Ilanz.

136 Sterbebildchen mit Foto für Karolina Büsser

Das Sterbebildchen ist 1906 im Sarganserland gebraucht worden. Hergestellt hat es der Verlag Oberholzer in Uznach SG.

137 Sterbebildchen mit Porträtfoto

Dieses um 1919 in Graubünden gebrauchte und von J. Condrau in Disentis hergestellte Sterbebildchen diente der Erinnerung an Adolf Lang, geboren 1848, gestorben 1919. Solche Sterbebildchen mit Porträtfoto wurden von den Angehörigen bestellt. Nach der Beerdigung stellte man die Bildchen meistens in der Stube auf.

138 Sterbebildchen mit Maria

Der Text lautet: «O süsses Herz Mariä, sei meine Rettung!» Dieses Sterbebildchen ist 1911 in Graubunden gebraucht worden. Der Verlag Benziger & Co. in Einsiedeln stellte den Stahlstich her.

139 Sterbebildchen mit dem Tod Josefs

Der Stahlstich stammt aus dem Hause Benziger in Einsiedeln. Dargestellt ist der Tod von Josef. Links Maria, rechts Christus.

140 Totenandenken 1864

Dieses Totenandenken an Nikolaus Knaus, gestorben am 14. Januar 1864, entspricht genau dem Geist dieser Zeit. Im Hintergrund befindet sich ein Bild, links eine Kirche, rechts ein Grabmal mit Inschrift unter einer Trauerweide. Das Bild ist von aus Menschenhaar geflochtenen Zöpfen umrahmt.

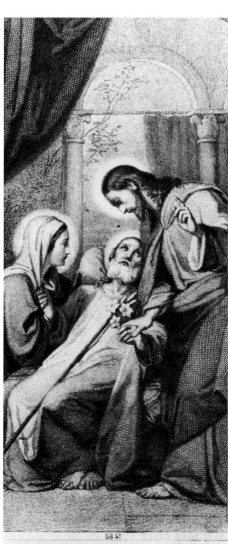

141 Erinnerungsblatt für Heinrich Homberger, begraben am 6. August 1829

Dieses Blatt widmete Hans Heinrich Wanger seinem Freund Heinrich Homberger. Dargestellt ist eine Kirche mit einem Friedhof mit einem einzigen Grab, wohl demjenigen des Verstorbenen. Zu erkennen ist ein Kranz am Kopfende des Grabes. Links hat der Maler ein Denkmal konstruiert, um das Gedicht des Stifters aufzunehmen. Oben steht der Text: «Zum Trost der hinterlassenen Eltern und Grosseltern des selig verstorbenen Heinrich Homberger v. Hof, welcher nebst andern, jüngern Kindern zur Ruhe still begleitet wurde. Donstags den 6. Augst 1829 in einem Alter von 2 Jahr 10 Monat und 2 Tag.»

142 Totenandenken oder Totenhelgeli

Das Kind, dem dieses Totenandenken gewidmet wurde, starb, bevor es ein Jahr alt war. Der Maler hat es auf diesem Andenkenblatt als grösseres Kind auf einem Bett ruhend dargestellt. Oben rechts Kirche und Grabmal unter einer Trauerweide. Das «Helgeli» wurde im Jahre 1824 gemalt.

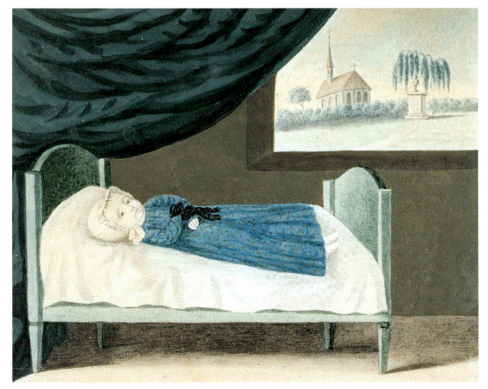

143 Totenbrettchen für ein Kind aus Appenzell Innerrhoden

Dieses kleine Totenbrettchen ist im Gegensatz zum Totenbrett für Frau Tobler-Buob (Abbildung Nr. 145) nicht datiert und enthält auch keine Inschrift. Es dürfte aus der zweiten Hälfte des 19. Jahrhunderts stammen.

144 Hochzeitsandenken mit Totentafel

Der Bauernmaler J. J. Heuscher von Herisau hat um 1867 diese Vermählungstafel für das Ehepaar Keller-Schoch von Herisau (verheiratet 1867 in Schwellbrunn) geschaffen. Links befindet sich die Geburtstafel für die Kinder, rechts eine Totentafel. Ein Eintrag wurde allerdings nicht gemacht. Trotzdem zeigt diese schöne Malerei, dass man selbst auf dem Höhepunkt des Lebens an den Tod dachte.

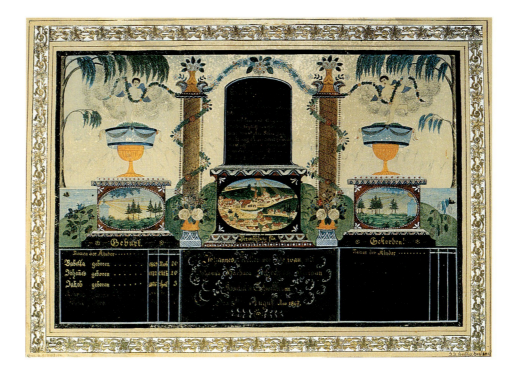

145 Totenbrett aus dem Kanton Appenzell-Innerrhoden

Dieses Totenbrett stammt aus dem Jahre 1856. Kurz nach dem Eintritt des Todes wurde der Verstorbene auf dieses Brett gelegt. Es ist mit heiligen Zeichen und frommen Sprüchen bemalt und wurde an der Aussenwand des Hauses angebracht. In Innerrhoden nennt man diese Totenbretter «Eh-Bretter» (aus Re-Brett, Leichenbrett). Das Eh-Brett trägt die Inschrift: «Denkmal von der ehrs. Fr: Maria Anna Jos. Buob, geboren im Merz 1810, verehelicht seit 1832 mit Hrn Rathsherrn Joseph Anton Tobler. Und starb gestärkt im Herrn den 7. April 1856. Sie hinterlässt 3 Söhne und eine Tochter. Ich weiss, dass mein Erlöser lebt und mich wieder zum Leben auferwecken wird. R.Q.P.»

146 Stille Trauer auf dem Friedhof 1820

Ludwig Vogel stellte auf dem Kupferstich von 1820 eine trauernde Familie dar. Vorne rechts kniet eine Frau vor dem Weihwasserbecken, um ein Grab zu segnen. Auf dem Friedhof selber hat Vogel die verschiedensten Arten von Grabdenkmälern festgehalten. Hinten rechts bemerkt man das Beinhaus mit den Totenschädeln sowie das Kreuz mit Christus, das auf keinem katholischen Friedhof fehlen durfte.

Toni Halter von Villa, die Bäuerin Lorenza Caminada-Solèr aus Vrin. Ob sich dieser Brauch auch in dieser säkularisierten Zeit hält, wird erst die Zukunft zeigen.

Das Totenbrett

Leute, die unvorbereitet, ohne die Tröstungen der katholischen Kirche, durch einen Unglücksfall starben, erhielten ein Totenbrett. Das waren kleine, oft nur fusshohe, meistens aber zwei- bis drei Fuss lange Bretter, die stark stilisiert Kopf, Schulter und Oberkörper vorstellten. Die Inschriften weisen auf den Tod hin. Der Spruch am Totenbrett des Bergführers Siegen in der Kühmattkapelle im Lötschental lautet:

«*Aus der theuren Freunde Kreis*
hat der Tod mich rasch getrennt,
in des Gletschers kühlem Eis
fand ich meines Lebens End.
Des Todes oft erinnre dich,
und bitt den lieben Gott für mich.
Josef Siegen 1870».[48]

Trauerarbeit

Das Totenbrauchtum des 19. Jahrhunderts ist komplex und facettenreich. Mindestens drei Überzeugungen sind fassbar: Erstens die Anschauung, der Tote lebe weiter, zweitens, er sei mächtig, und drittens, er sei gut und böse zugleich. Die erste Überzeugung ist leicht erklärbar, lebt doch der Tote im Denken seiner Angehörigen weiter. Man versorgte ihn deshalb auch etwa mit Speise und Trank, wie wir am Beispiel des Maggiatales gesehen haben. Man legte ihm aber auch an bestimmten Terminen ein Gedeck vor, wie wenn er gleich zum Essen erscheinen würde. Man erzählte ihm, was in der Familie vorfiel, um von ihm Wegleitung, vielleicht sogar Wunder zu erwarten. Seltsamer mutet die zweite Anschauung an: Der Tote ist mächtig: Sie beruht auf altem Geisterglauben. Er geht davon aus, dass viele Tote die Ruhe nicht finden, immer wieder auftauchen. Es galt, sie «zu gnädigem Wohlwollen, zu gütigem und hilfreichem Gebrauch ihrer Macht zu bestimmen». Schwieriger zu orten, zu definieren und zu erklären ist die dritte Annahme, der Tote sei gut und böse zugleich. Gottfried Keller hilft uns ein Stück weiter. Im «Grünen Heinrich» schildert er zwei Eheleute, «die zusammenlebten wie zwei gute alte Leutchen und sich nur Vater und Mutter nannten». Doch hin und wieder kam es zu einem entsetzlichen Streit: «Dann stellten sie sich darüber zur Rede, welchen Grund das Eine denn zu haben glaube, das Andere überleben zu können, und verfielen in einen elenden Wettstreit, wer von ihnen wohl noch die Genugtuung haben werde, den Anderen tot vor sich zu sehen». Tatsächlich ist ja die Ambivalenz der Gefühle weder etwas Ausserordentliches noch Krankhaftes, sondern durchaus Normales im Leben von uns allen. Intensive Bindung ist der beste Nährboden für die Ambivalenz der Gefühle. Nicht umsonst sagte man: Wie verwandter, wie verdammter. Totenbräuche und Trauersitten sind doppelseitig, sind ambivalent: «Den Schmerz lässt die Sitte bis zur vollen Sättigung austoben; der Liebe, die sich nicht trennen kann und will, gibt die Sitte tausend Mögichkeiten, ihre sorgende Pflege weiterzuüben und sich allmählich an den Verlust zu gewöhnen; den Trauernden, der durch die Trennung tief verwundet worden ist, sucht die Gesellschaft, nachdem sie dem Schmerz sein Recht gelassen hat, durch Teilnahme und Trost zu heilen, und wenn er durch den schweren Schlag des Lebens überdrüssig geworden ist und dem Toten nach will, so hält sie ihn mit Gewalt, mit lokkenden Gaben und liebevoller Überredung im Leben fest und führt ihn, nachdem in der langen Trauerzeit die Wunde vernarbt ist, mit öffentlicher Festlichkeit in ihre Gemeinschaft zurück».[49] Deshalb all dieses Trauern, dieses Weinen. Deshalb auch die Trauerkleidung. Sie konnte, wie in Basel, eine halbe Wissenschaft werden: «Für die Grosseltern dauerte es ein Jahr, für die Eltern zwei Jahre. Das letzte Halbjahr ging man in Halbtrauer und trug lila und grau als Übergang zu den bunten Farben. Witwen waren drei Jahre in Trauer und mieden auch später bunte Farben. Ältere Frauen legten die Trauer nicht mehr ab. Eine Basler Eigenart war es, für Oheime und Tanten nur ins Leid zu gehen und zwar für ein Jahr, wenn sie ledigen Standes waren ... Für Geschwister ging man für ein Jahr ins Leid».[50]

Selbst das Trauerweinen war demonstrativ. Man weinte nicht still in sich hinein, sondern in voller Öffentlichkeit, möglichst vor versammelter Trauergemeinde. Vor allem beim Begräbnis musste man sich durch Weinen und Schneuzen hervortun. Selbst am Sonntag galt es, noch einmal deutlich sichtbar zu weinen. Die Trauernden sassen in besonderen Leidbänken und räumten diese dem nachfolgenden Leidvolk erst nach demonstrativem Sträuben ein, wird aus dem Engadin überliefert. Heute ist das anders geworden. Bei einer Bestattungsfeier wird alles vermieden, was die Emotionen hervorrufen oder fördern könnte: Sollte man bei Begrüssungen oder bei der Leidabnahme vom Weinen übermannt weden, so wendet man sich beschämt weg.

Verwandlung der Friedhöfe

Im Totenbrauchtum des 19. Jahrhunderts gibt es einen nur schwer zu erklärenden Tatbestand. Auf der einen Seite widmete man, wie unsere Beispiele gezeigt haben, den Toten grosse Aufmerksamkeit. Es wäre anzunehmen, dass sich dies auch auf die Friedhöfe, auf die Pflege der Gräber bezogen hätte. Das ist indessen nicht so. Von einer eigentlichen Grabmalkunst oder von Grabbepflanzung in grösserem Ausmass kann erst im 20. Jahrhundert gesprochen werden. Was der Thurgauer Arzt Elias Haffter auf einer Reise durchs Unterwaldner Land festgestellt hat, darf wohl nicht allgemeine Gültigkeit für sich beanspruchen. Er notierte am 29. Juli 1848: «Die Kirchhöfe sind alle äusserst anziehend, reinliche Gärtchen, welche die Kirche einschliessen und dem Wanderer hinieden selbst sein Sterben erleichtern».[51] Bedeutend häufiger sind negative Urteile. So heisst es immer wieder: Unsere Friedhöfe sind ungepflegt. Nicht einmal angesehene Leute hatten zum Beispiel in Ins (BE), so antwortet ein Gewährsmann auf die Umfrage der Gesellschaft für Volkskunde, ein Grabmal. In Münsingen (BE) sei ein Grabmal selten gewesen; man habe höchstens etwa einen Baum angetroffen. In Seengen (AG) wurden Gräber eingeebnet und mit Löwenzahn besät. Der Friedhof wies 1850 nur drei Grabsteine auf.[52]

In Cresta Avers gab es überhaupt keine Grabzeichen, sondern nur Nummern aus Eisen. Auf dem Stadtfriedhof von Bern waren steinerne und eiserne Grabzeichen noch anfangs des letzten Jahrhunderts verboten. Erst 1830 sind steinerne Grabmäler erlaubt worden. Auch in Basel gab es fast keine Grabsteine, die Bestattungen gingen ohne jegliche «brauchtümliche Auszeichnungen» vor sich. In Grüningen (ZH) sah man 1848 eiserne Stäbe auf einem steinernen Sockel, doch kein einziges Grabmal.

Als der Friedhof von Herisau um 1835 neu angelegt wurde, lehnte man die Kennzeichnung der Gräber durch Stäbe mit Nummern ab. Das Gleiche geschah 1841 in Teufen. Man verbot sogar die Bepflanzung der Friedhöfe mit Bäumen. In Winterthur beschloss die Kommission für die Gestaltung des Friedho-

147 Handgeschmiedetes Grabkreuz aus Untervaz GR 1840

Mit einer Stilverspätung ohnegleichen hat der Schmied dieses einfache Grabkreuz gestaltet und malen lassen. Stammt es aus einer früheren Zeit, ist es einfach später übermalt worden? Wir lassen diese Frage offen und freuen uns an der archaischen Wucht dieses einfachen Kreuzes.

148 Gotisches Grabkreuz von Lenz GR

Die gotischen Grabkreuze weisen im Schnittpunkt der Kreuzstäbe eine umrandete, schalenförmige, meist kreisrunde Scheibe oder einen etwas grösseren verzierten Ring auf. Scheibe und Ring sind Sonnensymbole. Josef Willimann schreibt dazu: «Am Sterbebett eines schwer mit dem Tod Ringenden pflegen in Lenz alte Leute die Hoffnung auszudrücken, dass bei scheidender Sonne der Kampf zu Ende sein möge. Am schönsten und leichtesten lasse es sich bei Sonnenuntergang sterben.»

149 Der Elisabethen-Friedhof in Basel um 1834

Johann Jakob Frey malte 1834 dieses Ölbild. Vermutlich wollte er einfach die Stadt Basel abbilden; der Friedhof im Vordergrund war malerische romantische Kulisse. Ein seltenes und schönes Zeugnis für die Friedhofkultur jener Zeit.

150 Kirche und Friedhof von Rüderswil BE um 1826

Jakob Samuel Weibel (1771–1846) hat im Auftrag der bernischen Regierung alle Kirchen und Pfarrhäuser sowie Pfarrgärten aufgenommen. Die Friedhofe erscheinen leer und nackt. Es gibt weder Kreuze noch Grabsteine und auch keine Blumen.

151 Schmiedeisernes Kreuz aus dem Friedhof von Eschholzmatt LU um 1830

Obwohl im 19. Jahrhundert erstellt, weist dieses Kreuz deutlich barocke Elemente auf. Fotografiert wurde es von Ernst Brunner.

152 Geschmiedetes Grabkreuz aus der Region des obern Zürichsees

Das einfache, fast archaisch gehaltene Kreuz stammt aus dem 19. Jahrhundert. Es gleicht auffallend den eisengeschmiedeten Kreuzen von Flums. Den Hintergrund des Grabmales bildet das Kreuz mit dem gekreuzigten Christus. Es sind Strahlen angedeutet. Vorne in Herzform Figuren von Maria und Johannes. Hier sind noch spärliche Farbreste der ehemaligen Bemalung erhalten. In der Mitte unten Namens-Schild. Man verwendete solche Kreuze zwei- bis dreimal. Es wurde einfach jeweils eine neue Inschrift angebracht.

153 Eingang zum Friedhof St. Léonard in Fribourg, FR

Der Friedhof wurde 1902 von Isaac Fraisse projektiert und im April 1904 eingeweiht. Eine Kapelle beschliesst die Perspektive, die durch die Portalachse gebildet wird.

154 Friedhof der Zürcher Predigerkirche 1870

Im Jahre 1540 wurde der Spitalgarten des ehemaligen Klosters in einen Kirchhof umgewandelt und für die Wachten Niederdorf und Neumarkt eingerichtet. Er diente bis 1847 ausschliesslich den «Burgern» der Kirchgemeinde. Nachdem der Friedhof auf der Hohen Promenade angelegt worden war, wurde der Kirchhof 1875 aufgehoben.

155 Kirche und Friedhof von Witikon-Zürich im Jahre 1892

Ende des letzten Jahrhunderts gab es auf diesem Friedhof einige wenige Grabsteine. Die einzelnen Gräber waren, was vorher nicht der Fall gewesen war, eingefasst.

156 Remigius-Kirche Sirnach 1872 mit Friedhof

Die ehemals paritätische Kirche ist kurz vor dem Abbruch 1872 gezeichnet worden. Auf dem Friedhof befand sich das Beinhaus, das 1879 mit Hilfe des Klosters Fischingen in eine Kapelle umgewandelt wurde. Zeichnung von Alfons Berkmüller.

fes 1825, «es sollen keinerley Grabmäler noch Blumen, sondern einzig und allein eine Nummer auf das Grab gesetzt und keine Auszeichnung da geduldet werden, wo alle gleich seyen». Einfluss der Reformation oder der französischen Revolution? Ein französischer Einfluss ist nicht von der Hand zu weisen. Man erinnere sich: «Lecler voulait égalité républicaine de tombes et uniformité de pierres».[53] Das Friedhof-Reglement von Genf 1818 weist in diese Richtung. Allerdings hatten in Genf die Grabmäler bereits derart überhand genommen, dass es schwierig war, sie wieder aus der Welt zu schaffen. So beschränkte man sich auf Schikanen. Für einen Grabstein musste eine Bewilligung eingeholt werden, und das war recht teuer. Zahlte man aber diese Gebühr, konnte man aufstellen, was man wollte. Ein Genfer bedauerte all diese Neuerungen. Paul Correvon fand, dass die Friedhöfe einst blühende, aber schlichte Gärten gewesen seien. Tatsächlich ist, vor allem in den Städten, aus dem stimmungsvollen Friedhof von 1800 ein Zentralfriedhof entstanden mit endlosen Hügelreihen, mit einem «wirren Wald von Kreuzen, Denksteinen und prunkenden Malen und mit der schematischen Schachbrettaufteilung». Das hat allerdings weniger mit einer veränderten Einstellung zum Tod als vielmehr mit der Säkularisation und mit dem sprunghaften Wachstum der Städte in der zweiten Hälfte des letzten Jahrhunderts zu tun.[54]

Überlieferung und Zeitgeschmack

Die Städte, aber auch die grösseren Gemeinden kamen ohne gesetzliche Massnahmen nicht mehr aus. Die Gemeindeversammlung von Wenslingen (BL) beschloss, um ein Beispiel zu erwähnen, «die Gräber sollen alle gleich geziert sein, die der Reichen wie der Armen, nämlich jedes Grab erhält zu Häupten einen Grabpfahl mit einem einfachen Täfelchen mit dem Namen des Beerdigten».[55] Auch die Kantone begannen, den Friedhof zu reglementieren. «Der Tod wird verwaltet». Ja, selbst die eidgenössischen Räte befassten sich mit Beerdigungs-Problemen. Hier das Resultat der Beratungen: Die Bundesverfassung von 1874 bestimmt in Artikel 53 Abs. 2, die Begräbnisplätze seien von den bürgerlichen Behörden zu verwalten: «Sie haben dafür zu sorgen, dass jeder Verstorbene schicklich beerdigt werden kann». Von nun an fiel die Ordnung des Begräbniswesens grundsätzlich in die Kompetenz der Kantone. Diese übertrugen ihre Befugnisse zum grossen Teil den Gemeinden. Die Folge war eine unglaubliche Mannigfaltigkeit. Neben sanitarischen Vorschriften gibt es Bestimmungen sozialer und ästhetischer Natur. Man begann Richtlinien über Material und Form der Grabdenkmäler aufzustellen.[56]

Die Anstösse zu Neuerungen sind verschiedener Art. Ein Mann aus Simplon (VS) sagte um 1930, die ersten Grabsteine seien etwa um 1910 aufgekommen, sie seien von Fremden gesetzt worden. In Basel tauchten, so ein Gewährsmann, kurz vor 1900 steinerne Obelisken auf. Auch in Laupen (BE) werden abgebrochene Säulenpyramiden aus Marmor erwähnt. In Frauenfeld gab es um 1900 die ersten Steinsäulen. Westschweizerische Quellen sprechen von blocs oder rochers (Naturstein), die um 1900 üblich wurden. Bis um 1920 sei der Grabstein vorn im Grab gestanden, wurde in Klingnau (AG) gesagt. In den alpinen Regionen dominierten die hölzernen Grabmäler weiterhin. Bis 1900 gab es in Inner-Ferrera (GR) und in Kandersteg (BE) nur Holzkreuze. Das gleiche wird aus Weggis berichtet. An andern Orten wie in Gsteig (BE) kamen sie erst 1918, in Gurmels (FR), gefördert von Pfarrern und Lehrern, um 1928 auf. Aus dem Kanton Glarus wird gemeldet, dass es auf reformierten Gräbern etwa in der Jahrhundertmitte schwarze Stöcke mit dem Namen des Verstorbenen gab: «Diese kommen immer mehr auf. Die Katholiken haben wie früher Kreuze».⁵⁷

Eher selten waren Grabmäler aus Eisen. In Laupen (BE) wurden 1890 gusseiserne Kreuze verwendet. Eiserne Kreuze wurden auch in Fischingen (TG) erwähnt. Beliebt war neben der Kreuzform der Anker als altes christliches Symbol. Er bildete aufrecht stehend das Grabmal. Solche Anker gab es in der ersten Hälfte des Jahrhunderts in Thun (BE), in Herisau (AR), in Thalheim und in Zürich. Er erscheint auf einem Bild des im Jahre 1848 eingeweihten neuen Kirchhofs in Zürich. Auf diesem Friedhof sind auch Obelisken sichtbar. Rechts davon hinter der Kirche gab es Grabsteine sowie Anker.

Bepflanzung der Gräber

Ebenso vielfältig wie die Grabmäler war der Blumenschmuck. Zu Beginn des Jahrhunderts waren die Blumen eher selten. An einzelnen Orten waren die Pflanzungen sogar verboten. So bestimmt die Friedhofordnung von Bümpliz 1822: «Auf dem Kirchhof darf nichts gepflanzt werden, wohl aber mit Vorwissen des Pfarrers dürfen Denksteine errichtet oder Bürtelen (Bordüren nach Grösse des Grabes) angebracht werden».⁵⁸

Aus andern Orten, wie beispielsweise Altdorf, wird berichtet, dass es zu Beginn des Jahrhunderts hohe Stauden, Buchsbäume und die Sevibäume gab. Sie verschwanden gegen 1900.

Wenn es auf den Schweizer Friedhöfen Blumen gab, waren es Rosen (Zentifolien) oder Nelken. Gelbe Blumen waren verpönt. Gelb sei die Farbe der Falschheit, wurde in Büren (BE) und Bergün (GR) gesagt. Grosse Farbigkeit, bunte Blumen waren unerwünscht. Für die Kindergräber und die verstorbenen Ledigen wählte man weisse oder blaue Farbtöne. Blau war das Symbol der Unschuld.

Zwischen älteren und jüngeren Anpflanzungen, zwischen einem älteren oder einem neu angelegten Friedhof gab es grosse Unterschiede. Deutlich lassen sich zwei verschiedenartige Stile ausmachen. Es gab einen älteren Typ der Sträucher und Bäume, oft von kunstvollem Schnitt. Sie fehlen im neueren Friedhofbild: «On ne plante plus de buissons sur les tombes», wird in Genf gesagt. Nur wenige Leute bleiben den alten Rosen und den Stiefmütterchen treu. Die Gärtner empfehlen neue Blumensorten und Blumenarten, heisst es in Rolle. Ähnlich tönt es in Lucens (VD). Offenbar gab es um die Jahrhundertwende auch künstlichen Blumenschmuck. So berichtete ein Gewährsmann in Château-d'Œx, es habe Glaskästen gegeben, in denen Kränze aus künstlichen weissen Blumen aufgehängt worden seien. Mitten im Blumenkranz habe sich ein Herz aus Chrälleli – Glasperlen – befunden. Künstliche Sargblumen bewahrt auch das Museum für Volkskunde in Basel auf.⁵⁹

Selbstdarstellung?

Der städtische Friedhof bildet nach Isolde Ohlbaum ein «musée imaginaire» von Skulpturen, ein Museum, das von einer gesellschaftlichen Oberschicht erzählt, die sich selbst darstellte.⁵⁹ᵃ «Stein und Marmor sprechen eine Sprache, welche die Kultur und Bildung der trauernden bürgerlichen Schicht widerspiegelt. Die Symbolik dieser Friedhöfe stammt aus der Antike».⁶⁰ Ich kann diese Meinung nur teilweise teilen. Die Bilder des 19. Jahrhunderts zeigen, dass die allermeisten Grabmäler auf Symbole der christlichen Glaubenswelt zurückzuführen sind.

157 Reformierte Kirche von Herisau mit dem 1835 geräumten Friedhof

Dieses um 1830 entstandene Aquarell zeigt den geräumten Friedhof, der bis 1843 stehen blieb. Der neue Friedhof in Ebnet (eingeweiht 1835) war der erste Friedhof, der im Kanton Appenzell AR ausserhalb eines Dorfes angelegt wurde.

158 Der Friedhof von Môtier FR

Ursprünglich lag dieser Friedhof direkt bei der Kirche. Um 1824 wurde er definitiv verlegt. Seit 1944 sind aber die wichtigeren und schöneren Grabmäler auf der Südostseite der Kirche aufgestellt. Hier befindet sich auch das Epitaph für Pfarrer Jean-Louis De Bons, gestorben 1759. Es wird auf diesem Stein vermerkt, dass der Verstorbene während 22 Jahren Pfarrer von Môtier war.

159 Ehemaliger Friedhof St-Germain in Porrentruy JU

In diesem 1884 aufgehobenen Friedhof befinden sich zahlreiche klassizistische und historische Grabdenkmäler von jurassischen Persönlichkeiten des 19. Jahrhunderts. Den Kirchhofeingang ziert ein klassizistisches Lanzengitter.

160 Friedhof und Kirche von Bursins VD um 1831

Jakob Samuel Weibel zeichnete nicht nur die bernischen, sondern auch die waadtländischen Kirchen und Friedhöfe. Auch hier gab es in dieser Zeit, wie das Bild deutlich zeigt, weder Grabdenkmäler noch Blumen.

161 Friedhof und Kapelle Hohe Promenade
Zürich im Jahre 1850

Das neugotische Kirchlein wurde 1847/48 nach Plänen von Ferdinand Stadler durch August Stadler als Abdankungskapelle der drei den Friedhof benützenden Kirchgemeinden Gross- und Fraumunster sowie Prediger gebaut. Der Friedhof war, als dieses Blatt entstand, noch nicht einmal zur Hälfte belegt. Die steinernen Grabmäler überwiegen; vereinzelt tauchten die damals beliebten eisernen Anker auf. Blumenschmuck gab es in jener Zeit noch nicht.

162 Auf dem Friedhof in Ins 1886

Albert Anker hat dieses frische, unkonventionelle impressionistische Aquarell am 7. August 1886 gemalt. Er hat es zwar mit Friedhof bezeichnet, es ist indessen ein eigentlicher Kirchhof, denn die Gräber befinden sich unmittelbar bei der Kirche und, was damals noch immer beliebt war, zum Teil auch direkt an der Kirchenaussenwand. Ein Grabstein erübrigte sich deshalb. Man hat, wie die beiden Gräber links vom Eingang zeigen, Epitaphe – Erinnerungstafeln – angebracht. Rechts aussen aber befindet sich ein Grab mit einem Kreuz.

Unterschiedliche Friedhöfe in Stadt und Land

Die ländlichen Friedhöfe, vor allem in den katholischen Berggebieten, blieben der Tradition verpflichtet. Sie waren wie auch die reformierten Anlagen von bescheidenem Zuschnitt. In den Städten ging alles einen anderen Gang.

Die städtischen Friedhöfe werden in der zweiten Hälfte des Jahrhunderts zu parkähnlichen Anlagen, «zu Orten elegischer Trauer und der ästhetischen Delektation; die Grabmäler zu Zeugnissen des individuellen Schicksals, der persönlichen Trauergeste und des Geschmacks der Hinterbliebenen… Solche Friedhöfe mit ihren Alleen und schattenspendenden Baumgruppen bilden eine Gegenwelt; sie sind als heilige Haine angelegt, worin die Zeit aufgehoben zu sein scheint». Der Gartentheoretiker Hirschfeld hätte sich, wenn er sie noch hätte sehen können, gewiss gefreut.

Ein grossartiges Beispiel für die neuen Ansichten und Strömungen bildet der Wolfgottesacker in Basel. Er war in seiner ursprünglichen Gestalt gewiss einer der schönsten künstlerisch gestalteten Friedhöfe des 19. Jahrhunderts.[61]

Der Gärtner, der dieses kleine Wunder schuf, hiess Georg Lorch (1829–1870). Seine Lehrjahre verbrachte er zu Hause in Türkheim/Deutschland und in München. Vorbild war der bedeutende Gartentheoretiker und Gartenarchitekt Ludwig von Skell. Lorch schuf im untern Teil einen eigentlichen Begräbnisbereich. Da gab es ausgemauerte Gräber für Familien, Laubbäume und Sträucher, sanft geschwungene Kieswege und Ruheplätze mit zwei Wasserbecken. Für die Reihengräber mit einfachen Grabzeichen wurde ein strenges Wegnetz entworfen und realisiert. Mit der landschaftlichen Gestaltung versuchte man den Tod, die scheinbare Endgültigkeit, in den natürlichen Werdegang einzubeziehen. Die Trauer sollte in ewige Ruhe, sanfte Wehmut und das Gefühl der Versöhnung übergehen.

Allerdings werden nach der Einweihung des grossen Zentralfriedhofes Hörnli im Jahre nur noch etwa 180 Bestattungen in Familiengräbern vorgenommen. Der Wolfgottesacker strahlt aber auch heute, wie Anne Nagel in ihrer schönen Arbeit sagt, «eine friedvolle Ruhe aus; sie spendet dem Grabbesucher Stille zur Andacht, bietet zahlreichen Spaziergängern und Anwohnern ein geruhsames Verweilen».

Der Wolfgottesacker vermittelt aber auch historische, vor allem kunsthistorische Einblicke. Hier wurde für viele Mitglieder alteingesessener Basler Familien und berühmte Persönlichkeiten eine Gedenkstätte einmaliger Art geschaffen. Sie erhielten zum Teil künstlerisch hochbedeutende, wertvolle Plastiken. Hier sind vertreten Melchior Berri, Richard Kissling, Heinrich Rudolf Meili, August Heer sowie Alexander Zschokke.

Zu diesen Grabmonumenten kamen nach 1870 auch Galvanoplastiken von auswärtigen Industriebetrieben. Auch in einem Friedhof können die verschiedenen Stil- und Zeitepochen abgelesen werden.

Wer freilich das erhalten gebliebene alte Brauchtum verfolgen will, muss sich in katholische Regionen begeben. Dort gab es beispielsweise bis am Ende des 19. Jahrhunderts die alte Institution des Eebrettes oder Leichenbrettes. Es war dies eine Lade, auf welche der Verstorbene gelegt wurde; sie wurde meistens am Hause angebracht. So gab es am sogenannten Louftehuus in Appenzell ein Leichen- oder Eebrett, Rebrett für ein im Jahre 1897 im Alter von fünf Jahren verstorbenen Büblein. Im Toggenburg, im Appenzell und in katholischen Thurgauergemeinden stellte man die Totenbretter längs des Weges auf. Der Vorübergehende konnte so der Toten gedenken. Auf den länglichen, schwarz bemalten Brettern waren Namen und Todestag, manchmal auch Bibelsprüche angebracht. Es fehlte auch nicht an persönlichen Mahnungen: «Fromme Landleute beten, wenn sie vorübergehen, still ein Paternoster und Ave Maria zum Heil der Verstorbenen». Tröstlich-traurig hiess es auf einem Totenbrett im thurgauischen Hagenwil:

«*O Wanderer, stehe etwas still,
weil ich dir etwas sagen will,
ein Vaterunser bet für mich,
wofür wird Gott belohnen dich*».[62]

In seinen Wanderstudien aus der Schweiz hat Eduard Osenbrücken in der Nähe von Sirnach ein Eebrett angetroffen. Er erinnerte sich, «solche Bretter häufig in Appenzell Innerrhoden gesehen zu haben, teils an der äussern Hauswand angenagelt, teils an Wegen und Bächen angebracht. Diese Bretter sind in Appenzell von verschiedener Länge, je nachdem der oder die Verstorbene erwachsen oder nur ein Kind gewesen war... Regelmässig findet sich auf diesen schwarzbemalten Brettern ein langes Kreuz in weisser Farbe und auch wohl die Anfangsbuchstaben des Namens des Verstorbenen werden aufgeschrieben. Ich hörte ein solches Brett Gedenkbrett und Todtenbrett nennen, aber die gewöhnliche Bezeichnung ist in Appenzell Ebret (Ehbret). Über die Bedeutung des letzteren Namens hatte ich gegrübelt, bis ich im Buch von Ludwig Stäub über das bayerische Hochland las, dass im Althochdeutschen Ree Leichnam bedeutet».[63]

Das Museum für Volkskunde besitzt ein Leichenbrett aus dem Jahre 1856. Es trägt die Inschrift: «Denkmal der ehrsamen Frau Maria Anna Josef Buob, geboren im Merz 1810. Verehlicht seit 1832 mit Herrn Ratsherr Josef Anton Tobler. Und starb gestärkt im Herrn den 7. April 1856. Sie hinterlässt drei Söhne und eine Tochter. Ich weiss, dass mein Erlöser lebt und mich wieder zum Leben auferwecken wird. R.Q.P».

Trauer und Pietät

Sigmund Freud, Schöpfer der Psychoanalyse, hat den Begriff Trauerarbeit eingeführt. Damit ist jener aktive Vorgang beschrieben, mit welchem die menschliche Psyche den Verlust eines Nahestehenden überwindet. «Nach einer solchen Trauerperiode ist der Mensch nicht mehr der gleiche; in ihn sind neue Elemente des Bewusstseins und des Selbstverständnisses eingegangen, das Objekt der Trauer wurde internalisiert». Trauer ist, wie Paul Hugger sagt, lebensnotwendig; darum führen Verweigerungen der Trauermöglichkeiten durch die moderne Gesellschaft zu sozio-psychischen Defiziten. Das 19. Jahrhundert kannte die individuelle Trauerarbeit im Rahmen der Gesellschaft noch. So hat man im Luzerner Hinterland dem verstorbenen Vater oder der Mutter bis zum Dreissigsten immer noch einen Platz und ein Gedeck am Familientisch reserviert. Obwohl Sitzplatz und Gedeck nicht benützt blieben, tat man so, als ob Vater oder Mutter gegenwärtig wären. Auch in protestantischen Gebieten gibt es solche Trauerbräuche. In Werdenberg trugen die Verwandten an mehreren Sonntagen nach der Bestattung den Trauermantel, der Vater für ein Kind während zehn Sonntagen. In der Trauerzeit erschienen die Frauen mit der schwarzen Schürze. In der protestantischen Waadt trugen die nächsten Verwandten für ein ganzes Jahr Trauer. Die Leute kamen manchmal jahrelang nicht aus den Trauerkleidern heraus: «Moi j'avais neuf ans quand j'ai perdu mon papa, mais pendant deux ans on m'a obligée à porter des tabliers-fourreaux blancs pour aller à l'école. Ils étaient noirs à pois. On avait des

163 Der Friedhof von Rapperswil um 1882

Das Foto ist nach dem Kirchenbrand von 1882 entstanden. Im Hintergrund erblickt man die Aussenmauer der abgebrannten Pfarrkirche mit den zum Teil erhalten gebliebenen schönen Epitaphen. Vorn befindet sich der Friedhof, der später verlegt wurde. Die Holzkreuze dominierten. Deutlich sichtbar sind die auf den Friedhöfen im allgemeinen noch seltenen Blumen.

164 Der Friedhof der Predigergemeinde in Zürich um 1820/30

Dieses Bild entstand in den zwanziger Jahren des 19. Jahrhunderts. Einzelne Gräber, zum Beispiel das Grab links oben hinter den beiden Frauen, zeigen den neuen Stil: Grabmal am Kopfende, Blumen oder Buchs zieren das Grab. Damals eher selten und ungewöhnlich.

165 Der ehemalige Friedhof von St. Anna in Zürich um 1840

Der Rat kaufte im Jahre 1566 diesen Platz. Der Friedhof selber wurde in der Pestzeit eingerichtet. Nach 1788 wurden die Bürger der Petersgemeinde hier bestattet. Der Friedhof wurde im Jahre 1840 wieder aufgehoben. Das Bild zeigt den Endzustand. Blumen gab es keine, hingegen kleine Büsche und steinerne Grabmäler mit Inschriftplatten.

166 Pfarrkirche Schwyz mit Friedhof um 1820

Auf dem Friedhof befinden sich, wie der Zeichner glaubhaft macht, nur kleine Holzkreuze. Aus andern Quellen wissen wir aber, dass es auf diesem Friedhof auch steinerne Grabmäler und Epitaphe gegeben hat. Interessant ist das Bild aber deshalb, weil vorn unmittelbar an der Kirchenmauer Verkaufsstände angebracht sind. Leben und Tod gehörten eng zusammen.

167 Der Friedhof «Krautgarten» in Zürich im Jahre 1837

Dieser Friedhof wurde 1611 für die Grossmünstergemeinde dort angelegt, wo heute das Kunsthaus steht. Er wurde 1848 aufgehoben. Der Stich von F. Hegi aus dem Jahre 1837 zeigt, wie der Friedhof kurz vor der Aufhebung aussah. Einige Anker und steinerne Grabmäler sind erkennbar. Die Blumen fehlten damals noch.

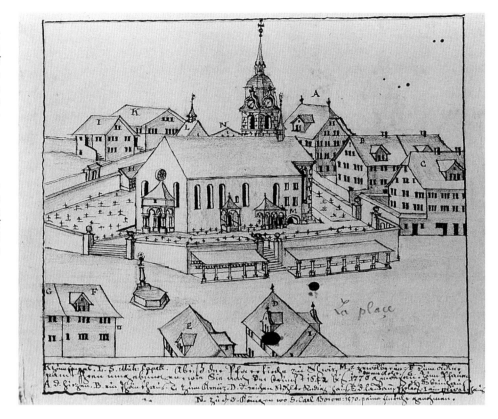

168 Der Friedhof von Altdorf UR um 1910

Links die Pfarrkirche, hinten in der Mitte das Beinhaus St. Anna, rechts davon anschliessend an der Aussenmauer die kapellenartigen Familiengräber; in der Mitte und vorn die marmornen Zeugen damaliger Grabmalkunst. Südländische Einflüsse sind unverkennbar.

169 Kirche und Friedhof von Witikon-Zürich um 1970

Die Kirche war gemäss einer Urkunde von 1270 eine Filialkirche des Grossmünsters. Nach der Reformation hatten die Witikoner einen eigenen Pfarrer. Kirche und Kirchhof bilden heute eine geschlossene Einheit. Doch waren die beiden Linden (unser Bild) um die Jahrhundertwende noch nicht vorhanden.

170 Friedhof und Kirche von Leuzingen GL. 1910

Die verhältnismässig seltene Aufnahme eines einfachen Glarner Friedhofes zeigt, dass es hier nur wenige Grabsteine gab. Daneben gab es vereinzelt eiserne Kreuze und Perlkränze, wie in der Mitte vor dem Kircheneingang. Der Friedhof macht einen etwas verwilderten Eindruck, was aber der Schönheit keinen Abbruch tut.

171 Mausoleum im Friedhof St. Léonard in Fribourg FR

Der in Russland tätige Ingenieur Gabriel Ignace Egger (1867–1904) liess dieses Mausoleum im russischen Stil erbauen.

172 Grabmal Rusca auf dem Friedhof von Locarno

Der Friedhof San Antonio befindet sich an der Kantonsstrasse Locarno-Solduno-Ponte-Brolla. Er wurde 1898 von Ingenieur Luigi Forni angelegt. Der lombardische Einfluss ist unverkennbar. Das Tempieto funerario für Caecilia Rusca ist 1845 von Giuseppe Pioda gebaut worden. Im Innern befindet sich eine Skulptur von Vincenzo Vela.

173 Denkmal auf dem Friedhof von Bellinzona TI

Der Friedhof von Bellinzona ist 1836 errichtet worden. Hier befindet sich auch das neogotische Denkmal für Celestino Stoffel (1822–1890).

jupes noirs, des pulls blancs, il fallait toujours être noir blanc. De neuf à quinze ans, je crois qu'on était tout le temps en deuil».[64] Am Beispiel des Kleiderverhaltens sieht man deutlich den Abbau des gesellschaftlich sanktionierten Trauerns. Zuerst wurden bei den Männern die dunklen Kleider durch ein schwarzes Armband ersetzt, dann reduzierte sich dieses auf einen Trauerknopf. Gewiss, manche Trauersitten erscheinen heute merkwürdig; sie können auch pathogen werden und ein gesundes Weiterleben erschweren. Anderseits kann es aber auch zu mehr oder weniger schweren sozio-psychischen Defiziten führen.

Die Grabinschriften

Wie die Todesanzeigen, die beschrifteten Sterbebildchen oder die «In Memoriam» sind die Grabinschriften Ausdruck der Trauer. Auch sie sind von einer unglaublichen Vielfalt der Erscheinungen. Den grossartigen und wortreichen stehen die bescheidenen und kargen, kurzen Sprüche und Worte gegenüber. Die meisten sind konventionell, fast formelhaft abgefasst. Wie einer der wenigen schweizerischen Wissenschafter, die sich mit ihnen befassten, Fabio Soldini, meinte, darf allerdings aus dieser Kargheit nicht auf eine mangelnde Ausdrucksfähigkeit geschlossen werden.[65] Stereotypie und Wiederholung sind funktionell bedingt. Auf diese Weise konnte jeder Mensch seine eigene Trauer innerhalb eines einheitlichen, vorgegebenen kulturellen Schemas zum Ausdruck bringen. Doch so nüchtern, wie Soldini schreibt, sind sie, wie zum Beispiel auch die Sammlung von Grabinschriften bernischer Friedhöfe des 19. Jahrhunderts zeigt, gar nicht.[66] Monoton und gleichförmig sind sie vielleicht insofern, als sie über den Verstorbenen aus psychologischen und menschlichen Gründen nur Gutes aussagen: De mortuis nil nisi bene.

Man hat immer daran zu denken, wer die Adressaten dieser Grabinschriften waren und sind. Es sind die Menschen, die plötzlich verlassen worden sind, und selbstverständlich sind es auch all die Leser, die über den Friedhof schreiten. Beide, sowohl die Trauernden wie die Friedhofbesucher, werden früher oder später ebenfalls Tod und Trauer erleben müssen. Deshalb, und nicht nur weil es die kirchliche Lehre vorschreibt, versuchte man immer wieder zu zeigen, dass der Tod nicht auslöscht ist, und dass die Toten weiterleben.

Soldini verglich die Grabinschriften mit Briefen; die Anrede und das Schlusswort lassen diesen Schluss zu. Wie ein Brief, vor allem ein Liebesbrief, so ruft auch das Epitaph die Empfänger an. Absender ist der Tote; er gibt sich mit Namen und Vornamen zu erkennen. Hin und wieder wird der Vater genannt, und bei Ehefrauen – dies gilt vor allem für die Westschweizer und Tessiner Grabinschriften – darf auch der Name des Ehemannes nicht fehlen. Die deutsch-schweizerischen Grabinschriften beschränken sich meistens auf den Namen des Verstorbenen. Hin und wieder erfahren wir etwas Näheres: Hier liegt begraben unser liebes Kind oder: Unsere geliebte Mutter oder: Der Sohn oder der Bruder oder der Vater, heisst es etwa. Die Widmung sagt auch etwas aus über die familiären und verwandtschaftlichen Beziehungen. Dem Vater und Gatten gewidmet, heisst es auf einer Grabinschrift für den 1816 gestorbenen Johann Albert Wyttenbach. Manchmal unterschreiben die trauernden Eltern. Im Text wird etwa eine unvergessliche Mutter erwähnt.

Demgegenüber geben die frühen tessinischen Grabinschriften den Verwandtschaftsgrad genau an. Gegen Ende des 19. Jahrhunderts wird auch hier nur noch der engere familiäre Kreis (Eheleute, Eltern und Kinder) erwähnt. Von der gewöhnlichen und nüchternen Bezeichnung Familie (famille, famiglia) über Verwandte (parenti, parents) geht es bis zu den ergebenen Söhnen und Töchtern (devozione filiale oder l'amour filiale). Hin und wieder heisst es: Die Deinen (I tuoi) oder einfach: Alle Deine Lieben (I tuoi cari). Etwas weiter greift die Umschreibung auf einem Grabstein in Mendrisio: «La fedele compagna all nobil sua vita» – Die treue Gefährtin in seinem edlen Leben. Oder auf einem andern Stein: «La sua dilletta cui per 43 anni le fu compagno» – Die Frau, der er 43 Jahre lang Gefährte war.[67] In einzelnen Fällen wird auch das Alter der Grabmalstifter erwähnt. Auf einem Grabstein in Casima heisst es: «i vecchi genitori», die alten Eltern.[68] Auf einem Grabstein in Chiasso unterschreibt die achtzigjährige Mutter: «La madre ottuagenaria».[69] Auf einzelnen Grabsteinen unterschreibt nicht die Familie, sondern die Gemeinde oder der Staat. So hat, als Niclaus Friedrich von Steiger, der letzte Schultheiss der Stadt und Republik Bern, starb, die Regierung des Kantons Bern unterschrieben.[70] Als in den Kriegswirren vom September 1802 der Berner-Burger Sigmund Rudolf von Werdt umkam, unterschrieb die Stadt Bern.[71] Auf tessinischen Grabsteinen erscheinen oft auch die Gemeinden. So hat die Gemeinde Casima ihrem verdienten Gemeindepräsidenten 1878 eine Inschrift gewidmet. Unterzeichnet hat die Gemeinde: «Il comune pose».[72]

Der Wortschatz wird reicher, der Ton wärmer, wenn es bei den Verstorbenen um ein Kind oder um einen Jugendlichen geht. Zunächst heisst es ganz einfach: «Hier liegt mein Kind begraben». Manchmal wird auch von einem geliebten Kind – im Tessin von einem zarten Kind – «Tenero bambino» – gesprochen. Von einem Kind, das nur drei Jahre alt wurde, heisst es in der Westschweiz schlicht und einfach: «Un ange a passé».[73] Schlicht heisst es auf einem Grabstein auf dem Friedhof von St. Maurice (VS): «Au revoir mon petit ange». Auf einem Grabstein in Mendrisio steht geschrieben: «Cara angioletta» – liebes Engelchen.[74]

Die Zurückgebliebenen werden im Tessin als die Lebenden bezeichnet. So heisst es auf einem Grabstein in Casima aus dem Jahre 1836: «Rapita di vivi» – Geraubt aus dem Kreis der Lebenden.[75]

Die Grabinschriften sprechen nur selten von einem Leichnam. Man trifft auf den Grabsteinen vielleicht einmal eine Umschreibung wie «irdische Hülle». Auf den bernischen Grabsteinen wurde von «sterblichen Überresten», von einem «matten Leib», geschrieben. Auf einem Grabstein des damaligen Friedhofes Rosengarten in Bern wurde 1818 von «Gebeinen» geschrieben. Eindeutig wird überall in allen Landesteilen die Bezeichnung «Seele» vorgezogen. Soldini spricht in diesem Zusammenhang von einer Verschleierung und symbolischen Konservierung der Toten. Das Biologische und der Zerfall wurden vergessen.[76] Man muss allerdings daran denken, dass die Grabinschriften wohl nur in seltenen Fällen das Produkt einfacher, durchschnittlicher Menschen aus dem Volk gewesen sind. Die Inschriften stammen von Pfarrern, Lehrern. Für die deutsche Schweiz gab es eigentliche Sammlungen wie jene von Bildhauer Wethli, der 1898 eine «Sammlung von Grabesblüten» herausgab, damit «jedermann eine passende Denkschrift finde». Sowohl Wethli als auch andere «Inschriften-Erfinder» kehrten immer wieder in den Gedicht- Sammlungen des 19. Jahrhunderts, bei Matthias Claudius beispielsweise, ein.

Welche Kriterien waren bei der Auswahl entscheidend? Wie musste eine gute Grabinschrift aussehen? In erster Linie war eine Widmung angezeigt. Für wen war das Grabmal bestimmt? Auf einem Grabstein in Mendrisio aus dem Ende des 19. Jahrhunderts heisst es: «QUESTO PIETOSO MONUMENTO FU ERETTO A DON FRANCESCO TORRIANI». Dieses

174 Ein Grabmonument auf dem Wolfgottsacker in Basel

Der Friedhof ist 1868 zusammen mit dem Kannenfeld-Gottesacker geplant und 1869–1872 gebaut worden. Die Anlage ist symmetrisch. Das Hauptportal wird flankiert von Aufseherwohnungen und dem Leichenhaus. In diesem Friedhof befinden sich die Grabmäler bedeutender Basler wie etwa Johann Jakob Bachofen (1815–1887). Das Grabmonument stammt von Richard Kissling (1889 geschaffen). Die Frauengestalt mit ihrem strengen, edlen Ausdruck ist eine Allegorie und bildliche Darstellung der «Urmutter». Sie weist auf das Hauptwerk Bachofens, «Das Mutterrecht», hin.

175　Das Grabmal für V. Vela auf dem Kirchhof von Ligornetto TI

Pathos in Marmor. Das Grabmal für den Bildhauer Vincenco Velo (1820–1891). Es stellt den Künstler auf dem Totenbett dar. Den Abschluss bildet die Kulisse eines griechischen Tempels nach klassizistischer Manier.

176　Friedhofkirche S. Gregorio oder S. Appolonia, Coldrerio TI

Der Zugang ist mit Kreuzwegstationen und einer schönen Gruppe von Zypressen flankiert. Im südlich angebauten Beinhaus sind die Grabmäler für Pietro Mola (gest. 1884) mit Marmormedaillon von Vincenzo Vela und Pietro Livio (gest. 1853) zu sehen.

177   Das «Bethhaus» in der Enge-Zürich

Adolf Honegger hat wenige Jahre, nachdem der neue Friedhof in der Enge eingeweiht worden war, dieses Aquarell geschaffen. Die Gräber sind regelmässig angeordnet. Die Grabsteine herrschen vor.

178   Kirche von Bernrain bei Emmishofen
       im Thurgau um 1850

Der Dichter Eduard Mörike hat im Mai 1850 diese Zeichnung für Gretchen angefertigt. Bernrain war damals eine Wallfahrtskirche. Hier wurden aber auch die Bürger von Emmishofen bestattet. Der Friedhof ist von bescheidenem Zuschnitt; es gibt einige wenige Grabmäler und daneben kleine Holzkreuze. Die Gräber sind nicht eingeebnet; die Grabhügel sind deutlich sichtbar.

179 Der Friedhof von Wasen i. E

Um 1880 hat Albert Anker den Friedhof von Wasen mit Bleistift skizziert. Der Zuschnitt dieses Friedhofes war von einfachster Art. Auf einer Stange befestigt waren kleine Eisen- oder Blechtafeln, auf denen die biographischen Daten der Verstorbenen angegeben waren. Kreuze bildeten die Ausnahme.

180 Der israelische Friedhof von La Chaux-de-Fonds

Der israelische Friedhof mitsamt seinen zum Teil aus dem 19. Jahrhundert stammenden steinernen Grabmälern befindet sich ausserhalb der Stadt. Wie auch auf andern jüdischen Friedhöfen fehlen die Blumen. Die meisten Grabsteine stehen inmitten einer grünen Wiese.

181 Farinets Grab in Saillon VS

Der berühmt-berüchtigte Geldfälscher Josef Samuel Farinet wurde 1845 im Aostatal geboren. Er wurde erwischt und eingesperrt. Berühmt wurde der «Freiheitsheld» durch den Roman von Charles Ferdinand Ramuz. Nach seinem Tod defilierte fast die gesamte Bevölkerung Saillons vor dem Leichnam. Farinet wurde nicht auf dem Friedhof begraben. Ein Kreuz, das nachträglich in eine Ecke des Friedhofes gesteckt worden ist, und die Blumen zeigen, dass er nach wie vor beliebt ist. Auf dem einfachen Holzkreuz gibt es nur wenige Worte: à Farinet, ses amis.

182 Franzosengrab in Uznach SG

Die Grabsteininschrift zeigt an, wer hier begraben wurde:
«*Artillon, Jean.*
Soldat de l'Armée de l'Est 1871.»
Welches Schicksal ihn nach Uznach brachte, wissen wir nicht.

fromme oder Mitgefühl erheischende Denkmal wurde für Francesco Torriani errichtet.[77] In Riva (TI) ist im Jahre 1928 ein Grabstein errichtet worden «als Tribut unvergesslicher Zuneigung für die liebe Seele von Schwester Luigia Moioli». Der Leser musste auch wissen, weshalb das Grabmal errichtet wurde. «In Anerkennung der grosszügigen Spenden des Architekten Giuseppe Lupi für die Errichtung des Friedhofes», steht auf einem Stein aus dem Jahre 1878 in Casima (TI) zu lesen und in Vacallo (TI) heisst es auf einem Grabmal, es stehe da, «damit die Erinnerung an meinen heissgeliebten Mann Ugo Bernasconi weiterlebt».[78]

Man musste auch wissen, unter welchen Umständen der Tod eingetreten war. Erwähnt werden als Todesursachen immer wieder Krankheiten wie Cholera, Grippe, Typhus, Unfälle wie Stürze vom Fels, vom Pferd, vom Maultier, Eisenbahnunglücke usw. Eindrücklich ist ein in Fully (VS) aus dem Jahre 1867 erhalten gebliebenes Grabmal. Da heisst es: «Soeur Louise Bron 1809–1867. Victime de son dévouement lors du Choléra de Branson». Unten am Stein wird die Verstorbene zitiert: «Je serais la dernière victime». Auf den Bergfriedhöfen von Zermatt und Pontresina, die als Gedenkstätten von Bergsteiger gelten, werden manchmal auch Einzelheiten angegeben. Doch die lakonische Kürze herrscht vor. Auf dem Grabstein für Bergführer Croz, der mit Whimper am Matterhorn den Bergtod erlitt, heisst es: «Nicht weit von hier kam er um».[79] Eine Inschrift auf dem Friedhof von Blatten (VS) lautet: «Hier ruht in Gott unser lieber Sohn Alphons Meyer, geboren am 25. Oktober 1895. Gestürzt auf dem Langgletscher. Gefunden worden am 21. August 1933. Auf Wiedersehen».[80] Ins Kuriositätenkabinett gehört die folgende Inschrift vom Rorschacher Friedhof; sie ist aus dem 19. Jahrhundert überliefert, wobei nicht festzustellen ist, ob sie wirklich je existierte:

«Hier liegt Hans Gottlieb Lamm
Er starb durch einen Sturz vom Damm
Eigentlich hiess er Leim,
Das passt aber nicht in den Reim».[81]

Auf einem Grabstein von 1817 auf dem Friedhof von Monbijou in Bern befand sich eine Inschrift, die genaue Auskunft über die Todesursache gab: «Hier ruht Johann Friedrich Mumenthaler, welcher unglücklicherweise in der Aare beim Baden ertrunken».[82]

Immer wieder kommt Dankbarkeit zum Ausdruck. Ein Sohn dankt seinen Eltern «für die mir gegebene Erziehung». So steht es auf einem für A. Lauterburg, einem Schreibmeister 1816 bestellten und verfertigten Grabstein auf dem Monbijou-Friedhof Bern.[83] Auch Schülerinnen bezeugten ihre Dankbarkeit. Auf einem 1820 auf diesem Friedhof erstellten Grabstein heisst es: «Unserer unvergesslichen Lehrerin E. Niehans. Ihre dankbaren Schülerinnen».[83a] Auf einem Grabstein in Val d'Illiez (VS) stehen die Worte: «Une maman est un trésor, que Dieu ne donne qu'une fois; elle est au ciel et dans nos coeurs».

Wichtig war die Anrufung Gottes: «Dio pietoso concedi l'eterno gaudio al l'anima di Carlo Bernasconi» heisst es auf einem Grabstein von 1882 in Caneggio (TI). (Gnädiger Gott, gewähre ewige Freude der Seele von Carlo Bernasconi.)[84]

Manche Grabinschrift fordert zum Nachdenken und zur Meditation auf:

«Auch ihr, ihr werdet auferstehn,
Und mit dem Geist vereint, gehn
Herauf zum bessern Leben».

Diese Worte stehen auf einem Grabstein von 1817 auf dem Monbijou-Friedhof. Aus diesem Friedhof stammt eine Inschrift aus der gleichen Zeit:

«*Gute Nacht ihr Lieben,*
Alle die ihr um mich weint!
Lasst euch nicht so sehr betrüben.
Diesen Hinschied, den ich thu,
In die Erde nieder:
Schaut die Sonne geht zur Ruh,
Kommt doch morgen wieder».[85]

Wundervoll sind die Worte auf Stein von 1888 auf dem Friedhof von Castel S. Pietro (TI): «Riedi alla tua sfera questa patria a te non era». (Kehre zurück in Deine Sphäre, dies war nicht Deine Heimat.)[86] Noch deutlicher wird es auf einem Grabstein im Berner Friedhof Monbijou von 1819 ausgedrückt:

«*Lebe, wie du, wenn du stirbst,*
wünschen wirst gelebt zu haben».[87]

Einem «Memento mori» kommt die Inschrift auf einem Grabstein von Meride (TI) 1850 gleich:

«*O baldanzoso degli anni!*
Medita la sepolcrale memoria».
«*Oh, Du der Du die Jahre Deines Lebens*
sorglos geniessest.
Meditiere und denke an das Grab».[88]

Eindrückliche Worte finden sich auf einem Grabstein von Saillon (VS) aus dem Jahre 1929: «J'ai regardé le ciel, pour y lire mon devoir». Gleich daneben, auf einem Grabmal aus dem Jahre 1891, ist zu lesen: «Le ciel nous réunira».

Was bedeutet Sterben und Tod? Die Grabinschriften wissen Bescheid: Es geht darum, die Krone des Lebens zu erreichen und den Himmel zu empfangen. Genau und konkret wird das in der Einleitung zur Sammlung der Bernischen Grabschriften ausgeführt. Da heisst es: «Du liesest die Sprüche, die im Leben sie als Grundsätze und Regeln geleitet, zur schweren Pflicht sie gestärkt, ihre Freuden erhöht und veredelt, die Dulder im Leiden getröstet, im Tode erquickt; die herrliche Hoffnung in ihnen gegründet, in der sie sterbend entschliefen».[89] Sowohl diese Worte als auch die Grabinschriften muten den heutigen Leser vielleicht etwas pathetisch an. Damals empfand man anders. Man war beeindruckt, wenn man auf dem Grabstein eines 74jährigen Mannes las: «Coronava colla morta del giusto una vita laboriosa ed integerrima». (Er krönte mit dem Tod des Gerechten ein arbeitsames und absolut integres Leben.)[90] Genau die gleiche Denkweise kommt in einer Grabinschrift von 1813 auf dem Friedhof Klösterlein in Bern zum Ausdruck. Da heisst es für Maria Elisabeth Messerli: «Ich habe einen guten Kampf gekämpft, ich habe den Lauf vollendet».[91] Etwas realistischer tönt es auf dem Grabstein für den Apotheker J. F. Mückey von 1818: «Arbeit und Wohltun würzten sein liebevolles Leben» (Bern, Monbijou-Friedhof).[92] Was ein Arzt für die Mitmenschen tat, wird auf einem Grabstein von 1909 auf dem Friedhof von Le Châble im Wallis kundgetan: «François Benjamin Carron. Medecin. Né à Bruson en 1819. Mort à Villette en 1909. Il exerca sa profession durant 55 ans. Il aimait les pauvres, c'était un homme juste».

Was das Grab bedeutet: Hundertfach, ja tausendfach wiederholen es die Worte auf Stein: Der Tod ist nicht endgültig. Die

Inschrift für eine 1820 auf dem Monbijou-Friedhof beerdigte Frau lautet: «Es wird auferstehen in Herrlichkeit Elise Niehans». Oder 1816: «Allhier ruhet in der freudenvollen Hoffnung einer fröhlichen Auferstehung das viel geliebte Kind Rosina Wüterich» (Monbijou-Friedhof, 1816).[93] Umfassend wird es auf dem Grabstein für Rudolf Bürki von 1819 auf dem Monbijou-Friedhof ausgedrückt:

«Auf meine Gruft man schreibt:
Dass ich allhier verbleibe,
Nur kurze Zeit;
Bis Jesus wird erscheinen,
Mich und die lieben Meinen,
Erwecken zu der Seligkeit».[94]

Tessiner Inschriften lauten ähnlich: «Qui risorgerà la Nob. Rosamonda Torriani». (Hier wird wieder auferstehen die Adelige Rosamonda Torriani.)[95] Oder auf einem andern Grab: «Qui dorme in Cristo aspettando la risurezione Margherita Zanetta» (Friedhof Bruzella).[96] Auf dem Grabmal eines Pfarrers in Rancate (TI) von 1890 stehen die Worte, ins Deutsche übersetzt: «Zwölf Jahre war ich Euer Pfarrer, unter der Erde seit dem 23. März 1890 erwarte ich nun den Trost Eurer Liebe und die letzte Auferstehung».[97] Im protestantischen Raum tönte es nicht anders. Auf dem Grabstein einer 19jährigen Tochter im Friedhof Rosengarten (Bern) von 1820 stehen die Worte:

«Ruhe sanft in deinem Grabe
Bis zum frohen jüngsten Tage».[98]

In einmaliger Weise tritt uns die Denkweise jener Generation in einer Grabschrift entgegen, die eine Frau für ihren im Alter von 25 Jahren verstorbenen Mann auf den Grabstein im bernischen Friedhof Klösterlein 1818 meisseln liess:

«Dich bester Mann, den Gott mir gab,
Umschliess so früh das öde Grab
Verlassen einsam steh ich hier
Und blicke sehnsuchtsvoll nach dir
Doch sey mein Schmerz auch noch so gross
Die Seele ruht in Gottes Schooss
Geduldig will ich schweigen!
Nein, Theurer, keinen Augenblick,
Wünsch ich dich in den Staub zurück;
Ich will vor Gott mich neigen»!

Und unten, ganz klein gemeisselt, steht das Sätzchen: «Dies sind die Empfindungen seiner trauernden Gattin».[99]

Die epitaphische Aussage, das Wort vom Stein, war mehr als nur Mitteilung. Es bedeutete Anruf, Anleitung, Aufforderung, Tröstung, alles in einem. In der Widmung sollte der Tote nochmals sprechen. Wir alle, die Leser, waren und sind seine Adressaten. So kam es zu einer Art von stillem Dialog. Schade, dass dieses Zwiegespräch verstummt ist. Die Briefe aus dem Jenseits werden heute, von wenigen Ausnahmen abgesehen, nicht mehr geschrieben. Wenn mehr als der Name angegeben ist, beschränkt man sich auf ein Bibelzitat. Inhalt wie Wortschatz sind in den letzen Jahrzehnten karg und nüchtern geworden.

Zu diesem Ergebnis kam Werner Graf, der in den letzten zwölf Jahren mit seinen Schülern die Grabmale auf dem Basler Hörnli-Friedhof untersucht hat.[100] Auf älteren Familiengräbern aus der Zeit von 1932–1960 fand er noch einige Sprüche, ja es gab hier sogar noch lateinische und griechische Inschriften. Diese sind in den letzten Jahren selten geworden. «Salus

Mundi», heisst es auf einem Grabstein, oder «In cruce salus» (Im Kreuz das Heil). Auf einem andern steht: «Per aspera ad astra» (Durch Drangsal zu den Sternen). Eine weitere Inschrift lautet: «Dona nobis pacem» (Schenke uns Frieden). Doch gab es offenbar auch Menschen, die auf eine alte Tradition zurückgriffen: «Hic requiescant in pace Christi et expectant resurrectionem» (Hier mögen sie in Christi ruhen und auf die Auferstehung warten). Neu ist, auch wenn sie in lateinischem Gewand erscheint, die Inschrift: «Sit tibi terra levis» (Die Erde sei dir leicht). Neu sind auch fremdsprachige Texte – chinesische, arabische Inschriften. Die Sprüche in deutscher Sprache sind, sofern überhaupt noch vorhanden, zum grossen Teil der Bibel entnommen, wobei es sich wahrscheinlich um Trausprüche, Konfirmations- oder Einsegnungssprüche handelt. Besonders beliebt ist Psalm 37,5: «Befiehl dem Herrn Deine Wege» oder Psalm 23,1: «Der Herr ist mein Hirte». Die Inschrift «Der Herr ist mein Licht und mein Heil» in Psalm 27,1 ist gut vertreten, ebenso die Evangelisten, so Johannes 11.25/26: «Ich bin die Auferstehung und das Leben» oder Matthäus 5,9: «Selig sind die Friedfertigen, denn sie werden Gottes Kinder sein», oder Johannes 15/16: «Ich habe Euch erwählt, dass Ihr Frucht bringet». Luther ist mit einer Liedstrophe vertreten: «Eine feste Burg ist unser Gott». Aus dem Jahre 1980 stammt ein Grabstein mit der Inschrift, die Angelus Silesius entnommen ist: «Ich selbst bin Ewigkeit, wann ich die Zeit verlasse und in Gott und Gott in mich zusammenfasse». Auf einem Grabstein von 1958 wird Augustin zitiert: «Unruhig ist mein Herz, bis es ruhet in Dir, o Gott». Beliebt ist eine Strophe aus dem alten Gesangbuch: «So nimm denn meine Hände und führe mich».

Einzelne Inschriften sind fremdem religiösen Gedankengut entnommen; so ist auch Laotse gegenwärtig: «Und der sanfte Regen fällt jenseits der Menschengewalt und doch gleichmässig auf alle». Die meisten Grabsteine der Gegenwart bleiben ohne Spruch. Hin und wieder erscheint ein persönlich gefärbter Satz oder ein einzelnes Wort wie: «Unvergesslich» oder: «Geliebt und unvergessen» oder: «Zwei nimmermüde Hände ruhen, hab Dank für all Dein Tun» auf einem Grabstein von 1983. Auf einem Grabstein des gleichen Jahres steht der Spruch: «Die Ehrlichkeit war sein Ideal» auf einem andern: «Schon früh getrennt, im Tod vereint ruhen hier meine lieben Eltern». Hin und wieder kommt auch der seit den dreissiger Jahren häufige Spruch vor: «Unser Leben ist Müh' und Arbeit» (1957) oder: «Sein Leben war Arbeit und Güte» (1986). Auf dem Grab eines Atheisten stehen die Worte: «Für Humanismus und Wissenschaft» (1988). Diese Inschrift wie auch diese: «Ein ewig Rätsel ist das Leben und ein Geheimnis bleibt der Tod» auf einem Grabstein von 1987 sind weit, sehr weit entfernt von den Grabinschriften des 19. Jahrhunderts.

Sterben und Tod in den Sagen

Ob es um unheimliche Erlebnisse und Begegnungen mit jenseitigen Mächten und Wesen (Tote, Seelen der Verstorbenen, Berg- und Waldgeister, Riesen und Zwerge) oder lediglich um das eigene Sterben geht, die Sagenerzähler schilderten alle diese Erscheinungen, diese letzten Dinge mit wachem Interesse und spürbarer Faszination. Sie fanden ebenso interessierte wie faszinierte Zuhörer. «Ich hörte gerne zu, wenn alte fablen erzählt wurden», sagte Felix Platter schon 1612: «Do dan die alten Weiber domolen vil von geistern redten, dem ich ernstlich zugelost hab, aber gar schreckhaft und forchtsam darvon worden».[101]

Im 19. Jahrhundert tönte es in poetischer Überhöhung etwas anders: Der Lehrer Johann Konrad Tobler berichtet, wie ein

183 Begräbnisschein der Kirchgemeinde Höngg um 1850

Ordnung muss sein – auch auf dem Friedhof. Von dieser Auffassung zeugt das hübsche Formular. Es zeigt aber mehr als dies: einen fast leeren Friedhof. Vielleicht hatten die Höngger kein Geld für Grabmäler, vielleicht aber war der Zeichner nicht in der Lage, die neue Vielfalt der Ausstattung zu erfassen. Gab es sie am Ende noch gar nicht?

184 Grabinschrift aus dem Jahre 1816 im Friedhof Bernrain TG

Nur verhältnismässig wenige Grabmäler haben sich aus dem 18. und dem Beginn des 19. Jahrhunderts erhalten. Hier ein Beispiel aus Berneck. Der Text:
Hier ruhet
Frau M. Catharina Francisca
Regina V Merhart à Berneck
geb. von Kettenacker.
Sie war geb. den 11 octobris 1760
vermählt den 14 Novembris 1780
und starb den 6 Maÿ 1816.

Von acht Kindern auf der Erde
zu acht im Himmel abgerufen
Tugent und Frömmigkeit gepaart mit
Fleiss und Rechtschaffenheit
waren die steten Begleiter ihres
irdischen Lebens
R.I.P.

185   Die Entwicklung der Grabsteine

Im Atlas der Schweizerischen Volkskunde ist die Entwicklung der Grabsteine aufgezeichnet. Diese Zusammenstellung ist umso wertvoller, als die meisten Grabsteine aus dieser Zeit entfernt worden sind.

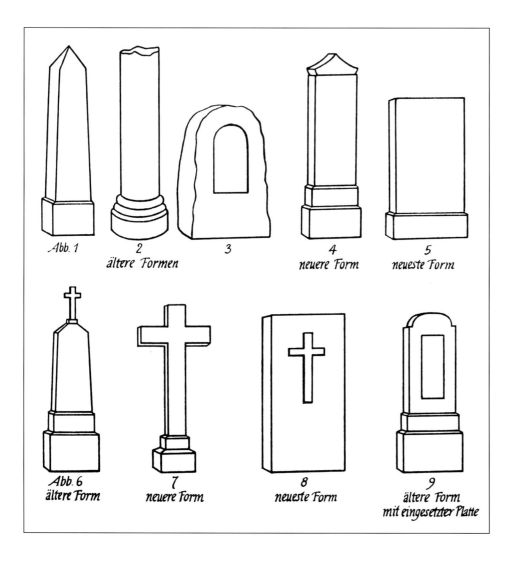

Abb. 1, 2 ältere Formen, 3, 4 neuere Form, 5 neueste Form
Abb. 6 ältere Form, 7 neuere Form, 8 neueste Form, 9 ältere Form mit eingesetzter Platte

186 Neugotisches Grabmal für den Dichter Jeremias Gotthelf in Lützelflüh

Der Text lautet:
«*Hier ruht
in Frieden Gottes
Albert Bitzius
Jeremias Gotthelf von Bern
Während 22 Jahren Pfarrer dieser Gemeinde
geboren den 4 Oct 1792
gest den 22 Oct 1854
Erster Corinther XV 34.53*

*Der Tod ist verschlungen in den Sieg
Tod, wo ist dein Stachel?
Grab, wo ist dein Sieg?
Sprüche XII-A 19
Wer wahrhaftig ist,
der saget frei, was recht ist,
und ein wahrhaftiger Mund besteht ewiglich.*»

187 Das Grab von Gottfried Keller auf dem Friedhof Sihlfeld in Zürich

Auf dem Friedhof Sihlfeld, der von Stadtbaumeister Arnold Geiser 1884–1902 geplant und angelegt worden ist, befinden sich zahlreiche Gräber von berühmten Frauen und Männern; unter anderem ist hier die Grabstätte von Johanna Spyri. Auch das Grab von Gottfried Keller befindet sich hier.

188 Conrad Ferdinand Meyers Grab
auf dem Friedhof von Kilchberg ZH

Conrad Ferdinand Meyer hat die Kirche und den Klang der Glocken in einem Gedicht verewigt. Es trägt den Titel «Requiem». Hier die wundervollen Verse:
Bei der Abendsonne wandern,
Wann ein Dorf den Strahl verlor,
Klagt sein Dunkeln es den andern
Mit vertrauten Tönen vor.
Noch ein Glöcklein hat geschwiegen
Auf der Höhe bis zuletzt.
Nun beginnt es sich zu wiegen,
Horch, mein Kilchberg läutet jetzt!

ergrauter Krämer in die Stube tritt, wo man plaudernd und arbeitend beisammen sitzt. Er wird freudig begrüsst: «So ist's recht, dass ihr kommt, Felix! Setzt euch an den Tisch und erzählt uns wieder Gespenstergeschichten. Wir hören sie gerne».¹⁰² Gewiss, die Geschichten sind unheimlich, sind spannend und vielleicht sogar «gruselig». Was sie aber wirklich bedeuteten, erfahren wir aus einer Sage, die Otto Camenisch aus Riein dem Sagenforscher Büchli erzählte. Eine junge Frau wettet, sie werde nachts furchtlos dreimal der Friedhofmauer entlanggehen. Eine Gestalt, mit einem «fazalet» bedeckt, läuft vor ihr her. Die Frau reisst dem Gespenst das Tuch vom Kopf und bringt es in die Stube: «Und denn het s klopfet an dr Tür, fescht, und grüeft: Diä und diä soll uus khoo – ebe diä, wo di Huut gholt gha het. Si het nid welle. I weer au nid uusgggange. Es güäts Gwüsse het si scho nid gha. Aber di anderä hend gseit: Si müess scho goh, dass der nid inkhömm. Si het müessen uufstoh und goh e Gottsname. Nu e Schrei het si abggloo, und denn isch' fertig gsi. Er het si phaggt, und di Meitlä hend si nümme gseh, khei Bitz meh von ire! Das ischt halt e Stroof gsi. Mit irer Wett! In derä Sachä so frech si müäss mä nid. Das isch khei Spass. Diä, wo gstoorbe sind, hetten liäber Ruä, statt dass diä, wo no leben, in dr Nacht uf em Friedhof umegeischten. Das han i ghöört gha erzähle».¹⁰³

Da wird deutlich gesagt, worum es geht: Mit dem Jenseitigen ist nicht zu spassen. Das Mädchen muss bestraft werden, weil es das alte Gesetz des Friedhoffriedens missachtet hat. Dies ist eine klassische Warnsage; wir werden diesem Typus nochmals begegnen.

Zu den unheimlichen Begegnungen mit dem Jenseits, mit den Toten, den unerlösten Seelen, dem Nachtvolk, gehören alle jene Erzählungen, welche den Tod eines Bekannten künden. «Hinter solchen Vorstellungen verbirgt sich», so R. Schenda, «eine hochentwickelte Empfindlichkeit der Gesichts- und Gehörsinne, ein unablässiges Sichbereithalten für Unversehenes und Unerhörtes, eine ständige Neigung, dem scheinbar Unbedeutenden einen Sinn, jedem Schatten und jedem Laut Leben zu verleihen. Dahinter steckt freilich auch das katholische Lehrgebäude von den Reichen des Jenseits, von Fegefeuer und Hölle, von der Pein, welche die Teufel und die ebenso allgegenwärtigen Hexen für Vieh und Menschen bereithalten. Mit welchen Mitteln der List, des Zaubers, der Vorbeugung, des Ausweichens, des Gebets und der Gewalt gegen diese Mächte und Nächte des Grauens vorzugehen sei, das wissen die Erzähler und Erzählerinnen in hundertfachen Varianten wiederzugeben».¹⁰⁴

Wie die Sagenforscher aufzeigen, bieten die magischen und dämonischen Sagen, vor allem aber auch die Totensagen Anweisungen für den richtigen Umgang mit den dämonischen Mächten. Gotthilf Isler weist ihnen eine religiöse und auch erzieherische Funktion zu. Man kann sie, wie es Max Lüthi getan hat, auch Warn- und Leitbildsagen nennen. Dass in allen Gegenden – zum Teil unabhängig voneinander und zum Teil gestützt auf Wandergut – immer wieder die gleichen Erscheinungsformen auftreten und auftraten, hat Isler auf den Jung'schen Archetypus zurückgeführt. Bedeutende Gelehrte aller Schattierungen – wir nennen nur etwa Karl Schmid – haben den von Jung geprägten Begriff in ihren Disziplinen eingeführt. An diese Archetypen oder an die Symbole müssen wir denken, wenn wir in den Totensagen auf übersinnliche Erscheinungen und Gestalten stossen. Die Sagen mit rationaler Kritik zu verwerfen führt nicht weiter, ja erweist sich bald einmal als sinnlos: «Das symbolische Verständnis ist für uns die einzige Möglichkeit, diesen 'alten' Geschichten gerecht zu werden und ihre Wahrheiten zu bewahren».¹⁰⁵

Was ein Archetypus ist, wussten die Erzählerinnen und Erzähler sicher nicht, aber sie konnten farbig und spannend berichten, so auch Julietta Arpagaus-Benkert, geboren in Degen (GR) im Jahre 1904. Sie erzählte, dass an einem Novembertag fünf Männer im Walde von Vigens damit beschäftigt waren, Holzstämme durch ein böses Tobel hinabzulassen. Sie assen auf Pleun Resch zu Mittag. Nachher gingen zwei zur Glennerbrücken. «Einer ist füttern gegangen, und einer hetti selle waarte bi dr Brugg, bis das Holz, fünf bis acht Meter lange Blöcker (buaras), oben abekhömm. Vo dert a het mä's khönne heimfüere. Das Holz isch no nid alles abi gsi, und er isch ds Tobel uuf go luege. Und in dem Augenblick khunnt a buara über d Felse-n-abe in ds Tobel und imm geg e Khopf und het imm dr Khopf zerquetscht. Und während das geschah, hat der andere, der füttern gegangen war, gesehen, wie aufwärts auf der Strasse nach Vigens eine Frau dastand und ins Tobel hinab schaute. Der Fütterer kannte sie. Es war die verstorbene erste Frau des Mannes, der im Tobel aufwärts gegangen war. Und der Futterknecht ist dann heimgegangen nach Vigens und hat etwas zu Mittag gegessen (priu ign tec marenda), bevor er auf den Berg (cuolm) ging, und dachte bei sich noch: Was doo dia Frau, wo scho lang gstorbe sei, heb welle? Und dann khömen si us em Wald in ds Dorf und segen: dr Rest Giusep Derungs sei im Waald umkhoo. Da wusste er, der Fütterer, dass die erste Frau des Derungs gekommen war, um ihren Mann abzuholen. Das ist dann wahr. Das haben die Männer, die dort im Walde waren, selber erzählt. Ein Jahr später hat man denselben Derungs auf seinem Maiensäss gesehen».[106]

Sich zu jeder Zeit bereithalten: Im Urnerland glaubte man, dass sich tödliche Unglücksfälle beim Holzfällen im Walde durch Lichter «voraus künden». So erzählt Franz Aschwanden-Gisler: «Vor etwa vier bis fünf Jahren sah ein Eisenbahnarbeiter von Erstfeld mehrere Morgen nacheinander, wenn er noch bei Dunkelheit an seine Arbeit ging, droben im Bocki ein Licht hin- und herschwirren. Nach einiger Zeit wurde daselbst ein Holzarbeiter von einem fallenden Baum erschlagen».[107] Ganz ähnlich lautet die andere Sage, die vom Urner Pfarrhelfer Anton Baumann überliefert wurde: «Es war im Herbst 1894, dass die Unterschächener im Walde ob Schwanden abends spät mehrere Lichter wollten herumschwirren sehen. Wenige Tage später fielen dort zwei Brüder Schuler über eine Fluh zutode, und am Abend holte man beim Schein der Laternen die Leichen. Diese Laternen machten nun ganz die gleichen Bewegungen wie die Lichter an jenem Abend».[108]

Manchmal kündete sich der Tod einem angehörigen Familienmitglied an. Gottfried Kohler, geboren 1892, Landwirt von Pfäfers, erzählt: «Hät dinn früener jeda Bürger Holz überchuu vu dr Ortsgmaind. Aber man häts sälber müessa ga haua. Dua sait d Mamma: 'Du gousch das Lousholz dinn nit ga haua. Mier häts traumt, si haien aina gholt ufema Wägeli vu hinda usa gäga ds Puurachilchli. I luu di nit guu.' Due hät dä Vater halt tua wia verruggt. Är hät an Arbeiter tinget gka. Und der isch halt chuu mit dem Ruggsagg uf em Rugga. Dua hät ers eba verzellt. Und der Arbaiter sait: 'Winn dia asou an Angscht hät, dinn gang lieber nit, Jousep. Gang du in d Fabrigg. Ich guu dr Mathey ga frouga.' Das isch en alta Leidiga gsii. 'Dinn guun in mit dem. Isch gschyder. Sus hät dia an Angscht aswia verruggt.' Aber am Oubet hinds suuber dr Mathey gholt asa toud. An üserem Stugg Holz ischt er mit Riisa erschlaaga worda. Isch a gäächa Chooga, döt hinder Raggoul ufa».[109]

Nach einer Walliser Sage waren es auch arme Seelen, die den Tod kündeten. Johann Siegen aus Kippel erzählte: «Holzfäller fällten im Sumpf zuoberst im Kippelwald Tannen. Einer sagte am Morgen: Über diesen Graben gehen wir heute nicht, denn ich hörte gestern auf der anderen Seite weinen und sah niemand. Die andern lachten ihn aus, gingen trotzdem hinüber und holzten dort. Aber einem, der beim Fallen einer Tanne nicht mehr fliehen konnte, kostete es das Leben: Ein Baumast durchstiess ihm den Leib. Er lebte noch eine Weile, konnte Reue erwecken und einen Vorsatz machen: aber am Abend weinten die Angehörigen laut an jener Stelle, wo der Mann am Vortag hatte weinen hören. Die armen Seelen hatten gewarnt».[110]

Ins gleiche Gebiet des «Kündens» gehörte die wahrhaft grossartige Sage, die Maria Ursula Bertscher (1822–1857) erzählte: «Unterhalb Sedrun waren Jäterinnen auf dem Feld. Sie hörten eine Stimme aus dem Wald von Cavorgia rufen: 'El pégn è pinaus, mu gl um è betga co! (Die Tanne ist bereit, aber der Mann ist nicht da!) Dann kam ein Mann von Sedrun eilig daher. Er wollte in den Wald Cavorgia hinüber, um Holz zu holen. Die Jäterinnen riefen den an, sie wollten ihn warnen. Sie ahnten, dass da drüben etwas nicht in Ordnung war. Ja, sie hielten ihn am Rock fest, doch er liess sich nicht aufhalten. Er liess den Tschiep in den Händen der Jäterinnen zurück und lief hinunter in den Wald von Cavorgia, wo er bald darauf von einer fallenden Tanne erschlagen wurde».[111]

Diese Sage – die Stunde ist da, aber der Mann nicht – wird auch von anderen Erzählern und an anderen Orten erzählt. Besonders eindrücklich ist die Sage aus Nidwalden: «Vor vielen Jahren gingen einst im Winter einige Bauern von Alpnach in's Gebirge hinaus, um dort ihr Brennholz anzurüsten. Als sie nachmittags, so wie gewohnt, strenge arbeiteten, hörten sie nahe neben ihnen eine helle, gellende Stimme rufen: 'Die Stunde ist da, aber der Mann ist noch nicht da!' Kein Mensch war in ihrer Nähe, weit und breit. Es war eine Geisterstimme. Bald nachher kam ein Bauer mit einem Schlitten den Berg hinauf, um Holz zu holen, und wie er so mühsam mit dem Schlitten beladen hinanstieg, kam vom Berge herab eine Tanne, fuhr auf ihn zu und tötete ihn augenblicklich. Der Unglückliche, dem seine Stunde geschlagen, wurde von den übrigen Bauern auf dem Schlitten zu Tal befördert, den er hinauf getragen hatte».[112] Fürwahr ein packendes Bild menschlicher Ohnmacht, mehr als eine gewöhnliche Beispielerzählung dafür, dass jedem einmal die bestimmte Todesstunde schlägt. Erstaunlicherweise haben wir hier, wie Robert Wildhaber nachgewiesen hat, nicht nur schweizerisches, sondern ein europäisches Sagenmotiv vor uns. Er konnte auch zeigen, dass diese Sage schon im Werk des Gervasius um 1211 auftaucht.[113] Es ist nicht anzunehmen, dass die schweizerischen Sagenerzähler dieses Werk aus dem 13. Jahrhundert kannten. Die Geschichte, die ursprünglich in Südfrankreich «heimatberechtigt» war und überall zu allen Zeiten immer wieder auftaucht, scheint ein schönes Beispiel für die enge Verwandtschaft des Sagenmotives mit dem religiösen Bereich, mit dem Glauben zu sein. Tatsächlich fordert uns ja die Bibel immer wieder auf, uns mit der Stunde des Todes und der für den Menschen bestimmten Zeit zu beschäftigen: «Denn es war ihnen Zeit und Stunde bestimmt, wie lange ein Jegliches währen sollte», heisst es etwa bei Daniel, VII, 12. Oder im Römerbrief, XIII, 11: «Und weil wir solches wissen, nämlich die Zeit, dass die Stunde da ist». Oder in der Apostelgeschichte, I, 7: «Es gebührt euch nicht, zu wissen Zeit oder Stunde, welche der Vater seiner Macht vorbehalten hat…». Oder bei Johannes XVI, 32: «Siehe, es kommt die Stunde und ist schon gekommen…».

Der in unserer Sage so charakteristische Satz findet sich in der Bibel nicht, er würde auch ihrem Sinn und Geist wohl nicht genau entsprechen. Hingegen ist trotzdem biblischer Geist vorhanden, denn der Mann, der ja seinen Rock fallen lässt, dem es

189 Grabstein für General Hans Herzog
     1819–1894

Hans Herzog wurde im deutsch-französischen Krieg von 1870 zum General gewählt. Wie Marcel Herdi, Chef der Friedhofgärtnerei von Aarau, erklärte, legten die Aarauer grossen Wert darauf, die Grabsteine und Grabplatten bekannter Mitbürger pietätvoll aufzubewahren und im Friedhof zu präsentieren.

190 Grabkreuz des Friedhofes von Cham ZG
     um 1850

Einzelne schmiedeiserne Grabkreuze sind in den historischen Museen erhalten; viele aber sind verschwunden. Wir sind deshalb sehr dankbar, wenn Zeichner wie Ludwig Vogel diese Denkmäler mit ihrem Bleistift festhielten. Das eiserne Grabkreuz im Kirchhof Cham war in barocker Manier reich verziert, wie das Bild zeigt.

191 Zum Andenken an Rosetti Müller, geb. 1861, gest. 1862

Der Zettel ist in Herzform gestaltet. Der Rand ist gezackt; das Blatt ist beschrieben und bemalt. Es ist gewidmet von Ursula Leibundgut und so abgefasst, wie wenn es das verstorbene Kind selbst geschrieben hätte. Hier der erste Satz:

«Adie Ihr Eltern und verwante mein,
adie ihr Freunde, die ihr jezo um mich weint;
adie ihr Lieben alle, ich scheide jetzt von Euch
meine Seele ist gegangen in Gottes Himmelreich.»

192 Grabeinfassung mit Kreuz aus Luzein-Buchen GR von 1913

Die Grabeinfassung, bestehend aus Eisen und Messing, hergestellt für Hans Michel Äbli (1837–1913), ist wohl von einem ortsansässigen Schmid hergestellt worden. Am Kopfende das Kreuz mit der Grabinschrift. Sie lautet:
«Dem Auge fern, dem Herzen geblieben, bleibst Du Schutzgeist deiner Lieben! Ruhe sanft.»

193 Bergführergrab in Le Châble VS

Das Schicksal vieler Bergführer war vorgezeichnet. Man hat, einer Ende des 19. Jahrhunderts aufkommenden Tradition zufolge, die Grabmäler mit den Insignien des Bergführers, Pickel und Seil, ausgestaltet.

so wichtig scheint, das Holz rechtzeitig einbringen zu lassen, richtet sich selbst zugrunde, weil er nur den irdischen Geschäften nachgeht. «Er wusste nichts besseres zu tun, als atemlos zu eilen, um doch noch 'zur Zeit' zu kommen».[114]

Wie verhalten wir uns gegenüber den Toten? Diese Frage beschäftigte die Sagenerzählerinnen immer wieder aufs neue. Manche schienen auch eine Antwort gefunden zu haben. Doch ihr Rat, ihr Verhältnis zu den Toten, ist nicht eindeutig. Feindschaft und Abwehr, aber auch Freundschaft und Hilfeleistung, alle diese sich zum Teil widersprechenden Gefühle treten auf. Für das Zusammentreffen mit Toten aber gab es bestimmte Regeln. Im allgemeinen muss der Lebende den Toten anreden: «Also, das erste und letzte Wort will ich behalten, und jetzt sag mir, was fehlt dir? Kann ich dir helfen»? Das tönt freundschaftlich, doch was vorherrschte, war Angst.

Schweri-Yosef aus Ried-Mörel (VS) wurde bei der Begegnung mit dem Toten mit einem Stich verwundet. «Lange Zeit später sah man in seinen Hüften fünf schwarze Finger abgezeichnet». Als eine Bauerntochter aus Ritzingen im Wallis einem Toten, einem strafenden Geist, begegnete, wurde ihr rechter Arm gelähmt.[115]

Die armen Seelen und die Toten können aber auch helfen. Sie sind, wie es in den Walliser und Urner Sagen immer wieder zum Ausdruck kommt, auf unsere Hilfe angewiesen und belohnen jedes Gebet, jede Messe. Eine Erzählerin aus dem Lötschental sagte, es wäre für sie ein leichtes, die beste Malerin der Erde zu werden, sie müsste nur für die armen Seelen eine Messe lesen, dann geschähe es.[116] Die armen Seelen fordern die Lebenden auf, ihnen zu helfen. Ein Mann aus Visperterminen (VS) wurde um zehn Uhr nachts von einem Unbekannten angesprochen. Er habe vor Jahren aus Fahrlässigkeit auf den Alpen ein Rind zugrunde gehen lassen. Man müsse mit dem Eigentümer sprechen, um ihn um Vergebung zu bitten. Das sollte aber noch vor zwölf Uhr geschehen. «Rette schnell meine Seele». Der Angesprochene half, obwohl es ihn grosse Mühe kostete. Der Unbekannte aber jubelte und verschwand.[117]

Die Toten fordern indessen nicht immer. Manchmal helfen sie von sich aus. Eine verstorbene Frau hilft ihrem Mann beim Wässern, eine andere erscheint, um ihre verwaisten Kinder zu betreuen. «Es war eine Frau, Mutter von einigen Kindern, gestorben. Als der Mann am Sonntag nach der Messe heimkam, waren die Kinder fein gekämmt, gewaschen und frisch gepflegt. Das fiel dem Mann auf; er fragte die Kinder, wie das zugehe: «Die Mutter kommt immer».[118]

Allerdings darf man die Toten nicht herausfordern. Man hatte einen Mörder an den Galgen gebracht. Im Freundeskreis prahlte ein junger Mann, er bringe ihm des Nachts ein Küchlein, und er tat es. Der Tote aber sagte plötzlich, er solle ihn in Ruhe lassen; wenn nicht, müsse er sich nach drei Tagen im Tal Josaphat, das heisst vor Gottes Gericht, verantworten. Man müsse die Toten in Ruhe lassen. Tatsächlich wird hier dem härtesten Sünder klar, dass da nicht mehr zu spassen ist.[119] Der Urner Sagensammler Josef Müller hat glaubwürdig bezeugt, dass noch zu seiner Schulzeit (1877–1884) das Tal Josaphat unter dem Volk «als Schauplatz des allgemeinen Weltgerichtes» galt. Es war eine von kirchlicher Seite abgesegnete fromme Meinung.[120]

Gerne hätte man gewusst, wie es eigentlich im Jenseits aussieht. Doch auch der beste verstorbene Freund brachte keine klare Antwort. Er erwähnte nur, diese Nachfrage – es ging um eine Wette – habe ihm viel Unannehmlichkeiten gebracht: «Was du mir durch diese Wette zu Schaden gewesen bist, das wissen ich und der Herrgott» sagte er, und «ich habe es erfahren, und du wirst es auch erfahren».[121] Von einem Oberwalliser stammt die folgende Sage: «Zwei gute Freundinnen versprachen einander, sich zu zeigen, wenn eine verstorben ist. Sie bestimmten sogar die Zeit und den Ort des Treffens. Da starb eine von ihnen; die andere suchte in aller Angst den betreffenden Ort auf und hörte auch tatsächlich die Stimme ihrer Freundin: 'Ich habe jetzt bestanden und du magst schauen, wie es dir ergeht'».[122] Dazu eine Version aus dem Kanton Uri: «Zwei Freunde hatten die gleiche Verabredung getroffen. Da zeigte der Verstorbene dem Überlebenden den Drohfinger und sagte nur: 'Gnäu, Gnäu oder Zai, Zai' (zähe)».[123]

Kernstück der Urner, Walliser- und Bündner Sagen bilden die Erzählungen über das Nachtvolk, die Totenprozession und den Gratzug. In der dreibändigen Sammlung von Arnold Büchli befassen sich nicht weniger als 300 Erzählungen mit diesem Thema. Der Urner Josef Müller konnte über hundert solche Erzählungen aufzeichnen, und in der Oberwalliser Sammlung von Guntern sind es allein 250 Sagen, die sich mit den Totenprozessionen und dem Gratzug befassen. Das Nachtvolk oder das Heer der Toten erscheint meistens an Feiertagen. Wird es sichtbar, muss man den Weg freihalten. Der Zug erscheint nämlich immer an ganz bestimmten unheimlichen Stellen, und eine Begegnung mit diesem unheimlichen Zug verursacht weisses Haar, ja Krankheit und Tod. Fast immer aber ist es ein böses Vorzeichen. Es zeigt eine Seuche oder eine Überschwemmung an. Die Walliser sprechen auch von einem Gratzug; manche meinen allerdings, ein Gratzug sei nichts anderes als eine Totenprozession. Vielleicht befinden sich da aber auch nicht nur arme Seelen, sondern auch böse Geister. «Da wandern Leute mit, die nicht verdammt, die aber auch noch nicht im Himmel sein können».[124] Die Erzählerinnen oder Erzähler können genau sagen, wer diesen Totenzug sah. Manchmal aber haben sie das Totenheer selber gesehen oder gehört. Es wurde da gemurmelt, getrommelt, oder in einigen Fällen hörte man auch Marschmusik. Man muss sich immer oberhalb des Weges hinstellen. Kritik oder Spott rächten sich furchtbar. Wer sich nicht an diese Regeln hält, muss mitwandern. So ging es einem Holzer aus Bellwald. Er musste die ganze Nacht mitlaufen. «Am Morgen beim Betenläuten wurde er hier in der 'Obern Matte' freigelassen. Bald darauf starb er. Das stimmt, denn ich kannte diesen Mann noch selbst», sagte Severin Gundi aus Niederwald.

Ein Mädchen aus Lötschen ging heimlich auf den Tanzboden. Da verschwand sie und musste mit dem Totenheer umherziehen. Dieses Erlebnis hatte aber fürchterliche Folgen: «Die früher so lustige Tochter lachte seither nur noch selten, und sie wurde nie mehr in einem verbotenen Abendsitz gesehen».[125]

Die Sagen erklären und zeigen auch, wie der Mensch das ihm vorbestimmte Schicksal ertragen sollte. Eine alte Frau hat alle ihre Verwandten, Freunde und Kinder verloren; sie ist verzweifelt und hadert mit Gott. Auf dem Gang zur Kirche hat sie eine Vision; in der Kirche sind plötzlich die Verstorbenen versammelt, und sie sieht dort ihre beiden verstorbenen Kinder. Das eine – darüber erschrickt sie furchtbar – hängt am Galgen, das andere ist aufs Rad geflochten. Die Belehrung ist eindeutig: «Siehst du, so wäre es ihnen gegangen, wenn sie am Leben geblieben wären, hätte sie Gott nicht als unschuldige Kinder rechtzeitig zu sich genommen». Die alte Frau geht nach Hause und dankt Gott, dass er alles besser gemacht hat, als sie es hätte begreifen können. Es hätte noch schlimmer sein können; das ist ein Trost, gewiss, er macht vieles erträglicher. In den Sagen wird auch immer wieder gesagt, man solle auf das Schicksal der Mitmenschen sehen. Der Vergleich mit anderem Leid zeigt es immer wieder: Andern ist es noch schlechter gegangen, und sie mussten auch damit fertig werden.[126]

Im Werk «Goldener Ring über Uri» von Eduard Renner gibt es ein einzigartiges Kapitel über das «Es». Dieses Kapitel wird mit einer Erzählung eingeleitet, die wie ein Monument aus einer fremden Welt in unsere rational vernünftige Welt hineinragt. «Zu Rinderbüel im Maderanertal, da liegt, unter mächtigem Steingeröll begraben, ein ganzes Sennten. Dort rief es eines Abends, als die Älpler die Kühe molken, von der jähen, unheimlich ob den Hütten drohenden Felswand herab: 'I lah's la gah!' Der Senn setzte beide Hände in Trichterform an den Mund und rief durch dieses Sprachrohr zurück: 'Dü magsch scho nu g'ha!' (halten). Am nächsten Abend erscholl die Stimme wieder: 'I müess la gah!', und noch einmal antwortete der unerschrockene Senn: 'Mal jetzt häb nu ä chly!' Der dritte Abend war eingezogen in der stillen Alp, die letzte Kuh wurde gerade gemolken, aber das ganze Sennten stand noch wiederkäuend beieinander, da schrie es wieder von der überhängenden Felswand herunter mit furchtbar drohender und doch fast bittender Stimme: 'Jäh, i müess la gah!' Der Senn rückte eben den einbeinigen Melkstuhl unter der Kuh weg, stellte sich mit dem vollen Eimer in der Hand auf und rief hinaus: 'So lach's äbä la chu!' Und im Augenblick barst krachend der Felsen, fiel donnernd und Funken sprühend herunter und begrub das ganze herrliche Sennten mit dem Senn und den Knechten unter haushohen Trümmern und Steinblöcken. Nur der Hirt und ein rotes Trychelchüehli, die einzige Kuh einer armen Witwe, entkamen. Die Kuh war zufällig schon unten am Bach auf der Weide».[127] Wahrhaftig ein grossartiges Zeugnis des ganzheitlichen Erlebens von Natur und Geist. Hier ist der Mensch noch einbezogen «in einen weit über persönliches Wollen und Gutdünken hinausgehenden Zusammenhang».[128] Das Eingebettetsein in den umfassenden Sinn-Zusammenhang kommt in einer kurzen Sage aus Silenen grossartig zum Ausdruck: «An einer Stelle in Frentschenberg auf Bristen sah man lange Jahre ein nächtliches Licht. Später wuchs da eine Esche auf, und das Licht wurde wie früher gesehen. Nachdem die Esche etwa 30 Jahre gewachsen, stieg einmal ein Kind hinauf und fiel zu Tode. Seitdem erschien das Licht nicht mehr».[129] Diese Sage wird von Eduard Renner im «Goldenen Ring über Uri» kommentiert. Da heisst es: «Unheimlich und gross steigt diese Sage vor uns empor und zwingt ein ganzes Geschick in ihren Bann. Jahre, vielleicht Jahrhunderte schon, harrt gleichsam ein Ort auf jene bestimmte Zeit, in der es sich erfüllen muss. Wie der Baum sprosst, wächst und wartet, ist von hoher Bildhaftigkeit, und weit weg von ihm reift im Schosse von Urmüttern, Grossmüttern und Mutter jene Frucht heran, die einst von seiner Krone fallen soll. Leben und Tod eines Menschen sind in den Dingen schon geschehen, ehe er nur geboren ist, ja, der Tod scheint am Anfang jener Bahn zu stehen».[130]

In den Totensagen, so kann abschliessend zusammengefasst werden, finden wir deutlich verschiedene kulturhistorische Schichten. Zunächst ist der christliche Einfluss vorherrschend. In diesen Fällen geht es um die Erlösung von büssenden «Armen Seelen» und Totengeistern. Daneben gibt es Begegnungen mit dem Übernatürlichen, die oft den Tod zur Folge haben. Das Bild der Sage ist völlig anders als jenes des Märchens. Im Märchen wird der Tod ignoriert. Da wird der Tod wenigstens für den Helden ausgeklammert; die Sagen dagegen sprechen ausdrücklich vom Tod. Während das Märchen auf dem Höhepunkt der Biographie des Helden abbricht, zielt die Sage auf das Ende des Lebens. Unaufhörlich ist sie auf den Toten und sein Schicksal ausgerichtet. Erlösung in der Sage bedeutet das Ende der Ruhelosigkeit und das Eingehen in die ewige Seligkeit.[131]

194 Grabstein für François Benjamin Carron in Le Châble VS

Ein alter Arzt starb 1909. Hier seine Grabinschrift:
«François Benjamin Carron, medecin
né à Bruson en 1819
mort à Villette en 1909
Il exerça sa profession durant 55 ans
Il aimait les pauvres, c'était un homme juste.»

195 Grabstein aus dem Jahre 1883 in Comologno TI

Auf diesem Grabstein der Olimpia Gamboni befindet sich eine Fotografie. Sie ist umrahmt mit echtem Haar, offensichtlich geflochten und gebildet aus dem Zopf der Verstorbenen. Der Text des Grabsteines: *«Spargete fiori su questo tumulo che le ceneri accoglie di Olimpia Gamboni naque il venerdi santo 18 aprile dell'anno 1862 l'angelo della vita pareva invece alui' l'angelo della morte la vollea sè nel rigoglio dell'età il mercoledi santo, 27 marzo dell'anno 1883.»*

196 Polizeivorschrift für die Zürcher Friedhöfe aus dem Jahre 1909

Schon der Titel «Polizeivorschrift» verrät es; strenge Bräuche herrschten in Zürich. Der Friedhofvorsteher hat es erstaunlich gut verstanden, die Sprache der Polizei zu übernehmen.

3
Die erste Hälfte unseres Jahrhunderts

Allgemeine Aspekte des 20. Jahrhunderts

Gewonnene Jahre: Um 1880 hat die Lebenserwartung bei der Geburt für Männer 40 Jahre, für Frauen 43,2 Jahre betragen. Heute erreichen die Männer ein Alter von 74,1, die Frauen von 80,9 Jahren. Einfach und drastisch ausgedrückt würde das heissen: Die Frauen haben 40, die Männer 31 Jahre gewonnen.[1] Wahrhaftig ein grossartiger Erfolg der hochtechnisierten Medizin, der selbst die höchsten und kühnsten Prognosen übertroffen hat. Erstaunlicherweise blieb der Dank weitgehend aus. Ja, die Medizin geriet zusehends ins Kreuzfeuer der Kritik. Inhumanes Krankenhaus, Apparate und Schläuche, hinter denen die Menschen verschwinden, dies sind nur einige der bekannten Vorwürfe. Unsere Gesellschaft, so hat ein Kritiker recht pointiert formuliert, wird «zur Alzheimer- Gesellschaft alter, kranker, psycho-organisch eingeschränkter und einsamer Menschen».[2]

Was haben wir gewonnen, so wird gefragt. Die Antwort: Chronische Leiden, jahrelanges Siechtum, Sterbenwollen und Nichtsterbenkönnen. Der von vielen sehnlich erwünschte Sekundentod ist nur wenigen beschieden. Tatsächlich sterben immer mehr Menschen nach langer Bettlägerigkeit im Spital. Wie schön war's im 19. Jahrhundert, als man noch zu Hause sterben konnte! Im Jahre 1979 starben, um die letzte zur Verfügung stehende Zahl zu nennen, von 57'454 Menschen nicht weniger als 32'320 im Spital. Das sind genau 57,45 Prozent. Wie schnell der Wandel war, zeigen die Zahlen von 1951. Damals starben von 49'952 genau 22'474 Menschen im Spital, was 45 Prozent ausgemacht hat. Leider hat das Eidgenössische Statistische Amt keine neuen Zahlen erhoben, die Tendenz ist aber bekannt. Es sterben zur Zeit noch mehr Menschen im Spital als zehn Jahre zuvor.

Im Gegensatz zu unseren Vorfahren kann heute der Sterbende nicht mehr selbst bestimmen, wie und wo er von dieser Welt Abschied nehmen will. Bis zum letzten Atemzug ist er jetzt in den allermeisten Fällen ein «Objekt medizinischer Bemühungen». Den Angehörigen ist das Erlebnis des Sterbens nahestehender Menschen verlorengegangen.[3]

Für das Sterben im Spital werden viele Gründe namhaft gemacht. Die Pflege ist von den Angehörigen nicht mehr zu bewältigen, wird etwa gesagt, oder man hat keinen Platz in der Wohnung. Ein Grund wird meistens verschwiegen: man will keine Leiche mehr in der Wohnung oder im Haus haben. «Mitbewohnern wäre es befremdlich, zu wissen, dass jemand unter dem gleichen Dach im Sterben liegt. Und wer würde sich ohne Zögern heute in das gleiche Bett legen, in dem ein Familienangehöriger vor kurzem gestorben ist? Ein Verhalten, das früher selbstverständlich war». (Paul Hugger).[4]

Die Grundeinstellung zum Sterben hat sich gewandelt. Heute scheinen sich nur noch wenige Menschen auf den Tod vorzubereiten. Noch vor fünfzig Jahren sah es anders aus. Ein Arzt aus dem Waadtland erzählt: «Dans ma famille c'est bien simple, mon grand-père est mort en 17, il avait 76 ans, il a annoncé sa mort, il souffrait du coeur, un jour il a dit à ma mère qui était en vacances là-bas, moi j'était tout gamin, j'avais 11 ans: 'Fais- moi une bonne goutte de soupe parce que cet après-midi je vais mourir' et l'après-midi il a fait venir le notaire et deux amis, parce qu'il avait un codicile à son testament, je l'ai encore chez moi, il s'est mis au lit, il a éteint sa pipe, il a dit: 'au revoir mes amis je vais mourir', et il s'est endormi et il ne s'est pas réveillé. Ma grand-mère qui était une Ormonanche a été alité dix ans, a dit un jour: 'demain je serai morte à 11 heures'. Je lui ai dit: 'Ecoute grand-maman, il y a longtemps que tu m'as dit que tu voulais mourir, ça marche pas', j'avais 17 ans. Elle m'a dit: 'Tu iras m'acheter 50 bouteilles d'Etoiles de Lavaux chez Contesse, 20 douzaines de navettes – ces navettes au sucre – parce que quand je serai morte, tu avertiras la famille, j'ai beaucoup de famille dans les Ormonts, ils viendront de loin, il faut le repas du mort.' Elle m'a dit: 'Ta mère est tellement idiote, elle pleure tout de suite, on ne peut rien lui dire.' Je suis parti commander la caisse de vin et j'ai acheté les petits pains, elle m'a donné l'argent, je lui ai apporté les quittances, elle m'a dit encore: 'Tu m'habilleras comme ça, tu feras venir la mère Bordon, c'était une dame qui faisait son ménage, qui m'habillera comme si, un corsage' et elle m'a dit encore: 'Tu sais que j'ai un bijou, c'était des fils électriques en argent avec des hirondelles dessus, elle m'a dit: 'Je ne veux pas que mes filles ramassent ça, tu me le mettras.' Vous vous rendez compte de cette présence d'esprit. Et bien à 11 heures le lendemain matin elle était morte, tout s'est passé comme elle avait dit».[5]

Im Wissen um die Stunde des eigenen Todes liegt ein archaischer Zug. Noch im 19. Jahrhundert wussten viele Leute darum: «Eine solche Gewissheit ist nur möglich, wenn der Mensch in Harmonie mit sich selbst lebt, in die Stille seines Wesens hineinhört und die biologische Uhr wahrnimmt».[6] Der Tod ist sicher, die Stunde ist unsicher. In diesem Satz zeigt sich die Spannung, in der der Mensch lebt: Einerseits weiss er genau, dass er sterblich ist, anderseits kennt er über das blosse Faktum hinaus den Zeitpunkt des Todes nicht. Er will ihn gar nicht kennen. Der Tod wird verdrängt. Dies scheint zu den sicheren Wissensbeständen zu gehören. Eine kritische Überprüfung durch A. Nassehi und G. Weber hat aber doch einige neue Erklärungsmöglichkeiten gegeben. Vieles ist bekannt. Man weiss, dass früher die symbolische Sinngebung des Todes durch die christliche Religion gegeben war. Dieses tragende Element, dieser Wert, ist inzwischen verlorengegangen. An dessen Stelle trat die «wissenschaftliche Weltanschauung».[7] Das hat schwerwiegende Folgen: «Solange der Tod durch eine allgemeine Sinnwelt gestützt und legitimiert wurde, konnte er vom einzelnen Menschen verstanden und akzeptiert werden. Sobald er aber nur noch den Charakter einer individuellen Drohung besitzt, muss er für den Einzelnen auch schmerzvoller und grauenvoller erscheinen und erlebt werden...».[8] Erstaunlich ist auch, so die beiden Autoren, dass der Unsterblichkeitsglaube nur in der westeuropäischen Zivilisation abnimmt. In den nicht-europäischen Kulturen wird der Tod nicht als absolutes Ende, als das Nichts erfahren. Bei uns – so die beiden Autoren – stehen die Menschen angesichts des Todes vor dem Nichts. Trifft diese summarische Aussage wirklich zu? Vor kurzem versuchte eine Gruppe von Wissenschaftern mit einer Umfrage eine doch etwas differenziertere Antwort zu bekommen. Befragt wurden 2000 Schweizerinnen und Schweizer. Zwei der Fragen bezogen sich auf das Leben nach dem Tod. Glauben Sie an Gott und an ein Leben nach dem Tod, lautete die erste Frage. Hier die Antworten: 87% der Befragten gaben an, an Gott zu glauben. Mit 94% wiesen die Katholiken einen höheren Anteil auf als die Protestanten mit 86%. An ein Leben nach dem Tode glauben 64% (Katholiken 76%, Protestanten 56%). Etwas mehr sagen die Antworten auf die zweite Frage aus, die das Leben nach dem Tode betraf. «Niemand weiss, was passiert»: diese Ansicht vertraten 78% der Befragten. Die Kommentatoren folgerten daraus, dass man das Leben nach dem Tode nicht vollkommen verneint, sondern vielmehr, dass man Mühe hat, sich die letzte Bestimmung des Menschen nach dem Tod vorzustellen. Tatsächlich haben nur 28% die Aussage bejaht, dass es «nach dem Tode nichts mehr gibt». Anlass zu verschiedenen Überlegungen bietet die Tatsache, dass 25–35% der befragten Personen keine dieser Fragen beantworten konnten oder wollten. Die Schwei-

197 Brauchpraktiken und Brauchelemente im Wandel (1900–1980)

Regula Bochsler hat für die Aargauer Gemeinde Oberwil in einer Tabelle den Wandel der Sterbe- und Totenbräuche zwischen 1900 und 1980 aufgezeigt. In anderen Regionen mag der Verlauf in einigen Punkten etwas anders sein. Im Ganzen gibt die Tabelle einen guten Überblick.

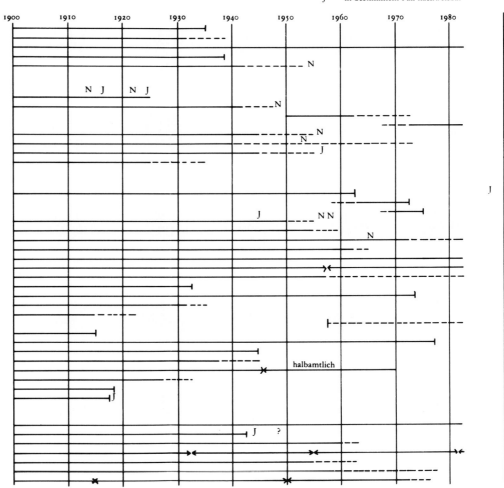

zer, so lautet der Kommentar, «haben eine höchst perplexe Einstellung zu ihrer letzten Bestimmung». Was heisst das nun? Nach dem Duden heisst perplex verwirrt oder bestürzt, was nicht ganz das gleiche ist. Es wäre wohl richtiger und wahrscheinlich auch genauer, wenn man von einer ambivalenten Einstellung, von einer weitverbreiteten Unsicherheit sprechen würde. Dazu kommt auch, dass den meisten Menschen das Vokabular zu diesem Thema fehlt. Vielen bleibt ein verhältnismässig bequemer Ausweg: Man tut so, als ob alles beim alten geblieben wäre.[8a] Die Bestattungen werden nach wie vor in der Mehrzahl von traditionellen Zeremonien begleitet. Aber eben: es sind Zeremonien.

Das kam nicht plötzlich, aus heiterem Himmel. Die Entwicklung erfolgte nicht schlagartig, sie ging stufenweise und je nach Region zeitlich und formal verschieden vor sich. Im Endeffekt ist das Ergebnis aber überall das gleiche: «Für die Öffentlichkeit beschränkt sich das Ritual bei einem Todesfall auf einen einzigen Anlass, eine kurze Abdankungsfeier in der Kirche oder in einem entsprechenden Kultlokal (meist auf dem Friedhof)».[9]

Wie sahen diese Stufen aus? Waren sie hoch oder niedrig? Gab es deutliche Zäsuren? Gab es Regionen, in welchen sich der Wandel schnell und abrupt, andere, in denen er sich langsam vollzog? Welches waren die treibenden Kräfte des Umbruches, und wie sahen die Kräfte der Beharrung aus? Zunächst das eine: Selbstverständlich und ganz trivial bleibt anzumerken, dass auch die Neuzeit nicht neu ist und alles Alte verschwindet. Aller Aufklärung, aller Wissenschaft, aller Säkularisation zum Trotz gab und gibt es mächtige Kräfte des Beharrens. Erstaunlich, aber nicht neu ist auch die Erkenntnis, dass der Mensch unseres Jahrhunderts, sobald er von irrationalen mythologischen Bindungen befreit ist, in grosser Gefahr steht, neuen Mythologien zum Opfer zu fallen. Er ist und bleibt ein irrationales Wesen. Die Spannung aber ist evident: Zwischen den intuitiv erfahrenden und wissenschaftlich erkennenden Menschen gibt es heute eine deutliche Kluft. Beharrung und Fortschritt – zwei Welten, zwei Lebensweisen. Zwischen den Leuten in einem Bergdorf und den Grossstadtbewohnern gibt es krasse Gegensätze. Damit ist kein Werturteil ausgesprochen. Es gibt nicht eine richtige und eine falsche Lebensweise, einen richtigen oder falschen Standort. Im grossen Spannungsfeld liegen einfach die Pole weiter auseinander als früher. Gerade angesichts unseres Themas haben wir das anzuerkennen, was Karl Schmid schon vor Jahrzehnten sagte: «Wir brauchen beides, die eigentümliche Doppelheit von energischem Zugriff nach dem Neuerkannten und den frommen Sinn dafür, dass wir auf Schichten ausruhen, die überzeitlich und dauernd und dem Gefälle des Fortschrittes entzogen sind».[10]

Ein erster allgemeiner Überblick zeigt, dass es in den ersten Jahrzehnten in unserem Jahrhundert verschiedene Phasen der Entwicklung gab. Ruhigere Abschnitte wechseln mit jenen von rascherer, ja stürmischer Gangart. Eine Zäsur bildet zweifellos die Zeit des Zweiten Weltkrieges. Wir haben uns deshalb zu einer Zweiteilung entschlossen: Zunächst wird die Zeit bis 1950 beschrieben, dann folgt die neueste Zeit.

Für die ersten vier oder fünf Jahrzehnte stehen mannigfaltige Quellen zur Verfügung. Es sind einmal die Aufzeichnungen, die Emil Stauber im Neujahrsblatt der Zürcher Hülfsgesellschaft 1922 veröffentlicht hat. Er hat damals so ziemlich alles, was er über das Brauchtum seiner Zeit im Kanton Zürich erfahren konnte, notiert. Dazu kommen die drei Bände von A. Büchli über das Brauchtum einer alpinen Region und das Werk von E. Strübin über das Baselbieter Volksleben. Grosse Bedeutung hat sodann die Umfrage, welche die Schweizerische Gesellschaft für Volkskunde zwischen 1937 und 1942 bei rund tausend Gewährsleuten durchgeführt hat.[11] Dank allen diesen Quellen sind wir in der Lage, die Menschen auf ihrem letzten Gang zu begleiten, zu sehen, wie sie sich auf den Tod vorbereiteten, wie sie ihn erlebten, welche Zeremonien bei der Bestattung üblich waren. Wir blicken in die Friedhöfe und versuchen zu zeigen, wie man trauerte.

Todesvorzeichen

Wie schon im 18. und 19. Jahrhundert sprach man auch zu Beginn des zwanzigsten Jahrhunderts von Todesvorzeichen. Gemeint waren Begegenheiten, die nach rationaler Erkenntnis kaum einen kausalen Zusammenhang mit dem Tod hatten, aber zeitlich einem Todesfall vorangingen. Neben den eigentlichen Vorzeichen wurden solche Vorkommnisse als Todesvorzeichen bezeichnet, die gleichzeitig mit dem Tod, aber räumlich entfernt vom Sterbenden stattfanden. Man sprach wie in früheren Jahrhunderten auch von «Künden». Ob solche Phänomene «wirklich» waren, ist nicht evident. «Die volkstümliche Überlieferung ist unabhängig davon, ob es sich um Einbildung und Sinnestäuschung oder wirkliche Erlebnisse wie beim Künden handelt».[12] Stauber hat festgestellt, dass in der Zeit zwischen 1900 und 1920 der Glaube an die Todesvorzeichen noch sehr häufig gewesen ist. Sprang ein Glas, ein Spiegel oder eine Flasche, so bedeutete das in den Augen vieler Menschen Unglück. Geschah es aber am Neujahrstag, so glaubte man, es müsse im Laufe des Jahres ein Familienglied sterben. Ein Gewährsmann aus Bubikon erzählte, dass eine befreundete Familie bei Tisch sass. Da zersprang eine Flasche, und nachdenklich sagte die junge Frau: «Me seit, es sterbi bald öpper». Tatsächlich starb sie kurze Zeit später. In Stammheim musste ein Mann in den Militärdienst einrücken. Als er kurz vor dem Abschied ein Glas Wein trank, fiel der Boden heraus. Allgemein war man auf das Schlimmste gefasst, und tatsächlich kehrte der Mann nicht mehr gesund heim, sondern starb wenig später. Rund um den Greifensee waren viele Häuser noch mit Schindeldächern versehen, die man mit Steinen beschwerte. Fiel nun ein solcher Stein plötzlich herunter, so starb nach allgemeinem Volksglauben jemand im gleichen Haus. Vernahm man in der Nacht ein dreimaliges Pochen, so galt das als Todesvorzeichen.

Auch Tiere und Pflanzen konnten nach damaliger Auffassung den Hinschied eines Angehörigen anzeigen. Wenn Vögel an die Fensterscheiben klopften, wenn die «Wiggle», das Weibchen des Waldkauzes, in der Nähe schreit, so stirbt bald jemand im Hause, hiess es. Als schlimmes Vorzeichen betrachtete man das plötzliche Auftauchen eines Erdhaufens bei einem Haus. Als Todesvorzeichen galt es, wenn die Milz eines geschlachteten Schweines «gelitzt» war. So stellte man in Maur im Frühling 1917 fest, dass die Milz eines solchen Tieres «gelitzt» war. Der Metzger sagte, leider werde sich sicher etwas Böses ereignen. Und wirklich starben im selben Jahr zwei Menschen in der nahen Verwandtschaft. Eine andere Beobachtung: Im Sommer 1915 stellte eine Bäuerin von Maur in ihrer Bohnenpflanzung eine weisse Bohnenstaude fest. Das galt als sicherer Vorbote eines Unglücks, und die Frau kam denn auch im gleichen Jahr durch einen Unglücksfall ums Leben. Man achtete auch auf den Hauswurz. Manche Leute glaubten, er treibe nur in den Jahren Stengel und Blüten, in welchen im Hause jemand sterbe. In Niederweningen glaubte man, es sterbe bald jemand, wenn am Vorabend einer Beerdigung während des Betzeitläutens die Turmuhr schlage. Tatsächlich achtete der Sigrist darauf, dass er am Vorabend einer Beerdigung erst dann zur Betzeit läutete, wenn die Turmuhr geschlagen hatte. Weit verbreitet war der Glaube, dass es im Leichengeleite keine Lücken geben durfte.

198 Grabschmuck (Chrällelikranz) aus Basel um 1900

Dauerhafter als Blumen war künstlicher Grabschmuck. Ende des letzten Jahrhunderts bis hinein ins 20. Jahrhundert bevorzugten viele Trauernde den Chrällelikranz. Hier ein schönes Exemplar aus Basel.

199 Grabmal Zürcher auf dem Friedhof von Barberêche FR

Die Geschichte dieses Friedhofes ist gut erforscht. Ein Visitationsbericht von 1453 stellt fest, dass sich der Friedhof nach alter Tradition direkt neben der Kirche befindet und gut unterhalten wird. 1669 wird ein Friedhofkreuz errichtet, 1761 wird das neue Kruzifix überdeckt und 1766 ein schmiedeisernes Portal für den Friedhof bestellt. Das neue Kruzifix ist 1869 datiert. Bekannt ist dieser Friedhof auch wegen des schönen Grabmales für die Familie de Zurich um 1900. Es übernimmt die Form der Kreuznische des Friedhofes.

200 Grabmonument auf dem Friedhof von Gelterkinden BL

Südlich der schönen Kirche von Gelterkinden steht im Schutz alter Bäume das Grabmonument für den Unternehmer Heinrich Handschin aus Rickenbach (1830–1894). Es besteht aus einer Porträttafel und einer hohen Säule.

Schritten die Teilnehmer nicht aufgeschlossen daher, könne der Tod hindurchschreiten, um sich bald ein neues Opfer zu suchen.[13]

Der Glaube an Todesvorzeichen war zwischen 1900 und 1950 auch im Kanton Graubünden weit verbreitet. Arnold Bücklis Gewährsleute bemerkten allerdings, dass dies ein alter Glaube gewesen sei. Vielleicht wollten sie andeuten, dass es sich um alte, volkstümliche, heute nicht mehr gültige Traditionen handelte. Vielleicht ging es ihnen aber auch darum zu zeigen, dass sie selber eben «aufgeklärt» seien.[14] Johannes Michel aus Überlandquart, Landwirt und Lehrer in Grüsch, geboren 1885, teilte 1950 dem Befrager mit, man habe in seiner Familie immer geglaubt, dass bald jemand im Dorf sterben werde, wenn beim Ausläuten aus dem Gottesdienst durch die Mittelglocke die Uhr an der grossen Glocke schlage. Ausserdem glaubte man, ganz ähnlich wie im Unterland, dass bald jemand aus der Umgebung sterben werde, wenn bei einem Trauerzug die Leute zerstreut gingen. Auch hier betrachtete man bei der Hausschlachtung die Eingeweide: «Die Vertiefung in der Milz eines geschlachteten Hausschweines bedeutet das Grab eines Familiengliedes, das im gleichen Jahr sterben muss». Und Johannes Michel fügte bei: «Wie leichter wurde mir ums Herz, wenn unsere liebe Mutter selig die Milz unseres Schweines sauber und glatt fand»!derungen [15]

Jakob Frei aus Schuders schildert eine andere Art von Todesvorzeichen. Er war mit andern Bauern im Juli 1938 auf der Schatzalp bei Davos, um Vieh zu hüten. Da hörten sie deutlich eine Uhr ticken, obwohl es in der Stube keine gab, und da wussten sie alle: Es stirbt bald jemand. Später vernahmen sie, dass der Nachbar in der gleichen Zeit, in welcher man die Uhr hörte, Selbstmord begangen hatte.[16] Ein bedrohliches Vorzeichen war es, wenn man nachts Schritte marschierender Männer hörte. Nun kam das während der Mobilmachung im Ersten Weltkrieg hin und wieder vor. Mancher glaubte indessen, es sei ein Totenheer, es sei das Nachtvolk.[17]

Eine Gewährsfrau von Arnold Büchli war auch Ursula Bandli-Konrad. Sie erzählte im Herbst 1948: Ein Mann von Glaris war in Italien. Eines Abends ging er spazieren und sah einen Augenblick seine Braut, die aber in der gleichen Zeit im Engadin weilte. Und da wusste er, dass sie gestorben war. Tatsächlich bekam er vierzehn Tage später die Todesnachricht.[18] Frau Anna Fleisch-Heinrich aus St. Peter erzählte, dass ihre Mutter, als sie noch Kind war, einen merkwürdigen Totengeruch empfunden hatte. Man sagte ihr zwar, sie rieche immer irgend etwas. Doch am gleichen Nachmittag hatte man die Gewissheit, dass sie recht hatte: eine Nachbarin war gestorben.[19] Andreas Gruber aus Schmitten (1896–1981) erzählte 1945, eine alte Frau habe gehört, wie das Totenvolk an ihrem Haus vorbeizog. Sie habe den Tod von Verwandten und Bekannten immer voraussagen können. Das Totenvolk habe das Miserere gesungen. Am andern Tag sagte sie, wer sterben müsse. Das Totenvolk stand eben «vor dem Hus vo dem, wo denn gschtorben isch».[20] Jachen Strimer erzählte, dass sein Vater das Totenvolk gesehen und dass seine Grossmutter die Todesvorzeichen immer wahrgenommen habe. «Als mein Bruder starb – er war fünfzehn Jahre alt – und ich hinaufging, um es der Grossmutter zu sagen, meinte sie, sie habe es gewusst, denn sie habe in der Nacht vorher gehört, dass jemand dreimal mit der Peitsche auf eine Bank geschlagen habe».[21]

Es gab, wie die Umfrage (1937–1942) der Volkskundlichen Gesellschaft zeigt, auch Orte, die keine Todesvorzeichen kannten. Der Gewährsmann von Cartigny bei Genf sagte, in seinem Umkreis kenne man keine Todesvorzeichen: «Le calvinisme a passé par là». In La-Joux (Freiburg) hiess es: «Pas de signe de mort, mais on a entendu parler d'une tombe ouverte le dimanche». Ein Mann aus Bergün (GR) meinte: «In dieser Beziehung war man bei uns nie abergläubisch». In Romont (Fr) und in Undervelier (JU) sagte man, Todesvorzeichen kennen nur noch einige alte Leute. In Wattenwil (BE) sagte der Gewährsmann: «Man hört davon je länger je weniger». Noch deutlicher hiess es in Obersaxen (GR): «Heute glaubt bei uns niemand im Ernst an derlei Vorzeichen». In Safien (GR) tönte es ganz ähnlich: «Heute werden diese Vorzeichen kaum mehr beachtet».[22]

Solchen Aussagen stehen jene gegenüber, welche die verschiedensten Arten von Vorzeichen kennen, wie sie von Emil Stauber oder Arnold Büchli überliefert worden sind. Als häufigstes Vorzeichen wird von den Gewährsleuten der Volkskundlichen Gesellschaft das Rufen und Krächzen der Vögeln bezeichnet. Als Todesboten gelten Krähen und Elstern. Hin und wieder ist von einem Totenvogel oder Oiseau de la mort – im Dialekt «Totepiipli» (AG) – die Rede. Dabei weiss man nicht genau, um welche Vogelart es sich handelte. Zeigte sich ein Vogel nahe beim Haus eines Kranken, so bezog man das ganz besonders schnell auf einen bevorstehenden Todesfall. So zeigte in Aarburg (AG) die Wiggle, der weibliche Kauz, einen Todesfall im Haus oder in der nächsten Verwandtschaft an. Auch Hundegebell wurde als Todesvorzeichen gedeutet. Besonders deutlich wird es, so sagte man in Bassecourt (BE), wenn der Hund bellt, während es zum Mittag läutet.

Die Liste der Todesvorzeichen ist von beträchtlicher Länge. Da heisst es weiter: Stösst ein Maulwurf an einem bestimmten Ort einen Hügel auf, so gilt es als schlechtes Zeichen. Man sollte, so meinte man in Twann (BE), auch nicht über einen Maulwurfhaufen gehen. In Solothurn hielt man es für ein böses Zeichen, wenn eine Schärmaus über den Weg lief. Der Gewährsmann aus Düdingen (FR) äusserte allerdings Zweifel an diesen Vorzeichen. Für ihn war es «dummer Aberglaube».

Vielerorts sprach man von der Totenuhr, wenn der Holzwurm in den Wänden oder Möbeln bohrte. Allerdings wurde da und dort, so auch in Adelboden, gesagt, dass so etwas nur noch alte Leute glaubten.

Das «Totechlefeli» hat sich auf die westliche deutsche Schweiz beschränkt. Man kannte es in Niederbipp (BE), Büren (BE), Trubschachen (BE), Münsingen, Erlenbach und Zweistimmen (BE).[23] In Rohrbach (BE) wurde gesagt, wenn das Pferd beim Leichenzug zurückschaue, sei dies ein sicheres Todesvorzeichen.[24]

Ähnlich wie im Kanton Zürich galt auch im Kanton Bern das Erscheinen weisser Blätter und Pflanzen als Todesvorzeichen. Auch das Verdorren oder Absterben von Pflanzen und Bäumen in Haus und Garten bezog man hin und wieder auf den bevorstehenden Tod eines Familienmitgliedes. Im Berner Oberland sah man die Hexenringe, den ringförmigen Wuchs von Pilzen, nur mit grossen Bedenken. Jemand aus der Haushaltung werde sterben, hiess es. Begegne man einem vollkommenen Ring von Pilzen, so trete, sagte man in Ormont-La Forclaz, während des Jahres ein Todesfall ein.

Geräusche wie Rufen oder Klopfen an der Tür wurden in der deutschen Schweiz mit dem Ausdruck «Künden» bezeichnet. Solche unerklärliche, «übernatürliche» Geräusche hörten die Temperkinder, das heisst die in den Quatembertagen von quator tempora = viermal im Jahr, d.h. in der ersten Fastenwoche, der Pfingstwoche, der 3. Woche im September und der 3. Adventswoche geborenen, ganz besonders deutlich. In Welschenrohr (SO) sagte man, dass nahe Verwandte einem vor dem Sterben dreimal klopfen, das heisst, sie künden ihren Tod auf diese Weise deutlich an. Während der Grippe-Epidemie von 1918 hörte der Sigrist von Unterschächen (UR) auf dem Friedhof schaufeln. Er sah aber keinen Menschen. Eine Stimme

201 Aufgebahrte tote Frau in Altdorf UR (1920)

Der Altdorfer Fotograf Aschwanden hat diese Aufnahme zweifellos mit Einwilligung der Trauerfamilie gemacht. Man war stolz, die Tote würdig aufgewahrt zu haben. Vorn ein Weihwasserbecken; rund um das Totenbett brennen Kerzen. Am Kopfende befindet sich der gekreuzigte Christus mit dem Trauerflor.

sagte: «Mach schnell, zwölf Gräber müssen sein, zwölf müssen sein».[25]

Gelegentlich hatten die Kirchenglocken einen ganz besonderen Klang: «Les cloches sonnent la mort», hiess es in Châtel-St-Denis (FR). Einen baldigen Todesfall bedeuteten in Salouf (GR) die Totenglocken am Freitag. Man hörte es auch nicht gern, wenn die Rathausglocke gleichzeitig mit der Kirchenglocke schlug (Rheineck SG). Bevor jemand sterbe, höre man Tropfen fallen, sagte man in Spiez. Im ganzen Berner Oberland hiess das Totentrauf oder Totentruf. Wie in Zürich, so sagte man auch in Moutier und in andern jurassischen Orten, dass es ein sicheres Todesvorzeichen sei, wenn ein Glas oder ein Spiegel zerbreche. Gegenstände, die man in gekreuzter Lage vorfand, galten als Vorzeichen. In Lantsch (GR) dachte man an einen Todesfall, wenn jemand fälschlicherweise eine Kreuzform zu sehen meinte. Aus bestimmten Träumen schloss man auf den bevorstehenden Tod. Träumte man, dass einem die Zähne ausfallen, so liess das auf einen bevorstehenden Tod schliessen. Träume von Verstorbenen oder Begräbnissen galten als Todesvorzeichen. Schlechte und schlimme Vorbedeutung hatten auch schwarze oder dunkle Farben. Bleibe ein Toter über den Sonntag im Hause liegen, so sei das ein schlechtes Vorzeichen. Man versuchte deshalb, die Leiche nicht über den Sonntag im Haus zu behalten, sondern, sofern es das schon gab, in die Friedhofkapelle zu schaffen. Die Überlieferung, dass bestimmte Tage weitere Todesfälle anzeigen, wurde in gereimter Fassung weitergegeben: «Mittwuche ä Liich, der ander gliich», hiess es in Vättis (SG).

Ein Gewährsmann erinnerte sich, dass bei der Beerdigung eines Wirtes die Leute «verzatteret» gingen. Ein «aufgeklärter Mann» von Mettmenstetten (ZH) erklärte, das habe keine Bedeutung. Die Ursache dieses merkwürdigen Leichenzuges seien die Pfützen auf der Strasse gewesen. Archaisches und modernes Denken prallten aufeinander.[26]

Die Sterbestunde

Zu Beginn unseres Jahrhunderts suchten noch fast alle Schweizerinnen und Schweizer in den schweren Stunden des Sterbens im Gebet den von der Kirche verheissenen Trost. So verlangte es der katholische Katechismus, und so war es auch weitgehend noch protestantische Tradition. Die Gemeinschaft und die Nachbarschaft waren intakt; Angehörige und Nachbarn lösten einander bei der Wache am Krankenbett ab. Man starb in den ersten Jahrzehnten des Jahrhunderts grösstenteils noch zu Hause und nicht im Spital. Es war eine Art Ehrensache, bei einem Schwerkranken die Nachtwache zu halten, und es galt immer noch als selbstverständlich, dass man, wenn der Kranke in Todesnot geriet, den Pfarrer um die Spendung der letzten Ölung bat. Der Versehgang oder, wie man damals sagte, das «Uuströüschtä» hielt sich zum Beispiel in den Dörfern des Sarganserlandes bis in die dreissiger und vierziger Jahre, und die Gewährsleute, mit denen Alois Senti sprach, liessen immer wieder den nachhaltigen Eindruck spüren, den der öffentliche Versehgang auf das Volk gemacht hatte. In Berschis war es Brauch, «dass die Schüler und abkömmlichen Erwachsenen an den Versehgängen teilnahmen. Auf das Glockenzeichen des Mesmers unterbrach der Lehrer den Unterricht mit den Worten: «Äs git mäini ä Verwaarig» und begab sich mit den Schülern zur Kirche, um den Pfarrer mit dem Allerheiligsten zum Sterbenden zu begleiten... Vor dem Hause des Sterbenden angekommen, betete man den Rosenkranz oft solange, bis der Priester und der Mesmer das Haus wieder verliessen und in die Kirche zurückkehrten. Weil der Priester die zweite Hostie noch auf sich trug, erklang das Versehglöcklein auch auf dem Rückweg. In der Kirche wurden die Gläubigen nach einer kurzen Andacht mit dem Segen entlassen».[27]

Aus Cossonay und aus dem Pays-d'Enhaut berichteten die Gewährsleute, dass man auch in protestantischen Familien den Pfarrer bat, den Sterbenden beizustehen. Alles geschah sehr würdig. «Ich habe», so erzählte ein Mann aus Cossonay, «meinen Vater sterben sehen». «Il a pas mal traîné. Il est mort d'un cancer. J'ai, encore une fois, été surpris de ce que les gens gardaient leur tête jusqu'au bout, pouvaient discuter, pouvaient encore nous parler. Et je me suis rendu compte que c'était bénéfique pour les vivants de pouvoir assister à ces derniers moments. Il y a encore des choses qu'on a oublié de dire et c'est la dernière qui sonne, c'est le cas de le dire».[28]

Die «richtige» Zeit für das Begräbnis

Eine der Fragen der Schweizerischen Gesellschaft für Volkskunde in der Umfrage 1937–1942 lautete: Zu welcher Tageszeit findet das Begräbnis statt? Die Frage war eindeutig, und auch die Antworten fielen entsprechend klar aus. Deutlich treten konfessionelle Unterschiede zu Tage. In katholischen Gegenden fand die Beerdigung fast überall am Vormittag statt, und zwar meistens schon vor zehn Uhr. Weshalb so früh, wird man sich vielleicht fragen. Die Antwort ist einfach. Die Bestattung hatte vor dem gewöhnlichen Werktagsgottesdienst stattzufinden, im Sommer also vor sieben Uhr und im Winter vor acht Uhr. Die Beerdigungen am Nachmittag waren eher selten. In Sursee (LU) begrub man die Bürger erst am Nachmittag. Man machte den weiten Weg zwischen Kirche und Friedhof dafür verantwortlich. Etwas anders sah es in der katholischen Diaspora von Luzern aus. Hier wurden die Begräbniszeiten nach protestantischem Brauch auf den Nachmittag angesetzt. Dies gilt auch für den Neuenburger und Berner Jura und die mehrheitlich protestantischen Täler Graubündens. In einem anderen katholischen Gebiet, im Tessin, hat man, ohne dass ein protestantischer Einfluss vorhanden war, die Begräbnisse auf den Nachmittag verlegt. Hier galt die Beerdigung am Morgen als Ausnahme. In Lugano beerdigte man, so berichtet ein Gewährsmann, nur «die besonders Frommen» am Morgen.

In den reformierten Regionen wurde in dieser Zeit die Beerdigung auf elf oder zwölf Uhr angesetzt. Offensichtlich geschah das auch im Hinblick aufs Mittagsläuten: «Es läutet wie jeden Tag um zwölf Uhr, dann geht man gerade in die Kirche zum Leichengebet», wurde aus Mürren berichtet. Doch auch diese einst fast sakrosankte Beerdigungszeit hatte ihre Gegner. Es kam zunächst zu einzelnen, dann immer häufigeren Verschiebungen. Schuld seien die Zugsankünfte oder die Autobusverbindungen, wurde erklärt. Beerdigt wurde an allen Wochentagen, nicht aber am Sonntag. Den Freitag wählte man im Tessin nur ungern. Es könnte sonst, so hiess es in Maggia (TI), im gleichen Jahr noch drei Beerdigungen aus der selben Familie geben. Man könne «auf diese Zeichen gehen, sagten die einen; andere es sei reiner Aberglaube».[29]

Die letzten Liebesdienste

Ursula Buob, geboren 1894, hielt die Tradition des Schanfigger Bauerntums hoch; sie erzählte dem Volkskundler Arnold Büchli, was alles geschah, wenn ein Mensch gestorben war. Zunächst einmal sollte man, wenn jemand gestorben war, einen Augenblick lang «s'Lääferli», ein Schiebefensterchen, aufmachen, auf dass die Seele hinausgehen könne. Das Läuferli oder der Seelenbalken taucht auch in den Erinnerungen des früheren

202   Leichenbegängnis in Altdorf UR um 1930

Vorn links der pferdebespannte Leichenwagen, dahinter schreiten geistliche Würdenträger mit tragbaren Laternen und dem grossen Kruzifix. Es folgen rechts hinten nach der zahlreich vertretenen Geistlichkeit die dunkel gekleideten Männer. Im Gegensatz zu den Bestattungsritualen anderer grösserer Orte trägt der Leichenwagen keinen Schmuck.

203   Totenköpfe mit Vaterunserschnüren

In einzelnen Beinhäusern wurden die Totenköpfe nicht nur bezeichnet, sondern auch mit Gebets-, d. h. Vaterunserschnüren versehen. Das Bild stammt aus einem Beinhaus des Kantons Graubünden um 1920/30.

204   Leichenwagen aus Seltisberg BL um 1920

Die Gemeinde Seltisberg liess sich die Anschaffung dieses Leichenwagens etwas kosten. Man betrachte vor allem den «Himmel». Es wurde genau darauf geachtet, welche Farbe die Dachuntersicht (der Himmel) bekommen sollte. In vielen Gegenden war es Sitte, diesen Himmel blau oder weiss zu gestalten. An andern Orten war er schwarz. Peter Galler, der diese Wagen gesammelt hat und vorbildlich betreut, ist der Auffassung, dass es in bestimmten Regionen Brauch war, weisse «Himmel» anzubringen, während in anderen nur ein schwarzer in Frage kam.

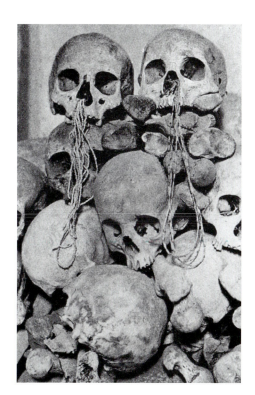

Bischofs von Chur, Christianus Caminada, auf. Er erzählte am 29. Mai 1948 seinem Freund Arnold Büchli, dass er in den Jahren 1901 bis 1904 während seiner ersten Priesterjahre in Dardin einmal einem Sterbenden beistehen musste. «Da es im Zimmer unerträglich heiss war, wollte ich ein Fenster öffnen. Eine Frau wehrte mich davon ab mit den Worten: 'Das darf man nicht tun, sonst muss er schneller verscheiden. Man darf ihn nicht zum Sterben zwingen (ins astga buca far murir)'. Ich erkläre mir das so, dass die Geistlichen gegen den Aberglauben, dass die Seele durchs Bälggli hinaus müsste, kämpften. Ob die warnende Frau mich abwehrte, weil sie an dieses Entfliehen der Seele durchs geöffnete Fenster glaubte oder weil sie wusste, dass der frühere Pfarrer es als sündhaften Aberglauben bezeichnet hatte, kann ich nicht entscheiden; aber jedenfalls steckt hier ein Beweis für den ehemaligen Glauben an den Seelenbalken. Ich habe an unsern Holzhäusern früher manche ganz kleine Fensterlein mit Schiebedeckelchen (Grösse 15 bis 20 cm) 'orvas', wie sie im Romanischen heissen, gesehen, doch nur an den Kammerwänden, nie in den Stuben».[30]

Ursula Buob gehörte zu jenen, die am Sterbebett beteten, und sie blieb auch im Haus, wenn der Tod eingetreten war. Immer wieder wurde sie gebeten, die Leiche zu waschen und anzukleiden. Dass es dazu Übung und auch einige Überwindung brauchte, liegt auf der Hand. Man kann es ihr nachfühlen, wenn sie sagt: «Wemmä di Totä in die rächti Hand fassi, denn grousi's eim weneger».[31] Auch die Gewährsleute der Umfrage der Schweizerischen Gesellschaft für Volkskunde äusserten sich zum Thema Waschen der Leiche. Alter, tiefverwurzelter Anschauung zufolge galt die Leiche als unrein. Ihr wie auch allem, was mit ihr in Berührung kam, schrieb man gefahrbringende und dämonische Kräfte zu. Diese «Gefahren» galt es zu bekämpfen. Wie das geschah, ist für das Denken jener Zeit recht aufschlussreich. Es zeigt auch, wie weit wir uns am Ende des 20. Jahrhunderts von jener Denkweise entfernt haben. Hier die Beispiele: Im Kanton Bern wurde das Tuch, mit welchem man den Toten gewaschen hatte, um einen Baum gewunden. Zwischen Tuch und Leichnam bestand nach alter Auffassung eine ganz bestimmte Beziehung. Sobald das Tüchlein zerfällt, hat die Seele des Verstorbenen Ruhe, sagte man etwa. Wachse der Baum fort, sei die Seele im Himmel, meinte ein Gewährsmann aus Reichenbach (BE). Ins gleiche Kapitel gehört die Tatsache, dass man im Berner Jura die Gefässe und die Schüssel, die man brauchte, nach dem Gebrauch zerschlug. Im Kanton Graubünden zerbrach man den Kamm. Dies geschah in St. Peter unter Anrufung der drei höchsten Namen. Sämtliche Gegenstände wie Lappen oder Watte, die man bei der Leichenwäsche brauchte, wurden ins Feuer geworfen. Dort, wo es fliessendes Gewässer gab, wie in Stein am Rhein, übergab man all' diese Dinge dem Fluss. Allerdings wusch man die Leiche nicht überall. Im Laufe seines Lebens hat ein Gewährsmann von Flims, wie er selber sagte, ungefähr vierzig Tote gekleidet und begraben, ohne dass man sie gewaschen hätte. Das war nicht Brauch.[32]

In vielen Gegenden war es die Hebamme, die den letzten Liebesdienst zu leisten hatte. In Les Ormonts (VI) bestattete man die Toten im Sonntagskleid, wennmöglich im Hochzeitskleid. «Der Grossvater – er starb 1907 – wurde in seinem Hochzeitsanzug beerdigt. Er hatte einen langen Rock mit Schwalbenschwänzen und eine schöne Weste».

Im Val d'Anniviers (VS) waren es die nächsten Verwandten, welche den Leichnam wuschen und kleideten. Die Kleidung hatte in bester Ordnung zu sein, denn die Reise, die der Tote antrat, war lang. Man vergass nichts, weder den Hut noch die Schuhe.[33]

Das Leidansagen

Wie wurde die Nachricht vom Hinschied eines Menschen den Verwandten und Freunden bekanntgegeben? Im zürcherischen Lindau und in Tagelswangen zeigte man den Tod eines Gemeindegliedes in den ersten zwei Jahrzehnten unseres Jahrhunderts am gleichen Tag oder am folgenden Morgen durch das Läuten einer Glocke an. In der Stadt Zürich ging, wir haben darüber berichtet, das «Leichenhuhn», die Leidansagerin, von einem Haus zum andern. Später übergab die Frau auch gedruckte Zettel. Bis in die zwanziger Jahre des zwanzigsten Jahrhunderts herrschte in Zürich bei alten Familien der Brauch, dass die «Chilesägeri» die Verwandten und Bekannten nach dem Leidrodel ins Leid einlud. Sie war schwarz gekleidet und sass am Beerdigungstag bei der Urne. Ähnliche Bräuche sind aus der Landschaft bezeugt. Mit einem Kopftuch und einem schwarzen Schal bedeckt, ging eine Frau von Haus zu Haus, um den Hinschied anzuzeigen und zum Begräbnis einzuladen. In Wald lud ein «Chilesäger», ausgerüstet mit Zylinder und Schwalbenschwanz, die Leute ein. Gewöhnlich musste er in der Stube bei einem Glas Wein über den Verlauf der Krankheit und die Art des Hinschiedes Auskunft geben. In Obfelden wurde ein Schulkind in die Häuser des Dorfes geschickt. In Höngg versah die Hebamme diesen Dienst. In Sternenberg wurden die Bestattungen von einem «Umesäger» bekannt gemacht. Im benachbarten Sitzberg machte er in den zwanziger Jahren nur noch dann seine Runde, wenn die Todesanzeige nicht mehr in die Lokalzeitung aufgenommen werden konnte.[34]

«Aufgeklärte» Geister liefen Sturm: Das Leidansagen ist ein alter Zopf – er muss abgeschnitten werden. Am 18. Februar 1895 stellte Kirchenratsschreiber und Lehrer Josef Wendelin Greter dem Kirchenrat Greppen (LU) den Antrag, das Leidansagen abzuschaffen. Die Kirchgemeindeversammlung folgte dem Vorschlag dieses angesehenen Mannes.[35] In Kerns (Obwalden) waltete der «Umesäger» am 29. März 1968 zum letzten Mal seines Amtes. Die gedruckten Todesanzeigen hatten inzwischen den Vorrang bekommen. Der letzte Umesäger beklagte sich beim Pfarrer, er verliere das Nebeneinkommen. Er bat ihn, diese neue Mode «abzustellen». Der Pfarrer konnte oder wollte das aber nicht, und der Umesäger kam um das bescheidene Entgelt: Er hatte 5 Franken erhalten und dabei in einem halben Tag eine grosse Wegstrecke zurückgelegt. Vielleicht haben auch einige wenig rühmliche Vorkommnisse mitgespielt. Als einmal ein Umesägeri von «gwundrigen» Leuten allzulang über Krankheit und Todesumstände befragt wurde, sagte sie kurz und bündig: «Nyd hed er gha. Verstickt isch er».[36]

Den Brauch des Leidansagens kannten auch die Engadiner. Duri Vital schilderte ihn: «Ein Mädchen geht herum von Haus zu Haus, darf ja niemanden vergessen und muss jeden treffen, um ihm persönlich die Anzeige zu machen. Man wartet in jedem Haus auf das 'laschar savair la mort' (den Tod ansagen). Die Formel lautete: 'Duonna X laschar savair, cha sia sour Margareta sia morta'. (Frau X lässt wissen, dass ihre Schwester M. gestorben ist.)»[37]

In Schuls gingen zwei Mädchen, mit schwarzen Schürzen und Haarbändern ausstaffiert, herum, um den Tod eines Dorfgenossen zu melden und die Bestattung anzusagen. Das war noch bis 1949 Brauch.[38] Im Prättigau sagte man, wie Elisabeth Luck-Auer (1864–1948) erzählte, selbst den Bienen den Tod an, indem man an den Bienenstock klopfte. Hätte man das unterlassen, wären die Bienen gestorben. Frau Luck fügte bei, bei Onkel Hans hätten sie es vergessen und da seien die Bienen «abgestorben».[39] Heute ist dieser Brauch, abgesehen von einzelnen alten Imkern, nicht mehr bekannt.

205   Familie am Totenbett

Die Frauen sind schwarz gekleidet. Die Ehefrau trägt den schwarzen Schleier. Anstelle des schwarzen Anzuges konnte man damals auch einen schwarzen Trauerknopf tragen, wie auf diesem Bild deutlich sichtbar ist. Die Aufnahme ist 1932 in Saas-Fee gemacht worden.

206   Frau am Totenbett ihres Mannes

Diese von J. P. Grisel 1932 gemachte Fotografie zeigt einen toten Bergführer auf dem Sterbebett. Er ist im Sonntagskleid aufgebahrt. Neben ihm sitzt die trauernde Witwe mit dem kleinen Kind. Sichtbar sind auch ein Teil des Grabschmuckes sowie das hölzerne Grabkreuz.

207 Abschied vom Toten 1932 in Saas-Fee

Der tote Bergführer Robert Zurbriggen, angetan mit dem Sonntagskleid – sein Hut liegt im Sarg – wird hier zum letzten Mal vor der Kirche, bevor der Sarg auf den Friedhof getragen wird, beweint. Es wird auch gebetet. Die Frau gleich hinter dem Sarg, es ist wohl die Mutter des Verstorbenen, segnet ihren Sohn zum letzten Mal. Ein ergreifendes Bild der Trauer und der Anteilnahme.

«Leidklagen»

Man kondolierte nicht, sagte Frau Margaret Butzi-Lyss (1887–1976) aus Praden im Prättigau um 1938: «Mä-n-isch ga Leid chlagä, nid ga 'kondoliärä'. Mä häd verschideni Sprüch ghan. Ä churzä isch gsin: 'äs duäd mr leid, was nid z'Leid gschehn ischt. Dr Liäb Gott mögn i tröschtä'». In Tschiertschen und in andern Bündner Dörfern pflegte man längere Sprüche auswendig zu lernen und vorzubringen: sie stammten von einem Lehrer. Man hat noch um 1930 ein handgeschriebenes Exemplar mit dem Titel «Leidklage» aufbewahrt: «Ich bezeuge auch ein herzliches Mitleiden über den tödlichen Hinschied Eurer vielgeliebten Mutter, welche durch die weise Providenz des Grossen Gottes von dieser Zeitlichkeit ab und zu den himmlischen Zionsbürgern versetzt worden ist. So wünsche ich ihr am Tage der Gerechten eine fröhliche Auferstehung wie auch eine erwünschte Eingehung in das himmlische und ewige Reich. Euch aber wolle der Grosse Gott trösten mit der seligen Hoffnung, dass Ihr einander mit ewiger Freude und Seligkeit antreffen werdet, auch ferner vor andern Trauerfällen bewahren».[40] In Untervaz war es Sitte, formelhaft zu fragen: «Isch däi Mamme zun ünschen Härgott? Se verlih erä än fröhlechi Ouferstehig und ünsch allnä zu scheiner Zeit äs seligs End»! und die Antwort war: «Das tüä Gott»! Meistens stellten sich jene, die das Leid abnahmen, auch für die Totenwache zur Verfügung.[41]

Die Totenwache

Es gehörte zur ehrenvollen Pflicht, die Totenwache zu übernehmen. In katholischen Gegenden betete man zunächst das «Feufibete» (fünf Vaterunser) und den Rosenkranz. In Roveredo (GR) gab es zwischen den Gebeten zum Zeichen der Dankbarkeit einen Spuntino, einen Imbiss. In Bellinzona (TI) verabreichte man Wein oder Kaffee. In Colla (TI) gab es Risotto. In Lugano servierte man den Männern Wein, den Frauen Kaffee. Da und dort gab man den Brauch – es sei wegen des Spuntinos, sagte man im Tessin – auf.

In Küblis (GR) wachten in der ersten Nacht die ersten zwei Träger des Sarges, in der zweiten die beiden andern. Der Kübliser Hans Brunner erinnerte sich, dass um 1946 die Spiegel schwarz verhängt waren, die Haustüre war eingeklinkt, aber nicht geschlossen.[42] Ein alter Mann aus Arosa (GR) bezeugt, dass man 1930 vom Leichenbrot (Lihäbrot) sprach, das während der Totenwache verzehrt wurde. Der älteste Mann hatte auf der Wache aus der Bibel vorzulesen.[43] Maria Ottilia Bonorand (1870–1951) berichtete, dass man im Engadin das «vagliar» (Wachen beim Toten) in einzelnen Häusern aufgegeben habe. Auch sie berichtete, dass der Spiegel über der bara (dem Leichnam) verhängt wurde. Dies geschah aber nur, wenn man einen jungen Menschen betrauerte. Bei alten Leuten pflegte man es nicht zu tun. Die alte Frau erinnerte sich, dass die Haustür offen bleiben musste, damit der Tod hinaus konnte. Man darf, sagte sie, den Tod nicht im Haus einsperren.[44]

Die Stimmung einer Totenwache – der moderne Mensch kann sie kaum verstehen. Man muss sich aber vorstellen, wie das aussah: Die Anwesenheit eines Leichnams inmitten der Familie, das schuf eine Atmosphäre ganz besonderer Art. Angst, Schrekken, Beklommenheit – man überspielte das alles mehr oder weniger gut. Gute Erzähler waren gefragt. Thema: Der Tod und die Totenwache früherer Zeiten. Hier eine dieser Geschichten aus dem Wallis: Ein Schuhmacher beteiligte sich an der Totenwache, er nahm sein Werkzeug mit, um zu arbeiten. Als er kurze Zeit wegging, um etwas zu holen, legte sich ein anderer Teilnehmer in den Sarg und übernahm die Kleider des

Toten. Der Schuhmacher kommt zurück. Der angebliche Tote sagt zu ihm: «Wenn man auf der Totenwache ist, arbeitet man nicht. Der Schuhmacher: Sicher, aber der Tote sollte mit dem Schuhmacher nicht reden. Sagte es und gab ihm einen Schlag mit dem Schuhmacherhammer auf den Kopf, und dieser war augenblicklich tot».[45]

Die Totenwache wurde da und dort als archaisch empfunden. In Stein (Fricktal) verschwand sie um die Jahrhundertwende. Eiken (AG) schaffte sie in der Grippeepidemie ab; sie wurde später nicht mehr aufgenommen.

Der Trauerzug

Auf der Totenwache wurde meistens auch über die Aufstellung des Trauerzuges gesprochen. Die Organisation war regional verschieden. Wer im Kanton Zürich ins Leid gebeten war (das konnte mittels der Ansagerin oder mit Karten gesagt werden), wusste, wo er sich hinzustellen hatte. In Stäfa kam gleich hinter dem Sarg das Männerleid, es folgten die übrigen Männer, dann das Frauenleid, am Schluss die übrigen Teilnehmerinnen. In Wülflingen gingen bei der Beerdigung einer männlichen Person die leidtragenden Männer voraus, starb hingegen eine Frau, so ging das Frauen- vor dem Männerleid.[46] Auf der Zürcher Landschaft wurden die Toten bis etwa um 1900 auf der Bahre zu Grabe getragen. Um 1920 ersetzte der Leichenwagen die Totenträger. In Stäfa trugen die Insassen des Armenhauses den Toten zum Friedhof, wenn nicht Nachbarn oder Verwandte diesen Dienst leisteten. Um 1920 wurde der Sarg während der Abdankung versenkt und zugedeckt. Nach der Abdankung versammelten sich die Leidleute am frischen Grabhügel. Das war offenbar neu, denn noch zwanzig Jahre früher begleiteten die Leidleute den Sarg bis ans Grab und sahen zu, wie er langsam in die offene Grube geleitet wurde. Die Angehörigen pflegten Blumen auf den Sarg zu werfen. Der älteste Angehörige nahm eine Schaufel und liess drei Schollen Erde auf den Sarg fallen. In Rorbas (ZH) gab es einen urtümlich anmutenden Brauch. Hier wurde der Sarg so ins Grab gelegt, dass das Gesicht des Toten gegen Osten gerichtet war. Ein ähnlicher Brauch bestand bis 1908 auch in Stammheim (ZH).[47]

Noch immer gab es Leichengeleite ohne Frauen. So nahmen in Liestal (BL) die Frauen am Begräbnis nicht teil. Das gleiche gilt für die Stadt Biel, ganz im Gegensatz zu den umliegenden Dörfern. Auch in Aarberg sah man noch um 1937 im Leichenzug keine Frauen. Diese gingen direkt in die Kirche.[48]

Begräbnis von Kindern und Ledigen

Bei der hohen Kindersterblichkeit waren Kinderbegräbnisse häufiger als heute. Je nach Konfession waren sie verschieden gestaltet. In katholischen Regionen wurden kleine Kinder, die noch nicht kommuniziert hatten, ausserhalb der gewöhnlichen katholischen Begräbnisstunden, meist nachmittags oder abends, still bestattet. Für Totgeborene und Ungetaufte war die frühe Morgenstunde üblich. In Laufen (BE) wurde dann nicht geläutet. Die Kinder wurden in Willisau (LU) an der Kirchenmauer bestattet oder, wie man in Luthern (LU) sagte, im Grab der unschuldigen Kindlein. In protestantischen Gemeinden des Baselbietes sind Totgeborene und Kleinkinder abends beim Betzeitläuten bestattet worden.[49]

Ein reiches Brauchtum zeichnete das Begräbnis von Ledigen aus. In der alten Gesellschaft bildeten die Ledigen eine Gruppe für sich; diese Sonderstellung räumte man ihnen auch beim Sterben ein. Viele der überlieferten Brauchelemente gehen auf Abwehrmassnahmen gegenüber dem allzufrüh Gestorbenen

208 Trauerfeier für einen verstorbenen Bergführer in Saas-Fee, 1932

Während der Priester vorn am Altar die Messe liest, verharrt die Menge schweigend in der Mitte der Kirche; hinter dem Sarg die Bergkameraden des Verstorbenen; rechts sitzen die Männer, links die Frauen mit Trauerschleier.

209 Beerdigung des Bergführers Robert Zurbriggen, Saas-Fee, 1932

Der Sarg steht vor dem offenen Grab. Der Geistliche verliest das Sterbegebet. Er ist umgeben von den Chorknaben. Links die Bergkameraden, hinter der Geistlichkeit die zahlreiche Trauergemeinde.

210 Leichenbegängnis im Mendrisiotto um 1930

Vorne im Umzug auf diesem schönen Foto von Gino Pedroli befinden sich geistliche Herren, vielleicht eine Bruderschaft. Es folgt der pferdebespannte Leichenwagen. Hier sind es die Frauen, die ihm unmittelbar folgen. Teilweise tragen sie Kerzen. Möglicherweise marschierten die Männer an der Spitze des hier nicht sichtbaren Zuges.

211 Leichenwagen mit Schimmel um 1930 im Mendrisiotto

Auf dieser Aufnahme von Gino Pedroli fehlen die begleitenden Trauergäste. Offensichtlich handelt es sich um ein Kinderbegräbnis, denn nur für dieses ist ein weisser Wagen mit einem Schimmel eingesetzt worden.

212 Begräbnis auf dem Friedhof von Kippel VS um 1913

Der berühmte Prior Josef Siegen spricht ein Totengebet. Die vielen Knochen und Schädel im Vordergrund lassen darauf schliessen, dass es sich um eine Ausgrabung handelte und man die Toten neu beigesetzt hat.

213 Die Bruderschaft von Kippel VS bei einem Begräbnis 1930

Die Brüder sind weissgekleidet; sie stehen vor dem mit einem weissen Flor umgebenen Kruzifix.

214 Beerdigung mit einer Männerbruderschaft in Kippel VS um 1930

Der Sarg wird, durch die weissen Gestalten allerdings verdeckt, soeben ins Grab versenkt. Links das grosse Friedhofkreuz, hinten rechts das aus dem Jahre 1681 stammende Beinhaus.

215 Begräbnis eines Offiziers in Chiasso um 1932

Dieses Foto von Gino Pedroli (1898–1986) ist ein seltenes Dokument. Man hat Leichenbegängnisse, wenn es sich nicht um grosse Persönlichkeiten handelte, ungern fotografiert. Auf diesem Bild sieht man, wie es in jener Zeit aussah. In einer Stadt wie Chiasso konnte noch der pferdebespannte Leichenwagen zirkulieren. Alle Männer waren dunkel gekleidet. Die Frauen sind, weil weiter hinten im Leichenzug, nicht sichtbar.

216 Leichenwagen an einer Beerdigung von 1938 in einer Zürichseegemeinde

Der Leichenwagen ist reich mit Kränzen geschmückt. Die Pferde tragen schwarze Trauermäntel.

zurück. Man fürchtete ihn, weil er sein Leben nicht in normaler Weise hatte erfüllen können. Andere Brauchelemente wie Blumen und Kranzspenden wurden als ehrende Auszeichnung des jungfräulichen Standes aufgefasst. Schon im 19. Jahrhundert gab es für Ledige Kränze. Die Kranzspenden für den verheirateten Gestorbenen gibt es erst seit etwa 1900. Die ledig Gestorbenen waren – so die alte Denkweise – um die Hochzeit gekommen. Da galt, es noch einiges gutzumachen. Das ist der Grund, weshalb man beim Begräbnis von Ledigen Elemente des Hochzeitsbrauchtums antrifft. War eine ledige Person gestorben, kamen die Ledigen zusammen, um zu «chranze». Aus Blumen, Tannästen, Immergrün und Efeu wurden Girlanden und Kränze gemacht. Dazu kamen künstliche Blumen wie Papierrosen. Farbige Bänder gaben dem Ganzen eine festliche, fast fröhliche Note. Die Mädchen von Hirzel schmückten auch den Leichenwagen.[50] In Bulle (FR) formten die jüngeren Leute ein Kreuz aus weissen Blumen. Vielerorts stifteten sie eine Gedenktafel. Einzelne Engadiner Gemeinden besassen einen künstlichen Kranz, den man beim Tod eines ledigen Mädchens vom Sigristen erhielt. In Bivio gab es einen nur für diese Region bezeugten Brauch. Da haben die erwachsenen Töchter eine schwarz überzogene sechseckige Kartonpyramide von ungefähr dreissig bis fünfunddreissig Zentimeter Höhe mit Stecknadeln auf das Sargtuch geheftet. Oben war sie abgeflacht und mit bunten Federn besteckt, ringsum mit farbigen Seidenbändern geschmückt. Ein ähnlicher Sargschmuck wird im Rätischen Museum in Chur aufbewahrt. Es galt als grosse Ehre, den Sarg einer ledigen Person tragen zu dürfen. Der Sarg von kleineren Kindern wurde von grösseren Kindern getragen. In Wiesen (GR) trugen die vier ältesten Ledigen den Sarg. In Appenzell wählte man jährlich vier Ledige und vier Verheiratete aus den Mitgliedern des Standschützenvereins. Kindersärge sind auch von Paten getragen worden. In Intragna (TI) stellte der Pate das Särglein in eine Wiege, bedeckte es mit dem Taufschleier und nahm es so auf die Schulter.[51]

Die Ledigen, die sich am Trauerzug beteiligten, hatten bestimmte Aufgaben zu erfüllen, Kerzen und Kränze zu tragen; sie waren auch besonders bekleidet. In Amsteg (UR) begleiteten acht Töchter in weissen Kleidern den Sarg. In Chur gingen bei einem Ledigen-Begräbnis die gleichaltrigen ledigen Töchter mit einem Blumensträusschen vor dem Leichenwagen. In Sarmenstorf (AG) trugen zwei weiss gekleidete Töchter eine Girlande voran. In Ägeri (ZG) trugen vier weiss gekleidete Kinder den grossen, später das ganze Grab bedeckenden Kranz. In Neuenburg erhielten die Träger, die «fossoyeurs», ein weisses Seidenfoulard. In Vevey gab es einen Imbiss mit Wein und «Navettes» – kleinen Milchbrötchen.

Besonders eindrücklich erscheinen die Bräuche, die man in katholischen Regionen kannte. So beerdigte man in Unterschächen (UR) ein Mädchen, das während der Verlobungszeit starb, im Brautkleid. In Russo (TI) wurde bei Kinderbegräbnissen festlich geläutet. In Villa Bedretto (TI) gingen die Kinder ins Trauerhaus, um das «Engelein» anzusehen. In Pratteln (BL) läuteten die Schulkinder beim Begräbnis von Kindern, die nur wenige Tage gelebt hatten, mit dem «Chlänker», der kleinen, hell tönenden Glocke.[52]

Von Bedeutung war die Farbe des Sarges. In Porrentruy (JU) erhielten die verstorbenen jungen Mädchen einen weissen Sarg. In Einsiedeln (SZ) bekamen alte Ledige einen Eichenholzsarg; hin und wieder wählte man für sie auch einen schwarz gestrichenen Sarg. In Rossa (GR) musste der Sarg für jungverstorbene Ledige unbedingt hell gestrichen, wennmöglich hellblau sein. Blaue Särge gab es auch in Epiquerez (JU) und Deitingen (SO). Auch die Inschriften an weissen Kreuzen hatten – dies ist für die

Zeit um 1948 in Walenstadt (SG) bezeugt – blau zu sein. Wieso man ziemlich unvermittelt von Blau abkam und alles braun wurde, bleibt ein Rätsel. Ein braunes Kreuz für Kinder ist, so meinte man in Schinznach (AG) schöner, moderner. Auch in Amsteg (UR) tauchten braune Kreuze auf.[53]

Die meisten dieser zum Teil sinnenschweren und symbolträchtigen Bräuche verschwanden in der ersten Hälfte unseres Jahrhunderts. Ein Mann von Zuoz (GR) sagte 1937, dass die Regel, wonach Ledige von Ledigen getragen werden, immer weniger beachtet werde. In Horgen (ZH) hat man den Brauch zur Zeit, als man die Leichen noch trug, auf ganz jung Verstorbene eingeengt. In Andelfingen (ZH) gab man den Brauch, nachdem ein Leichenwagen angeschafft worden war, auf. In Engelberg (OW) entschloss man sich, den Brauch aufzugeben, weil die Jungfrauen angeblich einen Sarg fallen gelassen hatten. Doch das sind nur vordergründige Argumente. Was verloren ging, war der Sinn, der hinter allen diesen Bräuchen steckte.

Nachbarliche Hilfe beim Begräbnis

Auf die Gemeinschaft und die nachbarliche Hilfe war Verlass. In den ersten Jahrzehnten des zwanzigsten Jahrhunderts stellte sich in der Westschweiz bei einem Todesfall der Nachbar zur Verfügung; er führte den Wagen mit dem Sarg. Er bot sich, wie das in Belp (BE) ausdrücklich betont wurde, ganz von selber an. In Eggiwil (BE) war es etwas anders. Hier fragte man, als man den Sarg noch mit dem Berner Wägelein führte, den Nachbarn, ob er ihn hole und führe. In Düdingen (FR) führte im Jahre 1930 ein Nachbar den Sarg, obwohl ein Leichenwagen angeschafft worden war.[54] Eine Entschädigung gab es nicht. Hingegen lud man alle diese hilfreichen Leute zum Leichenmahl ein.

Das Leichenmahl

Das Leichenmahl behauptete sich vorerst noch. Im Pays d'en Haut (VI) gab es zum Wein zwei Sorten Käse, Weichkäse und Hartkäse. Das Menu war noch um 1930 für reiche Familien wie für ärmere genau das gleiche. Jeder Gast bediente sich nach eigenem Belieben. Der Gastgeber sagte: Greift doch zu, nehmt, was Euch beliebt, ohne Euch einzuschränken. Schliesslich müsst Ihr auch noch gut heimkommen. Endlich, kurz vor zwölf, erschien der Pfarrer. Auch er nahm an der traditionellen Leichenmahlzeit teil. Auf ein diskretes Zeichen begaben sich die Verwandten, vor allem die Frauen, in die Küche, um dort die Predigt durchzuhecheln.[55] Ein Walliser stellte fest, dass das Leichenmahl bis 1950 in traditionellem Rahmen abgehalten wurde. Für seinen eigenen Sohn wurden hundert Personen eingeladen. Alle, die von weither kamen, erhielten ein vollständiges Essen. Die anderen bekamen Brot, Käse und Wein. Man getraute sich nicht, es anders zu machen. Man wäre verachtet worden.[56]

Einfacher ging es im Luzerner Hinterland zu. «Nach dem letzten Grabgebet begab man sich in das Wirtshaus, wo das 'Lychenässe' bestellt war. Zum Essen wurden nebst Verwandten und Bekannten auch jene eingeladen, die bei der Beerdigung mitgeholfen hatten: die Leichenträger, die 'wysse Meitschi', der 'Chrüüzliträger', oft auch der Leichenwagenführer. Zu essen gab es in der Regel Milchkaffee (es wysses Kafi), dazu Weggli und Mutschli mit Chääs und Anke, meist auch Konfitüre. Habliche Familien bestellten für das 'Lychenässe' manchmal 'Chügelipastetli'. Schliesslich war es üblich, dass nach dem Essen noch ein Glas Wein offeriert wurde. Es war zwar nicht brauchtümlich, dass von manchen ein Glas zuviel getrunken wurde, aber man muss doch erwähnen, dass nicht selten von einem Leidessen ein etwas feuchtfröhlicher Resten in der Wirtschaft

217 Leichenwagen aus der Zeit um 1950 aus Münchenstein BL

Im zwanzigsten Jahrhundert setzen die meisten Gemeinden alles daran, ihre Leichenwagen zu verschönern. Am Leichenwagenhimmel des Wagens aus Münchenstein sind schwarze Fransen angebracht worden. Noch immer sieht man diesen Wagen aber an, dass sie den Kutschen nachgebaut waren.

218 Trauerversammlung in einem Hochtal am Säntis

Die «Allgemeine Illustrierte Zeitung» veröffentlichte um 1930 dieses Bild nach einem Gemälde von Riefstahl. In dieser Zeit wurden solche Szenerien interessant und der Leserschaft wie etwas Exotisches vorgeführt.

219 Aufgebahrtes totes Kind im Wallis um 1930

Wenn ein Kind starb, sprach man im Wallis von einem «Ängelti», einem Engelsbegräbnis. Nach altem katholischem Volksbrauch glaubte man, dass die Kinder als Engel in den Himmel steigen würden und für die Nachkommenden so den Weg ebnen könnten. Diese Anschauung hat vielleicht ein wenig mitgeholfen, sich mit der grossen Kindersterblichkeit abzufinden.

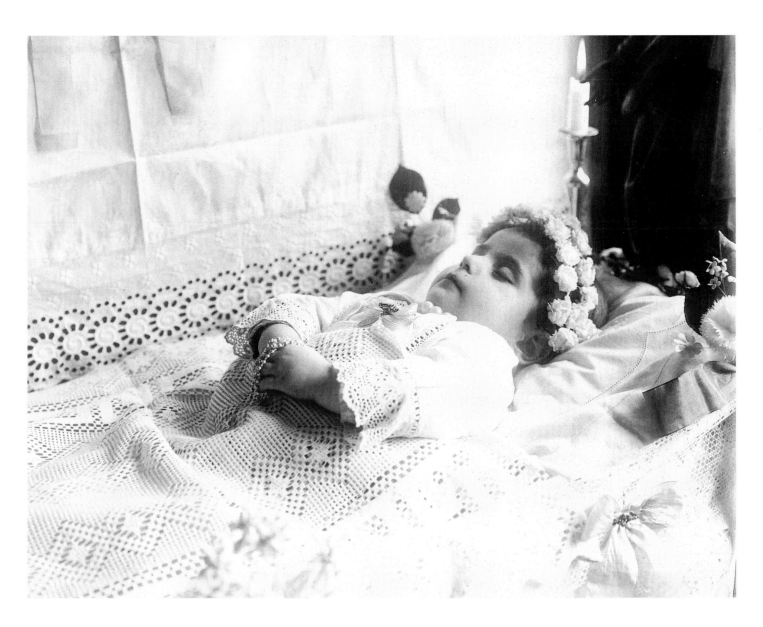

220   Kinderbegräbnis auf dem Friedhof
      von Kippel VS um 1920

Die Mutter trägt als einzige ein Trauergewand. Die übrigen Frauen schreiten in der Sonntagstracht einher. Im Hintergrund einige Gräber mit Holzkreuzen und Perlenkränzen.

221   Kindergräber in Le Brassus JU

Wie anderswo war auch in Le Brassus die Kindersterblichkeit noch zu Beginn des 20. Jahrhunderts recht hoch. Entsprechend gross war die Zahl von Kindergräbern.

222 Beerdigung in Kippel/VS 1937
Über das ausgehobene Grab sind die Werkzeuge in Kreuzform gelegt. Damit schützte man den Toten vor bösen Geistern.

223 Beerdigung in Kippel/VS um 1937
Die Jungfrauen tragen weisse Schleier, die verheirateten Frauen die Sonntagstracht. Einfache Holzkreuze zieren den Friedhof. Hinten beim Beinhaus stehen Touristen, die das Geschehen beobachten. Die Aufnahme stammt von Albert Nyffeler.

zurückblieb. Natürlich handelte es sich dabei nur um Männer, die dann ihr unschickliches Tun meist mit der Ausrede zu rechtfertigen suchten, der Verstorbene hätte seine helle Freude, wenn er noch etwas dazu sagen könnte».[57]

In einzelnen Gemeinden gedachte man auch jener, die am Leichenmahl nicht teilnehmen konnten. So spendete die Trauerfamilie im zürcherischen Benken noch zu Beginn des zwanzigsten Jahrhunderts am Beerdigungstag den Armen und Kranken der Gemeinde ein schönes Stück gebratenes oder gesottenes Fleisch, manchmal auch Suppe. Emil Stauber hat notiert, dass ein ähnlicher Brauch kurz nach der Jahrhundertwende in Volketswil (ZH) erlosch. Dort wurden bei einem Todesfall den Kindern des Dorfes Weggen verteilt. In einer Zeit der allgemeinen Lebensmittelknappheit wurde das sicher dankbar anerkannt.[58]

Das Grabgeläute

Zu Beginn unseres Jahrhunderts hatte man in Stadt und Land eine traditionelle Läuteordnung. In Greppen (LU) hiess es: «Endzeichen mit grosser Glocke». Am Vortag der Beerdigung wurde in Küssnacht am Rigi nach der Messe mit allen vier Glocken geläutet. In Obwalden wurde die Totenglocke (Chlänkä) 50 mal mit dem Klöppel angeschlagen. Vor der Elektrifizierung der Kirchengeläute um 1950 ertönte ein unverwechselbares Glockenzeichen, dem bereits einige Informationen zu entnehmen waren. Das Grundzeichen bestand aus dem normalen Läuten der Glocke, ein Vaterunser lang, und aus fünfzig einseitigen Klöppelanschlägen, dem sogenannten «Chlänkä», das eine gewisse Übung beim Ziehen des Glockenseils erforderte. Bei elektrischen Läutanlagen ist das Chlänkä nicht mehr möglich. Es wird durch ein längeres, unterbrochenes Glockenzeichen ersetzt, das der früheren Art inhaltlich entspricht: «Für eine männliche Person wird das Grundzeichen dreimal, für eine weibliche Person zweimal mit je einer kurzen Unterbrechung wiederholt. Weitere Informationen gibt die Wahl der Glocke. In Kirchen mit mehreren Glocken ist in der Regel die zweitkleinste die Totenglocke, die kleinste die Taufglocke. Für Erwachsene wird die gewöhnliche Totenglocke geläutet, für ein Kind, das vor der Erstkommunion (im zweiten Schuljahr) gestorben ist, die Taufglocke und für eine Person geistlichen Standes (einen Priester oder z. B. in Sarnen beim Tod der Äbtissin des Frauenklosters) die grosse Glocke». Karl Imfeld erinnert sich: «Wir wohnten ganz in der Nähe der Kirche. Unsere Mutter betrieb einen kleinen 'Spezeryladä' (Lebensmittel- und Gemischtwarenladen), in welchem in bescheidenem Umfang auch Neuigkeiten ausgetauscht wurden. So liefen wir Kinder, sobald es 'chlänkte', zum Glockenhaus (Erdgeschoss) des Kirchturms, um beim Sigristen nachzufragen, wer gestorben sei. Er wurde allemal ärgerlich, wenn wir mit der Frage nicht bis zum Unterbruch zwischen den Zeichen abwarteten, weil wir ihn entweder beim Beten des Vaterunsers oder beim Zählen der fünfzig 'Chlänk' störten». Nach Karl Imfeld hat man zwar mit «Chlänkä» den Tod eines Mitmenschen angekündigt. Doch war das nicht der einzige Sinn dieses Brauches: «Der Sage nach stiftete in der Halten ob Kerns der dortige Waldbruder Stephan um 1606 das sogenannte Bruderglöcklein, damit den Haltern gleich nach dem Tod 'gchlänkt' werden könne und die armen Seelen ihren Gang ins Jenseits nicht erst antreten könnten, wenn in der weit entfernten Pfarrkirche die Totenglocke läutete. Dieser Vorstellung entsprechen verschiedene heute noch nebeneinander gebrauchte Ausdrücke für das Läuten der Totenglocke: 'äs lytet eim ds Änd; äs lytet eim uberdurä'. Es war zugleich ein Aufruf zu einem fürbittenden Gebet für den

Verstorbenen. Dieses konnte ein Vaterunser oder wenigstens ein Stossgebet sein wie 'Treescht Gott, erlees Gott diä arm Seel'».[58a]

Im Kanton Zürich gab es ein Endzeichen, dazu kam das eigentliche Grabgeläute zur Stunde der Bestattung. In Wollishofen wurden nach altem Brauch vor dem Grabgeläute mit der grossen Glocke achtzehn Schläge getan. In Stäfa erfolgte das erste Zeichen eine Stunde vor dem Einläuten mit allen Glocken, das zweite eine halbe Stunde vorher mit der dritten Glocke. Zum eigentlichen Grabgeläute gehörten alle Glocken; es dauerte zwanzig Minuten. Wurde eine erwachsene männliche Person beerdigt, begannen das erste Zeichen und das Einläuten mit der grossen Glocke. Nach einem kurzen Unterbruch setzte das volle Glockengeläute ein. Mit der vierten kleinsten Glocke begann das volle Geläute und schloss mit der ersten. Beim Begräbnis von Kindern unter zwölf Jahren läutete die dritte Glocke, jenem von ledigen, aber jungen Gemeindegliedern wurde mit allen Glocken geläutet, ohne dass ein Unterschied nach dem Geschlecht gemacht worden wäre. Eigentümlich war der Brauch in Maur (ZH). Noch zu Beginn des Jahrhunderts wurde vor Ankunft des Trauerzuges mit allen Glocken geläutet. War der Trauerzug in der Nähe der Kirche, erfolgte ein kurzer Unterbruch. Trat man in den Kirchhof ein, setzte das volle Geläute wieder ein. Diesen Läutenbrauch kannte man auch in Seegräben (ZH). In Fischental (ZH) gab es um die Jahrhundertwende eine eigenartige Regelung. Gutbetuchte Gemeindeglieder konnten für ihre Beerdigung das unterbrochene Läuten bestellen, mussten es aber eigens berappen. Der Gemeinderat fand aber, das sei wenig demokratisch, und verbot diesen Brauch.[59]

Ökumenisch und demokratisch war hingegen ein Brauch, der in den ersten drei Jahrzehnten des Jahrhunderts in Rapperswil (SG) gepflegt wurde. Starb in der mehrheitlich katholischen Stadt ein Protestant, der in der Altstadt wohnte, läutete die grosse Glocke der Stadtkirche zum Geleit, und zwar genau so lange, als sich der Trauerzug vom Wohnhaus durch die Gassen bewegte. «Dann verstummte die Glocke, und das einsetzende feierliche Geläute der protestantischen Kirche begleitete das letzte Wegstück des heimgegangenen Mitmenschen».[60]

Rapperswil besass einen besonders eleganten, schwarz ausstaffierten Leichenwagen. Der Begräbnisgang mit Leichenwagen wurde nun, wie der Chronist vermerkt, feierlicher: «Man schritt gemessenen Schrittes und im feierlichen Gewand mit dem Verstorbenen nach dem Friedhof». Die Männer erschienen in Frack und Zylinder. Zusätzliche Wagen, welche die reichlich gespendete Blumenpracht – es konnten auch Perlen- und Strohkränze sein – für die Grabbekränzung mitführten, wiesen ein letztes Mal auf den vergänglichen Status des Verstorbenen hin. Sogar die Pferde, die den Trauerzug anführten, waren pietätvoll in schwarzes Tuch gehüllt».[61]

Die kirchlichen Begräbnisliturgien

In der katholischen Begräbnisliturgie hat sich in den ersten Jahrzehnten des zwanzigsten Jahrhunderts verhältnismässig wenig geändert. Allerdings waren deutliche Tendenzen zur Wandlung vorhanden. Die Geistlichkeit versuchte, den verlorengegangenen österlichen Charakter der Sterbe- und Begräbnisliturgie wiederzugewinnen und die aus weltlichen Totenfeiern in den Gottesdienst eingedrungenen Formen zu beseitigen. Im Jahre 1919 führte die katholische Kirche eine eigene, ganz vom Gedanken an die Auferstehung geprägte Präfation der Messfeiern für Verstorbene ein. Man war überzeugt, dass der Kommunionempfang bei den Begräbnismessen sinnvoll sei. Den entscheidenden Durchbruch zu einer von Grund auf erneuerten Sterbe- und Begräbnisliturgie brachte jedoch erst das Zweite Vatikanum. Die Totenliturgie sollte noch «deutlicher als bisher den österlichen Sinn des christlichen Todes ausdrücken». Auch der Begräbnisritus für Kinder wurde überarbeitet. «In der Liturgie soll weder im Ritus noch im äussern Aufwand ein Ansehen von Person und Rang gelten».[62]

Auch in der protestantischen Liturgie gab es einige Neuerungen. Nach wie vor war die Begräbnisfeier je nach Region verschiedenartig. Im Baselbiet hat die Einführung von pferdebespannten Leichenwagen einige Änderungen nötig gemacht. Nun ging man zuerst auf den Friedhof. War das Leichengebet gesprochen und der Sarg versenkt, begab sich die Versammlung in die Kirche. Die Trauerfamilie nahm in der vordersten Reihe Platz, Männer und Frauen blieben getrennt. Der Pfarrer verlas die Personalien des Toten und hielt eine Leichenpredigt. Wie Eduard Strübin schrieb, wurde darin früher mehr als heute auch des Verstorbenen und seiner Eigenart gedacht.[63]

In Genf wurde um die Jahrhundertwende ein Projekt für eine neue Begräbnisliturgie ausgearbeitet. Hier war es seit Ende des 19. Jahrhunderts üblich, die Abdankungsfeier nur auf dem Friedhof abzuhalten. In der Kirche gab es keine Feier. Als 1901 für einen verstorbenen Pfarrer eine Abdankung in seiner Pfarrkirche gehalten wurde, sah man dies als etwas Ungewöhnliches an. Der Sarg stand vor der Kanzel, in der Kirche von Cartigny war eine grosse Menge zum letzten Geleit ihres Pfarrers versammelt. Als Anerkennung trugen der Maire und der Rat den Sarg von der Kirche zum Friedhof, während die älteren Leute die Kordeln des Leichentuches hielten. Die Kirchenleitung hielt nichts von dieser neuen Abdankungsart. In einem Brief, den das Consistoire 1909 an die Compagnie des Pasteurs sandte, hiess es, dieser Brauch widerspreche den Traditionen der Calvinistischen Kirche. Eine Abdankung in der Kirche solle nur in Ausnahmefällen gestattet werden. Um 1929 warf der Genfer Pfarrer Gampert die Frage erneut auf. Es fehle eine wirkliche protestantische Tradition. Das habe zur Folge gehabt, dass die Trauerfamilie in der Gestaltung der Beerdigung absolute Freiheit gehabt habe. Man habe ihr sogar die Wahl einer Feier in der Kirche mit oder ohne Sarg überlassen. Man könne sich fragen, ob der Sarg bei einer protestantischen Abdankung in die Kirche gehöre oder nicht. Gampert meinte, das sei absolut möglich. Die katholische Kirche habe recht gehabt: die Gegenwart eines Verstorbenen an einem heiligen Ort sei eine Wohltat für die Seele des Verstorbenen. Allerdings müsse man vom grossen Aufwand, den die katholische Kirche treibe, absehen. Für die Protestanten sei das unnötig, das Heil sei für sie durch Christus zum vornherein gegeben. Nach langer Diskussion beschloss man schliesslich, die Begräbnisfeiern im Sterbehaus abhalten zu lassen. Der Kirchenrat könne ausahmsweise auch eine Feier in der Kirche bewilligen. Um 1954 wurde die Frage erneut aufgeworfen. Pfarrer Cellérier machte auf verschiedene Missbräuche, die sich eingeschlichen hätten, aufmerksam. Vor allem hätten sich erneut Lobreden eingebürgert. Eine Reform der Beerdigung dränge sich auf. Tatsächlich hat man 1956 neue Direktiven erlassen. In der Kirche wurde kein Sarg mehr geduldet. Er sollte draussen im Leichenwagen bleiben. Die Feier sei für die Lebenden, nicht für die Toten da.[64]

In den protestantischen Gemeinden des Kantons Zürich wurden die Beerdigungen vorerst nach alter Tradition durchgeführt. Noch um 1905 beerdigten dreissig Gemeinden des Kantons die Verstorbenen nur mit der Verlesung der Liturgie. Eine stille Beerdigung galt als grosse Ausnahme. Hingegen begann man mehr und mehr eigentliche Leichenpredigten zu halten. Erstaunlicherweise ist die kirchliche Abdankung von der Ein-

224   Kondolenzkarte mit Baumstrunk aus dem Kanton Zürich um 1930

Ähnlich wie die geborstenen Grabsäulen weist auch dieses Sujet mit dem gebrochenen Baum auf den Tod hin.

225   Sterbebildchen mit fliegendem Engel

Dieses sehr beliebte Sterbebildchen, «Wie es dem Herrn gefallen hat» war das Motto, wurde 1931 in Villa GR gebraucht. Der Verlag Hans Schleuter in Karlsruhe stellte es her.

226   Der Friedhof von Wädenswil im Jahre 1925

Diese Detailaufnahme zweier Gräber zeigt den unterschiedlichen Stil jener Jahre, links ein Marmordenkmal und gleich rechts daneben eine aus Eisen angefertigte Anzeigentafel.

führung der Kremation nur wenig berührt worden. Anfänglich befürchtete man zwar in kirchlichen Kreisen, diese einschneidende Neuerung könnte zum Rückgang der kirchlichen Bestattungen führen, war doch die Kremation von Leuten propagiert worden, welche der Kirche eine gewisse Skepsis entgegenbrachten. Doch eine zahlenmässige Übersicht aus den ersten Jahren der Kremation in Zürich ergab, dass an 94% der Feiern im Krematorium ein Pfarrer mitwirkte. Dies geschah völlig im Gegensatz zur katholischen Kirche, die jeden des kirchlichen Begräbnisses verlustig gehen liess, der eine Kremierung angeordnet hatte.[65]

Gedruckte Todesanzeigen

Während in den ländlichen Gebieten der Schweiz in den ersten Jahrzehnten des zwanzigsten Jahrhunderts nach wie vor die «Umesägeri» tätig war, ging man in den Städten mehr und mehr dazu über, gedruckte Todesanzeigen in den Zeitungen erscheinen zu lassen. In Zürich erschienen die ersten gedruckten Todesanzeigen bereits in den sechziger Jahren des letzten Jahrhunderts. Sie waren zunächst sehr selten. Bald änderte sich dies. Im Gegensatz zu heute nahmen die Anzeigen von Vereinen, denen der Verstorbene angehört hatte, einen grossen Raum ein. So heisst es 1895 in einem Inserat im Tagblatt der Stadt Zürich, sämtliche Vereinsmitglieder des Männerchors Aussersihl würden «geziemend eingeladen, unserm selig verstorbenen treuen Aktivmitglied Hans Rebsamen, Malermeister, die letzte Ehre zu erweisen und sich zu diesem Behufe zahlreich zu dessen Beerdigung einzufinden». Die Vereine sorgten dafür, dass möglichst viele Leute an der Beerdigung teilnahmen. Vielleicht sprach das beruhigende Gefühl mit, beim eigenen Tod gleich behandelt zu werden. Vereinsanzeigen sind heute, wie eine Analyse von Todesanzeigen zeigt, eher selten geworden.[66] In den ersten Jahrzehnten des Jahrhunderts bat man in Todesanzeigen um stille Teilnahme. Oft schloss sich die Bitte an, Blumenspenden und Kondolenzbesuche zu unterlassen. Schon um 1900 wird in einer kurzen Verlautbarung amtlich festgehalten: «Wo keine besondere Bemerkung angebracht, ist, findet kein öffentliches Leichengeleit und keine persönliche Beileidsbezeugung statt». Dazu die Volkskundlerin Marianne Jäger: «Ein Brauch, der nach allgemeinem Empfinden unangenehm geworden ist, wird endlich offiziell abgeschrieben».[67] In den Todesanzeigen der ersten Jahrzehnte unseres Jahrhunderts liessen viele Leute ihren Gefühlen freien Lauf. So hiess es in einer Todesanzeige im Tagblatt vom 1. September 1930: «Tief betrübt machen wir Verwandten und Bekannten die schmerzliche Mitteilung, dass unser innigst geliebter Hansli im Alter von drei Monaten plötzlich uns entrissen wurde und zu den Scharen der Engel heimkehrte. Die trauernden Eltern». Anzeigen solcher Art sind später selten geworden. In der ersten Hälfte des 20. Jahrhunderts gab das religiöse Wertsystem vielen Menschen ein verlässliches und trostreiches Orientierungsmuster.[68]

Das Erscheinungsbild der Friedhöfe bis 1950

Friedhöfe sind für die Volkskunde wichtige Indikatoren des Fühlens und Denkens. Es ist deshalb nicht verwunderlich, dass die Gesellschaft für Volkskunde in ihrem grossen Fragekatalog für die Enquête 1937–1942 auch einige Fragen über den Friedhof aufnahm. Eine Fragegruppe bezog sich auf die Grabpflanzen. Die Volkskundler wollten wissen, ob bestimmte Pflanzen oder Farben gemieden und andere bevorzugt würden. Die Antworten waren nicht immer eindeutig und manchmal sogar lückenhaft. Ein Bearbeiter des Antwortenmaterials meinte denn auch, gerade diese Lückenhaftigkeit sei ein «Dokument für die vorherrschende Haltung der neueren Zeit, die kein allgemein verbindliches, traditionsgemässes Meiden von Pflanzen oder Blumen mehr kennt». Leider haben die Gewährsleute nur selten gesagt, welche Gründe für die Ablehnung oder Bevorzugung einzelner Pflanzen vorhanden waren. Wir wissen also nicht mehr, ob dahinter eine traditionelle Pflanzen- oder Farbensymbolik lag oder ob einfach der Zeitgeist, die Mode, die Ästhetik beteiligt war. Sicher ist, dass man gewisse Pflanzen wie die Stinkende Hoffart (Tagetes) mied. Vielleicht hat da der Name mitgespielt. Jedenfalls meinte dies der Gewährsmann von Aarburg (AG). Gemieden wurden, wie ein Mann aus Andelfingen (ZH) meinte, auch die Kakteen. Der Gewährsmann aus Beckenried (NW) sagte, die Bäume seien verpönt. Leider wissen wir nicht, welche Haltung die Leute gegenüber den neuen Friedhofordnungen, die sich ja auch mit den Pflanzen befassten, einnahmen. Eindeutig ist, dass man nach wie vor, wie schon im 19. Jahrhundert, gelbe Pflanzen mied. Gelb bedeute Hass, meinte eine Frau aus Bühren (BE). Es sei die Farbe der Falschheit. Man riss deshalb, wie aus Bergün (GR) verlautete, wild wachsenden gelben Mohn, dessen Samen aus den Wiesen hergeweht worden war, aus. Gelb, das fand man allgemein, sei unpassend. Eine Ausnahme bildeten lediglich die Chrysanthemen, die in dieser Zeit, wie aus Plaffeien (FR) gemeldet wurde, von einem Gärtner propagiert worden waren. Wie stark sich neue Strömungen bemerkbar machten, geht aus der Aussage eines Gewährsmannes aus Buchs (SG) hervor. Er sagte, früher seien gelbe Blumen verpönt gewesen. Heute sei jedoch alles erlaubt. Noch gab es aber einzelne Leute, die wussten, welche Traditionen einmal geherrscht hatten. So sagte eine Frau aus Münsingen (BE), man habe früher farbige Blumen wenig passend gefunden. In katholischen Gebieten hielt man länger an alten Formen fest. Für ledige Erwachsene kamen keine roten Blumen in Frage. Nach katholischer Ansicht sollte man Ledigen überhaupt keine bunten Blumen geben (Einsiedeln, SZ). In den katholischen Friedhöfen dominierten auf Kindergräbern die weissen und blassen Farbtöne. Eigentlich sollte es auf einem Friedhof nur Weiss geben, meinte eine Frau aus Chateau d'Œx (VD). Demgegenüber sagte man 1937 in Satigny (GE): «On voit des fleurs de couleur depuis une vingtaine d'années». In Sarnen (OW) wählte man für Geistliche weiss, für junge Leute weiss und rot, für alte Leute gelb. In Appenzell wurden die Grabkreuze der Geistlichen mit einem weissen Schleier verziert. Dieser Brauch hat sich erhalten. In Yvonand (VD) bevorzugte man weisse Rosen und weisse Nelken.

Für viele in der Zeit zwischen 1900 und 1950 neu angelegte Friedhöfe sind Pflanzvorschriften aufgestellt worden. So waren in Genf die Zypressen und Weidenbäume verboten. Die Bestattungs- und Friedhofsordnung des Kantons Basel-Stadt vom 29. April 1932 verbot das Pflanzen aller Art von Bäumen.[69]

Urtümlich muten einige Angaben aus Lausen (BL) an. Da hiess es, man solle nicht an Grabpflanzen riechen, sonst gebe es eine böse Nase. In Therwil (BL) versuchte man, die Kinder am Pflücken von Grabpflanzen zu hindern, indem man erklärte, der Tod rufe sie in der nächsten Nacht. In Sempach (LU) sagte man, wer eine Blume von einem Grab abreisse, müsse sofort ein Vaterunser beten, sonst wachse eine Hand aus dem Grab. Es gab aber auch neue Bräuche: An Allerheiligen und Allerseelen wurden Kränze oder Tannäste aufs Grab gebracht. Erstaunlicherweise waren es wie in Niederbipp (BE) einige Protestanten, die diesen Brauch von Katholiken übernommen hatten. Als neu wurde auch eine Sitte der Italiener bezeichnet, die an Allerheiligen und Allerseelen Kerzen aufs Grab steckten. Diese Mitteilung stammt aus Brig (VS). Allererste Anfänge: In Gösgen (SO)

227 Der Waldfriedhof von Rheinfelden AG (1928)

Ein Amateurfotograf aus Wädenswil machte diese Aufnahme 1928. Auf diesem Waldfriedhof gibt es einzelne steinerne Denkmäler, daneben aber dominieren die Perlenkränze. Links aussen bemerkt man ein eher seltenes Grabmal mit einem Totenkopf.

228 Verenakirche und Friedhof in Zurzach AG
1942

Die Aufnahme von 1942 zeigt, dass es auf diesem Friedhof sowohl einfache Holzkreuze, als auch solche mit Perlenkränzen und Grabmäler aus Stein gab, wobei die Kreuze vorherrschten.

229 Der Friedhof des Kapuziner-Klosters Zug 1944

Die Friedhöfe von Nonnen und Mönchen machen meistens einen geschlossenen Eindruck; das gilt auch für den Friedhof des Kapuziner-Klosters Zug, der 1944 von einem Zuger Fotografen aufgenommen worden ist. Die Holzkreuze sind mit einem Dächlein versehen. Hinten in der Mitte das Friedhofkreuz mit der Christusfigur.

230 Der Friedhof von Flüelen UR um 1920

Das Bild vermittelt eine friedvolle Stimmung, die durch die Loggia vertieft wird. In der Mitte eine recht grosse Anzahl von Holzkreuzen; gleich anschliessend rechts gibt es einige Gräber mit steinernen Grabmälern.

231 Der Kinderfriedhof von Visperterminen VS
1938

Das verhältnismässig kleine Walliserdorf wies 1938 zahlreiche Kindergräber auf. Damals war die Kindersterblichkeit immer noch gross. Die Ausstattung ist einfach. Es handelt sich um Holzkreuze, die durchwegs mit Perlenkränzen verziert waren. Die Fotografie stammt von Theo Freys Meisterhand

232 Alte Frau auf dem Friedhof von Flums SG um 1942

Der alte Kirchhof von Flums zeichnet sich durch seine grossartigen handgeschmiedeten Eisenkreuze aus. Sie stammen grösstenteils aus dem 19. Jahrhundert. Geschmiedet haben sie u.a. Vater und Sohn Wyss. Die schöne Aufnahme stammt von Theo Frey.

wurden an Weihnachten Tannenbäumchen mit Lichtern auf die Gräber gebracht.⁷⁰

Neue Tendenzen zeichneten sich auch für Grabschmuck und Grabmal ab. Die Gewährsleute der Umfrage der Schweizerischen Gesellschaft für Volkskunde 1937–1942 waren sich darin einig, dass die Grabmalkunst eine Erscheinung der neuesten Zeit sei. Immer wieder erklärten sie, man habe früher keine oder nur sehr wenige Grabzeichen gekannt. Diese Tatsache findet ihre Bestätigung in unseren Quellen des 18. und 19. Jahrhunderts. Zu Beginn des zwanzigsten Jahrhunderts wurde bei der Planung von Friedhöfen und der Aufstellung von Friedhofsordnungen ernsthaft erwogen, ob man überhaupt Grabzeichen und Grabmäler zulassen wolle. Man wagte es dann allerdings doch nicht, Verbote aufzustellen. Die wenigen Bilder, die wir von Friedhöfen aus den ersten Jahrzehnten des zwanzigsten Jahrhunderts haben, vermitteln einen uneinheitlichen Eindruck. Individuelles Geschmacksempfinden (Liberalismus!) sowie das Angebot einzelner Grabmalgeschäfte dominierten. Die Folge war, dass Stil und Qualität der Grabmäler ganz unterschiedlich ausfielen. Das rief die Reformer auf den Plan. Zunächst schrieb der Schweizerische Werkbund 1918 im Zusammenhang mit der Neuanlage des Sihlfeldfriedhofes in Zürich einen Wettbewerb aus. In Bern fand, angeregt vom Bernischen Heimatschutz, 1925 eine Friedhofausstellung statt. Eine ähnliche Schau gab es, angeregt und organisiert von der Gewerbeschule Basel, im Frühsommer 1932. Haupttraktandum war der neue Friedhof am Hörnli. Anregungen gingen nicht nur vom Heimatschutz, sondern auch von kirchlicher Seite aus. Fragen ästhetischer und wirtschaftlicher Art verbanden sich mit Überlegungen sozialer und religiöser Gattung. Vor allem hat man – man denke an die Tendenzen des frühen Heimatschutzes – ausländische Einflüsse bekämpft. So gab es immer wieder Angriffe gegen «fremdländische Steine wie Marmor oder Massenerzeugnisse aus Gusseisen». Man drang auf Einfachheit und Einheit. Die Vielfalt erschien suspekt, ungeordnet, chaotisch. Zur Diskussion stand schon damals auch die Symbolik. Wie schon früher schälten sich regionale Eigenarten heraus. Die Westschweizer bevorzugten steinerne Grabmäler, was wohl mit dem romanischen Kulturbereich zusammenhängt. In alpinen und voralpinen Regionen liebte man hölzerne Zeichen.

Das verbreitetste Material war in den ersten Jahrzehnten Stein. In vielen Regionen galten Steingrabmäler als Auszeichnung vornehmer und reicher Leute. Im Wallis seien, so schreibt ein Beobachter, die ersten Grabsteine um 1920 aufgetaucht. Vorher habe es nur Holzkreuze gegeben. Die Grabsteine seien samt und sonders von Fremden gesetzt worden.⁷¹

Wie die Gewährsleute der Umfrage von 1937–1942 bezeugten, stammte das Rohprodukt, das Gestein, meistens aus der Region. So belieferten die Steinbrüche von Revonvillier (BE) den Jura. Aus Frick stammte der Kornbergstein, den man im Kanton Aargau verwendete. Auf den Engadiner Friedhöfen findet man den Granit aus Susch (GR). In den dreissiger Jahren kam auch der Andeerer Granit auf. Im Tessin bezog man den Granit der Leventina. In der Waadt bevorzugte man weissen und gelben Marmor aus St-Triphon (VD). Wer etwas auf sich hielt und auch über die notwendigen Mittel verfügte, wählte als Material den kostbaren Marmor. Ein Gewährsmann aus Almens (GR) bezeichnete den Marmor als feierlich und vornehm. Noch immer war die Farbensymbolik mitbeteiligt. In Boncourt (BE) wählte man weissen Marmor für Kinder und schwarzen für Erwachsene. In Sarmensdorf (AG) erhielten die ledigen Mädchen einen weissen Stein und die ledigen Männer einen schwarzen. Und schon gab es erste Vorschriften: In Pratteln (BL) war polierter Stein, in Sissach (BL) schwedischer Granit verboten. Da und dort machte sich die Dorfgeistlichkeit auf, um bestimmte Steinarten zu bekämpfen; so war der Pfarrer von Sempach (LU) gegen den Marmorstein.

Wie die Kleider-, so wechselte auch die Grabmalmode. Noch vor 20 bis 30 Jahren, so wurde 1937 gesagt, habe man polierte Kunststeine bevorzugt. Jetzt seien – so erzählt ein Mann aus Bern – die Natursteine grosse Mode. Gefragt waren eine Zeitlang Obelisken oder abgebrochene Säulen wie steinerne Baumstrünke, die in allegorischer Weise an den allzu frühen Hinschied erinnern sollten. In Jussy bei Genf sprach man von den «colonnes brisées», die man für jüngere Leute auswählte. Ende der dreissiger Jahre schien die Mode vorbei zu sein: In Morges (VD) sagte man «Le tronc brisé a disparu, de même que le bloc». In Laupen (BE) verschwand die Mode der Pyramiden und «abgebrochenen» Marmorsäulen schon um 1910. Der Gewährsmann von Laupen sprach vom «schlechten Geschmack» der Vorfahren. Ganz allgemein wurde das Bild des Friedhofes der dreissiger und vierziger Jahre von hohen schmalen Grabmälern dominiert, die liegenden Grabplatten mit rechteckigem Umriss traten in den Hintergrund. Neben den Pyramiden und «abgebrochenen» Säulen, deren Vorbild eindeutig auf die Antike zurückgeht, gab es mehrheitlich immer noch christliche Symbole. Die Kreuze aus Stein oder aus Metall, das auf den Stein montiert worden war, machen zwei Drittel der Grabmäler aus. Reliefartige, rechteckige Steine mit eingemeisselten Kreuzen stellen eine jüngere Entwicklungsstufe dar; sie setzte in den dreissiger Jahren ein.

Von der «Steinmode» profitierten viele einheimische Bildhauer und Handwerker. In Welschenrohr (SO) sagte man um 1937, man habe die Grabsteine von Solothurner Bildhauern bezogen. In Nods (BE) hiess es, die Grabmäler würden von Bieler Handwerkern gekauft. In Avers Cresta (GR) liess man die Grabmäler von Thusis oder gar von Chur kommen. Meist war der Sigrist, wie es in Lenk hiess, Vertreter irgend einer Grabsteinfabrik. In Thusis wählte man die Grabmäler auch aus einem Katalog aus. Zu hohen Ehren und grossen Aufträgen kamen die Bildhauer im Tessin. In Bellinzona, Lugano, Pura, Mendrisio, Villa di Coldrerio wurden in dieser Zeit viele kapellenartige Grabmäler geschaffen. In Bellinzona gab es auch Columbarien.[72] In Zürich und in andern grossen Städten entstanden «Werkstätten für Friedhofkunst», die wie der Bildhauer A. Schuppisser ihre Kunden mit bebilderten Broschüren bedienten.

Völlig anders verlief die Geschichte der Holzgrabmäler. In manchen Orten und Landschaften waren sie unbekannt. Demgegenüber beherrschten sie in den Friedhöfen des alpinen oder voralpinen Gebietes das Bild. In Innerferrara (GR) gab es um 1920 auf dem Friedhof nur Holzkreuze. Gleiches gilt für Kandersteg (BE). Um 1900 gab es hier ebenfalls nur Holzkreuze. Auch in Weggis (LU) hatte bis 1910 jedes Grab ein hölzernes Kreuz, und eines glich dem andern. In Niderbipp (BE) und in Samaden (GR) gab es Holzkreuze für Kindergräber. Holzkreuze standen aber auch auf den Gräbern der Armen. Ein Mann aus Villa (GR) sagte, er habe in den dreissiger Jahren recht viele sehr arme Leute gegeben, auf deren Gräbern nur Holzkreuze gestanden hätten. Ganz allgemein ging aber der Anteil der Holzkreuze zurück, und sie wären da und dort überhaupt verschwunden, wenn es nicht zu einer Gegenströmung gekommen wäre. Sie wurde eingeläutet und gelenkt von der Heimatschutzbewegung. Schon im ersten Jahrgang 1906 der Zeitschrift «Heimatschutz» kam das Thema Friedhof zur Sprache, und gleich stand das Holzkreuz im Vordergrund. Auch an der Landesausstellung von 1914 propagierte man das Holz-

233 Friedhof und Beinhaus von Altdorf UR im Jahre 1920

Rechts die nach dem Brand 1810 neuerbaute Kirche, links die spätgotische Friedhofkapelle St. Anna. Die Ausstattung und das Erscheinungsbild stammen aus dem 19. Jahrhundert. Auch das Missionskreuz stammt aus dieser Zeit.

234 Pferdebespannter Kranzwagen in einer Zürcher Gemeinde 1938

Typisch ist der «Trauermantel» der Pferde. Es handelt sich, wie die Trauerschleife verrät, um die Beerdigung eines Fabrikanten. «Die Angestellten und Arbeiter widmen diesen Kranz ihrem lieben Prinzipal», steht auf der Schleife geschrieben.

235 Innenansicht des Beinhauses von Naters VS
1921

In diesem Beinhaus gab es Hunderte von Schädeln. Hier sind auch die nicht mehr gebrauchte Heiligenfiguren und Plastiken aufbewahrt worden. Vor allem gab es hier auch Ex votos. In der Mitte deutlich sichtbar sind hölzerne Beine; offenbar haben hier Beinleidende gehofft, von ihrer Krankheit geheilt zu werden, und nach der Besserung ein Zeichen gestiftet.

236 Grabmal Pedrazzini auf dem Friedhof von Locarno

Die Capella Pedrazzini ist 1923 von Enea Tallone gebaut worden. Sie überragt alle andern wegen ihrer Grösse und Ausdehnung. Inspiriert wurde sie von der präkolumbianischen Architektur.

237 Der Judenfriedhof von Lengnau AG
um 1930

Der Judenfriedhof Endingen-Lengnau wird auch «Der gute Ort» genannt. Die Stätte steht heute unter Denkmalschutz. Für den Unterhalt sorgt der Verein zur Erhaltung des Friedhofes Endingen-Lengnau. Obwohl die Anlage durch eine Umfassungsmauer gut abgeschirmt ist, wird hin und wieder Vandalismus getrieben. So war vor einigen Jahren auf einem der Grabsteine ein Hakenkreuz aufgemalt. Der Fotograf dieser Aufnahme ist unbekannt.

238 Der Kirchhof von Morcote TI im Jahre 1931

Auf einem Ausflug hat eine Zürcher Familie den berühmten Friedhof von Morcote besucht. Wir sehen das Ehepaar durch den Friedhof schreiten. Gleich daneben rechts ist der heute noch auf diesem Friedhof stehende marmorne Engel sichtbar. Die Aufnahme zeigt, wie stark der lombardische Einfluss auf die tessinischen Friedhöfe war.

kreuz. Förderer waren neben den Heimatschutzleuten einzelne Pfarrer und Lehrer. Sie arbeiteten oft mit ortsansässigen Schreinern zusammen und mancher Schreiner entwickelte neue Formen, wie etwa die geschnitzten Holzkreuze mit Dächlein in Seengen (AG). In Lungern (LU) schuf Beat Gasser hölzerne Kreuze.

Einzelne Gemeinden kümmerten sich mit besonderer Liebe um den Friedhof. So erhielten die reformierten Diessenhofener, die sich keinen eigenen Grabstein leisten konnten, ein hölzernes Grabmal. Das Holzkreuz erwies sich als entwicklungsfähig. So brachte man in den vierziger Jahren Emailschilder mit Namen und Daten an; es tauchten Fotografien auf. Das Bild des Friedhofes wurde mannigfaltig und gleichzeitig wandlungsfähiger. Neu war auch, dass man auf frischen Gräbern als Provisorium ein Holzkreuz mit den Personalien anbrachte. Manchmal blieb das bei der Beerdigung getragene und aufs Grab gestellte Kreuz auch später das Grabmal.

Grabmäler aus Eisen oder Metall waren eher selten. Auf vielen Friedhöfen fehlten sie gänzlich. Dort, wo sie vorkamen, gingen sie eher zurück. So gab es in der bernischen Gemeinde Utzensdorf zwischen 1910 und 1920 etwa 50% Gusskreuze, Ende der zwanziger Jahre waren es nur noch ein Drittel. In Wattenwil (BE) kam es zwischen 1920 und 1930 zu einem Rückgang von 50 auf 30 Prozent. Völlig anders sieht es in einigen Bündner Gemeinden aus. Hier waren die schmiedeisernen Grabmäler recht zahlreich. Die alte Bündner Tradition starb nicht aus; vielmehr lebte sie erneut auf. In Innerferrera und Cresta Avers hiess es, man habe um 1920 nur Holzkreuze gesehen. In den vierziger Jahren seien auch schmiedeiserne Kreuze aufgekommen.

Zum Kreuz kam der Anker. In Thalheim (AG) war der Anker ein altes, häufiges Grabmal. Doch trat dieses christliche Symbol später in den Hintergrund. Wer lieferte die eisernen Grabmäler? Es waren meistens einheimische Geschäfte. Es gab aber auch Gusseisenkreuze französischen Ursprungs. Bekannt war eine Altdorfer Kunstschlosserei, die auch nach Einsiedeln lieferte, und berühmt waren die Schlosser und Schmiede von Lantsch (GR). Auch das eiserne Kreuz erwies sich als wandlungs- und entwicklungsfähig. In den ersten Jahrzehnten des 20. Jahrhunderts traten Kreuze mit kleinen Kästchen auf, in denen künstliche Kränze untergebracht waren. In solchen Eisenkästchen konnten auch Fotografien und Gedenktäfelchen aufbewahrt werden. Pietät und Tradition verschwisterten sich auf eigentümliche Weise. Erstaunlich ist, dass man in der gleichen Zeit altehrwürdige Zeugen der Vergangenheit entfernte. So wurde in Appenzell das Eebrett für ein Büblein, das 1897 fünfjährig gestorben war, beseitigt. Die beiden Eebretter von Brülisau sind um 1940 entfernt worden. Zeichen einer fortschrittsgläubigen Zeit?[73]

Trauerbräuche bis 1950

In den katholischen Regionen blieben die Trauerbräuche zunächst völlig intakt. Am siebenten Tage nach der Beerdigung fand im Luzerner Hinterland «de Sibet» statt: «So nannte man das erste Sterbegedächtnis in der Pfarrkirche. Das Zeremoniell war dasselbe wie beim Beerdigungsgottesdienst: gesungenes Requiem, meist 'Seelamt' genannt, mit Opfergang und Libera. Es war wieder die ganze engere und weitere Verwandtschaft anwesend; auch Nachbarn und Bekannte kamen wieder zur Kirche, um ihre Verbundenheit mit dem Verstorbenen und seiner Familie zu bekunden. Nach dem Gottesdienst ging man in eine Wirtschaft zum Morgenessen. Gleich wie 'de Sibet' wurde auch 'de Dryssigsch' gefeiert, jenes Sterbegedächtnis, das dreissig

Tage nach der Beerdigung angesetzt war. Auch hier wieder das Requiem mit Opfergang und Libera, nachher Grabbesuch und Morgenessen in einem Wirtshaus des Dorfes. Wenn der Verstorbene Mitglied einer Standes- oder Berufsorganisation oder eines Vereins gewesen war, wurden häufig auch von diesen Gemeinschaften noch zusätzliche Sterbegedächtnisse abgehalten».[74] Noch kannte man in katholischen Regionen die christliche Tradition und den Sinn der Trauertage: Die Feier des Dritten erinnerte an die Auferstehung des Herrn, der Siebte an die Ruhe, in die die Verstorbenen eingehen sollten. Im Alten Testament war der Siebte der Tag der Ruhe. In einer Zeit, in der man mehr als heute die Bibel las, kannte man auch die Stelle in der Genesis von der Bestattung Jakobs: «Sie feierten das Leichenbegängnis mit grosser und heftiger Klage und brachten sieben Tage damit zu». Der Dreissigste war gegeben durch die Erinnerung an Moses, wo es heisst: «Die Söhne Israels beweinten ihn in den Ebenen Moabs 30 Tage». Die katholische Kirche wünschte diese alten Gedenktage für die Verstorbenen beizubehalten, und die Gläubigen kamen dem Wunsch nach. Sie gingen, wie aus vielen katholischen Gebieten bezeugt ist, nach einem Todesfall jeden Sonntag in die Kirche. In Mels nahmen die Trauernden an der nächsten Beerdigung teil, bis zum Dreissigsten beteten sie jeden Abend einen Psalter. Während eines Monats besuchten sie die Rosenkranzandacht; nach dieser Andacht wurde am Grab des Verstorbenen gebetet und das Grab mit Weihwasser besprengt.[75]

Ein ganz besonderer Trauerbrauch wird aus dem Kanton Graubünden überliefert. Peter Zippert erzählte dem Volkskundler Büchli, dass man nach dem Tod des Hausvaters den Pferden eine Zeitlang keine Glocken anlegte. Die Kühe blieben einige Wochen lang ohne die grossen Glocken und die «Plümpen» (Treicheln).[76]

In den reformierten Gegenden kam es zu einem allmählichen Abbröckeln der Trauerbräuche. Zwar hat die Staatskirche dem Volksleben ihr christliches Gepräge auch in den ersten Jahrzehnten des zwanzigsten Jahrhunderts aufgedrückt. Das Volk ging indessen zum Teil eigene Wege: Es hat, wie sich Eduard Strübin ausdrückte, «eine Volksreligiosität geübt, dabei so viel wie möglich Formen betont, Traditionen entwickelt, ferner unkirchlichen Anschauungen und dem Aberglauben gefrönt und sich durch ein ausgedehntes Weltwesen schadlos zu halten gesucht».[77]

Zu den traditionellen und übernommenen Regeln gehörte es, dass die Familien eine Zeitlang «Leid» (Trauerkleidung) trugen. In bäuerlichen Familien konnte das nur für den Sonntag gelten, für die älteren Kinder und Ehegatten ein Jahr, für Geschwister ein halbes, für andere Verwandte sechs bis zehn Wochen, wie es beispielsweise in Hemmiken (BL) gehalten wurde. In bürgerlichen Kreisen hielt man für die Ehegatten noch ein Jahr ein. Doch gab es zahlreiche individuelle Abstufungen, und bei den Männern reduzierte sich das «Leid» bald auf eine schwarze Krawatte und einen Trauerknopf am Rockaufschlag. Noch nahmen die Trauernden an mehreren Sonntagen am Gottesdienst teil. Doch die Zahl dieser Sonntage schmolz zusammen. Auch die besonderen Leidbänke waren noch im Gebrauch, doch schon zu Beginn des Jahrhunderts bemerkte man, dass die Jungen sich nicht mehr an diese alte Übung hielten. Konsequenz: Um 1906 beschloss die Gemeindeversammlung von Gelterkinden, die Leidstühle abzuschaffen. Bis 1952 wurden sie hin und wieder von älteren Frauen noch benützt. Der Ortschronist von Gelterkinden (BL) notiert: «So hat man jahrhundertealte, ehrwürdige Sitten und Gebräuche mit einem einzigen Gemeindebeschluss abgeschafft».[78]

239   Der Friedhof von Kippel im Lötschental/VS
      um 1941

Adolf Hüppi hat für sein Werk den Friedhof von Kippel 1941 fotografiert. Auffallend ist hier die Anlage der Gräber hintereinander und sodann die einheitliche Bestückung mit Holzkreuzen, die manchmal mit Ornamenten geschmückt waren.

Das Kirchenvolk hatte in vielen Dingen seine eigene Meinung. So ermahnte eine alte Kirchenordnung die Trauernden, mitzusingen. Das Volk aber war der Meinung, sie sollten schweigen. Als sich eine Witfrau vergass und kräftig mitsang, legte sich eine mahnende Hand auf ihre Schulter. Nach dem Gottesdienst entschuldigte sich die Witwe beim Pfarrer, es sei eben das Lieblingslied ihres Mannes gewesen und da habe sie halt mitgesungen.[79]

Die protestantischen Theologen waren sich in der Frage der Trauerbräuche nicht einig. Die einen vertraten die Ansicht, die Liturgie beim Begräbnis behindere und beeinträchtige die Verkündung des Evangeliums. Die anderen meinten, die Liturgie und die alten Bräuche hülfen mit, die Todeserfahrung und das Leid zu bewältigen. Die beiden Positionen kennzeichnen genau die damalige Einstellung der reformierten Theologen zu Trauer- und Totenfeiern. Klassisches Beispiel ist die Totensonntagsfeier, welche die Berner Kirche in den Jahren 1917 und 1918 einführte. Der Brauch selber stammte aus Deutschland. In der Kirchenordnung war das Datum der Feier zunächst nicht genau festgehalten. Sie konnte «zu gegebener Zeit» durchgeführt werden. Im Jahre 1936 wurde die Totensonntagsfeier auf den letzten Sonntag des Kirchenjahres festgelegt. So kam es zu einer evangelischen Totenfeier. Die Haltung der Theologen blieb indessen ambivalent. Die einen empfanden sie als katholisch, die anderen meinten, es werde immer Totenbräuche geben, ohne Rituale gehe es nicht. Auch die Totenfeiern gehörten dazu; sie seien tief im menschlichen Verhalten verwurzelt. Man müsse differenzieren.[80] Dieser Prozess der Differenzierung ging in der zweiten Hälfte des 20. Jahrhunderts weiter.

240 Frühlingsputzete auf dem Friedhof von Kippel VS um 1940

Jeden Frühling gingen die Frauen von Kippel auf den Friedhof, um die Überreste des Winters zu beseitigen. Ein eindrückliches Bild der Gemeinschaftsarbeit. Hinten die damals noch einfachen schindelbedeckten Häuser von Kippel sowie das Beinhaus.

241 Grab auf einem Zürcher Friedhof kurz nach der Beerdigung (1924)

In den zwanziger Jahren kamen mehr und mehr Kränze auf; sie wurden auf dem Leichenwagen mitgeführt und schliesslich, wenn es zu viele gab, an einem Gestell über dem Grab aufgehängt. Palmenzweige mit Seidenbändern waren besonders beliebt.

242 Formen der Grabkreuze

Zwischen 1937 und 1942 führte die Schweizerische Gesellschaft für Volkskunde Erhebungen durch, die auch die Grab- und Friedhofkultur miteinbezogen. Hier sind die verschiedenen Formen der Grabkreuze und ihre Entwicklung dargestellt.

243 Die Entwicklung der Grabmäler in den ersten Jahrzehnten des 20. Jahrhunderts

Hier sind schematisch die Formen der Grabmäler aufgezeichnet, die sich besonders gut zur Aufnahme von Grabinschriften und biographischen Daten eigneten.

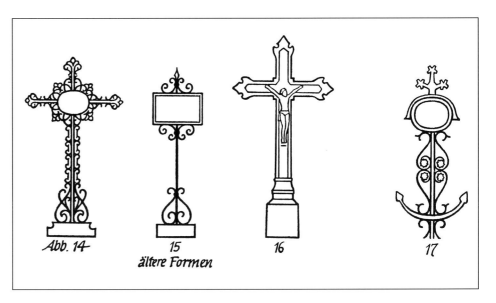

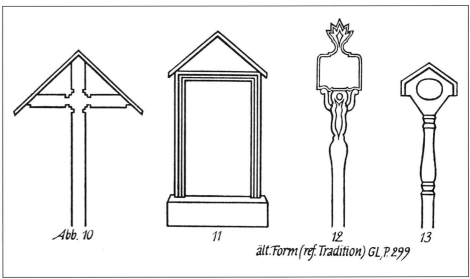

244 Kondolenzkarte mit betendem Jesus

Diese aus Winterthur ZH stammende Kondolenzkarte ist um 1935 häufig gebraucht worden. Sujet: Jesus betet am Ölberg.

245 Sterbebildchen

Dieses gedruckte Sterbebildchen wurde 1939 in Peiden GR gebraucht. Es ist ein Buchdruck aus dem Verlag Benziger, Einsiedeln. Der Text: «*Ihr werdet traurig sein, doch Eure Traurigkeit wird sich in Freude verwandeln.*» *Joh.* 16, 20.

246 Begräbniskirche Santa Maria mit Friedhof in Pontresina GR

Die alte Pfarrkirche ist um 1450 erwähnt. Sie ist ein nachromanischer Bau mit flach gedecktem, fast quadratischem Saal. Am Boden der Apsis befinden sich Grabtafeln aus dem 18. Jahrhundert. Unmittelbar neben der Kirche befindet sich der Bergfriedhof. Neben den Grabmälern für verstorbene Bergführer gibt es zahlreiche Grabmäler für die Opfer der Berge.

247 Beerdigung in Dardin GR 1966

Diese seltene Aufnahme zeigt, wie der mit einem Blumenschmuck versehene Sarg auf den Leichenwagen gehoben wird. Links befinden sich drei Chorknaben. Hinten folgen die Trauergäste.

248 Beerdigung in Dardin GR 1966

In Dardin GR wurde, wie die Fotos von 1966 zeigen, der Tote auf einem einfachen Leichenwagen zum Friedhof geführt. Der Sarg ist mit einer Sargdecke bedeckt. Hinter dem Sarg schreiten die Geistlichen und die Chorknaben. Es folgen die schwarzgekleideten Männer. Die Frauen sind auf dem Foto nicht sichtbar.

249 Beerdigung in Dardin GR 1966

Auf diesem Bild aus dem Jahre 1966 sind die vier Sargträger abgebildet. Der Sarg selber ist mit dem schwarzen Bahrtuch mit weissem Kreuz und den Totenschädeln sichtbar. Vorn trägt ein Bursche das Grabkreuz.

4
Die Zeit von 1950 bis 1990

Die Analysen und Thesen der Forscher

Gemäss den Aussagen von Soziologen und Kulturanthropologen haben Sterben und Tod in der westlichen Welt seit 1950 einen neuen Stellenwert. Der Tod, so wird gesagt, sei ausgebürgert; er werde, ähnlich wie früher die Sexualität, zu einem Tabu. Die öffentliche Zurschaustellung der Trauer gelte als morbid. Die Trauer sei eine Krankheit, wer sie zeige, lege Charakterschwäche an den Tag.

Tatsächlich wird der Tod neu definiert und anders empfunden. Als erstrebenswert, als ideale Lösung gilt der Sekundentod, der von unseren Vorfahren einstmals verabscheute jähe Tod. Geblieben ist die Todesangst; sie ist vielleicht noch grösser geworden: «Der Tod im Krankenhaus, der bewusstlos an Schläuchen und Drähten hängende Moribunde wird heute immer mehr zum volkstümlichen Bild.» Man spricht nicht darüber, man wagt kaum, den Tod beim Namen zu nennen. Man sagt: «Wenn mir einmal etwas passiert» und nicht: «Wenn ich sterben werde». Auch das Wort «sterben» wird gemieden. Zwar gibt es immer mehr Ärzte, die die Meinung vertreten, man müsse einen Todkranken über seinen Zustand offen informieren. Auch gibt es neuerdings Anleitungen und Kurse für Sterbehilfe. Mehr und mehr wird der Umgang mit Sterbenden und Toten zur Domäne von Spezialisten wie Ärzten, dem Pflegepersonal und den Bestattungsinstituten. Es fehlt nicht der gute Wille, es fehlt vielmehr das Vermögen, den Sterbenden oder Trauernden Trost zu spenden.

Der Tod ist für viele Menschen nicht mehr die Tür zum ewigen Leben, sondern blosses Auslöschen. Kirchen und Religionen hätten, so wird verallgemeinernd behauptet, versagt: «Sie glauben zwar, in ihren Systemen über den Tod Konkretes sagen zu können. Fasst man aber nach, so muss man ins Leere – gebündelt in Leerformen – greifen». Weil der Tod einfach das Auslöschen bedeute, so erübrige sich eine aufwendige Ausstattung der Friedhöfe. Der Niedergang der Friedhofkultur sei vorprogrammiert.[1]

Die Realität

Wie weit diese Feststellungen auch für die Schweiz zutreffen, wird im Detail zu untersuchen sein. Einzelne Anzeichen solcher Tendenzen konnten wir ja schon im letzten Kapitel feststellen. Dass es aber in der Schweiz gewisse Gebiete gibt, in welchen die alten Traditionen und Vorstellungen mächtig geblieben sind, steht ausser Zweifel. Ein schönes Beispiel dafür ist Amden, dem Paul Hugger eine volkskundliche Monographie gewidmet hat.[2] Der Amdner sieht den Tod – geschrieben wurde dies 1961 – weniger schreckhaft als der Städter. «Gelassen erwartet er im Alter seine Sterbestunde. Schon lange hat er daran gedacht. Man lebt hier im stärkern Bewusstsein des Todes als in der Stadt. Stirbt ein Dorfgenosse, so erfahren es alle, und alle nehmen auch irgendwie Anteil am Ereignis, sei es durch persönliches Geleit oder im Gespräch. Der jähe Tod griff früher häufiger ins Leben des Bergdorfes ein als anderswo, durch Lawine oder Steinschlag, Absturz beim Wildheuen oder anderen Unfälle bei der ländlichen Arbeit. So sucht der Amdner den Tod nicht zu vergessen und jeden Gedanken daran aus dem Kopf zu schlagen, wie es Stadtmenschen vielfach tun. Letztlich wurzelt diese Gelassenheit allerdings im Religiösen. Wurde früher jemand krank, holte man erst beim Äussersten den Arzt. Vorher wurde der Geistliche gerufen, der entschied, ob die Lage ernst sei und der Arzt zu holen wäre. Denn – so erklärte mir eine alte Frau – die Geistlichen waren ja 'gstudiert' und mussten auch von den Krankheiten etwas verstehen. Dem Sterbenden brachte der Priester die geistliche Wegzehrung. Der Versehgang war feierlicher als heute. Dem Sterbenden werden Rosenkranz und Kreuzlein in die Hände gegeben. Nach dem Erlöschen betet man die Vaterunser zu Ehren der Heiligen Fünf Wunden. Man faltet dem Toten die Hände, schliesst Augen und Mund. Die Leiche wurde nicht gewaschen. Man rieb nur das Gesicht mit Schnaps ein. Das Ankleiden des Toten war Sache der Nachbarn. Vor einigen Jahren führte eine Gemeindepflegerin das Totenhemd ein. Jungfrauen erhalten ein weisses Kränzchen ins Haar. So lagen die Toten auf den Betten in der Nebenkammer. Den Tag über kommen die Leute aus dem Dorf, um den Toten nochmals zu sehen, an seinem Bett zu beten und geweihtes Wasser über ihn zu sprengen. Auch Kinder stellen sich ein. Früher erhielten sie einen Batzen, was sie herlockte. Am Beerdigungstag legt der Schreiner die Leiche in den Sarg, den heute die Gemeinde bezahlt, während früher die Angehörigen dafür aufkamen. Die Särge sind in Amden ungepolstert. Man gibt Hobelspäne hinein und, wenn man ein Ausrinnen der Leiche befürchtet, Sägmehl oder Holzasche. Die Verwandten und Nachbarn besammeln sich vor dem Trauerhaus. Der Sarg wird hinausgetragen und auf ein Tischchen gestellt. Dabei beten die Umstehenden die Fünf Vaterunser. Dann fassen die Leichenträger an und heben den Sarg auf die Schultern. Amden hat keinen Leichenwagen. Im Leichenzug wird folgende Reihenfolge innegehalten: Zuerst kommt das Kreuz, das bei Erwachsenen ein Göttikind des Verstorbenen trägt, sonst irgend ein Knabe. Dahinter gehen die Kinder, zuerst die Buben, dann die Mädchen. Es folgt der Sarg. Ihm schliessen sich die Männer an, verwandte voraus. Den Schluss des Zuges bilden die Frauen. Ein besonders feierliches Gepräge erhielt die Beerdigung früher durch die brennenden Kerzenrödel der Frauen. Sie stammten meist aus einheimischem Wachs; denn in Amden hielt man gerne Bienen. Vier Wochen lang knieten die Trauerleute während der Gottesdienste in den Leidbänken ('Truurbängg'), die sich in der Mitte des Kirchenraumes befinden. Heute tun sie es noch an den Gedächtnistagen. Früher hielt man dabei einen Opfergang: Die Leute brachten ihr Almosen zum Opferstock nach vorne. Man achtete sehr darauf, wer ging. Unterliess es ein Nahestehender, dann hiess es: «Dr säb ischt mr aa nöd go opfere»! Es galt dies als Zeichen des Grolles. Seit Pfarrer Holenstein (1916–39) findet dieser Opfergang nur noch am Begräbnis statt. Die Trauerzeit ist nach Verwandtschaftsgraden abgestuft. Für Eltern und Ehepartner dauert sie ein Jahr, für Geschwister ein halbes. Bei andern Verwandten geht man bis zum Dreissigsten schwarz. Die Männer trugen früher ein Trauerband am Oberarm; heute ist der schwarze Knopf üblich. Tanz und gesellige Unterhaltung sind zu meiden. Aber das wird nicht mehr so genau genommen, und Verstösse gegen die einst streng gehaltene Vorschrift sind häufig».[3]

In Werdenberg sah es nicht viel anders aus. Auch hier warteten die Menschen, in ihren Kammern auf den Tod. «Der Pfarrer hatte zuvor noch seinen Trostspruch gebracht und mit dem Sterbenden gebetet. Wollten sich nach dem Hinschied seine Augen nicht schliessen, legte man ein Geldstück auf die Lider. Die Eigenen wuschen und kleideten den Toten. Seine Ausstattung scheint sich nach den wirtschaftlichen Verhältnissen und der Grosszügigkeit der Hinterbliebenen gerichtet zu haben. «A vilne Orte hät d'Lüt alls groue, was sie hetten sölle anere Liich aaleege. Unn bi annere häts ghaisse: Nid spääre, nid spääre»! Die Männer wurden in Hose und Gilet aufgebahrt, Frauen im schwarzen Rock. Das Totenhemd kam erst später auf. Noch am selben Tag nahm der «Bommer» (Sargmacher) das Mass. Den

Sarg brachte er meist am darauffolgenden Tag. Er war ungepolstert und in Grabs unbemalt. Wer den Wunsch hatte, den Toten noch einmal zu sehen, trat in die Kammer vor den offenen Sarg. Allen, die ins Haus kamen, wurde ein Glas Wein gereicht, den Frauen in der Küche, den Männern in der Stube. Meist waren es so viele, dass die Leute rasch austranken, um den andern Platz zu machen. Zu diesem Anlass erschienen die Männer mit dem grossen Trauermantel auf dem Arm, einer Art Pelerine mit Umlegkragen, aus schwarzem Strichtuch, die man vorne mit Bändern zuband. Hatten die Männer im Haus ihr Beileid ausgesprochen, so legten sie sich im Freien gegenseitig den Mantel um. Dieser soll deswegen verwendet worden sein, weil sich viele noch kein schwarzes Gewand leisten und so unter dem Mantel ein anderes Kleid tragen konnten. Zudem liess er sich leicht vom Vater auf den Sohn vererben, da er nicht wie ein Kleid individuell angepasst werden musste. In Wirklichkeit aber erhöhte der lange schwarze Mantel die Feierlichkeit des Leichenzuges, und sicherlich liegt sein Ursprung im Bedürfnis nach grösserem Trauergepränge. Nur die Verwandten trugen ihn; sie konnten aber recht zahlreich sein, «'s häts natüürlig mängsmol 'gii, dass ötsche ineren änge Stuube hinn Mäntel kaa hät, villicht vierzg, füfzg, das häts vil 'gii». Nahmen aber solche Mantelträger auswärts an Beerdigungen teil, so erregten sie Aufsehen: «'s ischt emool en Grabser im Prättigou hinn gstorbe. Unn där hät no zimli nooch Verwandti kaa doo. Die hätt me dänn natüürlig oo iiglaade zur Chilche. Do sinn die zwääg unn hänn irni Mäntel mi. Do heegen die Prättigouer fürchtig googet (Augen gemacht). Do heg ain gsait: Jää, das seien lutter Pfäärer». In der Kirche nahmen die Männer, bevor sie sich setzten, den Trauermantel hinten hoch und legten ihn zur Schonung über den linken Arm. In Buchs erhielten auswärtige Verwandte vor dem Leichengang eine Fleischsuppe mit «Safert» (Safran) zur Stärkung. Die Bestattung fand morgens zehn Uhr statt; am Samstag wurde nicht beerdigt. Beim Leichenzug war der Sarg in Buchs mit einem schwarzen, in Grabs mit einem weissen Tuch verhangen. Ihm folgten in Buchs die Trägerinnen der Blumenstöcke, darauf die Verwandten, dann die andern Männer und jetzt die Frauen, und zwar in gleicher Reihenfolge, während in Grabs die Stockträgerinnen zuhinterst gingen, gleich nach den weiblichen Angehörigen, die hier am Schluss schritten. Näherte sich der Leichenzug der Kirche, begannen die Glocken zu läuten. In Buchs schloss sich der Pfarrer beim Pfarrhaus der Schar an. Diese zog geradewegs zum Friedhof. In Grabs wartete der Pfarrer in der Kirche auf die Trauerleute. Auch für die Beisetzung auf dem Friedhof gingen die Gewohnheiten auseinander. In Buchs sprach der Pfarrer vor dem offenen Grab ein Gebet, dann wurde der Sarg versenkt und die Grube mit einem schwarzen Deckel verschlossen. Nach der Abdankung begaben sich die Angehörigen nochmals zum Grab, verharrten eine Zeitlang stille und kehrten dann heim. Dort wurde das sonntägliche Gewand abgelegt. Ein besonderes Leichenmahl war nicht üblich. Auswärtige Verwandte lud man zum Mittagessen ein, das zu Hause eingenommen wurde.»[4]

Verhältnismässig gut erhielten sich die alten Toten- und Trauerbräuche auch im Wallis. Für den letzten Weg brauchte man zum Beispiel im Val d'Anniviers gleich drei Trauerzüge. Der erste Trauerzug bewegt sich vom Trauerhaus auf den Dorfplatz. Der Sarg ist bereits geschlossen, und in der Kirche bereitet man sich – wir befinden uns in Vissoie – auf den Trauergottesdienst vor. Inzwischen nehmen die Leute von Vissoie den kurzen Weg unter die Füsse. Der Trauerzug ist zunächst klein, unterwegs schliessen sich aber immer mehr Leute an. Vor der Kirche angelangt, stellt man den Sarg mitten auf den Platz. Jedermann, ob verwandt oder nur befreundet, geht ein letztes

250 Aufgebahrter Sarg im Beinhaus 1950/1951

Der Sarg ist mit Blumen geschmückt, und ein Weihwassergefäss steht bereit. Stumm blicken die Schädel auf das Geschehen.

251 Der letzte Gang von Mönchen

Am 21. September 1989 wurde im Kloster Einsiedeln Bruder Anselm, der Stiftsgärtner des Klosters, bestattet. Der Verstorbene wurde mit dem Ordenskleid beerdigt. Der Sarg war nicht zugedeckt. Nach dem Totenoffizium wurde der Tote in die Totenkapelle gebracht, wo er von Blumen und Pflanzen umgeben war. Hier nahmen alle vom toten Bruder Abschied. Nach der Eucharistie, dem feierlichen Pontifikalrequiem, begab sich die ganze Klostergemeinschaft unter die Weihnachtskuppel. Hier stellten sich alle, wie das Bild zeigt, um den Sarg herum auf, um Abschied vom verstorbenen Mitbruder zu nehmen.

252 Eine Bestattung im Kloster Einsiedeln
1989
Die Mönche nehmen von ihrem verstorbenen Mitbruder Abschied.

253 Beisetzung eines Mönches in der Gruft

Nachdem die Mönche vom verstorbenen Mitbruder Abschied genommen haben, wird der Sarg in eine offene Grabnische in der Gruft direkt unter der Weihnachtskuppel geschoben; gleich anschliessend wird die Öffnung zugemauert. Auf einfachen Tafeln sind die Namen der Toten aufgeschrieben; auf der Front-Seite alle Äbte und Bischöfe vom Gründerabt bis zum zuletzt verstorbenen Abt und Kardinal Benno Gut. Auf der rechten Seite sind die Namen der übrigen Mönche von 1950 bis zur Gegenwart aufgeschrieben. Notiert ist lediglich die Bezeichnung, ob Pater oder Bruder, der Name, der Vorname, sodann der Bürgerort, das Todesjahr und das Alter.

Mal zum Sarg und besprengt ihn mit Weihwasser. Auch legt man eine Opfergabe in den Korb. Zu einer Beerdigung gehört auch der Kreuz- und der Fahnenträger. Die Glocken beginnen zu läuten, es ist das Zeichen, den mit schwarzem Tuch bedeckten Sarg in die Kirche zu bringen. Es ist der zweite Trauerzug; er geht vom Dorfplatz bis in die Kirche. Dort begeben sich Pfarrer und Ministranten in den Chor. Die Verwandten nehmen in der ersten Bankreihe Platz, die Frauen auf der einen, die Männer auf der andern Seite. Es folgen die Nachbarn und die Freunde. Jetzt sieht man, wer gestorben ist: Ist die Kirche gut besetzt, spricht man von einem guten oder gar schönen Begräbnis. Eine eigentliche Totenfeier gibt es seit 1960 nicht mehr. Geblieben ist die Messe; dazu kommt neuerdings die Kommunion. Im Val d'Anniviers war es bis 1980 noch Sitte, dass die Amtspersonen – man sprach von einem sogenannten Corps de la Justice – in langen schwarzen Mänteln erschienen. Nach der eigentlichen Totenfeier kamen diese Herren in einem reservierten Lokal zusammen, um ein Glas Wein auf die Freundschaft zu trinken und etwas Weniges zu essen, «manger un morceau», wie man sagte.[5] Erhalten haben sich auch die liturgischen Zeremonien auf dem Friedhof, das Totengebet durch den Priester. Er besprengt das Grab mit Weihwasser und wirft drei Schollen Erde auf den Sarg. Jedermann geht hierauf zum Grab, um das Kreuz zu schlagen und geweihtes Wasser auf das Grab zu sprengen.

Zu einem rechten Begräbnis gehört im Val d'Anniviers nach wie vor das Leichenmahl. Es gibt Brot, Wein und Käse. Bis vor wenigen Jahrzehnten zerstückelte man den Käse und das Brot. Je nach den finanziellen Verhältnissen des Verstorbenen gab es grössere oder kleinere Stücke. Es gehört sich, beim Verteilen altüberlieferte Aussagen zu machen. «Wir offerieren das im Auftrage des Toten» oder: «Es geschieht, um den Toten zu ehren». Die Verwandten sagen: «Nehmt nur, der Tote hat viel gearbeitet, und er hat auch einiges hinterlassen. Esst und trinkt zu seinen Ehren. Erweist ihm diese letzte Ehre». Ein alter Mann aus dem Val d'Anniviers sagte 1980, er habe den Käse, der am Leichenmahl serviert werden sollte, selber ausgewählt und auf die Seite gelegt.[6]

Etwas anders sehen die Sterbe- und Begräbnisrituale im protestantischen Ormont aus. Zwar gibt es auch hier einen Trauerzug, und jede Familie hat mindestens ein Mitglied oder zwei zu delegieren. Dieser Verpflichtung kommt man nicht immer mit grosser Begeisterung nach. Der Sarg steht im Trauerhaus bereit, und bis vor kurzem, das heisst bis in die Zeit nach dem Zweiten Weltkrieg, war er mit einem schwarzen Tuch bedeckt. Eines Tages nach dem Krieg, so erinnert sich ein Mann aus Ormont, «hat man das Tuch gefaltet auf den Sarg gelegt, und seither verwenden wir es nicht mehr». Erhalten hat sich hingegen der Brauch, während des Trauerzuges die Storen der Verkaufsläden zu senken und die Türen zu den Wirtschaften zu schliessen. Auch ist es heute noch Brauch, dass vorbeikommende Wagen anhalten und dass die Männer den Hut oder die Kappe vom Haupt nehmen. Der Sarg wurde mit einem Leichenwagen transportiert, und in den Gemeinden gab es Pferdebesitzer, die verpflichtet waren, ihr Rösschen zur Verfügung zu stellen. In Ormont-Dessus war es bis 1960 Fernand Bonzon, und bis etwa 1980 war es seine Stute Fanny, welche den Leichenwagen zu ziehen hatte. Als Fanny zu alt war, um diesen Dienst zu leisten, versah man den Wagen mit einem Motor.

Zu einem Begräbnis gehörte in Les Ormont die «navette», ein kleines gezuckertes Brot. Nach dem Zweiten Weltkrieg ist diese alte Tradition in Vergessenheit geraten, weil der Bäcker die Brötchen nicht mehr backen wollte. Heute, so sagte ein Gewährsmann aus Les Ormont, greift man auf die alte Tradition zurück.[7]

Der Brauch, während des Trauerzuges die Läden zu schliessen und die Arbeit, sofern sie laut war, zu unterbrechen, hat sich auch in einigen Regionen des Waadtlandes (Chateau d'Œx, Nyon und einigen Dörfern der La Côte) erhalten. Eine Frau erinnert sich, dass sie während des Begräbnisses den Trauerzug durch einen Schlitz der Fensterläden beobachtete. Man bezeugt, indem es im Dorf keinen Lärm mehr gibt, den Toten gegenüber seinen Respekt. Der Brauch wird heute nur noch in ländlich abgeschiedenen Dörfern geübt. Als vor wenigen Jahren ein junges Mädchen von Commugny starb, «ja da gab es im Dorf überhaupt keinen Lärm mehr. Und wir sind alle zu Fuss auf den Friedhof gegangen».[8]

Alte Beerdigungsrituale erweisen sich als zäh. In Rougemont war es Brauch, dass sich die Trauerfamilie vor dem Friedhof aufstellte. Die Teilnehmer des Trauerzuges gingen vorbei, um ihnen die Ehre zu erweisen. Eine Kirchenversammlung wollte dieses Ritual aufgeben, weil sich der Friedhof bei der Kirche befinde. Aber die grosse Mehrheit lehnte es ab, vom alten Brauch abzukommen. Als zäh erwies sich auch ein anderer Brauch in den Gemeinden Bellerive und Salavaux. Hier war es bis 1969 Brauch, dass der Trauergottesdienst zu Hause stattfand. Von da an verlegte man ihn in die Kirche. Nach dem Gottesdienst kondoliert man den Trauerleuten vor der Kirche, und dann bewegt sich der Trauerzug zum Friedhof. Die Frauen aber bleiben in der Kirche. Man sagt in Aigle: «Elles se pleuraient dans le gilet un moment et ensuite elles rentraient à la maison où elles buvaient le thé». Die Männer gehen in eine Wirtschaft, und das endet nicht immer grossartig. Aber dieser Brauch hat sich doch bis zum heutigen Tag in verschiedenen Dörfern der La Côte erhalten.

Doch auch hier war der Wandel nicht aufzuhalten. So ist beispielsweise der pferdebespannte Leichenwagen fast überall verschwunden und durch ein Automobil ersetzt worden. Wie stark all' diese Begräbnisrituale verankert waren, zeigt ein weiteres Beispiel. Als die Frauen begannen, den Toten auf den Friedhof zu folgen, wurde das vielerorts als revolutionär bezeichnet. «Ich staunte, als die Frauen auch auf den Kirchhof kamen», sagte eine Achtzigjährige aus Romanel-sur-Morges.

Aller Säkularisation zum Trotz hält man im Waadtland daran fest, dass zu einem Begräbnis eine liturgische Feier gehört. Für Montreux liegt eine Beschreibung aus den letzten Jahren vor. Nach der Predigt hört man sich ein Orgelstück an. Dann wird der Sarg hinausgetragen. Die Trauerversammlung erhebt sich von den Sitzen. Der Pfarrer segnet die Gemeinde. Nach der Zeremonie drückt man sich im Gegensatz zu früher nicht mehr die Hände. Auch die Leichenpredigten sind eher selten geworden. Meistens kennt der Pfarrer den Toten nicht, und man beschränkt sich darauf, biographische Daten vorzutragen. Hin und wieder spricht ein Freund oder ein Vorgesetzter, vielleicht der Direktor eines Unternehmens, zur Trauergemeinde. Auf dem Friedhof gibt es immer noch Leute, die einige Blumen ins Grab werfen. Aber man meint hier, dass dieser Brauch von auswärts gekommen sei. Da und dort herrscht Unsicherheit. Man weiss nicht mehr so recht, was gilt und was nicht. In Lausanne zum Beispiel fanden bis vor wenigen Jahren die meisten Trauerfeierlichkeiten in der Quartierkirche statt. Heute spielt sich das alles im neuen Friedhof von Montoie ab. Noch gibt es Leute, die sehr an ihre Gemeinde gebunden sind und die sich weigern, diesen neuen Brauch mitzumachen. Die alten Formen und Bräuche kann man wegen des Verkehrs und des Mangels an Parkplätzen nicht wiederherstellen. Es wird allmählich auch schwierig, die alte Sitte des Leichenmahls aufrecht zu erhalten. Viele Waadtländer bedauern dies. So sagte im Pays d'en Haut kürzlich eine Frau, man treffe sich ja leider sonst

254 Beerdigung in Gresso TI um 1990

255 Stimmungsbild auf dem Friedhof von Kippel VS 1951

An einem kalten Wintermorgen wird eine alte Frau unter grosser Anteilnahme beerdigt. Ein Verwandter hält die Grabrede. Der Sarg wird ins Grab gesenkt. Nun wird die Tote mit der Fahne von Gresso verabschiedet und schliesslich, zur Verblüffung der anwesenden Schriftstellerin, mit der roten Fahne der Kommunisten geehrt. Maren Heyne, die Fotografin, fragte eine der Frauen, ob die Verstorbene Kommunistin gewesen sei. Die Frau antwortete ganz erschreckt: «Nein, nein, wir Frauen hier sind nicht Kommunistenl» Warum dann aber die Fahne? Sicherheitshalber fragte Maren Heyne noch einen Mann, und dieser antwortete: «Ja, ja, in der Familie waren alle Kommunisten.»

Ehrfurcht, Liebe sowie Anhänglichkeit zu den Toten zeichnet die Haltung der Walliser Bevölkerung aus. Ein Mädchen bringt Chrysanthemen auf den verschneiten Friedhof.

256 Das Friedhöfchen von Bordei im Centovalli

Wohl einer der kleinsten Friedhöfe der Schweiz. Er gehört zum Weiler Bordei zuhinderst im Centovalli. Der Weiler war eine Zeitlang vom Aussterben bedroht. Heute sieht die Situation wieder besser aus, so dass wohl auch dieser Friedhof überdauern wird.

257 Der Friedhof von Appenzell AI

Der Friedhof von Appenzell befindet sich auch heute noch bei der Kirche; er wird geprägt durch Bräuche, die sich hier gut erhalten haben. Die weissen Schleifen zeigen an, dass die Begrabenen ledig waren. Schwarze Schleifen zieren die Gräber von Verheirateten.

258 Friedhof und Kirche von Bauen UR

Die Kirche steht nicht im Zentrum der kleinen Siedlung, sondern auf einem schmalen Uferstreifen am See. Auf dem Friedhof steht ein Missionskreuz mit lebensgrossem vergoldetem Christuskorpus aus dem 19. Jahrhundert. Es ist 1952 von Karl Renner in Altdorf restauriert worden. Beim Eingang (unten im Bild) befindet sich das «Ploderdächli» (Plauderdächlein). Nach dem Kirchgang geht man auf den Friedhof, bei schlechtem oder heissem Wetter unters Plauderdächli, um die Dorfneuigkeiten auszutauschen.

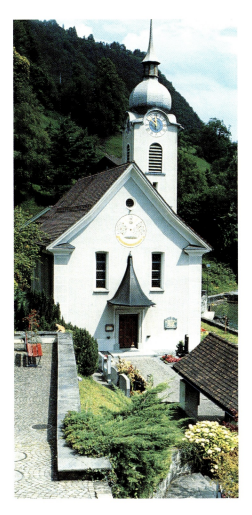

nie. Hier wie anderswo beginnen diese Mahlzeiten in einer ernsten Atmosphäre und enden oft fröhlich. Es sei eben schwierig, das zu verstehen, sagte ein Lausanner Professor der Theologie. «Aber vielleicht entspricht es einem menschlichen Bedürfnis».[9]

Moderne Strömungen am Beispiel der gedruckten Todesanzeige

Wohl am besten lässt sich die Einstellung der Gesellschaft zum Sterben und zum Tod an der gedruckten Todesanzeige ablesen. Sie hat in den letzten Jahrzehnten vor allem in der deutschen Schweiz einen immer individuelleren Sprachduktus angenommen. So unterschreiben in einer Todesanzeige in einer Zürcher Zeitung nicht nur die Familie und die Freunde, sondern auch die Katzen. In einer Anzeige, die dem Tod einer Frau galt, heisst es: «Sie war unbequem, aber lieb». Neuerdings gibt es auch Todesanzeigen, die im Dialekt verfasst sind. Doch das sind eher Ausnahmen. Im ganzen fallen die Todesanzeigen auch der letzten Jahrzehnte stereotyp aus. Überlieferte Formen und Formeln dominieren. Ungeschriebene Gesetze bestimmen die Gestalt einer «gebräuchlichen» Anzeige. Die Todesanzeige lebt, wie Marianne Jäger in einer Lizentiatsarbeit am Volkskundlichen Seminar der Universität Zürich gezeigt hat, weitgehend noch von Bildern und Wertmassstäben des 19. Jahrhunderts. Wieweit die Stilverspätung auf das Tabu zurückgeführt werden kann, mit welchem das ganze Gebiet des Todes und des Sterbens belegt ist, lässt sich kaum ausmachen. Die Individualität nimmt zwar zu; die Emanzipation von traditionellen Vorstellungen und Verhaltensweisen ist deutlich, doch tritt sie in den Anzeigen weniger in neuartigen Formulierungen als vielmehr im Weglassen verschiedener Umschreibungen zutage. Noch

vor kurzer Zeit hiess es in vielen Todesanzeigen, er oder sie sei den Hinterbliebenen durch den Tod entrissen worden. Neuerdings wird das anders formuliert. Da heisst es: «Von uns geschieden» oder, «Er ist von uns gegangen» oder «Sie hat uns verlassen». Marianne Jäger schreibt: «Man scheut sich nicht mehr, den erlittenen Bezugsverlust unmittelbar auf die Schultern des verstorbenen Angehörigen zu schieben».

Doch auch jetzt verlässt man sich auf stereotype Formen und aller Säkularisation zum Trotz auf das religiöse Wertsystem. Es bildet für viele Menschen nach wie vor ein verlässliches und tröstliches Orientierungsmuster. «Allerdings wird der Tod mehr und mehr nicht nur ausschliesslich als Übergang, als 'Rite de Passage' für den Verstorbenen interpretiert, sondern immer mehr als 'Rite de Passage' für die hinterbliebene Familie… Nicht mehr der Zustand und die Bestimmung des Verstorbenen, sein Weiterleben im Jenseits, ziehen grösste Aufmerksamkeit auf sich, sondern das Weiterleben der Familie innerhalb der Gesellschaft».

Vor fünfzig Jahren hatten die Todesanzeigen etwas Feierliches. Religiosität, Ehrfurcht vor Gott waren deutlich spürbar. Das hat sich geändert. Offensichtlich ist es, um nochmals Marianne Jäger zu zitieren, «für den modernen Menschen nicht mehr möglich, alles bedenkenlos auf den Willen Gottes zurückzuführen». Was blieb, ist eine gewisse Achtung, ja oft sogar Verehrung gegenüber den Toten. Man hat auch heute noch das Gefühl, ihnen «ein anständiges Begräbnis schuldig zu sein». In vielen Texten manifestiert sich «weniger die wirkliche Verarbeitung des eingreifenden Verlusterlebnisses als vielmehr die Angst ums eigene Überleben..».[10] Es wird nicht mehr wie einst gefragt, wie es dem Verstorbenen im Jenseits wohl gehen mag, als vielmehr, wie nach dem Verlust durchzukommen ist.

Die Todesanzeigen in den Westschweizer Zeitungen sehen anders aus. Sie weisen mehrheitlich auch heute noch einen Bibelspruch auf. In stärkerem Masse als in der deutschen Schweiz wird auf der Liste der Trauernden die weitere Verwandtschaft aufgeführt. Der Stil der Westschweizer Todesanzeige ist unpersönlicher. Der Formalismus und die Nüchternheit werden als selbstverständlich empfunden. Die Todesanzeigen und Nachrufe, die deutschschweizerische Unternehmen in der welschen Presse erscheinen lassen, sind für viele Welsche fremdartig, komisch. «Cela choque les Vaudois».[11]

Nicht ganz einfach ist die Auswahl der biblischen Verse. Um sich inspirieren zu lassen, blättert man in einer Zeitung oder fragt den Pfarrer. In vielen Fällen wird der Konfirmationsspruch übernommen. Kirchentreue Kreise nehmen jenen Bibelspruch, den der Verstorbene selbst ausgewählt hat. Für die Katholiken ist alles ein bisschen einfacher. Die Todesanzeige enthält traditionellerweise einfach das R.I.P., Requiescat in pace, und ein Kreuz. Vor etwa dreissig Jahren begannen indessen auch die Katholiken ein biblisches Zitat zu verwenden. Darf man das als Annäherung der Konfessionen deuten?

Nekrologe sind in der westschweizerischen Presse im Unterschied zur deutschen Schweiz selten. Dafür gibt es in der Westschweiz die Tradition des «In memoriam». Das sind kleine Anzeigen, die ein, fünf oder zehn Jahre nach dem Tod eines Menschen erscheinen. Der Genfer Volkskundler Jacques Tagini hat die Anzeigen, die zwischen 1958 und 1971 in der Zeitung «La Tribune de Genève» erschienen sind, untersucht. Da gibt es kurze Bemerkungen wie «Pensées» oder «Souvenirs» oder «Doux souvenir» oder «Toujours parmi nous» oder «Toujours dans nos coeurs». Hin und wieder wird auch die Dauer der Trauerzeit vermerkt. Zwei Jahre schon, heisst es, oder zehn Jahre sind es bereits. Unterschrieben werden die «In memoriam» ganz verschieden. Da heisst es einmal: «Ta maman» oder «Ton fils» oder «Ta fée». Immer wieder werden auch Schmerz und Kummer ausgedrückt. So heisst es: «Le temps passe, mais le chagrin reste» oder «Que de tristesse et de vide depuis ton départ» oder «Quand on perd un ami, on perd la moitié de son coeur».[12]

Die Hoffnung auf ein Wiedersehen wird hin und wieder ausgedrückt. Da heisst es: «A très très bientôt maman bien aimée». Trauer, Heimweh und Hoffnung, alles in einem ... Tagini schliesst seine Untersuchung mit den Worten von Richard Weiss: «Furcht und Verehrung, Schauder und Pietät mischen sich in merkwürdiger Weise in der Einstellung zum Toten, Furcht und Schauder vor dem Andersartigen, Unbegreiflichen und Feindlichen. Pietät, weil der Tote einem im Leben nahe gestanden hat..».[13]

Modern und effizient: Die Bestattungsinstitute

Im Gegensatz zu Amerika, wo es schon zu Beginn dieses Jahrhunderts Bestattungsinstitute gegeben hat, sind diese in der Schweiz jüngsten Datums. Das erste Institut in Zürich wurde zum Beispiel erst im Jahre 1968 gegründet. Ihre Geschichte ist trotz einer Arbeit am Volkskundlichen Seminar der Universität Zürich noch nicht restlos geklärt. In Deutschland scheinen die Bestattungsunternehmen aus Schreinereien, Fuhrunternehmen, Gärtnereien und Grabbildhauereien entstanden zu sein. Das dürfte im grossen und ganzen auch für die Schweiz zutreffen. Sicher ist, dass einzelne unternehmungslustige Leute eine Marktlücke entdeckten. Sicher ist auch, dass diese Unternehmen in den Städten entstanden und dass ihre Tätigkeit auf die Stadt beschränkt blieb. Kein Zweifel: Hier waren einfach viele Menschen angesichts eines Todesfalles überfordert und unsicher. Es gilt ja, um das am Beispiel von Zürich zu verdeutlichen, an vieles zu denken: Gänge zum Zivilstands- oder Bestattungsamt, Besuch der Angehörigen, das Schreiben von Adressen, Bestellung von Geistlichen und Musikern, Reservationen von Lokalitäten für das Leidmahl, Transporte von Blumen und Kränzen, Bestellung von Sammeltaxis. In andern Städten müssen die Bestattungsinstitute auch Einsargen, Überführen der Leiche usw. übernehmen. Der Leistungsbereich ist verschieden. Das ist auch der Grund, weshalb sich diese Unternehmen nicht überall gleich stark entwickelten. In Basel gibt es 7, in Bern 16, in Chur 3, in Freiburg 9, in Genf 5, in Lausanne 9, in Luzern 4, in St. Gallen 1, in Sitten 4, in Solothurn 2, in Zürich 2 Bestattungsinstitute. Je nachdem, ob eine Stadt für einen Todesfall Leistungen erbringt, sind auch der Platz und die Entwicklungsmöglichkeiten für ein Bestattungsinstitut gegeben. Wie weit neben vielen praktischen Fragen auch die Mentalität hineinspielt, ist schwer auszumachen. Vielleicht hilft die Aussage des Inhabers eines solchen Institutes weiter. Er sagte anlässlich eines Interviews mit zwei Volkskundlern: «Es hat eine grosse Veränderung in diesem Bereich (gemeint ist der Bereich des Sterbens) stattgefunden. Als ich angefangen habe, das war um 1967, galt es fast als makaber, vom Tod zu sprechen. Heute aber ist der Tod ein viel angesprochenes Thema: Tod, Leben nach dem Tod usw. Es ist heute in Wirklichkeit Mode, über den Tod zu sprechen. Das hat angefangen beim Uri Geller, die Beschäftigung mit dem Okkultismus, dann weiter der Spiritismus, was ja vor allem in Amerika mittlerweile sogar an Universitäten betrieben wird».

Wie hilflos man oft dem Tod gegenübersteht, geht aus der Aussage eines Lausanner Pfarrers hervor: «Je vois constamment des gens qui, devant le mystère de la mort, devant l'inquiétude de cette mort qui au fond les surprend toujours, sont à la recher-che de ce qu'il faut faire. On les adresse aux pompes funèbres. C'est là qu'on sait. Ca ne résout rien, mais ça facilite certaines choses. Il y a une sorte de rituel, qu'on soit athée, chrétien engagé, peut-être chrétien engagé un peu moins, chrétien moyen … Une liturgie de ce qu'il faut faire au moment où la mort est là».[14]

Nach diesen Worten wundern wir uns nicht mehr, weshalb sich Bestattungsinstitute vor allem in der Westschweiz so stark entwickelten. Doch gerade hier stiessen sie auch auf harsche Kritik. Hier kam es hin und wieder zu heftigen Konkurrenzkämpfen und komischen Situationen. So wurde 1977 in Morges eine Leiche zweimal von rivalisierenden Bestattungsunternehmen eingesargt. Wie stark man diesen Unternehmungen misstraut, kam in den Gesprächsrunden der Encyclopédie klar zum Ausdruck. Man nimmt zwar ihre Dienstleistungen wohl oder übel an, doch sieht man es nicht gern, wenn kommerzielle Unternehmungen in die Intimsphäre eingreifen. «Les pompes funèbres vous déchargent de tous les tracas entraînés par l'organisation de l'enterrement. Elles s'occupent du cercueil et des formalités funéraires, de la date de l'ensevelissement, du premier contact avec le pasteur, de la parution de l'avis mortuaire dans les journeaux, etc. Cette assistance à tous les niveaux est certainement utile, mais force est de constater, selon les opinions émises dans presque tous nos groupes, que ces sociétés privées n'ont pas bonne réputation. Comme leurs activités sont dictées par des intérêts matériels et que les rapports avec le mort et la famille en deuil sont devenus pour elles une routine, leur pratique s'en ressent parfois de diverses manières, qui fâchent et blessent les gens».[15] Aller Kritik zum Trotz sagte ein Mann aus Orbe: «Man muss anerkennen, dass diese Institute heute aus den Städten nicht wegzudenken sind». Ein Lausanner fügte bei: «Man wird da recht gut bedient und ich wurde in verschiedenen

259 Der Basler Hörnli-Friedhof als Garten
Wie hochentwickelt die Gartenkultur in diesem Friedhof ist, zeigt die Abteilung Staudengarten.

260 Beinhaus von Ruein GR von 1970

Das Beinhaus von Ruein GR sieht recht eindrücklich aus. Vorn steht eine Christusstatue. Im Rücken dieser Statue befinden sich die Schädel und Gebeine der Toten von Ruein.

261 Beinhaus von Schmitten GR

Im Beinhaus von Schmitten GR sind, wie das Foto von 1970 zeigt, die Schädel mit den gekreuzten Knochen besonders eindrücklich gruppiert worden.

262 Beinhaus von Surcast GR

In einer Ecke des Beinhauses von Surcast befanden sich um 1970 ungefähr sieben Totenschädel samt dem Gebein. Vorn der Blumenschmuck eines Grabes.

263 Der Friedhof von Morcote TI

Dieser Friedhof wird nicht nur von Angehörigen der Verstorbenen, sondern auch von Touristen besucht. Er thront auf einem Felsvorsprung bei der herrlichen Pfarrkiche St. Maria del Sasso.

264 Der Friedhof von Gresso TI im Winter 1990

Die Aufnahme stammt von Maren Heyne. Fast alle steinernen Grabmäler weisen eine Fotografie des Verstorbenen auf; oft ist es das Hochzeitsfoto. Hier gibt es noch viele Grabinschriften. Der Grabstein des Gentile Speziali, des Lehrers von Gresso, lautet: *«Für Gentile Speziali, sieben Jahre Lehrer in Spruga, dreizehn Jahre Lehrer und Sekretär von Gresso, er lebte mutig gegen die feindliche Natur und menschliche Bosheit kämpfend. Noch nicht achtunddreissigjährig wurde er am 16.2.1930 jäh aus dem Leben gerissen, die untröstliche Gattin, fünf Geschöpflein, den alten Vater und die Schwestern hinterlassend.»*

265 Vorhalle der Kirche von Rossura TI

266 Friedhof von Lugano TI. Grab des Architekten Ferla

In der Vorhalle der Kirche dieses tessinischen Bergdorfes hat man alte Grabmäler und künstliche Kränze aufbewahrt. So wird man beim Betreten der Kirche nicht nur an die Verstorbenen erinnert, sondern zugleich daran gemahnt, dass unser Leben einmal ein Ende hat.

Das Grabmal der Familie Ferla weist alle Eigenschaften der tessinischen Grabmalkunst auf. Die Büste des Architekten ist gut gestaltet. Die Familienmitglieder sind mit Fotografien abgebildet.

267 Kirche und Kirchhof von Calonico TI

Die Pfarrkirche San Martino erhebt sich an exponierter Lage über einem Felsabsturz. Die vom Friedhof umgebene Anlage ist im 17. Jahrhundert gebaut worden. Im 19. Jahrhundert wurde an der Südwestecke ein Beinhaus angebaut. Die Zeit scheint hier stillzustehen.

schwierigen Situationen gut unterstützt». Ein Mann aus Renens meint gar, dass die Bestattungsinstitute mithelfen, die Tradition auf dem Gebiet des Totenbrauchtums weiterzupflegen.[16]

Recht aufschlussreich sind die Aussagen des Basler Bestattungsunternehmers Hardi Leuenberger. Sein Geschäft befindet sich genau gegenüber dem Haupteingang des Friedhofs «Am Hörnli» in Basel: «Ich mache alles, was mit dem Tod zusammenhängt: Leichentransporte und Erbvollstreckungen, Grabmalgestaltung und Wohnungsräumungen, seit einigen Jahren auch Abdankungen». Für Leuenberger ist die Abdankung eine Dienstleistung wie andere auch, dazu eine Diversifizierung seiner Geschäftstätigkeit in Zeiten, die auch in seinem Gewerbe nicht unbedingt zukunftsversprechend sind. Sein Unternehmen stösst zwar da und dort auf Kritik, doch sein Erfolg gibt ihm recht: «Wir haben eine rege Nachfrage, derzeit rund sechs bis acht Abdankungen pro Monat, und die Tendenz ist zunehmend». Zu Leuenberger kommen die Angehörigen von Verstorbenen, die nicht aus religiösen Gründen aus der Kirche ausgetreten sind, sondern um die Kirchensteuern zu umgehen. Es sind dies Menschen, die aus irgend einem Grund ihr Vertrauen in die Institution Kirche verloren haben. Beim Kirchenaustritt wird ihnen gesagt, sie könnten die Dienste der Kirche nicht mehr in Anspruch nehmen. Sie nehmen deshalb Leuenbergs Dienste dankbar an. Die Administration, die Verwaltung, so ein Basler 1993, «ist allmächtig geworden. Organisation ist eben alles».[17]

Bestattungsfeiern mit und ohne Kirche

Vielfalt der Bräuche in Stadt und Land – katholische und protestantische Traditionen – Erdbestattung oder Kremation – es sind nur einige Stichworte, die geeignet sind, die ganze Komplexität dieses Themas zu umreissen. Dazu kommen einige verhältnismässig neue Probleme. Was sagt und was macht die Kirche angesichts der Wünsche der Freidenker? Wie verhalten sich geistliche und weltliche Behörden gegenüber jenen Menschen, die zwar die Religion bejahen, die traditionell christlichen Kirchen aber ablehnen und die diesen Entschluss mit dem Austritt aus der Kirche untermauern? Was tun die Angehörigen, was die Pfarrer? Gewiss, die kirchlichen Zeremonien nach einem Todesfall sind immer noch die Regel. In Montreux zum Beispiel schätzt man, dass nur ein Prozent der Beerdigungen ohne kirchliche Zeremonien bleibt. Die meisten Menschen glauben, dass eine Beerdigung ohne Kirche, um mit den Worten eines Informanten zu sprechen, «seelenlos und traurig» ist. In Basel sieht das ein wenig anders aus. Hier verzeichnete man, ähnlich wie in Zürich, in den letzten Jahren viele Kirchenaustritte. Wohl oder übel mussten sich die kirchlichen wie die weltlichen Behörden mit dieser Frage befassen. Resultat der Beratungen und Diskussionen ist eine Informationsschrift der Basler Kirchen, die 1993 herauskam. Sie zeigt, dass die Kirchen im Todesfall grosszügig sind. In der Informationsschrift heisst es: «Der Kirchenaustritt beinhaltet auch den Verzicht auf eine kirchliche Bestattung». Das tönt zunächst hart. Da wird kein Zweifel offen gelassen: draussen ist draussen. Doch die Kirchen verschliessen sich «angemessenen Lösungen» keineswegs. «In diesem Fall führen wir, besonders dann, wenn hinterbliebene Angehörige noch der Kirche angehören, die Abdankung durch», sagte Xaver Pfister, der als Leiter der Informationsstelle die Informationsschrift mitverfasst hat. Peter Felber vom Amt für Information der evangelisch-reformierten Kirche schreibt: «Vom Ansehen her sind wir immer noch eine Volkskirche, deshalb sind wir grosszügig». Und weiter führt er aus: «Man soll Hilfesuchende nicht bei einem Todesfall bestrafen und disziplinieren. Für die meisten Menschen bedeutet der Kirchenaustritt ja nicht auch den Austritt aus dem christlichen Glauben».

Wie eine Bestattung ausserhalb der Kirche aussieht, hat Maria Schoch 1993 geschildert: «Die Trauergemeinde hat sich in einer der Kapellen auf dem Friedhof am Hörnli am Rand von Basel versammelt, um Abschied zu nehmen vom Ehemann, Vater, Onkel, Freund, Arbeitskollegen. Blumen schmücken die Kapelle, Fresken mit Bibelszenen, christliche Symbole. Orgelmusik ertönt. Die Abdankung beginnt. Vom Ablauf her folgt die Abdankung dem gewohnten Muster. Die Worte des Redners allerdings mögen manchem der hier versammelten Trauernden dann aber fremd, eigenartig vielleicht, vorkommen. Statt von Gott und dem ewigen Leben ist da die Rede von Schicksal und von der 'Landschaft der Sehnsucht', statt Bibelzitate eine Passage aus Pasternak, statt Lebenslauf ein Charakterbild, statt Gebeten eine Schweigeminute». Der Verstorbene war schon vor Jahren aus der reformierten Kirche ausgetreten, und seine Ehefrau wandte sich an die Freidenkerunion der Region Basel, die in verschiedenen Zeitungsinseraten einen Bestattungsrednerdienst anbot. Die Union vermittelte den pensionierten Kaufmann Peter Liechti. Er erfüllt diese Aufgabe seit Jahren, weil er Abdankungen als eine Art Dienstleistung ansieht, und er kommt sich keineswegs als Lückenbüsser vor. Die Nachfrage nach Abdankungen ausserhalb der traditionellen Kirchen, so argumentiert er, steigt weiter, und viele Menschen sind froh, jemanden gefunden zu haben, der in der Lage ist, eine würdige Abschiedsfeier mitzugestalten. Kirchenfremde Bestattungsredner haben es, so Maria Schoch, «leichter, die traditionellen Rituale hinter sich zu lassen und neue Wege zu gehen». Allerdings versuchen die Pfarrer der Kirchen, den Wünschen der Angehörigen nach alternativen Abschiedsritualen ebenfalls entgegenzukommen und auf die Individualität des Toten einzugehen. Dabei möchten sie allerdings, wie das Marianne Grether, Pfarrerin der evangelisch-reformierten Kirchengemeinde St. Leonhard, ausführte, wissen, wo ein Verstorbener in seinem Leben stand. Sie sage nicht nein, selbst wenn es sich um einen Fall von Kirchenaustritt handele: «Eine Trauerfeier ist auch Trost für Angehörige, die vielleicht noch in der Kirche sind, und das ist meine Motivation, die Abdankung trotzdem durchzuführen. Vielleicht bietet sich so dem einen oder andern die Gelegenheit, sein Bild von der Kirche zu revidieren». Für Frau Pfarrer Marianne Grether sind Abdankungen für jene, die aus der Kirche ausgetreten sind, auch eine Herausforderung: «Wenn ich nicht davon ausgehen kann, dass den Trauernden die Bedeutung christlicher Worte, Symbole und Zitate bekannt ist, muss ich mir viel genauer überlegen, wie ich das formuliere, was ich sagen möchte». Ob es sich indessen um eine konventionelle oder eine neuartige, alternative Abdankung handelt, ob der Verstorbene Kirchenmitglied war oder nicht, ob ein Pfarrer oder ein kommerzieller Bestattungsunternehmer die Abdankungsfeier hält, der Umgang mit dem Tod, der Abschied von einem Verstorbenen ist in jedem Fall schwierig: «Die Trauer ist bei allen Menschen gleichermassen vorhanden», sagt Pfarrer Victor Berger – «nur Erscheinungsform und Verlauf mögen anders sein». Doch seit einigen Jahren wollen viele Menschen von Ritualen nichts mehr wissen. Sie bestatten den Verstorbenen vielmehr in aller Stille, wie es so immer wieder in den Todesanzeigen zu lesen ist. Andere suchen nach neuen Wegen, wie man mit einer Abdankung dem Verstorbenen am ehesten gerecht würde. Maria Schoch gibt Beispiele. So gestaltete in Basel ein Paar für ihr verstorbenes Kind eine Zeremonie mit den Elementen Wasser und Sand, und so machte ein junger Mann aus dem Grabschmuck seiner verstorbenen Frau einen Dschungel. Einige Kinder gaben ihrem tödlich verunfallten Spielkameraden ein Tuch mit ins Grab. Auf das Tuch hatten sie ihre gemeinsamen Erlebnisse gemalt. Neuerdings werden einem Verstorbenen auch Gegenstände mit ins Grab gegeben, die in seinem Leben eine ganz besondere Rolle spielten, sei es nun eine Compact-Disc, sei es eine Tierfigur oder auch nur eine letzte Zigarette. Selbst die Pfarrer sowohl der römisch-katholischen wie auch der evangelisch-reformierten Kirche versuchen, den Wünschen der Angehörigen so weit wie möglich entgegenzukommen. Hin und wieder wird allerdings übersehen, dass traditionelle Abdankungsrituale eben auch ihren Sinn hatten. «Sie gaben und geben den Trauernden Halt in einer emotional schwierigen Zeit».[18]

Solchen Forderungen und Wünschen wird, wie das folgende Beispiel zeigt, heute in der katholischen Innerschweiz immer noch Rechnung getragen. Margrit Bürgler beschreibt die Beerdigung ihrer Tante in Illgau. Sie selber war damals, 1972, elfjährig. «Am Morgen wird der Sarg vor das Haus gestellt. Der Leichenzug setzt sich in Bewegung. Auf den ersten Holzschlitten ist der Sarg aufgebunden, auf den zweiten die Blumen und auf dem dritten sitzt die Schwiegermutter, die nicht mehr so gut zu Fuss ist. Dahinter gehen die nächsten Angehörigen, die Kinder der Verstorbenen, die Geschwister, die Verwandten und Bekannten. Der Weg ins Dorf geht steil bergab. Mit zwei Seilenden bremsen zwei Nachbarn den Totenschlitten, der vom Onkel Arnold gelenkt wird. Er fährt seine tote Frau ins Dorf, zum Friedhof. Ich laufe neben Dädi und Mutter und stelle mir vor, wie die Tote zusammengestaucht wird. Vor der Kirche steht die schwarze Totenbahre. Vier Männer nehmen den Sarg vom Schlitten und laden ihn auf die Bahre. Der Göttibub hält das Friedhofskreuz bereit, das Gottemädchen die Kerzen. Die Nichten und Neffen haben die Blumen vom Schlitten weggeholt und stehen bereit, um die Tote zum Friedhof zu begleiten. Es hat sich eine Menschenschlange gebildet hin zum Tisch, der für die Beleidskarten bereitgestellt worden ist, und zum Weihwasserbehälter. Jeder, der gekommen ist, tritt vor, schüttelt den Tannenzweig mit dem gesegneten Wasser über dem Holzsarg und tritt wieder zurück in die Menge. Das ganze Dorf gibt der Toten die letzte Ehre, sie sagen, dass jeder einmal da auf die Totenbahre gelegt wird. Jetzt kommt der Pfarrer mit den Ministranten aus der Kirchentüre heraus. – Im Namen des Vaters und des Sohnes und des Heiligen Geistes, sagt er feierlich, und später: – Es ist ein heiliger und heilsamer Gedanke, an die Toten zu denken. Der Sigrist, der das grosse Kreuz trägt, macht den Weg frei zum Friedhof. Schwerfällig setzt sich der Zug in Bewegung. Der Sarg ist neben der Grube hingestellt worden. – Staub bist du, und du wirst wieder zu Staub werden. Man hört einige Schluchzer. Die Blumenträger stellen die Blumen zur Grube. Der Göttibub überreicht dem Pfarrer das Friedhofskreuz. Er steckt es in den Erdhügel, segnet die Grube und geht dann zurück in die Kirche. Alle gehen nun an der Grube vorbei und schütten nochmals den Weihwasserzweig über dem Sarg und dem Loch. Die Kirchenbänke füllen sich. Die Organistin beginnt zu spielen. – Wohin soll ich mich wenden, wenn Gram und Schmerz mich drücken... zu dir, o Gott, mein Vater... und heilest jeden Schmerz. – Sie war eine arbeitsame, fleissige Frau, eine gute Mutter, nur zu früh hat sie Gott abberufen. Wir gedenken ihrer und wollen beten. Wir Kinder müssen nun in die Schule. Die Erwachsenen treffen sich beim Znüni im Restaurant 'Zur Eiche' neben der Kirche».[19]

Eindrücklich, ja grossartig sind die traditionellen Rituale im Benediktiner-Kloster Einsiedeln. Konrad Hinder schildert den Tod seines Mitbruders Bonvaventura: «Sobald man merkt, dass ein sterbenskranker Mitbruder dem Hinscheiden nahe ist, wird mit der kleinen Chorglocke geläutet. Das ist die drittkleinste unserer 12 Kirchenglocken. Wir versammeln uns im Zimmer des Sterbenden und beten mit ihm und für ihn die Sterbegebete. Nach dem Hinschied folgen die ersten Gebete für den Verstorbenen. Auf diese Weise begleiten wir den Mitbruder auf seinem letzten schweren Weg. Die sterbliche Hülle wird im Zimmer in einen Sarg gebettet. Man zieht ihm das Ordenskleid an, mitsamt der Kukulle, der Chorkutte. Der Sarg wird nicht zugedeckt, auch für die Bestattung nicht. Es brennen zwei Kerzen beim Verstorbenen und ein Weihwassergefäss steht da. Jeder, der ihn besucht, spendet das Weihwasser und betet für die Seelenruhe des Verstorbenen. Nach dem Totenoffizium bringen wir ihn in die Totenkapelle. Dort, neben dem Altar der Beichtkirche, wird er in Blumen und Pflanzen gebettet. Alle können vom Hingeschiedenen Abschied nehmen. Diese Gelegenheit wird auch von der Bevölkerung im Dorf benützt. Am Beerdigungstag schreitet die ganze Mönchsgemeinschaft, auch alle Priester, die konzelebrieren, in Prozession, vor dem Sarg, von der Beichtkirche zur Gnadenkapelle und dann durch den Mittelgang in den Chor der Kirche. Der Sarg wird von vier Mönchen auf den Schultern getragen und unter der Weihnachtskuppel abgestellt, daneben sind die Osterkerze und etwas Blumen plaziert».[20]

Es gibt neben den Aufzeichnungen von Konrad Hinder ein «Protokoll» dieser klösterlichen Beerdigung. Es stammt von Peer Teuwsen und ist zusammen mit Bildern von Reto Klink 1992 veröffentlicht worden. Der Verfasser schildert die eigentliche Totenfeier: «Der Priester erinnert in seiner Gedenkrede an die Filzstiftmalereien des verstorbenen Bruders. Er sagt, wenn man sich von einem Menschen ein Bild mache, habe man aufgehört, ihn zu lieben. Und so versucht er, das festgerahmte Bild vermeidend, mit Hilfe einiger Karten, die Bruder Bonaventura gemalt hat, Leben und Werk des Verstorbenen nachzuzeichnen. Die Totenfeier endet mit Kommunion und Schlussgebet. Die Mönche steigen die Chortreppe herab und bilden – wieder trägt jeder eine Kerze – einen dreifachen Kreis um den Aufgebahrten. Noch einmal nimmt der Konvent, die grosse Familie, seinen toten Bruder in die Mitte und entzieht ihn den Blicken der Angehörigen, bis er in der Gruft für immer verschwunden ist. Der Glaube, ein Weiterleben nach dem Tode sei einem Gläubigen gewiss, lässt im Kloster kein Wort der Trauer aufkommen. Draussen, im weltlichen Umfeld, ist der Tod ein Tabu, weitgehend verschwunden aus dem Alltag. Hier drinnen ist er ein sichtbares Stück des Kreislaufes … Der Tod ist für die Christen kein Punkt und auch kein Fragezeichen, sondern eine Doppelpunkt: Ende und Anfang und darum Übergang».[21]

In einem gewissen Sinn gilt das auch für die jüdischen Gemeinden. Für sie haben Tradition und alte Bräuche einen hohen Stellenwert. Angehörige und Freunde treffen sich in der Abdankungshalle auf dem Friedhof. Hier hält der Rabbiner oder sein Stellvertreter die Trauerrede; sie wird umrahmt von Gebeten und Psalmen, die der Vorbeter in einer klagenden Melodie vorträgt. Der schwarzbedeckte Sarg ohne Blumen steht vor der Gemeinde. Eindrücklich ist der Gang zum Grab. Voraus schreitet der Vorbeter, Psalmen rezitierend. Der Sarg wird ins Grab gesenkt, und jeder wirft mit einer Schaufel drei Schollen Erde darauf. Dazu wird ein Bibelvers gesprochen: «Staub bist du, und zum Staub kehrst du zurück» (Gen. 3:19). Ist der Sarg vollkommen mit Erde bedeckt, sagen die engsten Hinterbliebenen das Kaddisch-Gebet, eine Lobpreisung Gottes, das sie nun elf Monate lang und dann jeweils am Jahrestag des Todes bei jedem Gemeindegebet wiederholen werden. Am Ende der Trauerfeier nehmen die Trauernden das Leid ab. Ein Leichenmahl findet nicht statt, hingegen kommen im Lauf der nächsten sieben Tage Verwandte und Freunde ins Trauerhaus, um Trost zu spenden und gemeinsam zu beten.

268 Der Waldfriedhof von Davos GR

Vier Jahre, nachdem die Schaffhauser ihren Waldfriedhof angelegt hatten, schuf der Architekt R. Gaberel nach deren Vorbild einen wunderschönen Waldfriedhof in einem Lärchenwald. Dies wurde nötig, weil um 1918 der alte Friedhof im Ortskern nicht mehr genügte. Der Friedhof ist konfessional neutral. Jede Religionsgemeinschaft hat eine eigene Begräbnisstätte.

269 Die Kirche von Schuders GR mit Kirchhof im Frühling

Das kleine Kirchlein von Schuders ist 1507 erbaut worden. Der Kirchhof selber musste nie erweitert werden, weil die kleine Berggemeinde nicht wuchs, sondern eher abnahm. Das Bild vermittelt einen Eindruck von der grossartigen Einheit des einfachen, fast bäuerlichen Bauwerks mit der Bergwelt. Im Hintergrund die Drusenfluh

270 Friedhof des Frauenklosters von Cazis GR

Die Anlage stammt aus den fünfziger Jahren unseres Jahrhunderts; sie überzeugt durch ihre Schlichtheit.

271 Kirche und Kirchhof von Glaris GR

Die Ende des 14. Jahrhunderts erbaute Kirche wurde 1613 eingewölbt, im 17. Jahrhundert umgebaut. Die Toten ruhen seit Jahrhunderten unmittelbar neben der Kirche auf ihrem von einer Mauer umfriedeten Kirchhof.

272 Friedhof von Andeer GR

Die reformierte Kirche – ein stattlicher Barockbau von 1673 – thront auf einem Hügel über dem Dorf. Sie ist umgeben vom alten Friedhof. Alle Grabsteine sind im nahen Steinbruch gebrochen worden, was einen einheitlichen und stimmungsvollen Eindruck vermittelt.

273 Der Friedhof von Oberwald VS

Kein Reglement und doch ein einheitliches Erscheinungsbild. «Es besteht», so der Ortspfarrer Josef Schmid, «eine stille Übereinkunft, nur Holzkreuze zu setzen. Der Grund ist praktischer Art. Der hohen Schneefälle wegen ist man gezwungen, die Kreuze im Winter zu magazinieren. Hergestellt werden die Holzkreuze durchwegs von einem einheimischen Schreiner.» Der Friedhof von Niederwald mit seinen Holzkreuzen war Vorbild. Früher kam ein Korpus aus Metall auf das Holzkreuz; in jüngster Zeit wird dieser Korpus allmählich von einem maschinell hergestellten Holzkörper abgelöst. Einheitlich sind auch die Grabumrandungen; sie werden von einem einheimischen Maurer hergestellt. Vorbild waren zwei mit Steinen eingefasste Priestergräber.

274 Der Friedhof von St. Georges in Genf

Dieser Friedhof ist im Juli 1883 eingeweiht worden. Das Krematorium stammt aus dem Jahre 1901. Der parkähnliche Friedhof wird von fünf strahlenförmigen Alleen durchzogen.

Das moderne Erscheinungsbild der Friedhöfe

Schon in der ersten Hälfte unseres Jahrhunderts wurden die Friedhöfe in zunehmendem Masse organisiert und verwaltet. Diese Tendenz setzt sich nach 1950 in steigendem Ausmass fort. Da werden die Masse der Grabdenkmäler vereinheitlicht, die zugelassenen Materialien und Formen festgelegt. Selbst die Bepflanzung wird reglementiert. In einzelnen Friedhofsreglementen der Westschweiz werden die Grableuchten untersagt. In Zürich sind emaillierte Fotos der Hinterbliebenen auf den Grabsteinen nicht mehr zugelassen. Der Chefbeamte hat dafür eine Begründung: «Wir möchten eine Grabmalkultur, nicht ein Fotoalbum auf dem Friedhof». Die Hinterbliebenen können hier ihre Gräber nicht mehr selber bepflanzen. Erlaubt wird der Einkauf von Pflanzen. Eingesetzt werden sie aber vom Friedhofsgärtner. Dafür wird eine jährliche Pflegetaxe erhoben. Man spricht von einer «obrigkeitlich verordneten Friedhofkultur».[22] Kann sie volkstümlich werden? Wird der kreative Umgang der Hinterbliebenen mit dem Tod und dem Verlust verunmöglicht? Es scheint nicht der Fall zu sein. In Zürich wie auch anderswo gehen die Hinterbliebenen über Jahre hinweg ans Grab der Verstorbenen. Was sie bewegt und welche Motive sie haben, hat Margrit Wartmann herauszufinden versucht. Sie fragte zahlreiche Leute, weshalb sie den Friedhof aufsuchen und ans Grab eines Verstorbenen gehen. Hier eine Antwort: «Um etwas für den Verstorbenen zu tun». Indem sie sich am Grab zu schaffen machen, versuchen die Hinterbliebenen, Gefühle wie Liebe oder Dankbarkeit auszudrücken. Für viele trifft das zu, was der Volksmund zu wissen glaubt: sie holen nach, was sie zu Lebzeiten vielleicht versäumt haben. Doch diese Grabbesuche haben, wie die Volkskundlerin sagte, noch einen andern Grund. Die Hinterbliebenen zeigen der Umwelt auf diese Weise, dass sie den Kontakt zu den Toten haben. Man zeigt demonstrativ intakte Familienverhältnisse. Erstaunlicherweise wissen die regelmässigen Friedhofgänger selbst einer Grossstadt, wer ein Grab pflegt oder wer nicht. Soziale Kontrolle spielt also noch heute nicht nur auf ländlichen, sondern auch auf städtischen Friedhöfen eine Rolle.

Selbst wenn es sich um grosse Grabfelder handelt, müssen sie nicht unbedingt anonym oder unbelebt bleiben. Das ist nicht selbstverständlich, denn Zürichs Friedhöfe sind so gross wie die Altstadt. Auf 1,25 km^2 verteilen sich nicht weniger als 19 städtische Anlagen. Sie sind teilweise recht alt, zum Teil aber erst im 20. Jahrhundert eröffnet oder erweitert worden: Affoltern (1685/1949/1950). Albisrieden (1902/1939), Altstetten (1908/1939), Eichbühl (1968), Enzenbühl (1902/1934), Realp (1874), Fluntern (1887/1928/1948/49), Höngg (vor 1500), Hönggerberg (1946), Leimbach (1971), Manegg (1897/1938), Nordheim (1899/1928/1940), Oerlikon (1876), Schwamendingen (vor 1500/1937/1982), Schwandenholz (1902), Sihlfeld A (1877), Sihlfeld B (1880), Sihlfeld C (1902), Sihlfeld D (1914), Sihlfeld E (1962). Insgesamt zählt man rund 76'900 Gräber. Dazu kommen jährlich 3000 neue, und ebenso viele werden wieder aufgehoben. Einst glaubte man in Zürich, das Prinzip des Zentralfriedhofes sei das einzig richtige. Aus Platzgründen hat man diese Idee nach den Eingemeindungen von 1893 und 1934 wieder aufgegeben. Seither hat Zürich ein dezentralisiertes Friedhofsystem mit zwölf städtischen Friedhofkreisen.

Modelle oder Ziele der Zürcher Friedhöfe sind bekannt und deutlich. Architektonisches Leitbild bleibt nach wie vor der landschaftliche Friedhof; die zuständigen Beamten wissen das auch. Sie umschreiben das anvisierte Erscheinungsbild ihres Friedhofs mit Worten wie «freundlich» und «heiter». Der Architekt des Friedhofs Ütliberg hält die naturnahe, helle Bauweise für menschenfreundlich. Pathos und grosses Monument sind verpönt. Das Ganze soll überblickbar, unauffällig und einfach bleiben. Hohe Mauern und übergrosse Familiengrabmale in schwarzem Marmor, wie sie auf den ältesten Friedhöfen noch immer zu sehen sind, sind eher unerwünscht. Der Besucher könnte denken, er sei gegenüber dem Letzten klein und nichtig.[23] Anklänge an reformatorisches Gedankengut? Nachhall der französischen Revolution? Egalité devant la mort?

Selbstverständlich haben die Friedhöfe ihre eigene Infrastruktur. Für die Besucher gibt es viele Spazierwege, Sitzbänke, WC-Anlagen und Parkplätze. Ja, der Friedhof ist selbst Bildungsstätte, besitzen doch manche Baumlehrpfade. Auf einem Friedhof kann ein botanischer Führer bezogen werden. Auch gibt es Museen mit Zeugnissen alter Grabmalkunst.

Vorrangiges Ziel ist nach wie vor die Ruhestätte für die Verstorbenen; der Friedhof soll Ort der Trauer und Besinnung bleiben. Dass er es weitgehend geblieben ist, zeigen die Friedhofgespräche, die Margrit Wartmann geführt hat.

Auf dem Friedhof Enzenbühl traf sie eine 87jährige Frau, welche die Blumen begoss. Sie sagte: «Eigentlich habe ich nach Deutschland zurückkehren wollen, doch dann ist mein Mann gestorben. Also beschloss ich, in Zürich zu bleiben, um täglich bei ihm sein zu können. Auf dem Friedhof Sihlfeld liegt eine Bekannte, die ich öfters besuche. Ihre Verwandten sind alle krank und können das Grab deshalb nicht in Ordnung halten. Ab und zu bringe ich ein Stöcklein mit, solange man lebt, ist es doch Pflicht, nach dem Grab zu schauen».[24] Auf dem Friedhof Nordheim fand im Dezember 1985 ein Gespräch zwischen zwei fünfzigjährigen Frauen statt. Die beiden brachten Grabkissen und Kerzen an die Gräber. Zum besseren Verständnis haben wir den beiden Frauen einen Namen gegeben: die erste Frau soll Meier, die zweite Müller heissen.

Frau Meier: «Jetzt schauen Sie einmal das Grab da hinten. Es hat nichts drauf. Armselig»!

Frau Müller: «Ja, armselig».

Frau Meier: «Das arme Gräbli; wir haben schon zwei Erikastöckli mitgebracht, damit es wenigstens etwas hat».

Frau Müller: «Vielleicht wohnen die Verwandten weit weg»?

Frau Meier: «Vielleicht».

Frau Müller: «Wenn ich einmal weg bin, ist auch niemand da, der mein Grab pflegt. Aber wir lassen es für zwanzig Jahre anpflanzen».

Frau Meier: «Selbstverständlich».

Frau Müller: «So ein trauriger Anblick soll es nicht sein, es wundert einen, dass sie überhaupt einen Grabstein haben setzen lassen».[25]

Auf den Friedhöfen trifft man mehr Frauen als Männer. Auch überwiegen die über fünfzigjährigen Besucher. Viele Frauen gehen gruppenweise auf den Friedhof, die Männer fast immer allein oder mit ihren Ehefrauen oder Familien. Margrit Wartmann hat bei den Hinterbliebenen drei Gruppen ausgemacht, erstens einmal jene, die nie, dann eine zweite Gruppe, die nur an den Totengedenktagen wie Ostern, Allerheiligen, Weihnachten oder am Todestag, und schliesslich eine dritte Gruppe von Leuten, die regelmässig, das heisst wöchentlich oder gar täglich das Grab besuchen. Allen diesen Leuten gemeinsam ist, dass sie nie von den Gräbern, sondern immer und in allererster Linie vom «eigenen Grab» reden. Alle sagen, wenn sie durchs Tor gehen: Ich gehe jetzt «zu meinem Grab». Ein Grab ist, um es mit den Worten von Margrit Wartmann zu sagen, eine Art Privatgärtchen. Man pflegt und hegt es mit Hingabe und Selbstverständlichkeit, obwohl es im Merkblatt 2 des Bestattungs- und Friedhofamtes der Stadt Zürich deutlich heisst: «Das Setzen und der Unterhalt der Pflanzen wie auch das Säubern der Gräber sind Sache des Friedhofpersonals». Aber es gibt ja viele Möglichkeiten: den Pflanzen Wasser zu geben; man kann auch ein kleines Blumenstöcklein mitbringen und es, anstatt es pflichtgemäss dem Gärtner abzugeben, selber einpflanzen. Die Werkzeuge sind fein säuberlich in den Taschen versteckt. Es sind meistens Frauen, die sich dieser heimlichen Tätigkeit hingeben. Ein Mann geht hin und steht, ohne tätig zu werden, einfach am Grab. Wenn ein Paar beisammen ist, dann hilft der Mann vielleicht etwas mit oder kommentiert die Arbeit der Frau. Über die Verstorbenen wird nicht oder nur selten gesprochen. Es gibt mancherlei Themen: Man spricht über das Wetter, die Blumen, vielleicht auch einmal über eine Wahl, über eine Abstimmung. Vor sich hinzusingen oder gar zu beten fällt eher schwer. Man zeigt seine Gefühle nicht gern und deckt die Verlegenheit mit Geschäftigkeit. Tränen sieht man selten, ausser an Weihnachten, in einer Zeit, in der viele Menschen zu schwermütigen Gedanken neigen. Doch auf dem Friedhof ist man diszipliniert. Geweint wird nur, wenn man nicht beobachtet wird. Was für ein Gegensatz zu den Klageweibern des 18. Jahrhunderts! Und welch ein Unterschied zu jener Frau, die noch um 1930 an einer Beerdigung fragte, ob es Sitte sei, am Grab oder im Trauerhaus zu weinen!

Dass man auf dem Grab nicht pflanzen darf, wissen die allermeisten Besucherinnen und Besucher nicht. Wer es erfährt, ist erstaunt, und einzelne beschweren sich hin und wieder. Die Friedhofgärtner aber haben gute Argumente: Wie sähe das aus, wenn Hunderte mit Schäufelchen und Häckelchen antreten würden, um damit auf den Gräbern herumzustochern, und selbst auf dem Grabfeld des Nachbarn Spuren hinterliessen. Möglicherweise käme es zu zahllosen «Gräberkriegen», und die Friedhofverwaltung würde die Übersicht verlieren. Manche Gräber wären dann überhaupt nicht gepflegt. Die Friedhofverwalter verfügen über eine grosse Erfahrung: «Je gleichartiger die Gräber sind, desto weniger reklamieren die Leute», sagen sie. Als zu Beginn der achtziger Jahre die Gräber im Sommer einmal mit Begonien der verschiedensten Farben angepflanzt worden waren, reklamierten viele Leute. Sie wollten wissen, wieso nicht diese oder jene Farbe auf ihr Grab gekommen sei. Neuerdings erfolgt die Farbzuteilung nach einem Schema, das vom friedhofeigenen Computer errechnet wird. Jedes Jahr wechselt die Farbe, und wer wissen will, weshalb auf dem Grab nicht weisse oder blaue Blumen blühen, kann die Auskunft erhalten, im nächsten Jahr würden blaue Blumen gepflanzt. Das Ganze ist wohlkontrolliert und gut organisiert. Auf Ostern erscheinen Frühlingsblumen, auf Pfingsten die Sommerblumen und auf Allerheiligen die Erikastöcke. Manche Besucher wissen das und kontrollieren es auch.

Ein im Jahre 1985 auf dem Friedhof Schwamendingen mit zwei Frauen geführtes und von Margrit Wartmann aufgezeichnetes Gespräch zeigt recht schön, wie die Friedhofbesucherinnen denken. Wir nennen sie Frau Baumann und Frau Suter. Frau Baumann war achtzig und Frau Suter fünfzig Jahre alt.

Frau Baumann: «So, bringen Sie auch etwas zum Einpflanzen»? Frau Suter: «Ja, ein kleines Stöcklein Erika. Es ist doch immer so herzig, wenn man dem Grab schaut».

Frau Baumann: «Ja, das ist doch wichtig. Meine Schwägerin hat auf ihrem Grab dort hinten seit sieben Jahren noch keinen Streich gemacht, ich weiss es genau».

Frau Suter: «Wenn man streng erzogen wurde, nimmt man es andes. Ich sage immer: So wie man das Brot und das Wasser gehabt hat, so bleibt man».

Frau Baumann: «Eben. Ich habe jetzt auch etwas für meinen Mann gekauft».[26]

Pflanzvorschriften gibt es auch auf ländlichen Friedhöfen. Als in einem Zürcher Dorf eine Witwe bei der Gestaltung des Grabes ihres verstorbenen Mannes eigene Wege ging, kam es zu einem Zusammenstoss mit dem Friedhofvorsteher. Die Frau hatte das Grab am Todestag ihres Gatten mit einem kostbaren Strauss geschmückt. Am andern Morgen war der Strauss weg. Die Blumen hatten offenbar die Cottoneasterbepflanzung vor dem Grabstein tangiert. Gemäss Verordnung war sie freizuhalten. Zwischen dem Gärtner und der Frau kam es zu einem Machtkampf. Sie legte wieder einen Strauss aufs Grab, und dieser verschwand ein weiteres Mal. Der Friedhofgärtner machte geltend, die Cottoneasterbepflanzung sorge dafür, dass die Grabsteine lesbar blieben. Er sagte ferner, dass die meisten Leute die Bepflanzung des Grabes der Friedhofverwaltung überliessen; sie könnten auch individuelle Wünsche anbringen. Selbstbepflanzer, eine Minderheit von zwei bis drei Prozent, hätten auf der Grabfläche weitgehend freie Hand. Wer in diesem Streit recht hatte, steht hier nicht zur Diskussion. Wir führen dieses Beispiel an, um zu zeigen, dass es auch dort, wo es eigentlich nur Ruhe und Frieden geben sollte, zu Spannungen kommen kann.

Auf den Zürcher Friedhöfen gibt es – wie übrigens auf den allermeisten andern auch – nicht nur für die Pflanzen, sondern auch für die Menschen Vorschriften. Es wird genau gesagt, was hier erlaubt ist und was nicht. Gestattet sind Stricken, Lesen und Essen, sofern man es diskret auf einer Bank macht. Als ungebührlich betrachtet man das Sonnenbaden, und verboten sind Fussballspielen sowie Velofahren. Auch darf man keine Hunde mitnehmen oder sich zu einem Picknick niederlassen. Das Joggen ist ebenfalls untersagt. Trotz diesen Vorschriften gibt es viele Dinge, die ungebührlich sind. Vieles ist verboten, ohne dass es ausdrücklich gesagt wird. Da gibt es immer wieder kleinere oder grössere Diebstähle. Blumen, Kerzen und Laternen werden weggenommen oder auf ein anderes Grab gebracht.

Die von Margrit Wartmann aufgezeichneten Gespräche geben Einblick in die Denkweise der Besucher. Allerdings sprechen die Gräber für sich. Sie vermitteln ein genaues Bild der lokalen, regionalen oder gar nationalen Friedhofkultur. Zunächst einmal sagt die Wahl des Grabtypus viel aus. Privatgräber oder deren billigere Variante, die sogenannten Urnen-B-Gräber, sollen eine Familie über den Tod hinaus zusammenhalten. So werden bestehende Strukturen für eine ganze Ewigkeit zementiert. Die Zürcher Friedhöfe Fluntern, Enzenbühl, Realp, Sihlfeld A und Manegg weisen einen verhältnismässig hohen Privatgräber-Anteil auf. Eigentlich ist das merkwürdig, liegen doch diese Friedhöfe nicht in den Innenquartieren. Vielleicht erklärt es sich daraus, dass sich wohlhabende Bürger aus der ganzen Stadt in die beliebten, das heisst bestgelegenen Friedhöfe einkaufen konnten. Heute können selbst jene, die über grosse Finanzen verfügen, ihren Reichtum nicht mehr mit einem grossen Grabmahl zur Schau stellen. Die Grabmalvorschriften setzen Grenzen, demokratische Grenzen, könnte man sagen. Aber innerhalb dieser Grenzen gibt es einen gewissen Spielraum, der bis heute voll ausgenützt wird. Beweis: Nur wenige Menschen (6% der Zürcher) lassen sich in den Gemeinschaftsgräbern bestatten. Bei diesen wenigen handelt es sich keineswegs um Verlassene oder gar um Namenlose, sondern vielmehr um Personen, die ihren Entschluss auf Grund reiflicher Überlegungen gefasst haben. Ein weiteres interessantes Faktum: Nur wenige Zürcher nehmen die Urne mit nach Hause. Dies wäre ohne weiteres erlaubt, widerspricht aber wohl einer inneren Einstellung. Die Asche eines Verstorbenen ist ja nicht irgend etwas, womit man beliebig umgehen kann. Zudem möchte man, dass die Liebesdienste für die Toten sichtbar sind.

275 Der Kirchhof von Oltingen BL

Kirche, Pfarrhaus und Beinhaus bilden ein einmaliges Ensemble. Das Beinhaus – es wurde 1517 kurz vor der Reformation gebaut – steht an das Pfarrhaus angelehnt an der Südostseite des Kirchhofes. Es hat seine ursprünglichen Funktionen längst verloren.

276 Der Friedhof von Solothurn

Wie in allen andern Städten war auch in Solothurn der Friedhof längst aus der Stadt hinaus verlegt worden. Der Friedhofplatz befand sich einst beim heutigen «Säulimärt» beim kleinen Gotteshaus St. Stefan. In einem Haus unmittelbar daneben sind noch Teile der Mauer erhalten. Der heutige Friedhof ist parkähnlich angelegt und sehr gepflegt.

277 Friedhof des Kapuzinerklosters von Zug

Der Friedhof zeugt von der kapuzinischen Schlichtheit. Die hölzernen Kreuze sind zum Schutze der Witterung mit einem Dächlein versehen.

278 Herbststimmung auf dem Friedhof von Einsiedeln

Der Friedhof liegt mitsamt der Friedhofkapelle an der Strasse nach Yberg. Der alte Baumbestand sorgt für eine friedliche, feierliche Stimmung.

279 Tempietto im Luzerner Friedhof Friedental

Die Luzerner legten diesen Friedhof 1884–1885 auf dem Hochplateau des Mohrentals an. Beidseits des Hauptportals (Abdankungskapelle und Leichenhalle) befinden sich Tempelpavillons als Propyläen zum Jenseits. Am nordwestlichen Ende steht als Point de vue ein überkuppeltes Tempietto.

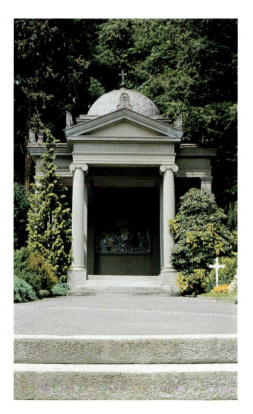

280 Der Friedhof von Isenthal UR
Die einheitlichen Holzgrabmäler und Holzkreuze stammen vom Holzbildhauer Scheuber aus Kerns.

281 Der Friedhof von Flums SG um 1960

Der Fotograf Gross hat um 1960 den Friedhof von Flums abgebildet. Inmitten des Friedhofes steht das Lichthäuschen. Auf dem alten Friedhof unmittelbar neben der Kirche stehen heute noch die handgeschmiedeten wunderbaren Eisenkreuze.

Einige Probleme bereiten die Urnennischen. Sie sind zwar pflegeleicht und billig, aber sie können nicht mit Blumen geschmückt, sondern nur mit dem Namen des Toten versehen werden, was viele Hinterbliebene stört. Sie haben es deshalb in verschiedenen Friedhöfen durchgesetzt, kleine ansteckbare Vasen anzubringen. Die Besucher bringen Blumenschalen mit, die sie am Fusse der Wand abstellen, allerdings nicht ohne auf einem Zettel zu notieren, für welchen Verstorbenen die Blumen gedacht sind.

Bestattungsnorm bleiben auf Zürcher Friedhöfen bis zum heutigen Tag das Erdbestattungsgrab und das Reihenurnengrab: «Wer hier bestattet werden möchte, lehnt die beiden Extreme Privatgrab und anonymes Gemeinschaftsgrab ab. Zu viel Privatheit wie auch zu viel Gleichheit sind ihm suspekt. Der Zürcher will nicht auffallen, aber auch nicht vergessen werden. Ein bisschen Individuum will er nach seinem Tod noch bleiben».[27] Das gilt gewiss für alle Schweizerinnen und Schweizer.

Regionale Unterschiede sind indessen nicht zu verkennen. So gibt es zum Beispiel auf dem Basler Hörnli-Friedhof (er wurde 1932 eröffnet) eine unübersehbare Vielfalt von Grabmälern. Sie wird überboten von der für den Deutschschweizer «phantastisch» wirkenden Buntheit und Vielfalt der Friedhöfe von Bellinzona, Locarno und Lugano. Völlig anders sehen auch heute noch der Friedhof von Lenz (GR) mit seinen schmiedeisernen Kreuzen und der Friedhof von Appenzell mit seinen Holzkreuzen aus. Auf der einen Seite eine geschlossene Gemeinschaft, in der man zusammen lebt und stirbt, auf der andern die Individualität, die Anonymität. Auch ist der kultische Aspekt, der in ländlichen Friedhöfen noch spürbar ist, in den grossen Anlagen der Städte in den Hintergrund getreten. Der Bildhauer Erwin Rehmann meinte 1967: «Auf städtischen neuen Friedhöfen ist alles bis zum letzten Finish gepflegt, wie der Monorasen bei Einfamilienhäusern. Man vergisst bei der kaum mehr überbietbaren Schönheit, dass in jedem Grab eine Leiche beigesetzt ist. So hat man aus einem Ort der Besinnung eine Grabstein- und Blumenschau gemacht».[28]

Aber die «Grabsteinschau» sagt bei näherer Betrachtung und Analyse doch auch einiges über die kultische Seite aus. Werner Graf hat während Jahren zusammen mit einigen Mitarbeitern die Symbole auf den Platten und Stelen des Hörnli-Friedhofs untersucht. Im Jahre 1981 hatten rund 1500 Gräber kein Grabmal. Rund 13900 (40%) waren ohne Zeichen; sie trugen nur den Namen des Verstorbenen. Rund 9060 (26%) waren mit einem Kreuz versehen. Dabei zeigte sich ein grosser Unterschied zwischen Urnen- und Erdbestattung. Wiesen bei Erdbestattungen rund 47% aller Zeichen ein Kreuz auf, so waren es bei den Urnen nur 8%. Hingegen waren bei Erdbestattungsgrabmälern rund 23%, bei den Urnen aber 58% nur die Namen der Verstorbenen eingetragen. Werner Graf glaubt, dass jene Menschen, die an die christliche Offenbarung und Auferstehung glauben, nach alter Art beerdigt werden möchten. «Menschen, denen Religion weniger bedeutet, die eher an einen endgültigen Tod denken, bevorzugen möglicheweise die Kremation». Tatsächlich überwiegen die christlichen Schriftzeichen (Christusmonogramm, Bibelvers oder Hinweis auf Bibelstellen) auf Grabmälern von Erdbestattungen. Auf Kindergräbern waren die häufigsten Sinnzeichen das Kreuz und die Blume. Hier traten auch Sinnbilder des Engels in Erscheinung. In den letzten Jahrzehnten nahmen die Blumen als Zeichen zu. Eine Zunahme der Pflanzenbilder weisen auch die Urnengräber auf. Hier kam es zu Umschichtungen. Um 1960 gab es noch viele Ährendarstellungen. Im Jahre 1984 waren es bedeutend weniger, dafür dominierten die Blumen, vor allem die Rosen. Graf stellte fest, dass die Bibelverse mehr und mehr durch symbolische Zeichen ersetzt werden. Selbst auf den Grabsteinen der Reformierten, bei denen ursprünglich das Wort allmächtig war, nahm das Symbol an Bedeutung zu.²⁹

Nach 1984 kam es zu einem deutlichen Rückgang der christlichen Symbole. Nach Angaben des Leiters des Basler Friedhofamtes, Emanuel Trueb, machten sie 1993 rund einen Viertel aus. Die Angehörigen entscheiden sich immer mehr für einen neutralen Grabstein, der nur mit dem Namen und den Lebensdaten des Verstorbenen versehen ist. Manche möchten aber doch den Grabstein persönlich gestalten, sie wählen oft die Darstellung von Dingen, die dem Verstorbenen im Leben nahestanden. Das kann ein Haustier oder ein Musikinstrument, vielleicht sogar ein Auto sein. Es kommen aber auch Bilder vor, die auf den Beruf hinweisen, der Hobel für einen Schreiner, Zirkel und Massstab für einen Architekten. Maria Schoch fand 1993 auf einem Gang durch den Basler Zentralfriedhof einerseits einzigartig schöne, anderseits aber auch wunderliche Grabsteine. In den letzten Jahren seien, so schreibt sie, besonders viele Katzen und Elefanten in Stein gehauen worden. Das war und ist nur möglich dank einer gewissen Liberalisierung der Vorschriften. Seit ein paar Jahren sind im Rahmen gewisser Grössenvorschriften Dinge erlaubt, die vordem undenkbar waren. Der Spielraum wird voll ausgenützt, und so wird der Friedhof langsam ein neues Gesicht bekommen. Es geht nicht allein um eine Säkularisation, sondern auch um die Trauerbewältigung auf eine neue Weise: Eine Mutter gestaltete den Grabstein für ihr verunfalltes Kind selbst. Nachdem sie sich die nötigen Arbeitstechniken angeeignet hatte, schuf sie aus Granit in harter Arbeit ein Grabmal für ihr totes Kind.³⁰

Rationalität, Reglementierung und Gleichmacherei – haben sie den natürlichen Umgang der Hinterbliebenen mit dem Verlust und dem Tod erschwert oder gar verhindert? Es gibt Anzeichen für gegenläufige Entwicklungen und Bewegungen. Ein schönes Beispiel sind die Kerzen auf Gräbern an Allerheiligen und Weihnachten. Dieser Brauch hat in letzter Zeit an Bedeutung gewonnen, und er eroberte auch neue Gebiete. Manchmal wusste man nicht, dass es sich – vor allem in katholischen Regionen – um einen Rückgriff auf alte Traditionen handelte. Eine Zermatterin sagte 1970, auf dem Friedhof kenne man Grablichter an Weihnachten erst seit einigen Generationen. Sie täuschte sich: Der Brauch, Totenlichter aufzustellen, geht, wie wir im ersten Kapitel zeigten, in katholischen Gebieten ins späte Mittelalter zurück. Sicher sind auch die Kerzen, die 1940 zum ersten Mal auf den Gräbern in Willisau angezündet wurden, keine neue Erscheinung. Auch hier hat man, wohl unbewusst, auf alte katholische Traditionen zurückgegriffen. Das gleiche gilt für Triengen im Kanton Luzern. Hier zündeten 1971/72 die Leute am Abend vor oder nach der Beichte, vor oder nach der Weihnachtsmette Kerzen auf den Gräbern an. Kaum ein Grab blieb ohne Kerze.

Doch auch dieses Geschehen entging den wachsamen Augen der Behörden nicht. So heisst es in den Vorschriften über die Friedhof- und Grabmalgestaltung für die Friedhöfe der Stadt Luzern von 1965: «Das Aufstellen von Laternen, Lampen und dergleichen auf den Gräbern ist nicht zulässig. Es wird auf Zusehen hin während der Dauer der Weihnachtstage geduldet». Von dieser Einschränkung, die von vielen Luzernern bedauert wurde, waren allerdings Weihnachtsbäume und Arrangements mit Kerzen nicht betroffen. Auch an Allerheiligen und Allerseelen werden Grablichter geduldet. Weitherziger sind die Verordnungen in Kriens, Horw, Ebikon und Hergiswil. Hier ist das Aufstellen von Grablaternen das ganze Jahr erlaubt.³¹ Im Kanton Schwyz war, wie Walter Heim 1974 festgestellt hat, der Brauch verhältnismässig weit verbreitet. So brannten auf dem Friedhof von Küssnacht am Rigi Kerzen auf rund achtzig Prozent der Gräber. Demgegenüber war damals der Brauch im Muotatal noch neu. Der Sigrist meinte, dass in neuester Zeit während der Weihnachtszeit Arrangements mit Kerzen auf die Gräber gestellt werden.[32] Auch in den katholischen Pfarreien des Kantons Thurgau scheint der Brauch damals heimisch gewesen zu sein. So brannten auf dem Friedhof von Paradies (TG) in der Mitte der sechziger Jahre nach der Christmette auf den meisten Gräbern Lichter, und die Leute hielten dort eine kurze stille Andacht. Im Kanton Graubünden ging die Initiative ganz eindeutig von katholischer Seite aus. So brachte 1964 ein katholisches, im Baselland wohnhaftes Ehepaar für den Vater des Mannes im Friedhof von Lenzerheide eine Kerze aufs Grab. «Wir haben sie auch am Weihnachtstag brennen lassen». Damals gab es erst zwei Gräber, auf denen Kerzen brannten. Im Jahre 1973 waren es bereits zwanzig. Auch in St. Gallen waren es vor allem Katholiken, die diesen Brauch kannten und schätzten. So stellte Walter Heim zusammen mit seiner Mutter um 1933 auf dem Grab der Grossmutter ein Christbäumchen mit Kerzen auf. «Am Tag vor Weihnachten gingen wir bei Anbruch der Dämmerung auf den Friedhof und zündeten die Kerzen an. Der Brauch (Christbäume oder Kerzen allein) muss ziemlich stark gewesen sein; auf alle Fälle erinnere ich mich an viele Gräber mit Kerzen und an Leute, welche die Kerzen anzündeten».[33]

Neu war, dass auch reformierte Gräber mit Kerzen geschmückt wurden. In Linthal (GL), wo es konfessionell getrennte Friedhöfe gab, stellte man 1973/74 erstaunt fest, dass es auf reformierten Friedhöfen Weihnachtsarrangements mit Kerzen gab. Im vorwiegend reformierten Betschwanden (GL) brannten auf einem Viertel der Gräber Kerzen. Auf dem Grab einer 1957 verstorbenen Frau standen ein Christbäumchen und eine grosse Kerze. Im mehrheitlich reformierten Luchsingen (GL) waren fünf bis sieben Prozent der Gräber mit Kerzenarrangements geschmückt, und im mehrheitlich reformierten Schwanden (GL) gingen die Kirchgänger nach dem Weihnachtsgottesdienst um halb elf Uhr auf den Friedhof, um die Kerzen anzuzünden. Wer hat den Brauch eingeführt? Der Sigrist von Matt sagte 1975, diese Neuerung sei um 1970 aufgekommen. «Von wem die Initiative ausgegangen ist, weiss ich nicht. Auf keinen Fall jedoch von katholischer Seite, wie man immer fälschlicherweise annimmt». Doch hier sprach wahrscheinlich eher ein Gegner der Neuerung. In der Nachbargemeinde Elm (GL) erklärte ein Mann der älteren Generation, es gehe sicher um einen katholischen Brauch. Er selber habe nichts gegen die Katholiken, aber als Reformierte wollten die Elmer von Kerzen auf Gräbern nichts wissen. Die Matter seien eben bereits «etwas angefressen».[34]

Im Kanton Zürich scheinen zunächst vor allem die Kindergräber mit Kerzen geschmückt worden zu sein. So trug 1972 unter den Erwachsenengräbern auf dem Friedhof von Äugst am Albis nur ein einziges Grab eines 1955 verstorbenen Katholiken einen Kerzenschmuck. Unter den seit 1970 neu angelegten Gräbern gab es schon damals eine grosse Anzahl, die mit Kerzen geschmückt waren. In der konfessionell gemischten, grossen Baselbieter Gemeinde Oberwil meinte der amtsälteste Pfarrer, der Brauch sei hier schon 1951 üblich gewesen. Um 1970 waren vierzig bis fünfzig Prozent der Gräber weihnachtlich geschmückt. Der katholische Geistliche sagte: «Ich empfinde den Brauch als schön. Die Kerzen zeigen, dass man an Weihnachten auch an die verstorbenen Familienglieder denken will». Die reformierten Pfarrer waren damals eher skeptisch. Es könnte doch dazu führen, so meinten sie, dass die Trauernden die Trennung innerlich nicht überwinden.

282 Der Friedhof von Haslen AI

Barbara Hasler hat 1978 nachgewiesen, dass die meisten Kreuze von der aus dem Tirol stammenden Schmiedefamilie Wyss gestaltet worden sind. Die Hasler entschlossen sich, keine Grabsteine, sondern hölzerne Kreuze zu verwenden. Zusammen mit den Blumen ergibt sich ein warmes und geschlossenes Bild.

283 Der Waldfriedhof von Schaffhausen

Der im September 1914 eingeweihte Waldfriedhof von Schaffhausen stellte nicht nur für diese Stadt, sondern auch für die ganze Schweiz eine Pionierleistung dar. Hier wurde erstmals die aus Deutschland übernommene Idee eines Waldfriedhofes verwirklicht. Dieser Friedhof ist nicht nur berühmt und angesehen wegen der Bäume, sondern vor allem auch dank der einzelnen Grabmäler, die zum Teil von bedeutenden Künstlern wie Hermann Hubacher, Ernst Gubler und Franz Fischer stammen.

Das Volk dachte anders. Hier der Beweis: 1939/40 führte der Jodler-Club der Gemeinde im November eine Totenehrung durch. Sechs Jahre später schlossen sich weitere Dorfvereine an. Seither führen die Vereine die Totengedenkfeier am zweiten Novembersonntag gemeinsam durch. Das eine Jahr wird der katholische, das andere Jahr der reformierte Pfarrer eingeladen. Seine Ansprache wird musikalisch umrahmt. Auf dem Friedhof wird bei dieser Gelegenheit auch gejodelt. Im Jahre 1973 zählte man nicht weniger als dreihundert Personen, die an dieser Feier teilnahmen. So wurde auf ganz natürliche und unverkrampfte Weise der Tod ins Leben geholt.[35]

Unverkrampfter Umgang mit dem Tod, das zu erreichen ist heute das Anliegen von vielen Ärzten und Psychologen. Die in den Vereinigten Staaten von Nordamerika wirkende Schweizer Ärztin Elisabeth Kübler-Ross hat mit ihren vielen Büchern und Fernsehsendungen unzähligen Menschen geholfen, dem Sterben und dem Tod gelassen entgegen zu gehen. Sie betont immer wieder von neuem, dass der Tod nur «ein Übergang in eine andere Form eines andern Lebens auf einer andern Frequenz» sei. Weiter sagt sie: «Der Moment des Todes ist ein ganz einmaliges, schönes, befreiendes Erlebnis, das man erlebt ohne Angst und Nöte». Zu dieser Schlussfolgerung kam sie auf Grund ihrer Erlebnisse an Hunderten von Sterbebetten. Für Elisabeth Kübler-Ross bedeutet die Beschäftigung mit dem Tod nicht eine Flucht vor dem Leben. Sie lässt vielmehr den Menschen bewusster und konzentrierter leben und bewahrt ihn davor, «viele Zeit für unwichtige Dinge zu vergeuden».[36]

Von ähnlicher Art ist der Forschungsansatz der Psychologie und namentlich auch der Tiefenpsychologie. Erst kürzlich haben die drei Psychologinnen Aniela Jaffé, Lilian Frey-Rohn und Marie-Louise von Franz die Forschungsresultate publiziert, die sie auf Grund von Träumen von dem Tode Nahestehenden erhielten. Diese drei Forscherinnen verstehen das Erlebnis des Todes «als eine Wandlung zu einem neuen Sein. Gestützt auf psychologische Erfahrungen wird der Tod nicht nur als Ende, sondern auch als Beginn eines 'Ganz- Anderen' verstanden».[37]

Ende des Tabus um Tod und Trauer

Es war ein Arzt, der das Tabu um Tod und Trauer endgültig gebrochen hat. Im Jahre 1972 wurde der medizinische Chefarzt des Stadtspitals Triemli in Zürich, Prof. Dr. U. Hämmerli, von der Vorsteherin des Gesundheits- und Wirtschaftsamtes, Stadträtin Pestalozzi, der passiven Sterbehilfe angeklagt. In der Voruntersuchung stellte die Staatsanwaltschaft fest, dass der Chefarzt und seine Assistenten chronischkranke ältere Patienten, bei denen es aus medizinischer Sicht keine Besserung mehr gab, nur noch mit Wasser ernähren liessen. Die Juristen stuften indessen diese Art medizinischer Versorgung nicht als Tatbestand ein, und eine Strafklage wurde nicht erhoben. Doch damit war die Angelegenheit keineswegs ad acta gelegt. Sie veranlasste vielmehr die Ethikkommission der Schweizerischen Akademie der Medizinischen Wissenschaften, Richtlinien für Sterbehilfe zu erarbeiten. In diesen Richtlinien hält die Akademie fest, dass aktive und passive Sterbehilfe nicht immer leicht auseinanderzuhalten seien. In den Richtlinien wird genau zwischen aktiver und passiver Sterbehilfe unterschieden: «Die aktive Sterbehilfe ist die gezielte Verkürzung durch Tötung des Sterbenden. Sie besteht in künstlichen Eingriffen in die restlichen Lebensvorgänge, um das Eintreten des Todes zu beschleunigen. Aktive Sterbehilfe ist nach dem Schweizerischen Strafgesetzbuch strafbare vorsätzliche Tötung, ... selbst, wenn sie auf Verlangen des Patienten erfolgt. Die passive Sterbehilfe ist der Verzicht auf lebensverlängernde Massnahmen beim Todkranken ... Ärztlich ist der Verzicht auf eine Therapie ... begründet, wenn ein Hinausschieben des Todes für den Sterbenden eine nicht zumutbare Verlängerung des Leidens bedeutet und das Grundleiden ... einen irreversiblen Verlauf genommen hat».

Neuen Diskussionsstoff bot auch die Vereinigung für humanes Sterben EXIT. Dieser Vereinigung gegenüber haben zwar Mediziner und Psychologen grosse Vorbehalte angebracht (so etwa Cécile Ernst im Tages-Anzeiger vom 13.6.1992). Eine grössere Akzeptanz des Freitodes, wie EXIT sie propagiere, führe, so wurde ausgeführt, unweigerlich zum Druck auf ältere, chronischkranke und behinderte Menschen, ihr Leben zu beenden. Doch immer mehr Leute glauben, dass sie nicht nur über das Leben, sondern auch über den Tod selbst zu bestimmen haben: selbst der Tod ist planbar. EXIT selber verzeichnet einen grossen Zuwachs an Mitgliedern (über 50'000 innerhalb von 10 Jahren). Sie bietet als einzige Organisation ihren Mitgliedern auch verschiedene Dienste an, die andere nicht bieten können. So gibt es seit dem Herbst 1993 ein eigenes Sterbehospiz.

Die Diskussion über die aktive oder passive Sterbehilfe wird wohl weitergehen. Wie Maya Fehlmann-Von der Mühll 1993 feststellte, haben die Generationen, «welche jetzt älter und alt werden, gelernt, Leben zu planen: Die eigene Biographie und mit den modernen Mitteln der Geburtenregelung auch das Leben ihres Nachkommen. Für sie wird es in zunehmendem Masse selbstverständlich, auch das Ende ihres Lebens zu planen. Dem Schlagwort der 'sanften Geburt' folgte unmittelbar später dasjenige vom 'sanften Sterben'. Ob und wie die zur Verfügung stehenden Mittel gegen die Angst vor dem Sterben auch die Angst vor dem Tod beeinflussen, bleibt ungewiss. Fest steht nur, dass wir heute ein Stück weit Einfluss darauf nehmen können, wie wir sterben möchten. Dieses Wie hängt heute wie eh und je aufs engste damit zusammen, wie wir leben möchten. Dieses Wie darf und muss in unserer pluralistischen Gesellschaft höchst individuell beantwortet werden. Als gemeinsamer Trend zeichnet sich dabei einzig das Verständnis ab, dass Leben nicht Kampf gegen den Tod, sondern gegen Leiden und Isolation, also Engagement für ein würdiges Dasein in allen Lebensabschnitten bedeutet».[38]

284 Grabstein auf dem Friedhof Hörnli, Basel, mit Emblemen des Schreinerhandwerks

In der Mitte unseres Jahrhunderts war es Brauch, auf Grabsteinen den Beruf der Verstorbenen zu kennzeichnen. Diese Tradition ist in Basel 1989 wieder aufgenommen worden.

285 Moderner Grabstein 1991 auf dem Friedhof Hörnli in Basel

In diesem Grab liegt offensichtlich eine Katzenfreundin begraben.

286 Grabstein von 1992 mit Elefanten

Dieser Grabstein befindet sich auf dem Friedhof Hörnli in Basel er zeigt deutlich den Wandel der Auffassungen. Christliche Symbole sind durch weltliche ersetzt.

5
Rückblick und Ausblick

Eine Beerdigung um 1700 und eine Bestattung heute – es gibt wohl kaum einen grösseren Gegensatz. Selbst in protestantischen Gegenden, in denen seit der Reformation jeder Totenkult verpönt ist, erscheint um 1700 die Beerdigung und alles, was damit verbunden war, umringt und eingerahmt von bestimmten und ausdrucksvollen Formen; alles war ausgerichtet auf die Erhabenheit eines strengen und festen Lebensstils.

Dieser Lebensstil unterschied sich allerdings damals ganz wesentlich von jenem der Katholiken. Protestantische und katholische Beerdigungsrituale – das waren, wie wir im ersten Kapitel darlegten – zwei Welten voller Gegensätze, zwei Welten, die sich gegenseitig kaum ertrugen.

Das ist heute völlig anders. Es ist, wie wir an einem Beispiel zeigen können, im Laufe des 20. Jahrhunderts zu einem konfessionellen Ausgleich gekommen. Als im Jahre 1925 in Liestal ein reformiertes Gemeindeglied anregte, den Brauch an Allerheiligen und Allerseelen die Gräber zu schmücken, aufzunehmen, kam es zu einem energischen Einspruch: «Da isch kadollisch».[1] Um 1930 aber hiess es: «Der Gräberschmuck zu Allerheiligen wird immer mehr zum allgemeinen Volksbrauch, und dem ist gut so». Vor allem in konfessionell gemischten Gegenden, so wird im Jahre 1960 betont, «wollen die Reformierten in der Pietät nicht zurückstehen». Seither ist es für viele Reformierte ganz selbstverständlich, die Gräber an Allerseelen besonders schön zu schmücken. Der Friedhofgärtner einer reformierten Gemeinde meinte: «Es ist unser Stolz, die Anlage in schönster Pracht zu präsentieren».[2]

Dass dieser Brauch übernommen werden konnte, ist keineswegs selbstverständlich, lehnte doch die reformierte Kirche den «typisch katholischeln Totenkult» entschieden ab. Das Volk dachte anders. Dabei ist wohl kaum nur Nachahmungstrieb im Spiel. Offensichtlich sind es seelische Bedürfnisse, die befriedigt werden. Mitbeteiligt ist aber auch ökumenisches Gedankengut. Um die ökumenische Idee auszudrücken, scheinen die Totengedenkfeiern ganz besonders geeignet: «Wir Gläubigen aus allen Konfessionen wissen unsere Toten bei dem einen und gleichen Gott», hiess es etwa. Und weiter: «Das gemeinsame Gedenken wird unseren aufgesplitterten Glauben zu vermehrter Einsicht anrufen». Die Konfessionen wollen, so wird 1989 gesagt, «in den Gedächtnisfeiern nicht bei der Trauer verharren, sondern das österliche Heilsgeheimnis der Auferstehung hervorheben».[3]

Konfessioneller Ausgleich hiess hier Übernahme eines Brauches, und das war gleichbedeutend mit der reicheren Ausstattung eines Rituals, das einst eingeschränkt und zurückgebunden worden war. Doch diese Übernahme und diese Bereicherung scheinen im grossen und ganzen eher eine Ausnahme zu sein. In den meisten Fällen ist im gesamten Brauchtum der letzten Dinge ein Abbau, eine Auflösung, ja ein Zerfall althergebrachter Formen und Rituale zu beobachten. In den einzelnen Kapiteln versuchten wir zu zeigen, welch grosse Bedeutung einst Versehgang, Sterbegebete, Totenwache, Leichenmahlzeiten, Trauerbräuche, Grabinschriften hatten. Alle diese Übergangsrituale – Arnold v. Gennep hat sie in seinem berühmten Werk wissenschaftlich erforscht und theoretisch begründet – gerieten seit Beginn dieses Jahrhunderts in eine tiefgreifende Krise.[4]

Am Beispiel der Gemeinde Oberwil ist der phasenweise Abbau wie an einem Modell abzulesen. Regula Bochsler, die Autorin der Studie «Sterbebräuche im Wandel in der Gemeinde Oberwil», hat in einer Tabelle, die wir vollständig wiedergeben, das komplexe Geschehen anschaulich und übersichtlich zusammengefasst.[5] Da ist zu sehen, wie der Versehgang und das «is Änd lüte» um 1935 aufgegeben wurden. Das gleiche gilt für das Waschen und das Bekleiden der Leiche (Männer mit dem Hochzeitskleid) durch die Familienmitglieder. Das Vaterunserbeten im Totenzimmer wurde am Ende des Ersten Weltkrieges aufgegeben; ebenso die Sonderbegräbnisse der Selbstmörder und Ungetauften. In Oberwil war es einst üblich, dass der Sigrist den Leichenzug organisierte und dass ein Knabe das Grabkreuz trug. Es war für Ledige und für Kinder weiss, für Verheiratete schwarz. Ende der sechziger Jahre gab man auch diesen Brauch auf.[6] Der geschmückte Holzbogen für Ledige verschwand um 1931/32. Die schwarze Kleidung wurde zunächst durch das Leidband, um 1935 durch Bändel und 1960 durch einen Leidknopf ersetzt. Dieser verschwand in den siebziger Jahren. Wie anderswo kleiden sich heute die Teilnehmer an einer Beerdigung auch in Oberwil mit Ausnahme der engsten Verwandten nicht mehr dunkel. Aus einer unwahrscheinlichen Fülle von Bräuchen ist hier wie anderswo nur noch ein ganz bescheidener Rest übriggeblieben.

Die Autorin versucht dies zu erklären, und sie zitiert den grossen Volkskundler Richard Weiss: «Brauchmässiges Verhalten ist immer an eine Gemeinschaft gebunden, und umgekehrt ist die Gemeinschaft durch die Gemeinschaft ihrer Bräuche verbunden». Regula Bochsler erinnert daran, dass Oberwil zu Beginn des Jahrhunderts ein Bauerndorf von 500 Einwohnern gewesen ist und dass die Nachbarhilfe eine grosse Rolle spielte. Im Todesfall zelebrierte man einen Austritt aus der Gemeinschaft. Die für die Gemeinschaft so bedeutenden Normen des Totenbrauchtums wurden hinfällig in einer Welt, in der die Gemeinscahft nicht mehr gefragt war. Deshalb kam es zur Privatisierung und Auflösung der alten Rituale. Dies ist zweifellos – wir pflichten Regula Bochsler bei – ein wichtiger Grund, aber es ist nicht der einzige. Eine weitere Ursache liegt darin, dass alle diese Rituale grösstenteils mit Kirchenbrauchtum und mit den Kirchen selber verbunden waren. In einer Zeit, in welcher die Kirchen oder, besser gesagt, kirchlicher Glaube in eine Krise gerieten, sind auch diese Rituale betroffen.

Zu diesem Schluss kommt auch eine Untersuchung, die, gestützt auf eine repräsentative Umfrage zwischen 1990 und 1993, vorgenommen worden ist.[7] Es gab, so meinte einer der Autoren, offenbar einst so etwas wie eine Insel der Seligen, wo man, wie es der griechische Dichter Hesiod beschreibt, «mit kummerentlasteten Herzen wohnte».[8] An dieser Metapher wäre selbstverständlich einiges auszusetzen, und sie wäre auch zu ergänzen. Wir übernehmen sie trotzdem, um zu zeigen, dass es einst rund um die letzten Dinge eine Welt gab, in der andere Massstäbe galten; eine Welt des Glaubens könnte man in vereinfachender Weise sagen. Und eben diese Welt wandelte sich. Dabei ging es nicht allein oder weniger um einen Säkularisationsprozess als vielmehr um eine allgemeine Individualisierung. Was eintrat, muss nicht unbedingt ein Verlust von Religion sein; es ist eine Neuinstrumentierung des religiösen Systems. Aus der Insel wurde ein ganzer Archipel von Inseln und Inselgruppen.

Einer der Faktoren in diesem Prozess war zweifellos die Migration. Das traditionelle Verhältnis 3/5 Protestanten, 2/5 Katholiken gilt heute nach der starken Vermischung der Bevölkerung nicht mehr. Mehr ins Gewicht fällt jedoch der Umstand, dass das Zugehörigkeitsgefühl zu einer Kirchgemeinde und Pfarrei abgenommen hat. 86 Prozent der Befragten sagten, sie könnten selbst ohne Kirche an Gott glauben.[9] Der Anteil der Nichtpraktizierenden nahm zwischen 1962 und 1989 deutlich zu, bei den Protestanten von 34 auf 43 Prozent, bei den Katholiken von 18 auf 27 Prozent.[10] Ein Drittel regelmässig Praktizierende, beinahe ein Drittel gelegentlich Praktizierende und mehr als ein Drittel Nichtpraktizierende, das ist die heutige Situation.

Zwischen den beiden Polen Christentum und Atheismus hat sich ein weites Spannungsfeld mit vielen religiösen Orientierungen aufgetan. Was entstand, ist eine diffuse Religiosität. Man spricht seit den achtziger Jahren auch von einem «New Age». Sowohl für Protestanten als auch für Katholiken gibt es deutliche Inkongruenzen zwischen den eigenen Lebenswerten und dem Wertsystem der Kirche. Ein weiteres und für unser Thema entscheidendes Merkmal: Mehr und mehr gleichen sich die konfessionellen Unterschiede aus. Es kommt zu Verwischungen und Überlagerungen. Christliche Glaubensorientierung entfaltet sich «zunehmend über die bestehenden Konfessionsgrenzen in eine Vielfalt von Entwürfen und vermengt sich gleichzeitig mit nichtchristlichen Orientierungen».[11]

Mit dem gängigen Begriff Säkularisation ist dieser komplexe Vorgang nicht zu erfassen. Auch ist es nicht angezeigt, von «Fleckteppichnäherei», von «Bastelei» oder von «Patchwork» zu sprechen, weil damit ein Werturteil verbunden ist. Auf Grund der zitierten Umfrage hat man den Eindruck, dass es in der Schweiz nur wenige Leute gibt, die keine religiöse Antwort auf grundlegende Fragen nach dem Leben und dem Tod haben. Als man den Befragten die These vorlegte, «Für mich zählt nur das Heute», erklärten nur 7%, sie seien einverstanden. Eher nicht oder gar nicht einverstanden aber waren 75%. Das ist gewiss ein recht verblüffendes Resultat.[12] Überraschend gross war auch die Anzahl jener, die sich nicht vorstellen können, wie es in der Schweiz wäre, wenn es die reformierte und katholische Kirche nicht mehr gäbe. 67% der Befragten sagten, dann wüssten viele Menschen nicht mehr, welchen Sinn das Leben habe.[13] Anderseits wurde auch festgestellt, dass nur 25% der Befragten den Tod als Übergang zu einer andern Existenz ansehen. Nur 10% der Befragten erklären, dass sie mit dem Geist der Toten in Kontakt bleiben könnten und wollten.[14]

Angesichts solcher Aussagen wundern wir uns kaum mehr über die Wandlungen der Totenbräuche und das moderne Erscheinungsbild der Friedhöfe. «Die alte Friedhofkultur ist tot», so meinen viele, vor allem auch Landschaftsarchitekten. «Wir haben eine neue zu schaffen». Was ihnen vorschwebt, ist eine Art Kulturpark. In einem programmatischen Artikel hat der Landschaftsarchitekt Dieter Kienast 1990 die entscheidenden Entwicklungstendenzen herausgearbeitet. Seine wichtigste Forderung ist die parkartige Auflockerung: «Der Friedhof, der sich unauffällig der Landschaft unterordnet, wird zum Idealbild, der Stockholmer Waldfriedhof von Asplund und Lewerentz ist das nachzuahmende Beispiel. Als abschreckend gelten hingegen die Zentralfriedhöfe des 19. Jahrhunderts oder ein Campo Santo in Genua. Aber auch der kleine, ländlich-karge Dorffriedhof mit der dichtestmöglichen Aneinanderreihung von Grabstellen, dem durchgehenden Kiesbelag und der Umfassungsmauer ist verpönt».[15] Der Friedhof soll unauffällig sein; gewissermassen versteckt, ist er die Fortsetzung des Landschaftsbildes. Im Innern will man eine Miniaturlandschaft: «Aufgelockerte Grabfelder, kleine, möglichst liegende Grabsteine, vorzugsweise in Rasenflächen ohne Blumenschmuck verlegt, bestimmen das Idealbild im Innern». Und nun der Satz, der so bezeichnend ist für dieses neue Denken: «Es gilt alles, was in unserem Kulturkreis dem Friedhof seine Bestimmung, und seine Identität gibt, zu vermeiden». Während vielen Jahren und Jahrzehnten seien Friedhöfe entstanden, «die zwar vom Pathos des Todes befreit, doch keine neue Qualität besitzen. Es ist dies ein Zeichen grosser Ratlosigkeit, und eine neue Friedhofskultur hat sich nicht entwickelt».

Kienast erwähnt zwei Friedhöfe, die die mögliche Entwicklung der achtziger Jahre vorwegnahmen. Zu ihnen gehört der Friedhof Eichbühl in Zürich, wo «gekonnt mit grosser Dimension umgegangen wird, ohne Monumentalisierung, aber auch ohne peinliche Verniedlichung. Gebaute, architektonische Elemente, kompakte Grabfelder und prägnant eingesetzte Bäume kontrastieren mit offen gehaltenen Wiesenflächen». Als zweites Beispiel erwähnt Kienast den Friedhof von Horw (LU), den Willi Neukomm an einem steilen Hang gestaltet hat. Er wurde 1987 von der Gesellschaft für Gartenkultur ausgezeichnet. Auch mit einigen aus Wettbewerben hervorgegangenen Arbeiten wurden neue Akzente gesetzt, so etwa mit dem Gemeinschaftsgrab im Waldfriedhof Schaffhausen, das Brigitte Stadler und Roland Gut gestalteten. Sodann band Rainer Zulauf bei der Erweiterung des Friedhofes Hitzkirch (LU) auf subtile Weise den alten Friedhofteil in den Gesamtfriedhof ein, während Hunziker und Schweizer für den Friedhof Bümpliz eine stark architektonisch gebaute Struktur vorschlugen: «Das neue Merk-Mal dieses Friedhofes ist ein grosser Brückenbogen über die Strasse, die Verbindung von Alt und Neu im eigentlichen und übertragenen Sinn darstellend».[16]

Neue Akzente setzte auch der Landschaftsarchitekt Paul Bauer beim Ausbau des Friedhofes Liebenfels in Baden (AG). Er schuf einen Urnenhof mit Sitzplatz unter einer Linde. Geschickt sind hier neue Elemente in die gewachsene Struktur eingebracht worden.[17] Neue Wege schlug auch das Planungsteam von Landschaftsarchitektinnen und Architekten beim Ausbau des Friedhofes Doerndler in Regensdorf (ZH) ein. Hier entstand eine Urnennischenanlage, die hofartig umpflanzt ist. Hochstämmige wilde Kirschbäume bilden ein schützendes Laubdach. Ihre hellen Blüten bilden einen Kontrast zur im Süden stehenden dunklen Wildhecke.[18]

Auch ein Symposium gab neue Impulse und Anregungen. Es fand 1991 zum Thema «Der Friedhof im Jahre 2000» statt und wurde durchgeführt von der Pro Natur-Stein, Schweizerische Arbeitsgemeinschaft für den Naturstein, zusammen mit dem Verband Schweizerischer Bildhauer und Steinmetzmeister sowie dem Verband Schweizerischer Naturbaustein- und Pflasterstein-Produzenten. Grabzeichen, so wurde gesagt, sind ein Kulturgut und kein Wegwerfartikel. Denkmäler sollten qualitativ hochstehend und so konzipiert sein, dass sie auch anderswo als plastische Akzente weiterhin bestehen können. Auf unseren Friedhöfen dominiert jetzt – so Richard Brun in seinem Referat – der Naturstein: «Industrialisierung und Massengesellschaft haben dazu geführt, dass es sich meistens um zugesägte, genormte, stehende Platten handelt, denen durch handwerkliche Bearbeitung eine 'Tapete' verpasst wurde. Versehen mit einer gleichgültigen Schrift und einem Serienornament, prägen diese Erzeugnisse unsere Grabfelder». Gewiss gebe es Friedhofvorschriften, die etwas einengten, doch sie verhinderten auch Auswüchse und liessen dem Bildhauer einen weiten Gestaltungsspielraum: «Was wir brauchen, ist nicht schrankenlose Freiheit, der Friedhof ist kein Lunapark, auch nicht eine Kasseler Documenta oder venezianische Biennale, sondern ein Ort der Ruhe und Besinnung. Wenn wir bessere Grabsteine wollen, brauchen wir bessere Bildhauer. Stein ist ein lebendiger, gewachsener Stoff, aber er ist nur ein Werkstoff, und es braucht Geist, Verantwortung und Pietät, um daraus einen würdigen Grabstein zu machen».[19]

Der Friedhof soll, so Sepp Schnyder, der den neuen Friedhof von Maisprach (BL) schuf, nicht mehr «reiner Abstellplatz für unsere Vorfahren sein». Es soll eine Oase der Begegnung und Kultur geschaffen werden. «Es sollen hier Trauergeleite und Hochzeitszüge durch Marmorhallen und Türme, über Treppen, Plätze mit einem grossen Erlebniswert veranstaltet werden».[20] Die Abdankung findet (bei günstiger Witterung) im Rondell statt, das von einem Baumkreis vor Sonne geschützt ist.

287 Grabstein mit modernen Emblemen auf dem Friedhof Hörnli in Basel

Alte Vorschriften wurden gelockert.

288 Die Atheisten-Gräber von Biasca

Eine Rarität findet sich auf dem Friedhof von Biasca. Hier stehen inmitten der Gräber einige Grabmäler, die von den üblichen Normen abweichen. Da gibt es keine christliche Symbole, keine Bilder. Neben dem Namen findet man, aus Holz geschnitzt und bemalt, ein Herz in fast anatomischer Form.

289 Grabstein mit modernen Emblemen auf dem Friedhof Hörnli in Basel

Die verchromten Auspuffrohre eines Motorrades zeigen an, wer in diesem Grab ruht.

290   Eingang zum Friedhof von Maisprach BL

Der Friedhof von Maisprach wurde vom Architektenpaar G. und S. Schnyder, Gelterkinden, geplant und ausgeführt. Die Marmorpyramide als Eingangshalle ist vom weissen Spitzgiebel von Kirche und Turm inspiriert. Sie wird bei Hochzeiten in das Ritual miteinbezogen.

291 Der neue Friedhof von Maisprach BL

Mitten in der Naturwiese das Wahrzeichen: Es soll, so der Architekt, versinnbildchen, «wie das Leben an einem Punkt beginnt, (Pyramidenspitze), nach unten immer grösser und wuchtiger wird... Der Kalksteinrahmen symbolisiert unsern Lebensraum.»

292 Eine nicht ausgeführte, futuristische Begräbnisstätte auf einer Alp

Auf der freiburgischen Spillmanda-Alp hätte ein neuartiger Friedhof entstehen sollen. Gegen eine Gebühr von Fr. 1000.– und eine Beteiligung am Aktienkapital hätte es möglich sein sollen, die Asche verstorbener Personen auf der Alp zu verstreuen. Den Namen des oder der Verstorbenen wollte man auf einer der drei rostfarbenen Metallpyramiden einprägen. Der Freiburger Staatsrat sprach sich gegen dieses Vorhaben aus, worauf es bis an das Bundesgericht weitergezogen wurde. Die Mehrheit des Bundesgerichtes war der Meinung, dass eine «gewerblich organisierte Begräbnisstätte» bewilligungspflichtig sei. Im Landwirtschaftsgebiet jedoch könne eine Beerdigung nicht bewilligt werden. Einer der Bundesrichter meinte: «Der Friedhof gehört ins Dorf!»

Mit der alten Glocke wird der Tote verabschiedet. Im neuen Friedhofreglement wird die Aschenausstreuung ermöglicht. Erlaubt sind auch Urnenbestattungen um eine Stele in der Naturwiese. «Gruppendenkmäler hätten den Vorteil, dass sie für den Einzelnen weniger kosten, keine Pflege brauchten und für den Künstler die Chance bieten würden, ein grösseres Werk zu einem entsprechenden Preis ausführen zu können. Wir könnten uns vorstellen, dass man sich sozusagen schon zu Lebzeiten an einem von Künstlern zur Verfügung gestellten Kunstwerk beteiligen kann und dafür eine Miete bezahlt».[21] Das Erscheinungsbild des Maispracher Friedhofes wird heute von einer prachtvollen Naturwiese dominiert. Mitten in dieser Wiese steht das neue Wahrzeichen. Es bildet den Abschluss des Lebensweges und versinnbildlicht, «wie das Leben an einem Punkt beginnt (Pyramidenspitze), nach unten immer grösser und wuchtiger wird und sich am Ende in der Erde wieder auflöst. Der Kalksteinrahmen symbolisiert unsern Lebensraum».

Auf der andern Seite des Friedhofes beginnt der Weg des Lebens am Tor der aufgehenden Sonne; er führt zum Taufstein, den man Alphabrunnen nennt, und von hier zum Platz der Mitte. Der Friedhof ist hier nicht mehr Ort der Toten, sondern «ein beschaulicher Meditationshain mit wenigen, frei in der Landschaft stehenden künstlerischen Akzenten».

Neue Ideen, neue Symbole! Die Bevölkerung von Maisprach sagte entschlossen Ja zu diesem kühnen Experiment.

Es gab und gibt aber auch kritische Stimmen. Der Landschaftsarchitekt Gerold Fischer (Wädenswil) stösst sich an der Vielfalt der Formensprache der Kulturelemente. «Sie lässt erkennen, dass der Architekt fast krampfhaft nach 'Neuem' suchte. Es zeigt sich auch, wie postmoderne Gedankengänge einflossen. Die Vielfalt der ganzen 'Sammlung' hat nichts mehr mit den Kultgedanken eines Gottesackers in herkömmlichem Sinn zu tun. Der Erbauer plädiert jedoch für die Übertragung alter Kulturüberlegungen in diese neue ländliche Formensprache und seine Vorschlagsänderungen zu kirchlichen Riten. Dennoch ist nicht zu übersehen, dass Sepp Schnyder alte, wesentliche Kulturelemente weggelassen hat: Er verlässt den Hof. Er vergisst den Blumenschmuck des ländlichen Einzelgrabes als wesentliches Kulturelement, und er behandelt das Grün auf dem Friedhof zweitrangig. Auch die Landschaftseingliederung kann nicht überzeugen. Es kam zu einer Vermischung von städtischen und ländlichen Grundelementen der Friedhofgeschichte. Dem Faktor Raum wurde nur teilweise und mit künstlichen Bauelementen (Beton/Metallkonstruktionen) Beachtung geschenkt. Schliesslich ist der für den Friedhof wichtige Faktor Zeit vernachlässigt worden. Gesamthaft gesehen wirkt der Friedhof von Maisprach eher als eine Ausstellung postmoderner Formen ohne Bezug zum Landfriedhof und dessen Philosophie und Kultur».

Der Friedhof von Maisprach ist nur eines von vielen Beispielen, die, wie auch die neuen Formen der Abdankungsrituale, zeigen, dass man vielerorts bereit ist, von alten, überlieferten Traditionen wegzukommen. Aber dies ist wahrscheinlich gerade da, wo es um die letzten Dinge geht, nicht immer und nicht durchwegs angezeigt. Wir brauchen Elemente aus beiden Denkweisen. In unserem Dasein stossen wir immer auf jene eigentümliche Doppelheit von energischem Zugriff nach Neuem und Neuerkanntem und dem frommen Sinn dafür, dass wir auf Schichten aufruhen, die überzeitlich und dauernd und dem Gefälle des Fortschritts entzogen sind. Diese Erkenntnis hilft vielleicht mit, die Kluft, die sich zwischen jung und alt, zwischen Modernisten und Traditionalisten aufgetan hat, zu überbrücken. Eines ist sicher, die letzte Stunde bleibt verborgen, und die letzten Dinge bleiben Geheimnis – göttliches Geheimnis.

Anhang

Quellen und Literatur

Anderes, B. Kunstführer Kanton Tessin 1972.

Arbeitsgemeinschaft Friedhof und Denkmal e.V. Kassel: Umgang mit historischen Friedhöfen. Kasseler-Studien zur Sepulkral-Kultur Bd. 3, Kassel 1984.

Arbeitsgemeinschaft Friedhof und Denkmal e.V. Kassel: Vom Kirchhof zum Friedhof. Wandlungsprozesse zwischen 1750 und 1850. Bd. 2 der Kasseler Studien zur Sepulkral- Kultur, Kassel 1984.

Arbeitsgemeinschaft Alpenländer. Die Grabdenkmäler in den Alpengegenden. Bozen 1989.

Ariès, P. L'homme devant la mort. Deutsch: Studien zur Geschichte des Todes im Abendland. München/Wien 1976.

Ariès, P. Geschichte des Todes. München 1982 · Paris 1978).

Ariès, P. Bilder zur Geschichte des Todes. München 1984 · Paris 1983.

Atlas der Schweizerischen Volkskunde. Kommentar 2. Teil, 5. u. 6. Lfg.

Bernoulli, J. Reisebemerkungen. Hg. P. Merian, in: Beiträge zur vaterländischen Geschichte. 3. Bd. 1846.

Bestattungs- und Friedhofordnung des Kantons Basel-Stadt vom 29. 4. 1932.

Birchler, L. Die Kunstdenkmäler des Kantons Zug, Bd. 2, 1957.

Bluntschli, H. H. Merckwürdigkeiten der Statt Zürich. Zürich 1711.

Brunold-Bigler, U. Schweizerische Sterbebilder mit besonderer Berücksichtigung der deutschen und rätoromanischen Schweiz. Lizentiatsarbeit Universität Basel, 1976.

Büchli, A. Mythologische Landeskunde von Graubünden. 3 Bde. 2. Aufl. Disentis 1989.

Bürgler, M. «... und am Sonntag gibt's gebrannte Creme. Eine Jugend in der Innerschweiz. Basel 1992.

Caminada, C. Die Bündner Friedhöfe. Zürich 1918.

Carlen, Louis. Walliser Jahrbuch 1935.

Condrau, G. Der Mensch und sein Tod. Einsiedeln 1984.

Corbin, A. Pesthauch und Blütenduft. Eine Geschichte des Geruchs. Berlin 1984.

Curti, N. Volksbrauch und Volksfrömmigkeit im katholischen Kirchenjahr. Volkstum der Schweiz. Basel 1947.

Curti, N. Die Butterlampe, in: Schweizerisches Archiv für Volkskunde 15, 1901.

Descoeudres, G., Cueni, A., Hesse, Ch., Keck, G. Sterben in Schwyz. Einblicke in einen ländlichen Friedhof des Spätmittelalters bis in die Neuzeit. Bern 1994.

Dirlemeier, U. Untersuchungen zu Einkommens- und Lebenshaltungskosten in oberdeutschen Städten des Spätmittelalters Mitte 14. bis Anfang 16. Jh. Abhandlungen der Heidelberger Akademie der Wissenschaften 1, 1978, Heidelberg 1978.

Du Bois-Melly, Ch. Des usages funèbres et des cimétières à Genève au siècle passé. Genf 1988.

Du Bois-Melly, Ch. Les moeurs genevoises. Genf und Basel 1882.

Durrer, R. Kunstdenkmäler des Kantons Unterwalden, 1971.

Eisenhofer, L. Handbuch der Katholischen Liturgik. Freiburg i. Br. 1933.

Encyclopédie Illustrée du Pays de Vaud. La vie quotidienne I. Les Ages de la Vie. Lausanne 1982.

Falckeisen, H. Das grosse Glück treuer und nützlicher Lehrer in der Zeit ... bey der Beerdigung des weiland hochgelehrten Herrn Johann Jakob D'Annone. Basel 1804.

Feldmann, K. Tod und Gesellschaft. Eine soziologische Betrachtung von Sterben und Tod. Bern/New York/Paris 1990.

Finsler, M. Nachlass in Zentralbibliothek Zürich Ms. Z. 22b.

Fischer, R. Kunstdenkmäler des Kantons Appenzell Innerrhoden. Basel 1984.

Franz von, L. Im Umkreis des Todes. 2. Aufl. Zürich 1984.

Fretz, D. Die Blattmann auf der Eichmühle. Zürich 1938.

Frey, W. Gründung und Entwicklung des Privatfriedhofvereins in Zürich, hg. v. Privatfriedhofverein Zürich, Zürich 1921.

Frick, A. Der Bremgarten Friedhof 1865–1965. Bern 1965.

Frick, A. Beitrag zur Geschichte des Friedhofs in Bern. Bern 1990.

Fuchs, W. Todesbilder in der modernen Gesellschaft. Frankfurt a. M. 1969.

Gasser, M. Zürich von aussen gesehen. Zürich 1973.

Gilardoni, V. Kunstdenkmäler des Kantons Tessin, Bd. III, Basel 1989.

Graf, W. Christliche Grabmalsymbole. 2. Aufl. Basel 1984.

Graff, P. Geschichte der Auflösung der gottesdienstlichen Formen in der evangelischen Kirche Deutschlands. Bd. 1. Göttingen 1937.

Grandjean, M. Les temples vaudois. Lausanne 1988.

Grimm, J. über das verbrennen der leichen. Abhandlung der Königlichen Akademie der Wissenschaften zu Berlin aus dem Jahre 1849. Abhandlungen der philosophisch-historischen Klasse. Berlin 1851.

Guggisberg, K. Bernische Kirchengeschichte. Bern 1958.

Guntern, J. Volkserzählungen aus dem Oberwallis. Basel 1978.

Gurjewitsch, A. J. Mittelalterliche Volkskultur. München 1987.

Gutzwiller, F. Die Gesundheit der Zürcher. Eine Bilanz. NZZ 4. Januar 1990, Nr. 2.

Gyr, M. Einsiedler Volksbräuche. Einsiedeln 1935.

Haas, A. M. Todesbilder im Mittelalter. Fakten und Hinweise in der deutschen Literatur. Darmstadt 1989.

Hacker, J. B. N. Thanatologie oder Denkwürdigkeiten aus dem Gebiete der Gräber. Leipzig 1878. Bd. 3.

Hafftter, E. Tagebuch 1844–1853. Bd. 1. Quellen zur Thurgauer Geschichte. Frauenfeld. 1985.

Handbuch der Schweizerischen Volkskultur. Leben zwischen Tradition und Moderne. Ein Panorama des schweizerischen Alltags. Bd. 3. Hg. von Paul Hugger.

Handwörterbuch des deutschen Aberglaubens. Bd. VIII, 1936/37.

Hauser, A. Vom Essen und Trinken im alten Zürich. Zürich 1962.

Hauser, A. Was für ein Leben. Zürich 1987.

Hauser, A. Das Neue kommt. Schweizer Alltag im 19. Jahrhundert. Zürich 1989.

Hauser, A. Alte Volkskunst am Zürichsee. Zürich 1992.

Heer, O. und Blumer-Heer, J. J. Der Kanton Glarus historisch, geographisch, statistisch geschildert. St. Gallen und Bern 1846.

Helmers, S. Tabu und Faszination über die Ambivalenz der Einstellung zu Toten. Berlin 1969.

Henggeler, R. Die Jahrzeitbücher der fünf Orte. In: Der Geschichtsfreund. Mitteilungen des Historischen Vereins der fünf Orte. Stans 1938.

Herrliberger, D. Gottesdienstliche Gebräuche und Gewohnheiten der reformierten Kirche. 2. Aufl. Basel 1751.

Hirschfeld, C. C. L. Theorie der Gartenkunst. Leipzig 1779.

Hollenstein, J. De Usschäller. Vom Brauchtum in Rapperswil. Schriftenreihe des Heimatmuseums Rapperswil. Nr. 12, 1990.

Horat, H. Die Kunstdenkmäler des Kantons Luzern. I. Basel 1987.

Hörmann, L. Marterln. Erfurt 1936.

Hugger, P. Amden. Eine volkskundliche Monographie. Schriften der Schweizerischen Gesellschaft für Volkskunde. Bd. 41, Basel 1961.

Hugger, P. Werdenberg, Land im Umbruch. Eine volkskundliche Monographie. Schweizerische Gesellschaft für Volkskunde. Basel 1964.

Hugger, P. Von Sterben und Tod. Handbuch der Schweizerischen Volkskultur. Bd. 1, 1992.

Hüppi, A. Kunst und Kult der Grabstätten. Luzern/Olten 1968.

Illi, M. Begräbnis und Kirchhof in der Stadt Zürich. Lizentiatsarbeit Universität Zürich, WS 1984/85.

Illi, M. Wohin die Toten gingen. Begräbnis und Kirchhof in der vorindustriellen Stadt. Zürich 1992.

Illi, M. 150 Jahre Privatfriedhof Hohe Promenade. Zürich 1843–1993. Zürich 1993.

Imfeld, K. Chlänkä und Umäsäga. Korrespondenzblatt Schweizerisches Archiv für Volkskunde. Heft 4, 82. Jg. 1990.

Imhof. A. Die gewonnenen Jahre. München 1981.

Imhof, A. Die verlorenen Welten. Alltagsbewältigung durch unsere Vorfahren und weshalb wir uns heute so schwer damit tun. München 1984.

Imhof, A. Die Lebenszeit. München 1988.

Imhof, A. Ars Moriendi, die Kunst des Sterbens einst und heute. Wien/Köln 1991.

Im Hof, U. Das gesellige Jahrhundert. Gesellschaft und Gesellschaften im Zeitalter der Aufklärung. Zürich 1984.

Isler, G. Die Sennenpuppe. Eine Untersuchung über die religiöse Funktion einiger Alpensagen. Basel 1971.

Isler, G. Kohle oder Gold. Zum symbolischen Verständnis einiger Alpensagen. Bd. III. Handbuch der Schweizerischen Volkskultur. Basel 1992.

Jäger, M. Analyse von Todesanzeigen. Lizentiatsarbeit am Volkskundlichen Seminar der Universität Zürich. 1977.

Jörger, J. Bei den Valsern des Valser Tales. 2. Aufl. Basel 1947.

Kälin, W. K. Von Bruderschaften, Zünften und Vereinen. Einsiedeln 1988.

Kast, Verena. Trauer, Phasen und Chancen des psychischen Prozesses. Stuttgart 1982.

Kessler, J. Sabbata. Hg. von E. Goetzinger. Mitteilungen zur Vaterländischen Geschichte. Bd. 5–10. 1866/68, II. Teil.

Kirchenarchiv Altdorf. Verordnung von 1635. Abschrift 18. Jahrhundert.

Kirchenarchiv Altdorf. Auszug aus der Kirchenrechnung.

Kisch, G. Forschungen zur Rechts- und Sozialgeschichte der Juden. Sigmaringen 1978.

Klaus, F. Basellandschaft in historischen Dokumenten, 3. Teil. Liestal 1985.

Kleinheyer, B. und Sederus von, E. sowie Kaczynski, R. Gottesdienst der Kirche. Handbuch der Liturgiewissenschaft. Sakramentliche Feiern II. Regensburg o. J.

Kölner, P. Basler Friedhöfe. Basel 1927.

Krömler, A. Der Kult der Eucharistie in Sprache und Volkstum der deutschen Schweiz. Basel 1949.

Lavater und Ott, J. B. Die Gebräuche und Einrichtungen der Zürcher Kirche. Zürich 1702.

Le Goff, J. Die Geburt des Fegefeuers. München 1990 (1981).

Lüthi, M. Volksliteratur und Hochliteratur. Bern 1970.

Lutz, S. Ergib dich ihm ganz. Huldrych Zwinglis Gebet als Ausdruck seiner Frömmigkeit und Theologie. Zürich 1993.

Maechler, A. Das Begräbniswesen nach schweizerischem Bundesrecht. Zürcher Diss. Herisau 1892.

Maria Einsiedeln. 95. Jg. der «Mariengrüsse». Benediktinische Zeitschrift. Einsiedeln 11/1990.

Materialien der Encyclopédie Illustrée du Pays de Vaud.

Meuli, K. Gesammelte Schriften. Bd. 1 u. 2. Basel/Stuttgart 1975.

Muheim, J. Chlänkä und Umäsäga. Korrespondenzblatt Schweizerisches Archiv für Volkskunde. Heft Jg. 83. Basel 1493.

Müller, J. Sagen aus Uri. 3 Bde. Basel 1978.

Nagel, A. Der Wolfgottesacker in Basel. Bern 1993.

Nassehi, A. und Weber, G. Tod, Modernität und Gesellschaft. Entwurf einer Theorie der Todesverdrängung. Opladen 1989.

Niederberger, F. Sagen und Gebräuche aus Unterwalden. Neudruck Zürich 1978.

Odermatt-Bürgi, R. Volkskundliches über die Beinhäuser der Innerschweiz. In: Der Geschichtsfreund 129/130. Bd. 1976/1977. Stans 1977.

Osenbrücken, E. Wanderstudien aus der Schweiz. Schaffhausen 1867.

Pfister, R. Kirchengeschichte der Schweiz. Bd. 2. Zürich 1974.

Pfister, R. Kirchengeschichte der Schweiz. Bd. 3. Zürich 1985.

Platter, F. Tagebuch. Hg. Valentin Lötscher, Basel 1976.

Pometta, M. Totenbrauch und Totenglauben im Maggiatal. Archiv für Volkskunde. VI. Jg. 1902.

Preiswerk, Y. Le repas de la mort. Sierre 1983.

Rehmann, E. Friedhöfe. Gedanken eines Bildhausers in «Anthos», Heft 4, Zürich 1969.

Reinle, A. Kunstdenkmäler des Kantons Luzern. Bd. IV, 1956.

Renner, E. Goldener Ring über Uri. Ein Buch von Erleben und Denken unserer Bergler. Von Magie und Geistern und von den ersten und letzten Dingen. Zürich 1941. 2. Aufl. Zürich 1954.

Revue d'histoire ecclésiastique suisse Nr. 34, 1940.

Richter, G. Die Wandlung des friedhofarchitektonischen Erscheinungsbildes für die Zeit von 1750–1850. In: Vom Kirchhof zum Friedhof. Arbeitsgemeinschaft Friedhof und Denkmal e. V. Kassel 1984.

Riedhauser, H. Essen und Trinken bei Jeremias Gotthelf. Bern 1985.

Ringholz, O. Die Begräbnisstätten im Bezirke Einsiedeln. Einsiedeln 1913 Sonderdruck aus «Feierstunden».

Rituale Constantiniensis. Konstanz 1631.

Rituale Constantiniensis. Konstanz 1766.

Rohner-Baumberger, U. Das Begräbniswesen im calvinistischen Genf. Diss. Basel 1975.

Röhrich, L. Sage und Märchen. Erzählforschung heute. Freiburg i. Br. 1976.

Röhrich, L. Das Verhalten zum Tod und zu den Toten in der Volksdichtung. In: Vom Kirchhof zum Friedhof. Arbeitsgemeinschaft Friedhof und Denkmal e. V. Kassel 1984.

Ruoff, U. u. a. Die archäologischen Ausgrabungen in der Peterskirche in Zürich, in: ZAK 33, 1976.

Ruoff, W. H. Die Gätteri als Form des Kirchenprangers, in: Festschrift für Hermann Baltl, Innsbruck 1978.

Sammlung der Grabschriften der gegenwärtigen Bernischen Gottesäcker Monbijou, Rosengarten und Klösterlein. Bern 1821.

Sammlung des Schweizerischen Museums für Volkskunde Basel.

Schär, Markus. Seelennöte der Untertanen. Selbstmord, Melancholie und Religion im Alten Zürich 1500–1800. Zürcher Diss. 1985.

Schaub, H. Zur Geschichte des Bestattungswesens in Basel. Diss. Basel, Liestal 1933.

Schmalfeldt, K. Sterben und Leichenbegräbnis im Freiburg des 19. Jahrhunderts. In: Zeitschrift des Breisgau-Geschichtsvereins «Schau ins Land» 103, 1984.

Schmid, G. Die evangelisch-reformierte Landeskirche des Kantons Zürich. Zürich 1954.

Schmid, K. Zeitspuren. Aufsätze und Reden. Zürich 1967.

Schmidt, Ch. G. Von der Schweiz. Journal meiner Reise 1786/1787. Bern und Stuttgart 1985.

Schneller, J. Die Totenleuchte oder Armenseelenlampe im Leben der Hl. Anna geweihten Beinhaus bei St. Michael in Zug. In: Geschichtsfreund 30, 1875.

Schoch, M. «... doch die Trauer bleibt. Neue Formen von Bestattungen ausserhalb der Kirche.» N.Z.Z. vom 27./28. Februar 1993, Nr. 48.

Schweizer, J. Kirchhof und Friedhof. Eine Darstellung der beiden Haupttypen europäischer Begräbnisstätten. Linz 1956.

Schweizer Volksleben. Hg. von H. Brockmann-Jerosch. Zürich 1931.

Senti, A. und Pfenninger, H. Friedhöfe und Bestattungswesen einst und jetzt. Zürcher Statistische Nachrichten 18, 1941.

Senti, A. Gebete aus dem Sarganserland. Volkstümliches Beten zwischen 1850 und 1960. Mels 1983.

Siegen, J. Volksleben im Wallis. In: Schweizer Volksleben. Sitten, Bräuche und Wortstätten. Bern 1931.

Soldini, F. Le parole di pietra. Studien und Texte zur Philologie und Literatur. Freiburg, Schweiz 1990. Übersetzungen: Katrin Sträuli.

Spamer, A. Das kleine Andachtsbild vom 14. bis 20. Jahrhundert. München 1930.

Sprecher von, J. Kulturgeschichte der Drei Bünde im 18. Jahrhundert. Chur 1976.

Statistisches Jahrbuch 1990 und Angaben des Eidg. Statistischen Amtes.

Stauber, E. Bräuche und Sitten im Kanton Zürich. 122. Neujahrsblatt. Hg. von der Hülfsgesellschaft in Zürich, Zürich 1922.

Strübin, E. Baselbieter Volksleben. Sitte und Brauch im Kulturwandel der Gegenwart. Basel 1952.

Stubbe, H. Formen der Trauer. Eine kulturanthropologische Untersuchung. Berlin 1985.

Stüber, K. Commendatio animae. Sterben im Mittelalter. Geist und Werk der Zeiten 48. Diss. Zürich, Bern 1976.

Stückelberger, H. M. Kirchen- und Schulgeschichte der Stadt St. Gallen. 2. Bd. 1630–1750.

Stucki, B. und Spinas, V. Seminararbeit am Volkskundlichen Institut der Universität Zürich: Bestattungsinstitute in Zürich. 1984.

Stutz, J. Sieben mal sieben Jahre aus meinem Leben als Beitrag zur Kenntnis des Volkes. Winterthur 1960.

Suter, M. Bilder aus dem Bestattungswesen im Winterthur des 19. Jahrhunderts. In: Winterthurer Jahrbuch 33, 1986.

Tagini, I. En memoire des trépassés. In: Schweizerisches Archiv für Volkskunde. 68./69. Jg. Basel 1932/1972/1973.

Teuwsen, P. Protokoll einer klösterlichen Bestattung. «Der Tod ist ein Doppelpunkt.» N.Z.Z. 31. 10./1. 11. 1993, Nr. 254.

Thalmann, R. Urne oder Sarg. Auseinandersetzung um die Einführung der Feuerbestattung im 19. Jahrhundert. Europäische Hochschulschriften, Reihe XIX. Volkskundeabteilung A. Bd. 14. Bern 1978.

Tobler, J. K. Die Schule des Lebens. Brugg 1870.

Treichlinger, W. M. Wohl ist ihr und auch ihm. Sammlung von Grabsprüchen. Zürich 1955.

Trümpy, H. Die Reformation als volkskundliches Problem. In: Festschrift zum 60. Geburtstag für Gerhard Heilfurth, Göttingen 1969.

Trümpy, H. Weihnachtsgrün und Kerzen auf Gräbern. Korrespondenzblatt der Schweizerischen Gesellschaft für Volkskunde. Heft 5/6. 65. Jg. Basel 1975.

Von der Mühll, J. Basler Sitten. 2. Aufl. Basel 1969.

Von Moos, D. Turicum Sepultum. Sammlung alter und neuer Grabschriften. 5. Teil Zürich 1780.

Vuilleumier, H. Histoire de l'Eglise Réformée du Pays de Vaud sous le régime bernois. Lausanne 1927.

Wackernagel, H. G. Altes Volkstum der Schweiz. Basel 1956.

Wartmann, M. Leben auf Zürcher Friedhöfen. Impressionen, Gespräche, Beobachtungen. In: Schweizerisches Archiv für Volkskunde, 82. Jg. Basel 1986.

Weiss, R. Volkskunde der Schweiz. Zürich 1946.

Weiss, R. Grundzüge einer protestantischen Volkskultur. In: Schweizerisches Archiv für Volkskunde. Basel 1965.

Weiss, R. Einführung in den Atlas der Schweizerischen Volkskunde. Basel 1950.

Weizsäcker von, C. F. Wahrnehmung der Neuzeit. Zürich 1985.

Wernle, P. Der schweizerische Protestantismus im XVIII. Jahrhundert. Bd. 1. Tübingen 1923.

Wildhaber, R. Die Stunde ist da, aber der Mann nicht. Ein europäisches Sagenmotiv. In: Rheinisches Jahrbuch für Volkskunde, 9. Jg. 1958.

Wildhaber, R. Beinbrecher an Kirche und Friedhof. Zeitschrift für Volkskunde. Stuttgart 1959.

Willimann, J. Die Grabkreuze von Lantsch/Lenz. 2. Aufl. Zürich 1989.

Winkler, E. Die Leichenpredigt im deutschen Luthertum bis Spener. Forschungen zur Geschichte und Lehre des Protestantismus, 10. Reihe, Bd. 34, München 1967.

Zacher, I. Düsseldorfer Friedhöfe und Grabmäler. Begräbniswesen und Brauchtum im 19. Jahrhundert. Schriftenreihe des Stadtmuseums Düsseldorf. Düsseldorf 1982.

Zbinden, E. Totenfeiern. Schriftenreihe des Synodalrates des evangelisch-reformierten Synodalverbandes Bern/Jura. Heft 10. 1982.

Zehnder, L. Volkskundliches in der älteren schweizerischen Chronistik. Basel 1976.

Ziegler, P. Zur Geschichte der Beinhäuser in der deutschen Schweiz. Allg. Anzeiger vom Zürichsee, Wädenswil Nr. 59 u. 63 vom 11. u. 15. März 1957.

Zihlmann, J. Wie sie heimgingen. Hitzkirch 1982.

Zimmermann, K. Baumsarg und Totenbaum. Bern 1992.

Abkürzungen, Nachschlagwerke

HBLS — Historisch Biographisches Lexikon der Schweiz

HwdA — Handwörterbuch des deutschen Aberglaubens, Hoffmann H. u. a., 10 Bände, Berlin 1927–1942

Idiotikon — Schweizerisches Idiotikon, Wörterbuch der schweizerdeutschen Sprache, 15 Bände, Frauenfeld 1881–

KDM — Kunstdenkmäler der Schweiz

LThK — Lexikon für Theologie und Kirche, 10 Bände, Freiburg 1957–1965

SAVk — Schweizerisches Archiv für Volkskunde

SLM — Schweizerisches Landesmuseum

ZAK — Zeitschrift für Architektur und Kunstgeschichte der Schweiz

ZB — Zentralbibliothek Zürich

Anmerkungen

Einleitung

1 Illi, M. Wohin die Toten gingen. Begräbnis und Kirchhof in der vorindustriellen Stadt. Zürich 1992.

2 Descoeudres, G., Cueni, A., Hesse, Ch., Keck, G. Sterben in Schwyz. Einblicke in einen ländlichen Friedhof des Spätmittelalters bis in die Neuzeit. Bern 1994.

3 Hugger, P. Von Sterben und Tod. Handbuch der Schweizerischen Volkskultur. Bd. 1. 1992. S. 185–222.

4 Hugger, P. Von Sterben und Tod. a.a.O. S. 188.

5 Ariès, P. L'homme devant la mort. Deutsch: Studien zur Geschichte des Todes im Abendland. München/Wien 1976. Später: Geschichte des Todes. 1980.

6 Fuchs, W. Todesbilder in der modernen Gesellschaft. Frankfurt a. M. 1969. Nassehi, A. und Weber, G. Tod, Modernität und Gesellschaft: Entwurf einer Theorie der Todesverdrängung. Opladen 1989.

7 Imhof, A. E. Ars Moriendi, die Kunst des Sterbens einst und heute. Wien/Köln 1991. Vgl. dazu auch das frühere Buch «Die verlorenen Welten. Alltagsbewältigung durch unsere Vorfahren und weshalb wir uns heute so schwer damit tun.» München 1984.

8 Meuli, K. Gesammelte Schriften. Bd. 2. Basel/Stuttgart 1975. S. 1182.

9 Meuli, K. Gesammelte Schriften. Bd. 2 a.a.O. S. 1183.

10 Meuli, K. Gesammelte Schriften. Bd. 1, S. 310.

11 Meuli, K. Gesammelte Schriften. Bd. 1. S. 325.

12 Meuli, K. Gesammelte Schriften. Bd. 1. S. 372 u. 373.

13 Schweizer, Johann. Kirchhof und Friedhof. Linz 1956.

13a Hüppi, A. Kunst und Kult der Grabstätten. Luzern, Olten 1968.

14 Trümpy, H. Die Reformation als volkskundliches Problem, in: Festschrift zum 60. Geburtstag für Gerhard Heilfurth, Göttingen 1969 und Weiss, R. Grundzüge einer protestantischen Volkskultur, in: Schweizerisches Archiv für Volkskunde. 61, 1965, S. 75–91.

15 Vuilleumier, H. Histoire de l'église réformée du Pays de Vaud sous le régime bernois. Lausanne 1927.

16 Grandjean, M. Les temples vaudois. Lausanne 1988.

17 Preiswerk, Y. Le repas de la mort. Sierre 1983.

18 Encyclopédie Illustrée du Pays de Vaud. La vie quotidienne I. Les Ages de la Vie. Lausanne 1982.
19 Soldini, F. Le parole di pietra. Freiburg/Schweiz 1990.
20 Rutishauser, H. Die Grabsteine der Kirche St. Martin-Ilanz, Graubünden: Konservierung und Restaurierung. In: Die Grabdenkmäler in den Alpengegenden. Bozen 1987 Schriftenreihe der Arbeitsgemeinschaft Alpenländer. Kommission III (Kultur).
21 Arbeitsgemeinschaft Friedhof und Denkmal e. V. Kassel: Umgang mit historischen Friedhöfen. Kasseler Studien zur Sepalkral-Kultur Bd. 3. Kassel 1984.
Arbeitsgemeinschaft Friedhof und Denkmal e. V. Kassel: Vom Kirchhof zum Friedhof. Wandlungsprozesse zwischen 1750 und 1850. Bd. 2 der Kasseler Studien zur Sepulkral-Kultur. Kassel 1984.

Das 18. Jahrhundert

1 Im Hof, U. Das gesellige Jahrhundert. Gesellschaft und Gesellschaften im Zeitalter der Aufklärung. Zürich 1984. S. 11.
1a Hauser, A. Was für ein Leben. Schweizer Alltag vom 15. bis 18. Jahrhundert. Zürich 1987. S. 119–130.
1b Lutz, S. Ergib dich ihm ganz. Huldrych Zwinglis Gebet als Ausdruck seiner Frömmigkeit und Theologie. Zürich 1993. S. 153 u. 243.
1c Vuillemier, H. Histoire de l'Eglise Réformée du Pays de Vaud, Bd. 2. Lausanne 1928. S. 276–279.
2 Wackernagel, H. G. Altes Volkstum der Schweiz. Basel 1956. S. 10.
3 Pfister, R. Kirchengeschichte der Schweiz. Zürich 1974. Bd. 2. S. 484 u. 485.
4 Kleinheyer, B. und Sederus von, E. sowie Kaczynski, R. Gottesddienst der Kirche. Handbuch der Liturgiewissenschaft. Sakramentliche Feiern II. Regensburg o. J. S. 213.
5 Gottesdienst der Kirche. Handbuch a.a.O. S. 198 u. Krömler, H. Der Kult der Eucharistie in Sprache und Volkstum der deutschen Schweiz. Basel 1949. S. 94 ff.
6 Niderberger, F. Sagen und Gebräuche aus Unterwalden. Zürich 1978. S. 496 u. 497.
7 Die Rodelkerzen werden so genannt, weil sie gleich einem Rodel (rotulus) gewunden waren. Die Verwahrkerzen waren nicht selten mit eucharistischen Symbolen farbig geziert. Krömler. a.a.O. S. 100 u. 101.
8 Krömler, A. Der Kult der Eucharistie a.a.O. S. 103.
9 Jörger, J. Bei den Valsern des Valser Tales. 2. Aufl. Basel 1947. S. 104.
10 Kälin, W. K. Von Bruderschaften, Zünften und Vereinen. Einsiedeln 1988. S. 7.
11 Idiotikon VII. Spalte 341 und Idiotikon IV, Spalte 1217 sowie 999, sowie Krömler, H. Der Kult der Eucharistie S. 92 ff. Ferner Hauser, A. Was für ein Leben. Schweizer Alltag vom 15. bis 18. Jahrhundert. Zürich 1987. S. 316. Im weiteren Senti, A. Gebete aus dem Sarganserland. Mels 1983. S. 82.
12 Stüber, K. Commendatio animae. Sterben im Mittelalter. Bern 1976. S. 143.
13 Senti, A. Gebete aus dem Sarganserland. a.a.O. S. 62.
14 Gottesdienst der Kirche. Handbuch a.a.O. S. 316 u. 317.
15 Vgl. dazu das Rituale Constantiniensis. Konstanz 1631, sowie das Rituale Constantiniensis. Konstanz 1766. Beide Klosterbibliothek Einsiedeln.
16 Kirchenarchiv Altdorf. Verordnung von 1635. Abschrift 18. Jahrhundert. Freundlicher Hinweis von Dr. Helmi Gasser, Altdorf.
16a Horat, E. Das Totenbrauchtum. In: Cueni, A. Descoeudres, G. Hesse, Ch. Im Werk «Sterben in Schwyz». Einblicke in einen ländlichen Kirchhof aus der Zeit vom frühen Mittelalter bis in die Neuzeit. Schweizer Beiträge zur Kulturgeschichte und Archäologie des Mittelalters. Bd. 20. Schwyz 1994. (Hg. vom Schweizerischen Burgenverein und dem Amt für Kulturpflege des Kantons Schwyz.)
17 Odermatt-Bürgi. R. Volkskundliches über die Beinhäuser der Innerschweiz. In: Der Geschichtsfreund 129/130. Bd. 1976/1977. Stans 1977. S. 211–213.
17a Descoeudres, G., Cueni, A., Hesse, Ch., Keck, G. Sterben in Schwyz. Einblicke in einen ländlichen Kirchhof des Spätmittelalters und der Neuzeit unter Mitarbeit von F. Auf der Mauer, Markus Bamert und Erwin Horat. Manuskript vom September 1993. S. 2 ff.
17b Fassbind, T. Religionsgeschicht' unseres werthen Vaterlands Schwytz aus dem Jahre 1800. Stiftsarchiv Einsiedeln.
17c Descoeudres, G. und andere. Sterben in Schwyz a.a.O. S. 37.
17d Zimmermann, K. Baumsarg und «Totenbaum». Bern 1992. S. 71–72.
18 Hauser, A. Was für ein Leben a.a.O. S. 325. Dort auch nähere Quellenangaben.
18a Sprecher, J. von. Kulturgeschichte der Drei Bünde im 18. Jahrhundert. Chur 1976. S. 273–274.
18b Fassbind, T. Bd. 3. S. 398 u. S. 399. Zit. von Horat, E. Das Totenbrauchtum a.a.O. Manuskript S. 15.
19 Solche Inspektionsberichte, z. B. in Revue d'histoire ecclésiastique suisse Nr. 34, 1940 S. 27–48 und 98–122, sowie Nr. 33, 1939, S. 145–333. Sowie Kirchenarchiv Altdorf. Auszug aus der Kirchenrechnung. Freundlicher Hinweis von Dr. Helmi Gasser. Altdorf.
20 Ariès, Ph. Geschichte des Todes. München und Wien 1980. S. 57.
21 Odermatt-Bürgi. R. Volkskundliches über die Beinhäuser a.a.O. S. 203–204.
22 Wildhaber, R. Beinbrecher an Kirche und Friedhof. Zeitschrift für Volkskunde. Stuttgart 1959. S. 118 ff.
Dazu auch Kunstdenkmäler des Kantons Appenzell Innerrhoden S. 176 und Ruoff, W. H. Die Gätteri als Form des Kirchenprangers. Festschrift H. Baltel. Innsbruck 1978, S. 421 ff.
22a Descoeudres, G. und andere. Sterben in Schwyz a.a.O. Manuskript S. 35 ff.
23 Odermatt-Bürgi, R. Volkskundliches über die Beinhäuser a.a.O. S. 192–195.
24 Henggeler, R. Die Jahrzeitbücher der fünf Orte in: Der Geschichtsfreund. Mitteilungen des Historischen Vereins der fünf Orte. Stans 1938.
25 Odermatt-Bürgi. R. Volkskundliches über die Beinhäuser a.a.O. S. 196 u. 197.
26 Curti, N. Volksbrauch und Volksfrömmigkeit im katholischen Kirchenjahr. Volkstum der Schweiz. Basel 1947. S. 46.
27 Odermatt-Bürgi, R. Volkskundliches über die Beinhäuser a.a.O. S. 198 und Hauser, A. Was für Leben a.a.O. S. 313.
28 Caminada, Chr. Die Bündner Friedhöfe a.a.O. S. 95. Ferner: Odermatt-Bürgi, R. Volkskundliches über die Beinhäuser a.a.O. S. 188 und 189.
29 Caminada, Chr. Die Bündner Friedhöfe a.a.O. S. 158.
30 Odermatt-Bürgi. R. Volkskundliches über die Beinhäuser a.a.O. S. 202.
31 Zu den Totenleuchten: Birchler, L. Kunstdenkmäler des Kantons Zug, Bd. II, 1957, S. 112 und 407. Ferner: Durrer, R. Kunstdenkmäler des Kantons Unterwalden, 1971, S. 818–821. Reinle, A. Kunstdenkmäler des Kantons Luzern, Bd. IV, 1956, S. 356. Schneller, J. Die Totenleuchte oder Armenseelenlampe im Leben der Hl. Anna geweihten Beinhaus bei St. Michael in Zug. In: Geschichtsfreund 30, 1875, S. 277–281. Curti, N. Die Butterlampe, in: Schweizerisches Archiv für Volkskunde 15, 1901, S. 227–233. Allgemein: Handwörterbuch des deutschen Aber-

glaubens. Bd. VIII, 1936/37, Spalte 1085 (Totenlicht).
Zum Stifter im Entlebuch: Die Kunstdenkmäler des Kantons Luzern. I. Basel 1987. S. 107.

32 Odermatt-Bürgi, R. Volkskundliches über die Beinhäuser a.a.O. S. 203–204.
33 Caminada, Chr. Die Bündner Friedhöfe a.a.O. S. 46.
34 Anderes, B. Kunstführer Kanton Tessin a.a.O. S. 183. Ferner: Kunstdenkmäler des Kantons Tessin III, S. 83 und S. 305.
35 Caminada, Chr. Die Bündner Friedhöfe a.a.O. S. 34.
36 Hauser, A. Alte Volkskunst am Zürichsee. Zürich 1992. S. 120.
37 Willimann, J. Die Grabkreuze von Lantsch/Lenz. Zürich 2. Auflage, 1989. S. 8.
38 Birchler, L. Die Kunstdenkmäler des Kantons Zug. 2. Auflage. Basel 1959. S. 294.
39 Birchler, L. Die Kunstdenkmäler des Kantons Zug a.a.O. S. 294, Anm. 2.
40 Caminada, Chr. Die Bündner Friedhöfe a.a.O. S. 67.
41 Caminada, Chr. Die Bündner Friedhöfe a.a.O. S. 78.
42 Caminada, Chr. Die Bündner Friedhöfe a.a.O. S. 88.
42a Descoeudres, G. Die archäologischen Untersuchungen. In: Sterben in Schwyz a.a.O. S. 35.
42b Hesse, Ch. Die frühneuzeitlichen Wallfahrts-, Bruderschafts- und Gnadenmedaillen im Pfarrfriedhof als Quellen zur Volksfrömmigkeit in Schwyz. In: Sterben in Schwyz a.a.O. S. 15 ff.
43 Caminada, Chr. Die Bündner Friedhöfe a.a.O. S. 43.
44 Odermatt-Bürgi, R. Volkskundliches über die Beinhäuser a.a.O. S. 210.
45 Du Bois-Melly, Ch. Les moeurs genevoises a.a.O. S. 355. Schär, M. Seelennöte der Untertanen. Zürcher Dissertation 1985. S. 67.
46 Fretz, D. Die Blattmann auf der Eichmühle. Zürich 1938. S. 33 ff.
47 Schär, M. Seelennöte a.a.O. S. 67 ff.
47a Wernle, P. Der schweizerische Protestantismus im XVIII. Jahrhundert. Bd. 1. Tübingen 1923. S. 83, Fussnote 7.
48 Zehnder, L. Volkskundliches in der älteren schweizerischen Chronistik. Basel 1976. S. 128 und 129.
49 Kessler, J. Sabbata. Hg. von E. Goetzinger. Mitteilungen zur Vaterländischen Geschichte. Bd. 5–10. 1866/68, II. Teil, S. 158 ff.
50 Strübin, E. Baselbieter Volksleben. Basel 1952. S. 205 ff.
51 Zbinden, E. Totenfeiern. Schriftenreihe des Synodalrates Heft 10, 1982. S. 13.
52 Strübin, E. Baselbieter Volksleben. S. 224, Fussnote 5.
53 Frick, A. Der Bremgarten Friedhof 1865–1965. Bern 1965. S. 8 u. S. 14.
54 Ziegler, P. Zur Geschichte der Beinhäuser in der deutschen Schweiz. Allg. Anzeiger vom Zürichsee, Wädenswil. Nr. 59 u. 63 vom 11. und 15. März 1957.
55 Du Bois-Melly, Ch. Des usages funèbres et des cimetières à Genève au siècle passé. Genf 1888. S. 22 u. S. 230. Ferner: Bernoulli, J. Reisebemerkungen. Hg. P. Merian, In: Beiträge zur vaterländischen Geschichte 3. Band 1846, S. 230.
56 Du Bois-Melly, Ch. a.a.O. S. 22.
57 Rohner, U. Das Begräbniswesen in Genf a.a.O. S. 53.
58 Ariès, Ph. Geschichte des Todes a.a.O. S. 641.
59 Kölner, P. Basler Friedhöfe a.a.O. S. 61.
60 Kölner, P. Basler Friedhöfe a.a.O. S. 61.
61 Kölner, P. Basler Friedhöfe a.a.O. S. 66 u. S. 67.
62 Du Bois-Melly, Ch. Moeurs genevoises a.a.O. S. 356.
63 Von Moos, D. Turicum Sepultum. Zürich 1780. S. 38.
64 Lavater und Ott, J. B. Die Gebräuche und Einrichtungen der Zürcher Kirche. Zürich 1702. S. 115–116.
65 Bluntschli, H. H. Merckwürdigkeiten der Statt Zürich. Zürich, S. 158.
66 Herrliberger, D. Gottesdienstliche Gebräuche und Gewohnheiten der reformierten Kirche. 2. Aufl. Basel, S. 10–14.
67 Hauser, A. Vom Essen und Trinken im alten Zürich. 1962. S. 101 u. 131.
68 Preiswerk, Y. Le Repas de la Mort. Sierre 1983. S. 103 ff.
68a Vuillemier, H. Histoire de l'Eglise Réformé du Pays de Vaud, Bd. 2. a.a.O. S. 458–459.
68b Sprecher u. Jenny. Kulturgeschichte der Drei Bünde. a.a.O. S. 272 u. 610.
69 Nachlass Finsler, M. Zentralbibliothek Zürich Ms. Z. 22 b. Ferner: Illi, M. Wohin die Toten gingen a.a.O. S. 142.
70 Rohner, U. Das Begräbniswesen in Genf a.a.O. S. 53–65.
71 Frick, A. Der Bremgartenfriedhof. Bern 165. S. 10–15.
72 Gasser, M. Zürich von aussen gesehen. Zürich 1973. S. 198.
73 Feldmann, K. Tod und Gesellschaft. Eine soziologische Betrachtung von Sterben und Tod. Bern/New York/Paris 1990 S. 42.
74 Weiss, R. Grundzüge einer protestantischen Volkskultur. Schweizerisches Archiv für Volkskunde 61. Basel 1965. Heft 1/2, S. 82 ff.
75 Suter, M. Bilder aus dem Bestattungswesen in Winterthur des 19. Jahrhunderts. Winterthurer Jahrbuch 33, 1986. S. 119–140. Ferner: Illi, M. Wohin die Toten gingen a.a.O. S. 146.
76 Lavater und Ott. a.a.O. Die Gebräuche und Einrichtungen der Zürcher Kirche. S. 106.
77 Von Moos, D. Turicum Sepultum. Sammlung alter und neuer Grabschriften. 5. Teil. Zürich 1780. S. 4.
78 Arbeitsgemeinschaft Friedhof und Denkmal. Kassel. Vom Kirchhof zum Friedhof. Wandlungsprozesse zwischen 1750 und 1850. Kassel 1984. S. 115.
79 Vergl. dazu die Übersicht in der Publikation der Kasseler Arbeitsgemeinschaft a.a.O. S. 112–115.
80 Falckeisen, H. Das grosse Glück treuer und nützlicher Lehrer in der Zeit ... bey der Beerdigung des weiland hochgelehrten Herrn Johann Jakob D'Annone. Basel 1804, S. 24.
81 Graff, P. Geschichte der Auflösung der gottesdienstlichen Formen in der evangelischen Kirche Deutschlands. Bd. 1. Göttingen 1937. S. 275 u. 355.
82 Guggisberg, K. Bernische Kirchengeschichte a.a.O. S. 513.
83 Stückelberger, H. M. Kirchen- und Schulgeschichte der Stadt St. Gallen. 2. Band 1630–1750. S. 75 ff. 3. Band S. 38 ff..
84 Pfister, R. Kirchengeschichte der Schweiz. Zürich 1985. Bd. 3, S. 100–101 und Guggisberg, K. Bernische Kirchengeschichte. Bern 1958. S. 512, sowie Vuillemier, H. Histoire de l'Eglise réformée du pays de Vaud. Lausanne 1030/33. Bd. 4, S. 198. Bd. 2. S. 456–461.
Wernle, P. Der schweizerische Protestantismus a.a.O. Bd. 2. S. 65.
85 Schmidt, Ch. G. Von der Schweiz. Journal meiner Reise 1786/1787. Bern und Stuttgart. 1985. S. 67–69.
86 Guggisberg, K. Bernische Kirchengeschichte a.a.O. S. 513.
87 Schweizer, J. Kirchhof und Friedhof. Eine Darstellung der beiden Haupttypen europäischer Begräbnisstätten. Linz 1956. S. 177 ff.
88 Schweizer, J. Kirchhof und Friedhof a.a.O. S. 180.
89 Richter, G. Die Wandlung des friedhofarchitektonischen Erscheinungsbildes für die Zeit von 1750 bis 1850. In: «Vom Kirchhof zum Friedhof» a.a.O. S. 137 ff.
90 Goethe, J. W. von. Die Wahlverwandtschaften. 2. Teil, 1. Kapitel. Zit. von Richter, G. a.a.O. S. 138.

91 Hacker, J. B. N. Thanatologie oder Denkwürdigkeiten aus dem Gebiete der Gräber. Leipzig 1798. Bd. 3. S. 248, zit. Richter a.a.O. S. 38.
92 Schweizer, J. Kirchhof a.a.O. S. 119.
93 Hirschfeld, C. C. L. Theorie der Gartenkunst. Leipzig 1779 1. S. 155.
94 Hirschfeld, C. C. L. a.a.O. V, S. 118–119.
95 Ariès, Ph. Geschichte des Todes a.a.O. S. 639–641.
96 Ariès, Ph. Geschichte des Todes a.a.O. S. 643–644.

Das 19. Jahrhundert

1 Weizsäcker, C. F. von. Wahrnehmung der Neuzeit. Zürich 1985. S. 364.
2 Hauser, A. Das Neue kommt. Schweizer Alltag im 19. Jahrhundert. Zürich 1989. S. 145.
3 Imhof, A. Die Lebenszeit. München 1988. S. 96.
4 Hauser, A. Das Neue kommt a.a.O. 419 u. 420.
5 Hauser, A. Das Neue kommt a.a.O. S. 422 u. 423.
6 Siegen, J. Volksleben im Wallis. In: Schweizer Volksleben. Sitten, Bräuche und Wohnstätten. Bern 1931. S. 51.
7 Hauser, A. Das Neue kommt a.a.O. S. 424.
8 Hauser, A. Alte Volkskunst am Zürichsee. Zürich 1992. S. 132.
9 Zihlmann, J. Wie sie heimgingen. Hitzkirch 1982. S. 23–35 und Senti, A. Gebete aus dem Sarganserland. Volkstümliches Beten zwischen 1850 und 1960. Mels 1973. S. 56–59.
10 Siegen, J. Volksleben im Wallis a.a.O. S. 50.
11 Hauser, A. Das Neue kommt a.a.O. S. 426.
12 Preiswerk, Y. Le Repas de la Mort. Sierre 1983. S. 248.
13 Ringholz, O. Die Begräbnisstätten im Bezirk Einsiedeln. Einsiedeln 1913. Sonderdruck aus Feierstunden. S. 33.
13a Atlas, 2. T. 5. Lfg. 472–492.
14 Hauser, A. Das Neue kommt a.a.O. S. 427.
15 Hauser, A. Das Neue kommt a.a.O. S. 427–428.
16 Caminada, Chr. Die Bündner Friedhöfe a.a.O. S. 152–158.
17 Gyr, M. Einsiedler Volksbräuche. Einsiedeln 1935. S. 115–117.
18 Suter, M. Bilder aus dem Bestattungswesen in Winterthur des 19. Jahrhunderts. Winterthurer Jahrbuch 33. Jg. 1986. S. 121 ff.
19 Illi, N. Wohin die Toten gingen a.a.O. S. 152.
20 Suter, M. Bilder aus dem Bestattungswesen in Winterthur des 19. Jahrhunderts a.a.O. S. 126.
21 Illi, N. Wohin die Toten gingen a.a.O. S. 153.
22 Weiss, R. Volkskunde der Schweiz. Zürich 1946. S. 128.
23 Preiswerk, Y. Le repas de la Mort. Sierre 1983. S. 108.
24 Preiswerk, Y. Le repas de la Mort a.a.O. S. 111.
25 Riedhauser, H. Essen und Trinken bei Jeremias Gotthelf. Bern 1985. S. 322.
26 Riedhauser, H. Essen und Trinken bei Jeremias Gotthelf. a.a.O. S. 323.
27 Riedhauser, H. Essen und Trinken bei Jeremias Gotthelf. a.a.O. S. 324.
28 Stutz, J. Sieben mal sieben Jahre aus meinem Leben als Beitrag zur Kenntnis des Volkes. Winterthur 1960. S. 139.
29 Strübin, E. Baselbieter Volksleben. Sitte und Brauch im Kulturwandel der Gegenwart. Basel 1952. S. 227 u. 228.
30 Encyclopédie illustrée du Pays de Vaud. La vie quotidienne I Les Ages de la Vie. Lausanne 1982. S. 215 u. 216.
30a Soldini, F. Le parole di pietra. Freiburg i. Ü. 1990. S. 19 ff.
31 Thalmann, R. Urne oder Sarg? Auseinandersetzung um die Einführung der Feuerbestattung im 19. Jahrhundert. Europäische Hochschulschriften, Reihe XIX. Volkskundeabteilung A. Bd. 14. Bern/Frankfurt a. M./Las Vegas, S. 14.
32 Grimm, J. Über das verbrennen der leichen. Abhandlung der Königlichen Akademie der Wissenschaften zu Berlin aus dem Jahre 1849. Abhandlungen der philosophisch-historischen Klasse. Berlin 1951, S. 191–274.
33 Thalmann, R. Urne oder Sarg a.a.O. S. 96.
34 Richter, Th. W. Feuerbestattung und Friedhofskunst, zit. von Thalmann S. 98.
35 Atlas der Schweizerischen Volkskunde, 2. Teil, 5. Lieferung, S. 483 u. 485.
36 Pometta, M. Totenbrauch und Totenglauben im Maggiatal. Archiv für Volkskunde. VI. Jahrgang. 1902. S. 48.
37 Schweizer Volksleben. a.a.O. S. 41.
38 Hauser, A. Alte Volkskunst am Zürichsee a.a.O. S. 54.
39 Museum für Volkskunde Basel.
40 Hauser, A. Das Neue kommt a.a.O. S. 429.
41 Spamer, A. Das kleine Andachtsbild vom 14. bis 20. Jahrhundert. München 1930. S. 5. Brunold-Bigler, U. Schweizerische Sterbebilder mit besonderer Berücksichtigung der deutschen und rätoromanischen Schweiz. Lizentiatsarbeit Universität Basel 1976. S. 4.
42 Sammlung des Schweizerischen Museums für Volkskunde Basel.
43 Brunold-Bigler, U. Schweizerische Sterbebilder a.a.O. S. 8.
44 Brunold-Bigler, U. Schweizerische Sterbebilder a.a.O. S. 16 u. 17.
45 Brunold-Bigler, U. Schweizerische Sterbebilder a.a.O. S. 17.
46 Brunold-Bigler, U. Schweizerische Sterbebilder a.a.O. S. 38.
47 Brunold-Bigler, U. Schweizerische Sterbebilder a.a.O. S. 47.
48 Siegen, J. Volksleben im Wallis a.a.O. S. 51.
49 Meuli, K. Gesammelte Schriften. Bd. 1, S. 324.
50 Von der Mühll, J. Basler Sitten. 2. Aufl. Basel 1969. S. 187 ff.
51 Haffter, E. Tagebuch 1844–1853. Bd. 1. Quellen zur Thurgauer Geschichte. Frauenfeld 1985. S. 656.
52 Atlas der Schweizerischen Volkskunde. 2. Teil, 6. Lieferung, S. 496 ff.
53 Concours, E. u. I. de. Histoire de la Société Française pendant le directoire. Paris S. 190.
54 Für das Genfer Beispiel: Rohner, U. Das Begräbniswesen im calvinistischen Genf a.a.O. S. 87 ff.
Richter, G. Die Wandlung des friedhofarchitektonischen Erscheinungsbildes für die Zeit von 1750–1805 in: Vom Kirchhof zum Friedhof a.a.O. S. 137.
55 Atlas der Schweizerischen Volkskunde, 2. Teil. 5. Lieferung, S. 498.
56 Maechler, A. Das Begräbniswesen nach schweizerischem Bundesrecht. Zürcher Diss. Herisau 1892. S. 31 ff.
57 Heer, O. und Blumer-Heer, J. J. Der Kanton Glarus historisch, geographisch, statistisch geschildert. St. Gallen und Bern 1846. S. 305.
58 Frick, A. Beitrag zur Geschichte des Friedhofs in Bern. Bern 1990. S. 8 ff.
59 Atlas der Schweizerischen Volkskunde, 2. Teil. 6. Lieferung, S. 505 ff.
59a Ohlbaum, J. «denn alle Lust will Ewigkeit». Nördlingen 1986 S. 8ff.
60 Hugger, P. Von Sterben und Tod. Handbuch der Schweizerischen Volkskultur, Bd. 1, Zürich 1992. S. 218.
61 Hugger, P. Von Sterben und Tod a.a.O. S. 218.
62 Schweizerisches Idiotikon. Bd. 5, Spalte 906.
63 Osenbrücken, E. Wanderstudien aus der Schweiz. Schaffhausen 1867, S. 304 ff.
64 Les Ages de la Vie a.a.O. S. 218.
65 Soldini, F. Le parole di pietra. Freiburg/Schweiz 1990. S. 36.
66 Sammlung der Grabschriften der gegenwärtigen Bernischen Gottesäcker Monbijou, Rosengarten und Klösterlein. Bern 1821.

67 Soldini, F. Le parole di pietra a.a.O. S. 241 u. S. 224.
68 Soldini, F. Le parole di pietra a.a.O. S. 173.
69 Soldini, F. Le parole di pietra a.a.O. S. 191.
70 Sammlung Bernischer Grabschriften a.a.O. Spalte 11.
71 Sammlung Bernischer Grabschriften a.a.O. Spalte 12.
72 Soldini, F. Le parole di pietra a.a.O. S. 173.
73 L'Histoire Illustrée Vaudoise a.a.O. S. 223.
74 Soldini, F. Le parole di pietra a.a.O. S. 283 u. S. 210.
75 Soldini, F. Le parole di pietra a.a.O. S. 173.
76 Soldini, F. Le parole di pietra a.a.O. S. 41.
77 Soldini, F. Le parole di pietra a.a.O. S. 256.
78 Soldini, F. Le parole di pietra a.a.O. S. 336.
79 Treichlinger, W. M. Wohl ist ihr und auch ihm. Sammlung von Grabsprüchen. Zürich 1955. S. 54.
80 Sammlung Bernischer Grabschriften a.a.O. Spalte 45.
81 Hörmann, L. Marterln. Erfurt 1936. S. 63.
82 Sammlung Bernischer Grabschriften a.a.O. Spalte 40.
83 Sammlung Bernischer Grabschriften a.a.O. Spalte 37.
83a Sammlung Bernischer Grabschriften a.a.O. Spalte 37.
84 Soldini, F. Le parole di pietra a.a.O. S. 166.
85 Sammlung Bernischer Grabschriften a.a.O. Spalte 46.
86 Soldini, F. Le parole di pietra a.a.O. S. 177.
87 Sammlung Bernischer Grabschriften a.a.O. Spalte 59.
88 Soldini, F. Le parole di pietra a.a.O. S. 267.
89 Sammlung Bernischer Grabschriften a.a.O. Spalte 8.
90 Soldini, F. Le parole di pietra a.a.O. S. 261 u. S. 243.
91 Sammlung Bernischer Grabschriften a.a.O. Spalte 91.
92 Sammlung Bernischer Grabschriften a.a.O. Spalte 51.
93 Sammlung Bernischer Grabschriften a.a.O. Spalte 37 u. Spalte 41.
94 Sammlung Bernischer Grabschriften a.a.O. Spalte 56.
95 Soldini, F. Le parole di pietra a.a.O. S. 259.
96 Soldini, F. Le parole di pietra a.a.O. S. 159.
97 Soldini, F. Le parole di pietra a.a.O. S. 285.
98 Sammlung Bernischer Grabschriften a.a.O. Spalte 67.
99 Sammlung Bernischer Grabschriften a.a.O. Spalte 88.
100 Graf, W. Christliche Grabsymbole. Basel 2. Aufl. 1984. S. 21 ff.
101 Platter, F. Tagebuch. Hg. Valentin Lötscher. Basel 1976. S. 59.
102 Tobler, J. K. Die Schule des Lebens. Brugg 1870. S. 40.
103 Büchli, A. Mythologische Landeskunde Band II S. 615.
104 Handbuch der Schweizerischen Volkskultur. Bd. 3, a.a.O. S. 1290.
105 Isler, G. Die Sennenpuppe. Eine Untersuchung über die religiöse Funktion einiger Alpensagen. Basel 1971. S. 34.
106 Büchli, A. Mythologische Landeskunde, Band II, a.a.O. S. 522.
107 Müller, J. Sagen aus Uri, Band II, a.a.O. S. 101.
108 Müller, J. Sagen aus Uri, Band II, a.a.O. S. 100.
109 Senti, A. Sagen aus dem Sarganserland, a.a.O. S. 149.
110 Guntern, J. Volkserzählungen aus dem Oberwallis, a.a.O. S. 347.
111 Büchli, A. Mythologische Landeskunde, Band II, a.a.O. S. 75.
112 Niederberger, F. Sagen und Gebräuche aus Unterwalden. Neudruck Zürich 1978. S. 232.
113 Wildhaber, R. «Die Stunde ist da, aber der Mann nicht». Ein europäisches Sagenmotiv. In: Rheinisches Jahrbuch für Volkskunde, 9. Jg., 1958, S. 65.
114 Lüthi, M. Volksliteratur und Hochliteratur, a.a.O. S. 46.
115 Guntern, J. Volkserzählungen aus dem Oberwallis, a.a.O. S. 478–481.
116 Guntern, J. Volkserzählungen aus dem Oberwallis, a.a.O. S. 475.
117 Guntern, J. Volkserzählungen aus dem Oberwallis, a.a.O. S. 499.
118 Guntern, J. Volkserzählungen aus dem Oberwallis, a.a.O. S. 494.
119 Guntern, J. Volkserzählungen aus dem Oberwallis, a.a.O. S. 486. Zum Tal Josaphat vgl. auch Carlen, Louis. Walliser Jahrbuch 1935, S. 24 und die Urner Sagen von Müller, Josef, Bd. 1. S. 62.
120 Müller, J. Urner Sagen. Bd. III, S. 231.
121 Guntern, J. Volkserzählungen aus dem Oberwallis, a.a.O. S. 476.
122 Guntern, J. Volkserzählungen aus dem Oberwallis, a.a.O. S. 502.
123 Müller, J. Urner Sagen. Bd. III, S. 117.
124 Guntern, J. Volkserzählungen aus dem Oberwallis, a.a.O. S. 504–579.
125 Guntern, J. Volkserzählungen aus dem Oberwallis, a.a.O. S. 575.
126 Röhrich, L. Sage und Märchen. Erzählforschung heute. Freiburg i. Br. 1976. S. 17.
127 Müller, J. Urner Sagen. Bd. I, Nr. 70.
128 Isler, G. Kohle oder Gold. Zum symbolischen Verständnis einiger Alpensagen. Bd. III. Handbuch der Schweizerischen Volkskultur, a.a.O. S. 1295.
129 Müller, J. Urner Sagen. Bd. I, Nr. 449.
130 Renner, E. Goldener Ring über Uri. Ein Buch von Erleben und Denken unserer Bergler, von Magie und Geistern und von den ersten und letzten Dingen. Zürich 1941. 2. Aufl. Zürich 1954. S. 39.
131 Röhrich, L. Das Verhalten zum Tod und zu den Toten in der Volksdichtung. In: Vom Kirchhof zum Friedhof, a.a.O. S. 89–105.

Die erste Hälfte unseres Jahrhunderts

1 Statistisches Jahrbuch 1990, S. 265 und Angaben des Bundesamtes für Statistik.
2 Gutzwiller, F. Die Gesundheit der Zürcher. Eine Bilanz. NZZ 4. Januar 1990, Nr. 2, S. 39.
3 Im Hof, A. E. Die gewonnenen Jahre. München 1981. S. 25.
4 Hugger, P. Von Sterben und Tod. Handbuch der Schweizerischen Volkskultur. Bd. 1, 1992. S. 197.
5 Materialien der Encyclopédie Illustrée du Pays de Vaud, zit. von Hugger, P. Von Sterben und Tod a.a.O. S. 198.
6 Hugger, P. Von Sterben und Tod a.a.O. S. 198.
7 Nassehi, A., Weber, G. Tod, Modernität und Gesellschaft. Entwurf einer Theorie der Todesverdrängung. Obladen 1989. S. 19 ff.
8 Nassehi und Weber. Tod, Modernität und Gesellschaft a.a.O. S. 197.
8a Die Werke der Schweizer, hg. von Anna Melich. Bern 1991. S. 198 ff.
9 Hugger, P. Von Sterben und Tod a.a.O. S. 211.
10 Schmid, K. Zeitspuren. Aufsätze und Reden. Zürich 1967. S. 66 u. S. 72.
11 Stauber, E. Sitten und Bräuche im Kanton Zürich. 122. Neujahrsblatt. Hg. von der Hülfsgesellschaft in Zürich, Zürich 1922.
   Weiss, R. Einführung in den Atlas der Schweizerischen Volkskunde. Basel 1950. S. 13 ff.
   Strübin, A. Baselbieter Volksleben a.a.O. S. 199 ff.
   Büchli, A. Mythologische Landeskunde von Graubünden. 3 Bde. 2. Aufl. Disentis 1989.
12 Vgl. dazu: Von Franz, L. Im Umkreis des Todes. 2. Auflage. Zürich 1984. S. 97.
13 Stauber, E. Sitten und Bräuche im Kanton Zürich a.a.O. S. 29–31.
14 Büchli, A. Mythologische Landeskunde von Graubünden a.a.O. S. 93 und S. 193.

15 Büchli, A. Mythologische Landeskunde von Graubünden a.a.O. Bd. 1, S. 193.
16 Büchli, A. Mythologische Landeskunde von Graubünden a.a.O. Bd. 1, S. 206.
17 Büchli, A. Mythologische Landeskunde von Graubünden a.a.O. Bd. 1, S. 211.
18 Büchli, A. Mythologische Landeskunde von Graubünden a.a.O. Bd. 1, S. 302.
19 Büchli, A. Mythologische Landeskunde von Graubünden a.a.O. Bd. 1, S. 471.
20 Büchli, A. Mythologische Landeskunde von Graubünden a.a.O. Bd. 3, S. 345.
21 Büchli, A. Mythologische Landeskunde von Graubünden a.a.O. Bd. 3, S. 544.
22 Atlas der Schweizerischen Volkskunde. 2. Teil, 5. Lfg. S. 452.
23 Atlas der Schweizerischen Volkskunde. 2. Teil, 5. Lfg. Kommentar S. 454.
24 Atlas der Schweizerischen Volkskunde. 2. Teil, 5. Lfg. S. 455.
25 Atlas der Schweizerischen Volkskunde. 2. Teil, 5. Lfg. S. 459.
26 Atlas der Schweizerischen Volkskunde. Kommentar 2. Teil, 5. Lfg. a.a.O. S. 464–467.
27 Senti, A. Gebete aus dem Sarganserland. Mels 1983. S. 58 und S. 59.
28 La Vie quotidienne I. Les Ages de la Vie. Encyclopédie Illustrée du Pays de Vaud. S. 197.
29 Atlas der Schweizerischen Volkskunde. Kommentar 2. Teil, 5. Lfg. S. 464.
30 Der Brief von Caminada ist enthalten im 2. Band, Mythologische Landeskunde von Graubünden a.a.O. S. 587.
31 Büchli, A. Mythologische Landeskunde von Graubünden a.a.O. Bd. 1, S. 566.
32 Atlas der Schweizerischen Volkskunde. Kommentar 2. Teil, 5. Lfg. S. 490–493.
33 Preiswerk, Y. Le repas de la Mort a.a.O. S. 39 und S. 256.
34 Stauber, E. Sitten und Bräuche im Kanton Zürich a.a.O. S. 31 ff.
35 Muheim, J. «Chlänkä, Umäsägä». Korrespondenzblatt Schweizerisches Archiv für Volkskunde. Heft Jg. 83, Basel 1993, S. 22.
36 Imfeld, K. «Chlänkä, Umäsägä». Korrespondenzblatt Schweizerisches Archiv für Volkskunde. Heft 4, Jg. 82, 1990, S. 72.
37 Büchli, A. Mythologische Landeskunde von Graubünden a.a.O. Bd. 3, S. 632.
38 Büchli, A. Mythologische Landeskunde von Graubünden a.a.O. Bd. 3, S. 491.
39 Büchli, A. Mythologische Landeskunde von Graubünden a.a.O. Bd. 1, S. 171.
40 Büchli, A. Mythologische Landeskunde von Graubünden a.a.O. Bd. 1, S. 907.
41 Büchli, A. Mythologische Landeskunde von Graubünden a.a.O. Bd. 1, S. 592.
42 Büchli, A. Mythologische Landeskunde von Graubünden a.a.O. Bd. 1, S. 230.
43 Büchli, A. Mythologische Landeskunde von Graubünden a.a.O. Bd. 1, S. 341.
44 Büchli, A. Mythologische Landeskunde von Graubünden a.a.O. Bd. 3, S. 607.
45 Preiswerk, Y. Le repas de la Mort a.a.O. S. 48.
46 Stauber, E. Sitten und Bräuche im Kanton Zürich a.a.O. S. 36–38.
47 Stauber, E. Sitten und Bräuche im Kanton Zürich a.a.O. S. 38 u. 39.
48 Atlas der Schweizerischen Volkskunde. Kommentar 2. Teil, 5. Lfg. S. 474.
49 Atlas der Schweizerischen Volkskunde. Kommentar 2. Teil, 5. Lfg. S. 474.
50 Atlas der Schweizerischen Volkskunde. Kommentar 2. Teil, 5. Lfg. S. 478.
51 Atlas der Schweizerischen Volkskunde. Kommentar 2. Teil, 5. Lfg. S. 480.
52 Atlas der Schweizerischen Volkskunde. Kommentar 2. Teil, 5. Lfg. S. 481–482.
53 Atlas der Schweizerischen Volkskunde. Kommentar 2. Teil, 5. Lfg. S. 483 ff. Ferner: Büchli, A. Mythologische Landeskunde von Graubünden. Bd. 3, S. 364, 388 u. 491.
54 Atlas der Schweizerischen Volkskunde. 1. Teil, 6. Lfg. S. 510.
55 Preiswerk, Y. Le repas de la Mort a.a.O. S. 282 u. 283.
56 Preiswerk, Y. Le repas de la Mort a.a.O. S. 189.
57 Zihlmann, J. Wie sie heimgingen. Hitzkirch 1982. S. 25.
58 Stauber, E. Bräuche und Sitten im Kanton Zürich a.a.O. S. 39 u. 40.
58a Imfeld, K. Chlänkä und Umäsäga. Schweiz. Volkskunde Heft 4. 82. Jg. S. 73.
59 Stauber, E. Bräuche und Sitten im Kanton Zürich a.a.O. S. 43 und Imfeld, K. «Chlänkä, Umäsägä». Korrespondenzblatt Schweizerisches Archiv für Volkskunde. Heft 4, Jg. 1992 und Heft 1, Jg. 1993.
60 Hollenstein, J. De Usschäller. Vom Brauchtum in Rapperswil. Schriftenreihe des Heimatmuseums Rapperswil. Nr. 12, 1990, S. 128.
61 Hollenstein, J. De Usschäller a.a.O. S. 127.
62 Kleinheyer, B. Sakramentliche Feiern II, a.a.O. S. 218.
63 Strübin, E. Baselbieter Volksleben. S. 227.
64 Rohner-Baumberger, U. Das Begräbniswesen im calvinistischen Genf a.a.O. S. 94 ff.
65 Schmid, G. Die evangelisch-reformierte Landeskirche des Kantons Zürich. Zürich 1954. S. 98 ff.
66 Jäger, M. Analyse von Todesanzeigen. Lizentiatsarbeit am Volkskundlichen Seminar der Universität Zürich vom November 1977. S. 150.
67 Jäger, M. Analyse von Todesanzeigen a.a.O. S. 151.
68 Jäger, M. Analyse von Todesanzeigen a.a.O. S. 164.
69 Bestattungs- und Friedhofordnung des Kantons Basel-Stadt vom 29. April 1932, § 65 ff.
70 Alle Angaben betreffend Grabpflanzen sind dem Kommentar zum Atlas der Schweizerischen Volkskunde, 2. Teil, 6. Lfg. entnommen. S. 509–520.
71 Atlas der Schweizerischen Volkskunde. Kommentar 2. Teil, 6. Lfg. S. 498.
72 Atlas der Schweizerischen Volkskunde. Kommentar 2. Teil, 6. Lfg. S. 495–501.
73 Atlas der Schweizerischen Volkskunde. Kommentar 2. Teil, 6. Lfg. S. 504–507.
74 Zihlmann, J. Wie sie heimgingen a.a.O. S. 104.
75 Senti, A. Gebete aus dem Sarganserland a.a.O. S. 69.
76 Senti, A. Gebete aus dem Sarganserland a.a.O. S. 70.
Eisenhofer, L. Handbuch der Katholischen Liturgik. Freiburg i. Br. 1933. Bd. 2, S. 18.
Büchli, A. Mythologische Landeskunde von Graubünden a.a.O. I S. 403.
77 Strübin, E. Baselbieter Volksleben a.a.O. S. 229.
78 Klaus, F. Basellandschaft in historischen Dokumenten. 3. Teil. S. 383.
79 Strübin, E. Baselbieter Volksleben a.a.O. S. 228.
80 Zbinden, E. Totenfeiern. Schriftenreihe des Synodalrates des evangelisch-reformierten Synodalverbandes Bern/Jura. Heft 10. 1982. S. 15–17.

Die Zeit von 1950 bis 1990

1 Ariès, Ph. Geschichte des Todes a.a.O. S. 742 u. S. 749.
Nassehi, A. und Weber, G. Tod, Modernität und Gesellschaft a.a.O. S. 313 u. S. 432.
Feldmann, K. Tod und Gesellschaft. Eine soziologische Betrachtung von Sterben und Tod a.a.O. S. 54 u. S. 150.
Helmers, S. Tabu und Faszination über die Ambivalenz der Einstellung zu Toten. Berlin 1969. S. 23 u. S. 24 ff.
2 Hugger, P. Amden. Eine volkskundliche Monographie. Schriften der Schweizerischen Gesellschaft für Volkskunde. Bd. 41. Basel 1961. S. 75 ff.
3 Hugger, P. Amden a.a.O. S. 75–83.

4 Hugger, P. Werdenberg. Land im Umbruch. Eine volkskundliche Monographie. Schweizerische Gesellschaft für Volkskunde. Basel 1964. S. 95 ff.
5 Preiswerk, Y. Le Repas de la Mort a.a.O. S. 56–59.
6 Preiswerk, Y. Le Repas de la Mort a.a.O. S. 351.
7 Preiswerk, Y. Le Repas de la Mort a.a.O. S. 374–291.
8 Encyclopédie Illustrée du Pays de Vaud a.a.O. S. 206 UND S. 207.
9 Encyclopédie Illustrée du Pays de Vaud a.a.O. S. 210–218.
10 Jäger, M. Analyse von Todesanzeigen. Lizentiatsarbeit am Volkskundlichen Seminar der Universität Zürich. November 1977. S. 128 ff.
11 Encyclopédie Illustrée du Pays de Vaud a.a.O. S. 198.
12 Tagini, I. En memoire des trépassés. In: Schweizerisches Archiv für Volkskunde. 68./69. Jg. Basel 1932/1972/1973. Heft 1–6. S. 650 ff.
13 Weiss, R. Volkskunde der Schweiz a.a.O. S. 180.
14 Encyclopédie Illustrée du Pays de Vaud a.a.O. S. 201.
15 Encyclopédie Illustrée du Pays de Vaud a.a.O. S. 199.
16 Encyclopédie Illustrée du Pays de Vaud a.a.O. S. 199.
Allgemein zu diesem Kapitel die Seminararbeit von Brigitte Stucki und Violanta Spinas am Volkskundlichen Institut der Universität Zürich. Bestattungsinstitute in Zürich. 1984.
17 Schoch, M. «… doch die Trauer bleibt. Neue Formen von Bestattungen ausserhalb der Kirche.» N.Z.Z. vom 27./28. Februar 1993, Nr. 48, S. 23.
18 Schoch, M. «… doch die Trauer bleibt». a.a.O. S. 24.
19 Bürgler, M. «… und am Sonntag gibt's gebrannte Creme.» Eine Jugend in der Innerschweiz. Basel 1992. S. 58–60.
20 Maria Einsiedeln. 95. Jg. der «Mariengrüsse». Benediktinische Zeitschrift. Einsiedeln 11/990. S. 314 ff.
21 Teuwsen, P. Protokoll einer klösterlichen Bestattung. «Der Tod ist ein Doppelpunkt.» N.Z.Z. 31.10./1.11.1992, Nr. 254, S. 85–87.
22 Hugger, P. Von Sterben und Tod. Handbuch der Schweizerischen Volkskultur. Bd. 1, a.a.O. S. 218 ff.
23 Wartmann, M. Leben auf Zürcher Friedhöfen, Impressionen, Gespräche, Beobachtungen. In: Schweizerisches Archiv für Volkskunde, 82. Jg. Basel 1986, Heft 1/2, S. 30 ff.
24 Wartmann, M. Leben auf Zürcher Friedhöfen a.a.O. S. 31.
25 Wartmann, M. Leben auf Zürcher Friedhöfen a.a.O. S. 32.
26 Wartmann, M. Leben auf Zürcher Friedhöfen a.a.O. S. 38.
27 Wartmann, M. Leben auf Zürcher Friedhöfen a.a.O. S. 39.
28 Regmann, E. Friedhöfe. Gedanken eines Bildhauers in «Anthos», Heft 4, Zürich 1969.
29 Graf, W. Christliche Grabmalsymbole. Basel 1984. 2. Aufl. S. 97 ff.
30 Schoch, M. … doch die Trauer bleibt a.a.O. S. 24.
31 Trümpy, H. Weihnachtsgrün und Kerzen auf Gräbern. Korrespondenzblatt der Schweizerischen Gesellschaft für Volkskunde. Heft 5/6. 65. Jg. Basel 1975. S. 65.
32 Trümpy, H. Neue Ergänzungen zum Thema: Weihnachtsgrün und Kerzen auf Gräbern. Korrespondenzblatt der Schweizerischen Gesellschaft für Volkskunde. Heft 5/6. 64. Jg. Basel 1974. S. 86.
33 Trümpy, H. Weihnachtsgrün und Kerzen auf Gräbern a.a.O. S. 67.
34 Trümpy, H. Weihnachtsgrün und Kerzen auf Gräbern a.a.O. S. 66.
35 Trümpy, H. Neue Ergänzungen zum Thema: Weihnachtsgrün und Kerzen auf Gräbern a.a.O. S. 89.
36 Kübler-Ross, E. Über den Tod und das Leben danach. Zürich. 14. Auflage 1992. S. 5 ff.
37 Jaffé, A., Frey-Rohn, L., von Franz, M.-L. Im Umkreis des Todes. Zürich. 2. Aufl. 1984. S. 9 ff.
38 Fehlmann-Von der Mühll, M. Gedanken zu Vorstellungen über Alter, Tod und Sterben in: Schweizerisches Archiv für Volkskunde. Basel 1993. Heft 2, S. 201–212.

Rückblick und Ausblick

1 Strübin, E. Jahresbrauch. Kulturbilder aus der Landschaft Basel im Zeitenlauf. Liestal 1991. S. 421.
2 Strübin, E. Jahresbrauch a.a.O. S. 422.
3 Strübin, E. Jahresbrauch a.a.O. S. 421.
4 Gentlivres, P. Die Übergangsriten heute. Im Handbuch der Schweizerischen Volkskunde. I. Bd. S. 223 ff.
5 Bochsler, R. Sterbebräuche und ihr Wandel in der Gemeinde Oberwil. Schweizerisches Archiv für Volkskunde. 79. Jg. Basel 1983. Heft 3/4. S. 151 ff.
6 Bochsler, R. Sterbebräuche a.a.O. S. 151.
7 Jede/r ein Sonderfall. Religion in der Schweiz. Zürich 1993.
8 Hesiod. Sämtliche Werke. Deutsch von Thassilo Scheffer. Sammlung Dieterich. Bd. 38. Leipzig 1938. S. 82. Freundlicher Hinweis von Jakob Egli.
9 Dubach, A. und Campiche, R. J. Hg. Jede/r (ein Sonderfall?) Religion in der Schweiz. Zürich und Basel 1993. S. 11, S. 17, S. 43 sowie S. 74.
10 Jede/r ein Sonderfall a.a.O. S. 81.
11 Jede/r ein Sonderfall a.a.O. S. 311.
12 Jede/r ein Sonderfall a.a.O. S. 337.
13 Jede/r ein Sonderfall a.a.O. S. 350.
14 Jede/r ein Sonderfall a.a.O. S. 337.
15 Kienast, D. Über den Umgang mit dem Friedhof in: Anthos. Zeitschrift für Raumgestaltung, Grün- und Landschaftsplanung. Nr. 4, 1990. S. 10 ff.
16 Kienast, D. Über den Umgang mit dem Friedhof a.a.O. S. 14.
17 Bauer, P. Ausbau des Friedhofs Liebenfels in Baden. Anthos, Nr. 1, 1987, S. 7 ff.
18 Eicher, F. Friedhof Doerndler, Regensdorf (ZH) in: Anthos, Nr. 4, 1990, S. 15 ff.
19 Brun, R. Naturstein im Friedhof – heute, morgen. Referat an der Tagung vom 8. 11. 1991.
20 Schnyder, G. und S. Gedanken über die zukünftige Entwicklung unserer Friedhöfe am Beispiel von Maisprach (BL). Kunst und Stein 5/91. Glarus 1991. S. 4.
21 Schnyder, G. und S. Friedhof von Maisprach a.a.O. S. 6.

Bildnachweis

1 Kirche und Friedhof der Commanderie Saint-Jean in Freiburg. Detailpanorama von Martin Martini 1606. Kunstdenkmäler des Kantons Freiburg II, S. 205.

2 Leuchterhäuschen aus dem ehemaligen Friedhof von Rapperswil. Besitz Heimatmuseum Rapperswil. Aufnahme U. Simmen, Oberdürnten.

3 Kirchhof von St. Urban LU. Aufnahme des Verfassers. Texthinweis: Kunstführer durch die Schweiz. Bd. I. S. 396.

4 Berühmtes Grabdenkmal in Altdorf UR. Foto Aschwanden um 1920.

5 Verseh-Garnitur für «Letzte Ölung». Schweizerisches Museum für Volkskunde, Basel.

6 Der Friedhof von Altdorf UR. Aufnahme des Verfassers. Texthinweis: Kunstführer durch die Schweiz. Bd. 1. S. 715.

7 Die Begräbniskapelle des Klosters Visitation in Solothurn. Aufnahme des Verfassers. Texthinweis: Kunstführer durch die Schweiz. Bd. III. S. 949 sowie Angaben von Sr. Marguerite des Klosters Visitation in Solothurn vom 27. Juni 1993.

8 Sargtuch aus dem Bündner Oberland 17. Jahrhundert. Foto Rätisches Museum Chur.

9 Sargtuch aus Disentis 18. Jahrhundert. Schweizerisches Museum für Volkskunde, Basel.

10 Der Kirchhof von Münster GR. Aufnahme des Verfassers. Texthinweis: Poeschel, E. Die Kunstdenkmäler des Kantons Graubünden. Bd. V. Basel 1943. S. 340. Hier auch Hinweise auf die Schrifttafeln und Epitaphe an der Westseite des Turmes.

11 Ludwig Vogel, St. Nicolas, Fribourg. Schweizerisches Landesmuseum, Zürich.

12 Marien-Portal Friedhof von Glis VS. Aufnahme des Verfassers. Texthinweis: Kunstführer durch die Schweiz. Bd. II. S. 340.

13 Das Friedhofkreuz von Altishofen LU. Aufnahme des Verfassers. Texthinweis: Kunstführer durch die Schweiz. Bd. I. S. 379.

14 Der Beinbrecher von Olivone TI. Aufnahme des Verfassers. Zum Friedhof und zur Kirche: Anderes, B. Kunstführer Kanton Tessin a.a.O. S. 83.

15 Beinhaus von Ponte Valentino TI. Aufnahme des Verfassers. Texthinweis: Anderes, B. Kunstführer Kanton Tessin a.a.O. S. 81.

16 Oratorio und Beinhaus von Poschiavo GR. Aufnahme des Verfassers. Texthinweis: Poeschel, E. Die Kunstdenkmäler des Kantons Graubünden. Bd. VI. Basel 1945. S. 49–51.

17 Das Beinhaus von Vrin GR. Aufnahme des Verfassers. Texthinweis: Poeschel, E. Die Kunstdenkmäler des Kantons Graubünden. Bd. IV. a.a.O. S. 269.

18 Das Beinhaus von Mistail GR. Aufnahme des Verfassers.

19 Das Beinhaus vom Ems GR. Aufnahme des Verfassers. Zum Text: Poeschel, E. Die Kunstdenkmäler des Kantons Graubünden. Bd. III. Basel 1940. S. 30.

20 Das Beinhaus von Cumbels GR. Aufnahme des Verfassers. Texthinweis: Poeschel, E. Die Kunstdenkmäler des Kantons Graubünden. Bd. IV. Basel 1942. S. 152.

21 Beinhaus von Naters VS. Aufnahme des Verfassers. Texthinweis: Kunstführer durch die Schweiz. Bd. II. S. 345.

22 Das Beinhaus von Arth SZ. Aufnahme des Verfassers. Zur Pfarrkirche St. Georg und Zeno in Arth: Meyer, A. Schweizerischer Kunstführer, Bern 1986.

23 Beinhaus Wolhusen LU. Aufnahme des Verfassers. Texthinweis: Birchler, L. Die Wolhuser Totenkapelle und ihr Totentanz. Wolhusen 1988. 4. Auflage.

24 Beinhaus von Neuheim. Aufnahme des Verfassers. Text: Die Kunstdenkmäler des Kantons Zug. Birchler, L. Basel 1934, S. 252 und 253.

25 Beinhaus von Baar ZG. Aufnahme des Verfassers. Zum Text: Die Kunstdenkmäler des Kantons Zug. Basel 1934. S. 72 ff.

26 Das Beinhaus von Steinerberg SZ. Aufnahme des Verfassers. Text: Kunstführer durch die Schweiz. Bd. 1, S. 583.

27 Beinhaus von St. Oswald, Zug. Aufnahme des Verfassers. Texthinweis: Birchler, L. Die Kunstdenkmäler des Kantons Zug. 2. Halbband a.a.O. S. 290.

28 Beinhaus St. Michael, Oberägeri. Aufnahme des Verfassers. Zur Ausstattung: Birchler, L. Die Kunstdenkmäler des Kantons Zug. Basel 1935. S. 279 u. 280.

29 Das Beinhaus von Rümlingen BL. Aufnahme des Verfassers. Texthinweis: Heyer, H. R. Die Kunstdenkmäler des Kantons Basel-Landschaft. Basel 1986. S. 267.

30 Der Friedhof von Mergoscia TI. Aufnahme des Verfassers. Texthinweis: Anderes, B. Kunstführer Kanton Tessin a.a.O. S. 137 und 138.

31 Alter Friedhof mit Totenleuchte von Flums SG. Aufnahme des Verfassers. Textnachweis: Rothenhäusler, E. Die Kunstdenkmäler des Kantons St. Gallen. Bd. 1. Basel 1951, S. 56 und S. 57.

32 Kirche und Kirchhof von Sobrio TI. Aufnahme des Verfassers. Texthinweis: Anderes, B. Kunstführer Kanton Tessin a.a.O. S. 98 und S. 99.

33 Kirche und Friedhof von Astano TI. Aufnahme des Verfassers. Texthinweis: Anderes, B. Kunstführer Kanton Tessin a.a.O. S. 230.

34 Federzeichnung 1796. Der Kirchhof von Rapperswil. Foto aus dem Archiv der Denkmalpflege des Kantons St. Gallen.

35 Rückseite des Benediktuspfennigs aus einem Schwyzer Grab. Abbildung 3 b, Objekt 3.1.3. aus dem Werk «Sterben in Schwyz». Text Christian Hesse.

36 Vorderseite eines Benediktuspfennigs aus einem Schwyzer Grab (17./18. Jahrhundert). Abbildung 3 a, Objekt 3.1.3. aus dem Werk «Sterben in Schwyz». Text Christian Hesse.

37 Rückseite der Medaille aus Köln (1800) aus einem Schwyzer Grab. Abbildung 21 b aus dem Werk von Christian Hesse.

38 Vorderseite der Medaille um 1800 aus einem Schwyzer Grab. Foto Christian Hesse. Es ist die Abbildung 21 a aus seinem Werk über die frühneuzeitlichen Wallfahrts-, Bruderschafts- und Gnaden-Medaillen im Pfarrfriedhof von Schwyz.

39 Pestsarg aus Spiringen UR. Aufnahme des Verfassers.

40 Grabplatte Holderbank 1644. Schweizerisches Landesmuseum, Zürich.

41 Schmiedeisernes Grabkreuz mit Schlange. Tomils GR. 18. Jahrhundert. Foto Rätisches Museum Chur.

42 Schmiedeisernes Grabkreuz aus Uznach. Im Besitz des Marchmuseums, Siebnen. Aufnahme U. Simmen, Oberdürnten.

43 Grabkreuz Altdorf 1700. Foto Nikodemus Herger, Altdorf.

44 Rokoko-Friedhofkreuz aus der March. Im Besitz des Heimatmuseums Uznach. Aufnahme Simmen, Oberdürnten.

45 Epitaph Helbling 17. Jahrhundert. Foto Denkmalpflege des Kantons St. Gallen.

46 Epitaph Reymann, Rapperswil, 1670/80. Foto Denkmalpflege des Kantons St. Gallen.

47 Grabtafel der Familie Schmid. Foto Nikodemus Herger, Altdorf.

48 Grabmal für Maria Magdalena Langhans in Hindelbank BE. Aufnahme des Verfassers. Texthinweis: Ch. G. Schmidt, Von der Schweiz. Journal meiner Reise 1786/1787. Bern 1985. S. 67.

49 Die Grabplatten von Zernez GR. Aufnahmen des Verfassers. Texthinweis: Kunstführer durch die Schweiz. Bd. 1. S. 270.

50 Grabkreuz aus Truns GR. 17. Jahrhundert. Foto Rätisches Museum Chur.

51 Die Epitaphe von Malans GR. Aufnahme des Verfassers. Textnachweis: Poeschel, E. Die Kunstdenkmäler des Kantons Graubünden. Bd. II, Basel 1937. S. 44 und S. 45.

52 Epitaph von Gelterkinden BL. Aufnahme des Verfassers. Texthinweis: Heyer, H. R. Kirche Gelterkinden. Schweizerischer Kunstführer. Basel 1973. 2. Aufl. Bern 1991. S. 8.

53 Epitaph in der Kirche Saint-Saphorin-sur-Morges VD. Aufnahme des Verfassers. Texthinweis: Grandjean, M. Les Temples Vaudois a.a.O. S. 515.

54 Kirche und Friedhof von Soglio GR. Aufnahme des Verfassers. Texthinweis: Poeschel, E. Die Kunstdenkmäler des Kantons Graubünden. Bd. V. a.a.O. S. 434.

55 Gesamtansicht des Kirchhofes von Lenz GR. Foto Bergamin. Texthinweis: Willimann, J. Die Grabkreuze von Lenz. 2. Aufl. Zürich 1989, S. 7 ff. Hasler B. Grabkreuze Zürich 1978 S. 72.

56 Kirchhof und Kirchhofkreuz von Aurigeno Ti. Aufnahme des Verfassers. Texthinweis: Anderes, B. Kunstführer Kanton Tessin a.a.O. S. 165.

57 Kirche und Beinhaus von Gentilino TI. Aufnahme des Verfassers. Texthinweis: Anderes, B. Kunstführer Kanton Tessin a.a.O. S. 275.

58 David Herrliberger, Explication des Cérémonies Sacrées. Zürich 1752.

59 David Herrliberger, Explication des Cérémonies Sacrées. Zürich 1752.

60 David Herrliberger, Explication des Cérémonies Sacrées. Zürich 1752.

61 David Herrliberger, Explication des Cérémonies, 1752.

62 Kirche und Friedhof von Avers Cresta GR. Aufnahme des Verfassers. Texthinweis: Kunstführer durch die Schweiz. Bd. 1, S. 194.

63 Kirchhof von Ausserferrera GR. Aufnahme des Verfassers. Texthinweis: Kunstführer durch die Schweiz. Bd. 1. S. 195.

64 Friedhofkreuz von St-Brais JU. Aufnahme des Verfassers. Texthinweis: Kunstführer durch die Schweiz. Bd. III. S. 872.

65 Der Kirchhof von Bosco Gurin TI. Aufnahme des Verfassers. Texthinweis: Anderes, B. Kunstführer Kanton Tessin a.a.O. S. 174.

66 Der Friedhof von Endingen im 18. Jahrhundert. Holzstich von Joh. Rud. Holzhalb und Joh. Balthasar Bullinger. Sammlung jüdischer Geschichten Basel 1768. Schweizerische Landesbibliothek, Bern.

67 Der Israelitische Friedhof Endingen-Lengnau. Aufnahme des Verfassers. Texthinweis: Der Israelitische Friedhof Endingen-Lengnau, hg. vom Verein für die Erhaltung des Friedhofes Endingen-Lengnau. Zürich 1923.

68 Der jüdische Friedhof von Luzern. Aufnahme des Verfassers. Zum Text: Friedhof Friedental: INSA, Inventar der neueren schweizerischen Architektur. Bd. 6. S. 456.

69 Kirche und Friedhof von Hegglingen AG. 1778. Jahrzeitbuch im Besitze der Kirchgemeinde Hegglingen AG.

70 Der Friedhof von Plainpalais in Genf. Aufnahme des Verfassers.

71 Der Friedhof von Teufen AR. Aufnahme des Verfassers. Texthinweis: Steinmann, E. Die Kunstdenkmäler des Kantons Appenzell AR. Bd. II. Basel 1980. S. 184 und S. 185.

72 Kirche und Friedhof von Baulmes VD. Aufnahme des Verfassers. Texthinweis: Kunstführer durch die Schweiz. Bd. II. S. 245.

73 Zwei Totengebinde aus dem Engadin. Besitz: Rätisches Museum Chur.

74 Hager G. Friedhof Sihlfeld. Teilbericht Entstehungsgeschichte. Gartenbauamt der Stadt Zürich (ohne Datum). Plan: Baugeschichtliches Archiv der Stadt Zürich.

75 Friedhof St. Moritz 1893. Eidg. Archiv für Denkmalpflege, Bern.

76 Der Friedhof von Malans GR. Aufnahme des Verfassers. Textnachweis: Poeschel, E. a.a.O. S. 45.

77 Friedhofsäule San Carlo im Val di Peccia TI. Aufnahme des Verfassers. Texthinweis: Anderes, B. Kunstführer Kanton Tessin a.a.O. S. 183.

78 Eingang zum Beinhaus von Danis GR. Foto 1970. Rätisches Museum Chur.

79 Der Tod als Eisenbahnpassagier. Züricher Kalender 1874.

80 Die Todesstunde: Tod des Sünders. Chromlitho um 1900. Ohne Verlagsangabe. Schweizerisches Museum für Volkskunde, Basel.

81 Die Todesstunde: Tod des Gläubigen. Chromlitho um 1900. Ohne Verlagsangabe. Schweizerisches Museum für Volkskunde, Basel.

82 «Die Nacht» von Ferdinand Hodler. Öl auf Leinwand. Kunstmuseum Bern.

83 Gebäckmodel Jungfrau mit Kindersarg. 1. Hälfte 19. Jahrhundert. Schweizerisches Museum für Volkskunde, Basel.

84 Friedhofkapelle von Münster VS (1909). Joh. Rud. Rahn. Graphische Sammlung der Zentralbibliothek, Zürich.

85 Am Sterbebett. Ex voto 1862. Kapelle Niederrickenbach. Öl auf Holz.

86 Bahrtuch aus Holzhäusern. Schweizerisches Museum für Volkskunde, Basel.

87 Totenleuchter aus der Heilig-Kreuz-Kapelle in Schwyz. Aufnahme des Verfassers. Zum ehemaligen und heutigen Friedhof: Meyer, A. Die Kunstdenkmäler des Kantons Schwyz. Bern 1978, S. 143.

88 Totenwache von Roberto Donetta. Fotosammlung des Kunsthauses Zürich.

89 Kloster Maria Opferung Zug. Aufnahme des Verfassers. Texthinweis: Birchler, L. Die Kunstdenkmäler des Kantons Zug. 2. Halbband. Basel 1959. S. 347.

90 St. Magdalena bei Weissbad 1835. Schweizerisches Landesmuseum, Zürich.

91 Die letzte Ehre. Eine Totenfeier im Kanton Luzern. Gemälde von A. Fellmann. Kupfer-Autotypie aus der Anstalt Ernst Doelker, Zürich. Schweizerische Landesbibliothek, Bern.

92 Die Leichenbitterin von Zürich. Stich von Hegi, unsigniert und undatiert. Graphische Sammlung der Zentralbibliothek Zürich.

93 Feierliche Beisetzung von N. F. v. Steiger 1805. Foto S. Rebsamen. Historisches Museum Bern.

94 Bild aus der Studie von W. Rüeger und B. Gros.

95 «Scheintod und Gefahren des zu frühen Begrabens». Basler Hinkender Bote 1822.

96 Friedhof von Vouvry VS. Aufnahme des Verfassers. Texthinweis: Kunstführer durch die Schweiz. Bd. II. S. 405.

97 Friedhof von St. Georgen/Winterthur 1837. Aquarell Hintermeister. Stadtbibliothek Winterthur. Zum Text: Suter, M. Bilder aus dem Bestattungswesen in Winterthur a.a.O. S. 121.

98 Friedhofkapelle von Boncourt JU. Aufnahme des Verfassers. Texthinweis: Kunstführer durch die Schweiz. Bd. III. S. 917.

99 Andenken an einen in fremden Diensten verstorbenen Soldat 1827. Schweizerisches Museum für Volkskunde, Basel.

100 Erinnerungsblatt an die verstorbene Anna Katharina Preisig, Schwellbrunn 1829. Schweizerisches Museum für Volkskunde, Basel.

101 Seewis GR 1830. Punktum Bildarchiv. Aufnahme Dermond.

102 Kirche und Friedhof von Pfeffikon LU. Aquarelliertes Album Römische Altertümer von J. A. Isaac-Schaufelbuel. Blatt II. Zentralbibliothek Luzern. Zum Text: Reinle, A. Die Kunstdenkmäler des Kantons Luzern. Bd. IV. S. 311.

103 Kirche und Friedhof Enge-Zürich. Aquarell G. Kunz 1849. Graphische Sammlung der Zentralbibliothek Zürich.

104 Die Kirche von Bubikon ZH 1841. Unsigniertes Aquarell. Graphische Sammlung der Zentralbibliothek Zürich.

105 Ansicht des neuen Friedhofes St. Peter und Aussersihl 1844. Zeichnung von Wydler. Graphische Sammlung der Zentralbibliothek Zürich.

106 Kirche und Kirchhof von Hildisrieden LU 1860. Aquarell von Moritz Rast. Sammlung Dr. E. Müller, Beromünster. Texthinweis: Die Kunstdenkmäler des Kantons Luzern Bd. 4. Das Amt Sursee. Reinle, A. Basel 1956, S. 229 und 230.

107 Beerdigung auf einem Bündner Friedhof. Bündner Kalender 1860.

108 Der alte Kirchhof von Saillon VS. Aufnahmen des Verfassers. Texthinweis: Kunstführer durch die Schweiz. Bd. II. S. 375.

109 Ländliches Begräbnis 1871 aus Albert Ankers Skizzenbuch 1871. Sammlung Arthur Stoll (Schweizerisches Institut für Kunstwissenschaft, Zürich).

110 Stift Im Hof, Luzern, um 1840. Farbige Zeichnung von Joh. Baptist Marzohl. Zentralbibliothek Luzern. Zum Text: Reinle, A. Die Kunstdenkmäler des Kantons Luzern. Bd. II, 1. Teil, S. 200 ff.

111 Leichenwagen aus Hellikon AG um 1850. Sammlung P. Galler, Friedhof Hörnli Basel.

112 Handwagen für Beerdigungen dritter Klasse vom Friedhof Horburg, Basel. Sammlung P. Galler, Friedhof Hörnli Basel. Aufnahme des Verfassers.

113 Beinhaus der Pfarrkirche St. Blasius Tinizong 1909. Foto Eidg. Archiv für Denkmalpflege, Bern.

114 Kirche, Friedhof und Beinhaus S. Paul, Räzüns GR. Bleistiftzeichnung von Joh. Rud. Rahn 1904. Graphische Sammlung der Zentralbibliothek, Zürich.

115 Die Heimkehr von der Gräbt 1864. Schweizerischer Dorfkalender.

116 Ein Leichenschmaus im Berner Oberland. Nationalkalender 1870.

117 Toter im Sarg. Aquarell von 1811. Archiv Peter Ziegler.

118 Bahre mit Sarg aus Basel-Stadt um 1870. Sammlung P. Galler, Friedhof Hörnli Basel. Aufnahme des Verfassers.

119 Das Krematorium von Biel BE. Aufnahme des Verfassers. Zum Text: Birkner, O. Bauen und Wohnen a.a.O. S. 92.

120 Urnengräber in Bern-Bremgarten. Aufnahme des Verfassers.

121 Perlenkranz von einem Kindergrab aus Altdorf U. Aufnahme des Verfassers.

122 Sargblumen Engadin (Ardez). Schweizerisches Museum für Volkskunde, Basel.

123 Begräbnisschmuck Avers-Cresta. Schweizerisches Museum für Volkskunde, Basel.

124 Kirche, Friedhofeingang und Beinhaus von Savognin GR (1908). Bleistiftzeichnung mit Tusche laviert von Joh. Rud. Rahn. Graphische Sammlung der Zentralbibliothek Zürich.

125 Pfarrkirche St. Michael in Schwyz 1808. Archiv Stift Einsiedeln.

126 Beinhaus und Friedhof von Hergiswil LU. Bleistiftzeichnung um 1900. Nachlass Hüppi, Zentralbibliothek Luzern.

127 Kirche und Beinhaus von Flüelen. Zeichnung von H. Maurer 1820. Zum Text: Gasser, Helmi. Die Kunstdenkmäler des Kantons Uri. Bd. II. Basel 1986, S. 81 und 94.

128 Memento mori auf Notizbuch 1833. Seidenstickerei. Schweizerisches Landesmuseum, Zürich.

129 Totenandenken 1872. Schweizerisches Museum für Volkskunde, Basel.

130 Totenandenken (Wandbild) Rudolf Merz 1894/95. Schweizerisches Museum für Volkskunde, Basel.

131 Sterbebildchen von 1829. Stich ohne Verlagsangabe. Gebraucht 1829 in Sarnen. Sammlung Schweizerisches Museum für Volkskunde, Basel.

132 Sterbebildchen «L'Ame Immortelle». Sammlung Schweizerisches Museum für Volkskunde, Basel.

133 Sterbebildchen mit Gottvater. Hergestellt von Benziger & Co., Einsiedeln. Sammlung Schweizerisches Museum für Volkskunde, Basel.

134 Sterbebildchen mit Jesus. Chromlithographie Verlag Boausse-Lebel, Paris. Sammlung Pater A. Hinder.

135 Sterbebildchen mit vignettierter Foto. Sammlung U. Brunold-Bigler.

136 Sterbebildchen mit Foto. Sammlung des Schweizerisches Museums für Volkskunde, Basel.

137 Sterbebildchen mit Porträtfoto für Adolf Lang 1919. Sammlung U. Brunold-Bigler.

138 Sterbebildchen «O süsses Herz Mariä». Sammlung U. Brunold-Bigler.

139 Sterbebildchen mit dem Tod von Josef. Sammlung Pater A. Hinder.

140 Totenandenken an Nikolaus Knaus. Schweizerisches Landesmuseum, Zürich.

141 Erinnerungsblatt an Heinrich Homberger 1829. Schweizerisches Museum für Volkskunde, Basel.

142 Totenandenken oder Totenhelgeli (Philipp Modespacher), gemalt 1824. Schweizerisches Museum für Volkskunde, Basel.

143 Totenbrettchen für ein Kind aus Appenzell Innerrhoden. Schweizerisches Museum für Volkskunde, Basel.

144 Hochzeitsandenken mit Totentafel von J. J. Heuscher 1867. Schweizerisches Museum für Volkskunde, Basel.

145 Totenbrett aus dem Kanton Appenzell Innerrhoden aus dem Jahre 1856. Schweizerisches Museum für Volkskunde, Basel.

146 Auf dem Friedhof (1820). Ludwig Vogel, Kupferstich. Schweizerische Landesbibliothek, Bern.

147 Grabkreuz handgeschmiedet, Untervaz GR, datiert 1840. Foto Rätisches Museum Chur.

148 Gotisches Kreuz Lenz. Foto Bergamin. Zum Text: Willimann, J. Die Grabkreuze von Lenz, a.a.O. S. 10.

149 Der Elisabethen-Friedhof Basel. Ölbild von Joh. Jak. Frey 1834. Historisches Museum Basel.

150 Kirche und Friedhof von Rüderswil um 1826. Von Jak. Samuel Weibel. Sammlung Gugelmann. Schweizerische Landesbibliothek, Bern.

151 Schmiedeisernes Kreuz aus dem Friedhof Eschholzmatt 1830. Foto E. Brunner. Nachlass Hüppi, Zentralbibliothek Luzern.

152 Geschmiedetes Grabkreuz aus der Region des obern Zürichsees. Im Besitz der katholischen Kirchgemeinde Rapperswil. Aufnahme Urs Simmen, Oberdürnten. Texthinweis: Hauser, A. Alte Volkskunst am Zürichsee. Zürich 1992. S. 130.

153 Eingang zum Friedhof St. Léonard, Fribourg FR. Aufnahme des Verfassers. Texthinweis: Inventar der neueren Schweizerarchitektur (INSA), Bern 1982. S. 211.

154 Friedhof der Predigerkirche 1870. Stich von Joh. C. Werdmüller. Graphische Sammlung der Zentralbibliothek Zürich.

155 Foto aus dem Jahre 1892 aus der Studie «Denkmal, Kirchhof Witikon» von W. Rüeger und B. Gros. Gartenbauamt Zürich.

156 Remigius-Kirche Sirnach 1872. Kunstdenkmäler des Kantons Thurgau II. S. 313.

157 Reformierte Kirche Herisau um 1830. Kunstdenkmäler des Kantons Appenzell AR. S. 95 und S. 96. Vor allem auch Abb. 68.

158 Der Friedhof von Môtier FR. Aufnahme des Verfassers. Texthinweis: Schöpfer, H. Les Monuments d'Art et d'Histoire du Canton de Fribourg. Bd. IV. Basel 1989. S. 310 und 311.

159 Ehemaliger Friedhof St-Germain in Porrentruy JU. Aufnahme des Verfassers. Texthinweis: Kunstführer durch die Schweiz. Bd. III. S. 907.

160 Friedhof und Kirche von Bursins VD. 1831. Sammlung Gugelmann. Schweizerische Landesbibliothek, Bern.

161 Friedhof und Kapelle Hohe Promenade Zürich 1850. Stich von H. Zollinger. Graphische Sammlung der Zentralbibliothek Zürich.

162 Friedhof Ins. Albert Anker. Aquarell. Privatbesitz. Angaben über Albert Ankers Aquarelle und Zeichnungen im Werk «Albert Anker – Aquarelle und Zeichnungen». Zürich 1989, S. 9 ff.

163 Foto aus dem Archiv der Denkmalpflege des Kantons St. Gallen, Rapperswil.

164 Predigerfriedhof Zürich zwischen 1820 und 1830. Zeichnung von Maurer. Stich von F. Hegi, gest. 1830. Graphische Sammlung der Zentralbibliothek Zürich.

165 Aquatinta von F. Hegi 1840. Graphische Sammlung der Zentralbibliothek Zürich.

166 Pfarrkirche Schwyz mit Friedhof. Federzeichnung von Thomas Fassbind zwischen 1808 und 1823. Archiv Stift Einsiedeln.

167 Stich von F. Hegi 1837. Graphische Sammlung der Zentralbibliothek Zürich.

168 Der Friedhof von Altdorf UR um 1910. Foto Aschwanden Altdorf.

169 Bild aus der Studie von W. Rüeger und B. Gros-Tonnenacher. Gartenbauamt Zürich.

170 Friedhof und Kirche Leuzingen GL. Aufnahme 1910. Schweizerisches Landesmuseum, Zürich.

171 Mausoleum im Friedhof St. Léonard in Fribourg FR. Aufnahme des Verfassers. INSA a.a.O. S. 211.

172 Grabmal Rusca. Foto des Verfassers. Text: INSA Bd. 6. a.a.O. S. 111.

173 Der Friedhof von Bellinzona. Im Band «Inventarisation» INSA II. S. 306.

174 Wolfgottsacker in Basel. Aufnahme des Verfassers. Texthinweis: INSA Bd. 2, S. 186 und Nagel, Anne. Der Wolfgottacker in Basel, Bern 1993. S. 7 und S. 24.

175 Ligornetto TI. Grabmal Vela. Aufnahme des Verfassers. Texthinweis: Anderes, B. Kunstführer Kanton Tessin a.a.O. S. 320.

176 Friedhofkirche Coldrerio TI. Aufnahme des Verfassers. Anderes, B. Kunstführer Kanton Tessin a.a.O. S. 332.

177 Das «Bethhaus» in der Enge-Zürich. Undatiertes Aquarell von Adolf Honegger. Schweizerische Landesbibliothek, Bern.

178 Kirche von Bernrain. Bleistiftzeichnung von Eduard Mörike. Schiller-Nationalmuseum Marbach a.N. D.

179 Der Friedhof von Wasen i. E. um 1880. Bleistiftskizze von Albert Anker. Foto Schweiz. Institut für Kunstwissenschaft, Zürich.

180 Der israelische Friedhof von La Chaux-de-Fonds. Aufnahme des Verfassers.

181 Farinets Grab in Saillon VS. Aufnahme des Verfassers. Texthinweis: Wottreng, W. Farinet der Geldfälscher – ein Schweizer Mythos. In: NZZ vom 31. Juli 1992. Nr. 176, S. 79 ff.

182 Franzosengrab in Uznach SG. Aufnahme des Verfassers.

183 Begräbnisschein der Kirchgemeinde Höngg um 1850. Lithographie. Graphische Sammlung der Zentralbibliothek Zürich.

184 Grabinschrift aus dem Jahr 1816 vom Friedhof Bernrain TG. Aufnahme des Verfassers.

185 Entwicklung der Grabsteine aus: Atlas der Schweizerischen Volkskunde, Komm. 2. Teil, 6. Lfg. Basel 1963. S. 501.

186 Grab des Dichters Jeremias Gotthelf in Lützelflüh. Aufnahme des Verfassers.

187 Das Grab von Gottfried Keller auf dem Friedhof Sihlfeld in Zürich. Aufnahme des Verfassers. Texthinweis: Zum Friedhof Sihlfeld: Hager, G. und Illi, M. sowie Nyffenegger, Brigitte: Pflegewerk, Teilbericht Entstehungsgeschichte vom 31. Dezember 1991. Arbeit für das Gartenbauamt der Stadt Zürich. S. 9 ff.

188 Grab von Conrad Ferdinand Meyer auf dem Friedhof von Kilchberg ZH. Aufnahme des Verfassers.

189 Stein für Hans Herzog. Aufnahme des Verfassers. Angaben von Marcel Herdi, Chef Friedhofgärtnerei Aarau.

190 Eisernes Grabkreuz vom Kirchhof Cham, ca. 1850. Bleistiftzeichnung von Ludwig Vogel. Schweizerisches Landesmuseum, Zürich.

191 Erinnerungsschrift aus dem Kanton Bern 1862. Schweizerisches Museum für Volkskunde, Basel.

192 Grabeinfassung 1913 aus Luzein-Buchen GR. Foto Rätisches Museum Chur.

193 Bergführergrab in Le Châble VS. Aufnahme des Verfassers.

194 Grabstein für François Benjamin Carron. Aufnahme des Verfassers.

195 Grabstein der Olimpia Gamboni 1883. Foto Maren Heyne, Düsseldorf. Vergl. dazu das Buch «Gresso 999 m.s.m.» 1990 Bern, Zytglogge.

196 Polizeivorschrift 1909. Emailplatte aus der Sammlung P. Galler des Friedhofs Hörnli in Basel. Foto des Verfassers.

197 Tabelle: Brauchpraktiken und Brauchelemente im Wandel aus: Bochsler, Regula. Sterbebräuche und ihr Wandel in der Gemeinde Oberwil AG. Schweizerisches Archiv für Volkskunde, 79. Jg. Basel 1983, 3/4. S. 151 ff.

198 Grabschmuck (Chrällelikranz) aus Basel um 1900. Sammlung P. Galler, Friedhof Hörnli Basel. Aufnahme des Verfassers.

199 Friedhof von Barberêche FR. Aufnahme des Verfassers. Texthinweis: Schöpfer, H. Les Monuments d'Art et d'Histoire du Canton de Fribourg. Bd. IV. Basel 1989. S. 37 und S. 38.

200 Grabmonument Handschin auf dem Friedhof von Gelterkinden BL. Aufnahme des Verfassers. Texthinweis: Heyer, H. R. Die Kunstdenkmäler des Kantons Basel-Landschaft. Bd. III a.a.O. S. 63.

201 Aufgebahrte tote Frau in Altdorf UR 1920. Foto Aschwanden Altdorf.

202 Leichenbegängnis in Altdorf UR um 1930. Foto Aschwanden Altdorf.

203 Totenköpfe mit Vaterunserschnüren. Bild aus Norbert Curti, Volksbrauch und Volksfrömmigkeit im katholischen Kirchenjahr. Basel 1947 S. 46.

204 Leichenwagen aus Seltisberg BL um 1920. Sammlung P. Galler, Friedhof Hörnli Basel. Aufnahme des Verfassers.

205 Die Familie am Totenbett 1932. Foto J. P. Grisel. Archiv Ringier und Musée de l'Elysée, Lausanne.

206 Frau am Totenbett ihres Mannes Robert. Foto J. P. Grisel 1932. Archiv Ringier und Musée de l'Elysée, Lausanne.

207 Abschied vom Toten in Saas-Fee 1932. Foto J. P. Grisel. Archiv Ringier und Musée de l'Elysée, Lausanne.

208 Trauerfeier für einen Bergführer in Saas-Fee, 1932. Foto J. P. Grisel. Archiv Ringier und Musée de l'Elysée, Lausanne.

209 Beerdigung Saas-Fee 1932. Foto J. P. Grisel, Archiv Ringier Zürich und Musée de l'Elysée, Lausanne.

210 Leichenbegängnis im Mendrisiotto um 1830. Foto von Gino Pedroli (1898–1986). Chiasso.

211 Leichenwagen mit Schimmel um 1930 im Mendrisiotto. Foto Gino Pedroli, Chiasso.

212 Begräbnis auf dem Friedhof von Kippel. Foto von A. Nyffeler, Centre valaisan du film et de la photographie, Martigny.

213 Die Bruderschaft von Kippel 1913. Foto von Albert Nyffeler, Centre valaisan du film et de la photographie, Martigny.

214 Beerdigung mit Männerbruderschaft in Kippel VS. Foto von Albert Nyffeler um 1930. Centre valaisan du film et de la photographie, Martigny.

215 Begräbnis eines Offiziers in Chiasso 1932. Foto von Gino Pedroli, Chiasso.

216 Leichenwagen einer Beerdigung von 1938. Foto im Besitz des Verfassers.

217 Leichenwagen aus Münchenstein BL ca. 1950. Sammlung P. Galler, Friedhof Hörnli Basel. Foto des Verfassers.

218 Trauerversammlung am Säntis. Allgemeine Illustrierte Zeitung. Ohne genaues Datum. Schweizerische Landesbibliothek, Bern.

219 Aufgebahrtes totes Kind im Wallis. Foto Albert Nyffeler, Centre valaisan du film et de la photographie, Martigny.

220 Kinderbegräbnis auf dem Friedhof von Kippel 1920. Foto von Albert Nyffeler, Centre valaisan du film et de la photographie, Martigny.

221 Kindergräber in Le Brassus JU. Aufnahme des Verfassers.

222 Beerdigung in Kippel 1937 (ausgehobenes Grab). Foto A. Nyffeler, Archiv A. Niederer.

223 Beerdigung in Kippel VS um 1937. Foto Albert Nyffeler, Centre valaisan du film et de la photographie, Martigny.

224 Kondolenzkarte aus dem Kanton Zürich mit geborstenem Baum. Sammlung Peter Ziegler.

225 Sterbebildchen mit fliegendem Engel. Sammlung U. Brunold-Bigler.

226 Friedhof von Wädenswil 1925. Foto Staub, Wädenswil.

227 Der Waldfriedhof von Rheinfelden AG (1928). Foto Staub, Wädenswil.

228 Verenakirche und Friedhof von Zurzach 1942. Schweizerisches Landesmuseum, Zürich.

229 Friedhof des Kapuziner-Klosters Zug 1944. Nachlass Hüppi, Zentralbibliothek Luzern.

230 Der Friedhof von Flüelen UR um 1920. Foto Aschwanden Altdorf.

231 Der Kinderfriedhof Visperterminen 1938. Foto Theo Frey.

232 Alte Frau auf dem Friedhof von Flums 1942. Foto Theo Frey.

233 Friedhof und Beinhaus in Altdorf UR von 1920. Foto Aschwanden, Altdorf. Dazu Mitteilungen von Dr. Helmi Gasser, Altdorf, Denkmalpflege des Kantons Uri.

234 Pferdebespannter Kranzwagen 1938. Foto im Besitz des Verfassers.

235 Innenansicht des Beinhauses von Naters VS 1921. Foto Eidg. Archiv für Denkmalpflege, Bern.

236 Grabmal Kapelle Pedrazzini in Locarno. Aufnahme des Verfassers. Texthinweis: INSA Inventur der neueren schweizerischen Architektur. Bd. 6. S. 111–112.

237 Judenfriedhof von Lengnau um 1930. Nachlass Hüppi, Zentralbibliothek Luzern.

238 Der Kirchhof von Morcote (1931). Foto Staub, Wädenswil.

239 Der Friedhof von Kippel im Lötschental VS um 1941. Foto Hüppi. Nachlass Hüppi, Zentralbibliothek Luzern.

240 Frühlingsputzete der Frauen auf dem Friedhof von Kippel. Foto W. Gerber (wohl um 1940). Archiv A. Niederer.

241 Grab auf einem Zürcher Friedhof 1924. Foto Staub, Wädenswil.

242 Grabkreuze aus: Atlas der Schweizerischen Volkskunde. Kommentar 2. Teil, 6. Lfg. Basel 1963. S. 506.

243 Entwicklung der Grabdenkmäler aus: Atlas der Schweizerischen Volkskunde, Kommentar 2. Teil 6. Lfg. Basel 1963, S. 503.

244 Kondolenzkarte Winterthur 1935 mit Jesus. Sammlung Peter Ziegler.

245 Sterbebildchen 1939. Sammlung U. Brunold-Bigler.

246 Begräbniskirche Santa Maria mit Friedhof in Pontresina GR. Aufnahme des Verfassers. Texthinweis: Kunstführer durch die Schweiz. Bd. 1. S. 262.

247 Beerdigung in Dardin GR 1966. Foto Rätisches Museum Chur.

248 Beerdigung in Dardin GR 1966. Foto Rätisches Museum Chur.

249 Beerdigung in Dardin GR 1966. Die Sargträger in der Kirche. Foto Rätisches Museum Chur.

250 Aufgebahrter Sarg im Beinhaus. Foto Theo Frey.

251 Der letzte Gang von Mönchen 1989 in Einsiedeln. Foto Reto Klink, Zürich.

252 Eine Bestattung in Einsiedeln 1989. Foto Reto Klink, Zürich.

253 Beisetzung in der Gruft von Einsiedeln 1989. Foto Reto Klink, Zürich.

254 Beerdigung in Gresso TI um 1990. Fotografie von Maren Heyne aus dem Buch «Gresso 999 m. s.m.» Bern 1991, S. 127.

255 Stimmungsbild auf dem Friedhof von Kippel VS 1951. Foto Theo Frey.

256 Friedhof von Bordei im Centovalli. Aufnahme des Verfassers.

257 Der Friedhof von Appenzell AI. Aufnahme des Verfassers.

258 Friedhof und Kirche von Bauen UR. Aufnahme des Verfassers. Texthinweis: Gasser, Helmi. Die Kunstdenkmäler des Kantons Uri. Bd. II. Basel 1986. S. 325–344.

259 Der Basler Hörnli-Friedhof als Garten. Aufnahme des Verfassers.

260 Beinhaus Ruein GR 1970. Foto Rätisches Museum Chur.

261 Beinhaus Schmitten GR. Foto Rätisches Museum Chur.

262 Beinhaus Surcast GR. Foto Rätisches Museum Chur.

263 Der Friedhof von Morcote TI. Aufnahme des Verfassers. Texthinweis: Anderes, B. Kunstführer Kanton Tessin a.a.O. S. 290.

264 Der Friedhof von Gresso TI im Winter. Aufnahme von Maren Heyne. Der Text der Grabinschrift befindet sich im Buch von Maren Heyne auf S. 120.

265 Vorhalle der Kirche von Rossura TI. Aufnahme des Verfassers. Texthinweis: Anderes, B. Kunstführer Kanton Tessin. Bern 1975. S. 102.

266 Friedhof von Lugano. Grabmal Ferla. Aufnahme des Verfassers. Texthinweis: INSA Inventar der neueren schweizerischen Architektur. Bd. 6. S. 226.

267 Kirche und Kirchhof von Calonico TI. Aufnahme des Verfassers. Texthinweis: Anderes, B. Kunstführer Kanton Tessin a.a.O. S. 97.

268 Der Waldfriedhof von Davos GR. Aufnahme des Verfassers. Texthinweis: R. Gaberel. Schweizer Monatsschrift für Architektur. Kunstgewerbe und freie Kunst. 15. Jahrgang. 1928. S. 377 ff.

269 Kirchlein und Friedhof von Schuders GR mit Drusenfluh. Foto Gensetter, Davos.

270 Friedhof des Frauenklosters von Cazis GR. Aufnahme des Verfassers.

271 Kirche und Kirchhof von Glaris GR. Aufnahme des Verfassers. Texthinweis: Kunstführer durch die Schweiz. Bd. 1. S. 156.

272 Friedhof von Andeer GR. Aufnahme des Verfassers. Kunstführer durch die Schweiz. Bd. 1. S. 194.

273 Foto D. Mondgenast. Angaben Pfarramt Oberwald. Zur Pfarrkirche Heiliges Kreuz selber: Kunstführer a.a.O. Bd. 2, S. 368.

274 Der Friedhof von St. Georges in Genf. Aufnahme des Verfassers.

275 Der Kirchhof von Oltingen BL. Aufnahme des Verfassers.

276 Der Friedhof von Solothurn. Aufnahme des Verfassers. Texthinweis: Kunstführer durch die Schweiz. Bd. III. S. 939.

277 Friedhof des Kapuzinerklosters von Zug. Aufnahme des Verfassers.

278 Herbststimmung auf dem Friedhof von Einsiedeln. Aufnahme des Verfassers.

279 Tempietto im Luzerner Friedhof. Aufnahme des Verfassers. Zum Text: INSA. Bd. 6. S. 456.

280 Friedhof von Isenthal UR. Aufnahme des Verfassers.

281 Der Friedhof von Flums um 1960. Foto Gross. Nachlass Hüppi, Zentralbibliothek Luzern. Texthinweis: Hasler, Barbara. Schmiedeiserne Grabkreuze. Liz-Arbeit Universität Zürich 1978 (unveröffentlicht) Hinweis von Prof. A. Reinle.

282 Der Friedhof von Haslen AI. Aufnahme des Verfassers.

283 Der Waldfriedhof von Schaffhausen. Aufnahmen des Verfassers. Texthinweis: Wipf, H. U. und Grütter, T. Waldfriedhof Schaffhausen 1914–1989. Schaffhausen 1989. Zu den Friedhöfen von Schaffhausen auch die Broschüre: Schaffhausen und seine Umgebung. Ein Wegweiser. Schaffhausen 1942.

284 Grab eines Schreinermeisters. Friedhof Hörnli, Basel. Foto Maria Schoch.

285 Moderner Grabstein auf dem Friedhof Hörnli, Basel. Foto Maria Schoch.

286 Moderner Grabstein mit Elefanten, Friedhof Hörnli, Basel. Foto Maria Schoch.

287 Grabstein mit modernen Emblemen aus dem Friedhof Hörnli, Basel. Foto Maria Schoch.

288 Die Atheisten-Gräber von Biasca TI. Aufnahme des Verfassers.

289 Chromstahlauspuffrohre auf dem Friedhof Hörnli, Basel. Foto Maria Schoch.

290 Der Eingang zum Friedhof von Maisprach BL. Aufnahme des Verfassers. Texthinweis: Schnyder, G. und S. Gedanken über die zukünftige Entwicklung unserer Friedhöfe am Beispiel Maisprach BL. In: Kunst und Stein. V/91. S. 3.

291 Friedhof von Maisprach BL. Aufnahme des Verfassers. Texthinweis: Schnyder, G. und S. Gedanken über die zukünftige Entwicklung unserer Friedhöfe am Beispiel Maisprach BL. a.a.O. S. 5 und 6.

292 Eine nicht ausgeführte, futuristische Begräbnisstätte auf einer Alp. Bild: Keystone.

Dankadresse

Dr. Bernhard Anderes, Rapperswil
Richard Aschwanden, Altdorf
Sandro Bianconi, Minusio
Jean Pierre Blaser, Musée de l'Elysée, Lausanne
Lic. phil. Barbara Bloch-Hasler, Maur
Anna Bissig-Baumann, Altdorf
Prof. Dr. Hans-Heinrich Bosshard, Andelfingen
Dr. G. Descoeudres, Zürich
Prof. Dr. J. Egli, Küsnacht
Gerold Fischer, Wädenswil
Dir. Dr. A. Furger, Landesmuseum Zürich
Dr. Helmi Gasser, Altdorf
Peter Galler, Basel
Prof. Dr. Georg Germann, Bern
Dr. Werner Graf, Riehen
Dr. François Guex, Freiburg
Brigitte Halpern, Bern
Dr. Andreas Hauser, Zürich
Dr. Ch. Hesse, Bern
Dr. Fritz Honegger, Rüschlikon
Dr. Ernst Howald, Ermatingen
Prof. Dr. Paul Hugger, Zürich
Dr. Martin Illi, Zürich
Dr. G. Imboden, Brig
Gabriele Keck, Moudon
Silvia Keller, Wädenswil
Pater Dr. Thomas Locher, Einsiedeln
Rabbiner Marcel Marcus, Bern
Dr. Ingrid Mezger, Chur
Dr. med. P. Möhr, Wädenswil
Daniel Mondgenast, Richterswil
Pater Gebhard Müller, Einsiedeln
lic. phil. Anne Nagel, Hist. Museum Basel
Prof. Dr. Arnold Niederer, Zürich
Regula Odermatt-Bürgi, Stans
Prof. Dr. Adolf Reinle, Pfaffhausen
Dr. Michael Riedler, Luzern
Agnes Rutz, Zentralbibliothek Zürich
Pater J. Salzgeber, Einsiedeln
Dr. Marie Louise Schaller, Landesbibliothek Bern
Dr. Hans Schläfli, Uitikon
Prof. Dr. H. H. Schmid, Schwerzenbach
Pfarrer J. Schmid, Oberwald VS.
Sepp Schnyder, Gelterkinden
Maria Schoch, Basel
Dr. Herrmann Schöpfer, Freiburg
Dr. A. Senti, König
Godi Staub, Wädenswil
Kathrin Sträuli, Winterthur
Dr. Fabio Soldini, Lugano
Dr. Eduard Strübin, Gelterkinden
Prof. Dr. Georg Thürer, Teufen
Dr. Bruno Weber, Zentralbibliothek Zürich
Prof. Dr. Werner Weber, Zürich
Prof. Dr. H. Weder, Zürich
Dr. Karl Weibel, Endingen
Pfarrer Thomas Wipf, Schönenberg
Emil Wisli, Schaffhausen
Prof. Dr. Peter Ziegler, Wädenswil

Ein besonderer Dank gebührt Dr. Max Schmid; er las das Manuskript und korrigierte die Druckfahnen.

Das Manuskript wurde auch vom Programmleiter des NZZ Buchverlages mit grosser Sorgfalt gelesen. H. Egli, der bewährte Grafiker des Verlages, sorgte für eine gute Gestaltung. Betreut wurde das Werk von Beginn bis zum Schluss vom Verlagsleiter E. Köpfli. Ihnen allen dankt der Autor herzlich.